KB034397

일본의 역사

일본근세 서민문화사

일본 대중문화의 원형

일본 대중문화의 원형

일본의 역사: 일본근세 서민문화사

초판인쇄 2016년 7월 1일 **초판발행** 2016년 7월 5일
지은이 아오키 미치오 **옮긴이** 허은주
펴낸이 박성모 **펴낸곳** 소명출판 **출판등록** 제13-522호
주소 서울시 서초구 서초중앙로6길 15, 1층
전화 02-585-7840 **팩스** 02-585-7848 **전자우편** somyungbooks@daum.net **홈페이지** www.somyong.co.kr

값 30,000원   ⓒ소명출판, 2016
ISBN 979-11-5905-041-1 93910

①

에도의 꽃

꽃피는 문화

그림달력의 유행과 니시키에 탄생

호사가들 사이에서 그림달력의 교환이 유행하면서 니시키에의 탄생을 촉발했다. 빨래걸이에 널려 있는 유카타의 문양에 'メイワ二', '大二三五六八十'라 쓰여 있어 메이와明和 2년의 달력이라는 사실을 알 수 있다. (스즈키 하루노부鈴木春信, 〈소나기夕立図〉) → 181쪽

❷

고린 브랜드의 기모노

오가타 고린尾形光琳이 디자인에 관련했다고 짐작되는 고린 문양. 이 그림에 있는 것처럼, '고린 국화', '고린 소나무' 등의 문양을 나타낸 기모노가 제작되었다. (스즈키 하루노부, 〈후류야쓰시 나나고마치 · 시미즈 風流やつし七小町 · 清水〉) → 148쪽

❸

시대를 반영하는 우키요에

미인화에 다수의 걸작을 남긴 우타마로가 그린 미녀의 의상에는 시대의 유행이 반영된다. 여기에 등장하는 여성이 입은 의상에는 이게타가스리井桁絣와 가가스리蚊絣이다. (기타가와 우타마로喜多川歌麿, 〈물가에서 쉬고 있는 세 미인水辺で寛ぐ三美人〉) → 183쪽

④

에돗코의 등장

18세기 후반, 에도에서 태어나 에도에서 자랐다는 자각을 가진 사람들이 스스로를 에돗코라 부르게 되었다. 햇가다랭어는 첫물을 좋아하는 에돗코에게 특히 선호되었다. (우타가와 도요쿠니歌川豊国, 〈니혼바시 어시장번영도日本橋魚市繁栄図〉) → 317쪽

⑤

패션을 주도하는 가부키 배우

벤케이고시弁慶格子(격자 줄무늬)를 착용한 배우의 모습도 에돗코의
'이키粋'에 통한다. 다양한 분야에서 도회적이며 산뜻한 미의식으로 이
키가 보급되었다. (우타가와 도요쿠니, 〈반도 미쓰고로坂東三津五郎〉)

→ 380쪽

화가이자 사상가였던 가잔
대상의 내면에 깊이 파고들어 일본회화사상 굴지의 초상화를 그려낸
가잔渡辺崋山은 막정을 비판했다는 이유로 처벌을 받았다. (와타나베 가잔
渡辺崋山, 〈다카미 센세키상鷹見泉石像〉) → 173쪽

⑦

내면 깊이

만년에는 막부의 유신으로서도 활약한 잇사이一斎의 풍모는 물론, 지성·품성·사상까지를 묘사하고자 하는 투철한 시선을 엿볼 수 있는 작품이다. (와타나베 가잔, 〈사토 잇사이상佐藤一斎像〉) → 133쪽

8

닭 그림의 달인인 자쿠추의 대작
금색 바탕純地을 배경으로 마치 가부키 배우처럼 위풍당당한 닭. 정원에 풀어둔 닭을
관찰해서 그림 공부를 했다고 하는 이토 자쿠추伊藤若冲. 이국적인 선인장을 도입해서
화려한 모습을 구현했다. (《선인장군계도仙人掌群鷄図》) → 180쪽

⑨

자연의 족자

은각銀閣 도구도東求堂에 있는, 도진사이同仁齋의 서원에서 바라본 정원
쪽. 적당하게 열린 문 밖의 경치는 마치 잘 그려진 한 폭의 족자처럼
보인다. (지쇼사慈照寺) → 143쪽

일본 대중문화의 원형

THE
PROTOTYPE
OF
JAPANESE
POPULAR
CULTURE

일본의 역사
일본근세 서민문화사

아오키 미치오 지음
허은주 옮김

소명출판

후원 일본국제교류기금(後援 國際交流基金)

일러두기

- 도판 하단의 원문자는 도판 소장처를 나타내기 위한 번호로 이는 권말에 정리되어 있다.
- 각주는 모두 역자 주이다.
- 이 책은 일본국제교류기금 번역출판조성프로그램의 번역비 지원을 받아 제작되었다.

시 작 하 는 말

에도 시대
서민의
생활문화

『겐지 이야기』 천 주년

2008년은 『겐지 이야기源氏物語』의 천 주년에 해당된다고 해서 이를 기념해 다양한 행사가 개최되고 『겐지 이야기』에 관한 출판물도 다수 간행되었다.

천 년의 근거가 되는 것은 『무라사키 시키부 일기紫式部日記』의 1008년 간고寛弘 5 11월 1일 조에 있는, "좌위문독左衛門督께서 "여기, 어린 무라사키 계시오이까?" 하고 물으셨다"라는 기사이다. 작자인 무라사키 시키부紫式部[1]가 자신을 『겐지 이야기』의 어린 무라사키노우에紫の上에 비유했다고 하는 의미에서 시키부의 일기에 『겐지 이야기』에 관련된 기술이 처음 등장하는 장면이기 때문이다. 그래서 2008년이 천 주년이 되는 셈이다.

이 천 년 사이에 『겐지 이야기』를 수용해 온 정도는 눈부시다. 사회 각층에 큰 영향을 미쳐왔다. 그러나 『겐지 이야기』가 많은 사람들에게 향유된 것은 출판문화의 성립에 의해서 독자층을 한 번에 확대할 수 있게 된 이후였다.

아무리 지적인 서적이라도, 아무리 훌륭한 회화라도 한 권밖에 없는 서적이나 육필화肉筆画[2]로는 이를 읽거나 감상할 수 있는 사람의 수가 한정된다. 소유하고 있는 사람이나 그 소유자를 둘러싼 극히 소수의

---

1 무라사키 시키부紫式部, 973쯤~1014쯤 : 헤이안平安 중기의 여류작가. 에쓰젠노카미越前守 후지와라노 다메토키藤原為時의 여식. 남편 후지와라노 노부타카藤原宣孝 사망한 후 『겐지 이야기』를 쓰기 시작했다. 이치조一条 천황의 중궁中宮 쇼시彰子를 섬기고 후지와라노 미치나가藤原道長 등에게 귀히 여겨졌다. 저서 『무라사키시키부 일기』, 『무라사키시키부 집紫式部集』 등.
2 육필화肉筆画 : 손으로 직접 그린 그림. 근세에 유행했던 판화版画에 대한 말로 쓰이는 경우가 많다.

사람들에게만 특권이 주어진다.

그러한 점에서 사본을 주로 하는 가마쿠라鎌倉 · 무로마치室町 시대에는 광범위한 지의 공유라는 것은 생각치도 못한 일이었다. 굳이 말하자면, '고잔판五山版'[3]으로 대표되는, 대사원의 공방에서 제작된 종교 서적의 인쇄나 '세쓰요집節用集'[4]과 같은 실용서의 출판이 있었지만, 그조차도 일부 사람들 사이에 보급되는 데 그쳤다. 게다가 중국에서 유입된 출판물의 수도 근소했기 때문에 오히려 지의 갈망이 사회 각층에 고조되어 있었다고 할 수 있다.

그 때문에 『헤이케 이야기平家物語』를 이야기하는 비파 법사琵琶法師[5]나 『태평기太平記』[6] 강석講釈처럼 구전에 의해서 이야기가 보급되기는 했지만 기억에는 한계가 있다. 지의 보급을 위해서는 언제나 신변에 책이 있어서 필요할 때마다 책을 펼쳐보고 잊어버린 것도 확인할 수

. . . .
3 고잔판五山版 : 가마쿠라鎌倉 말기부터 무로마치室町 말기에 걸쳐서, 교토京都 고잔五山 등의 선승에 의해서 간행된 선적禅籍 · 어록語録 · 시문집詩文集 · 경권経巻 등의 목판본木版本.
4 세쓰요집節用集 : 무로마치 중기에 성립된 국어사전. 편자 미상. 단어를 이로하いろは 순서로 나누고 다시 천지天地 · 시절時節 · 초목草木 등의 항목을 만들어 뜻에 따라서 분류, 배열한 것. 또한 에도江戸 시대에는 이를 개편 · 증보한 다양한 세쓰요집이 간행되어 국어사전의 대명사처럼 되었다. 근세 초기까지 서사書写 · 간행된 일련의 책을 특별히 고본 세쓰요집古本節用集이라고 한다.
5 비파 법사琵琶法師 : 비파 연주를 직업으로 하는 맹인 승려 예능인. 헤이안 중기부터 발생해서 가마쿠라 시대에 주로 경문経文을 구전하는 맹승 비파盲僧琵琶와 오로지 『헤이케 이야기』만을 구전하는 헤이케 비파平家琵琶로 나뉘었다.
6 『태평기太平記』: 남북조南北朝 시대의 군담. 고지마 법사小島法師가 저술했다고 전해지지만 미상. 오안応安 연간(1368~75)에 성립되었다고 한다. 가마쿠라 말기부터 남북조 중기까지의 약 50년간의 쟁란을 화려한 화한和漢 혼용문으로 묘사했다. 전 40권으로, 남 · 북조 시대를 무대로 고다이고後醍醐 천황의 즉위부터 가마쿠라 막부鎌倉幕府의 멸망, 겐무 신정建武新政과 그 붕괴 후의 남북조 분열, 간노観応의 난과 2대 쇼군将軍 아시카가 요시아키라足利義詮의 사망 및 호소카와 요리유키細川頼之의 간레이管領 취임까지(1318~68년경까지의 약 50년간)의 일들을 소재로 한 군담소설이다. 이마가와가본今川家本, 고활자본古活字本, 세이겐인본西源院本 등의 여러 종류가 있다. 제목인 '태평太平'이란 '평화'를 기원하는 의미로 붙여졌다고 생각되며, 원령을 진혼하는 의의가 있음도 지적되고 있다.

있는 조건을 갖추는 것이 중요하다.

따라서 많은 부수가 발행되어 같은 책이나 회화를 많은 사람들이 입수할 수 있는 점이 불가결하다. 이는 인쇄에 의한 대량출판에 의해서 비로소 가능해진다. 그리고 취미로서의 책 제작이 아니라 기업으로서 책을 만들어 판매하는 출판업＝서점本屋이 등장함으로써 비로소 많은 사람들에게 지를 공유할 수 있는 조건이 열린다. 이는 분명히 에도江戸 시대에 들어선 이후의 일이다.

『겐지 이야기』는 에도 시대에 보급되었다

근세문학 연구자인 노구치 다케히코野口武彦 씨는 『『겐지 이야기』를 에도 시대로부터 읽다『源氏物語』を江戸から読む』라는 책에서 『겐지 이야기』를 왜 에도 시대에 간행된 판본이나 이 시기에 쓰인 평론 등을 통해서 읽는 것이 자연스러운가 하고 『겐지 이야기』에 관심을 갖는 사람들에게 문제점을 제기하면서 그 이유를 두 가지로 들었다.

첫 번째는 『겐지 이야기』의 연구사적 측면의 관심에서이다. 노구치 씨의 표현을 빌리자면, "이 시대에 달성된 많은 고증과 주석을 빼고서는 근대 겐지학源氏学을 논할 수 없다"고 생각하기 때문이다. 두 번째로는 에도 시대와 그 이전의 시대를 구별할 수 있는 지표, 즉 출판문화의 확립에 의해서 『겐지 이야기』가 신변에 매우 가까워져 관심이 높아졌기 때문이라고 지적하였다.

구체적으로 말하면, "1600년대 초게이초慶長·겐나元和 즈음부터 고활자본이, 그리고 1650년게이안慶安 3에는 현존 최고의 정판본이 유포되어 있었던 『겐지 이야기』의 본문은 1663년간분寬文 3의 『만수일로万水一露』, 1673년엔포延宝 원년의 『수서 겐지 이야기首書源氏物語』, 1675년엔포 3의 『호월초湖月抄』 등의 주석서로 대체되었다"고 지적했다. 그 가운데서도 기타무라 기긴北村季吟[7]이 쓴 『호월초』는 에도 시대에 가장 많이 유포된 주석서로 근대에 들어서도 널리 읽혀졌다고 한다. 『호월초』는 『겐지 이야기 호월초源氏物語湖月抄』라고도 하는데 기긴의 호인 고게쓰데이湖月亭로부터 명명된 서명이다.

더욱이 출판문화의 발달에 의해서 원문으로 읽는 독자뿐 아니라 줄거리만으로 만족하는 사람, 속어판을 즐기는 사람 등 향수자가 다층에 걸쳐 동심원적으로 증가해서 다양한 형태로 많은 사람들에게 향수되었다고 한다.

다음 판화는 습자 학습소의 여선생의 방에서 와카和歌[8]를 배우고 있는 광경이다. 『신여금천희감新女今川姬鑑』이라고 하는 여성 대상의 습자본의 삽화 중 한 장면인데 그 배경에 책 상자가 세 개 놓여 있다. 『고킨와카슈古今和歌集』 이하 21집의 칙찬 와카집勅撰和歌集을 모은 『이십일대집廿一代集』과 『겐지 이야기』, 『호월초』이다. "와카를 가르치는 데 있어 가장 기본적인 문헌입니다" 하고 일부러 그려넣은 것이다. 여성 습자

....

7   기타무라 기긴北村季吟, 1624~1705 : 에도 전기의 가인歌人・하이진俳人, 고전학자. 오미近江 출신. 아스카 이마사아키飛鳥井雅章에게 가학歌学을 배우고 마쓰나가 데이토쿠松永貞徳에게 하이카이俳諧를 배운 후 막부를 섬겼다. 저서 『쓰레즈레구사 문단초徒然草文段抄』, 『겐지 이야기 호월초源氏物語湖月抄』, 『마쿠라노소시 춘서초枕草子春曙抄』 등.
8   와카和歌 : 한시漢詩에 대한 말로 일본 고유의 시가. 5음과 7음을 기조로 하는 장가長歌・단가短歌・선두가旋頭歌・편가片歌 등의 총칭. 헤이안 시대 이후로는 주로 단가를 가리키는 말이 되었다.

와카를 배우는 여성들
여성용 오라이물에서는 여성이 배우는 예능으로서 와카가 차지하는 비율이 높다. 부드러움과 깊이를 표현할 수 있다고 생각했기 때문으로, 『겐지 이야기』의 삽화가 들어간 와카도 학습의 대상이 되었다. (『신녀금천희감新女今川姬鑑』)

선생의 방을 묘사한 이러한 삽화는 여성용 습자본에는 그다지 드문 것은 아니다. 왜냐하면

「갈래머리総角」와 「소녀乙女」도 보이는 습자소[9]   千之 1838~39년

総角や乙女も見ゆる手習所   千之 天保 9~10

라는 센류川柳[10]에서 볼 수 있듯이, '여필지남女筆指南'이라는 여성 습자

....

9   「갈래머리総角」와 「소녀乙女」는 모두 『겐지 이야기』의 권명卷名.
10 센류川柳 : 에도 중기에 발생된 잣파이雜俳(본격적인 하이카이에 대해서 잡다한 형식과 내용을 갖는 유회적인 하이카이의 총칭) 중 하나. 출제된 7·7의 구에 이어지는 5·7·5의 쓰케쿠付句가 독립된 17자의 단시短詩로, 대표자였던 요코이 센류柄井川柳의 이름에서 비롯되었다. 기고季語(계절을 나타내도록 규정된 말)나 기레지切れ字(리듬을 만들어 내도록 한 구를 끝내는 말) 등의 제약이 없고 구어를 사용해서 삶이나 세상 풍속을 해학적·풍자적으로 묘사하는 것이 특징이다.

서화회의 방을 장식하는 『겐지 이야기』
에도 후기에 활발히 개최된 서화회의 한 장면. 장소는 음식점이며 손님의 대부분은 남성이다. 그림 오른쪽
위쪽에 『겐지 이야기 호월초』 등의 책상자가 놓여 있는 걸로 보아 『겐지 이야기』는 여기에서도 관심사였음
을 알 수 있다. (『남가내몽南柯逌夢』)

소의 표찰 옆에 "『겐지 이야기』의 「갈래머리總角」도 「소녀少女」도 가르
칩니다" 하고 여자 아이들의 관심을 끌고자 하는 습자 학습소가 에도
의 곳곳에 존재하기 시작했기 때문이다. 이는 『겐지 이야기』가 여자 아
이들이 배우는 학습소의 교육과정에 편입되었다는 것을 이야기한다.

　이 센류는 1838~39년덴포 9~10에 걸쳐서 읊어진 것이다. 당시의 여
성들에게 인기 있었던 류테이 다네히코柳亭種彦[11] 작의 고칸合卷[12] 『가

11　류테이 다네히코柳亭種彦, 1783~1842 : 에도 후기의 게사쿠戲作 작가. 에도 출신. 본명은 다카
　　야 도모히사高屋知久. 식록食禄 200표俵의 하타모토旗本. 처음에는 요미혼読本을 발표했다.
　　나중에 고칸合卷으로 바꾸어 『가짜 무라사키 시골 겐지修紫田舎源氏』로 호평을 얻었으나,
　　1841~43년의 덴포天保 개혁으로 절판 처분을 받았다. 그 밖에 구사조시草双紙 『간단 제국
　　이야기邯鄲諸国物語』, 샤레본洒落本 『야마아라시山嵐』, 고증수필 『환혼지료還魂紙料』, 『용사
　　상용用拾箱』 등을 저술했다.

짜 무라사키 시골 겐지修紫田舍源氏』[13]가 그즈음「소녀」를 기본으로 한 30편·31편을 선보인 시기에 해당된다. 독자인 여성들을 일희일비하게 하면서 대중목욕탕 등에서 화제가 된 것 중 하나였다. 그러한 분위기를 간파하고 "「소녀」도 가르칩니다" 하는 간판을 걸어둔 것일 것이다.

이즈음 여성용 습자본에는 『겐지 이야기』가 종종 채용되었다. 『여대학보물상자女大学宝箱』라고 하는 다소 교훈적인 제목의 오라이물往来物[14]이 간행된 것이 그 계기가 되었다. 『여대학보물상자』는 1716년교호享保 원년에 오사카大坂에서 간행되어 1848년가에이嘉永 원년에 이르기까지 1세기 이상이나 판매된 롱셀러이다. '여대학女大学'[15]의 권위적인 문장 외에 "『겐지 이야기』에 『햐쿠닌잇슈百人一首』[16] 및 여성의 솜씨 모두를 그림으로 나타내어 보석상자라고 이름 지었다"고 하는 설명대로 그 인

....

12 고칸合巻 : 에도 후기인 분카文化 연간(1804~18) 이후에 유행한 구사조시의 일종. 그 이전의 기뵤시黄表紙 등이 5장 1책이었던 것을 몇 책 합해서 1책으로 만든 것으로, 긴 것은 수십 책에 이른다. 내용은 교훈·괴담·복수·연애·고전의 번안 등 다방면에 걸치는데 어린이뿐 아니라 성인의 읽을거리로서도 환영받았다. 작자에 류테이 다네히코, 교쿠테이 바킨曲亭馬琴, 산토 교덴山東京伝 등이 있다.

13 『가짜 무라사키 시골 겐지修紫田舍源氏』: 고칸. 38편 152책. 류테이 다네히코 지음, 우타가와 구니사다歌川国貞 그림. 1829~42년 간행. 『겐지 이야기』의 세계를 무로마치 시대로 옮겨 번안한 것. 에도성江戸城 쇼군 주변의 여성들大奥을 묘사했다는 소문이 나서 덴포 개혁에 의해 절판 처분을 받았다. 39·40편은 미간.

14 오라이물往来物 : 헤이안 말기부터 메이지明治 초기에 걸쳐서 편집·사용된 일종의 초보교과서의 총칭. 『메이고 오라이明衡往来』에서 비롯되었는데 처음에는 편지의 모범 문장을 모아놓은 것模範文例集이었지만 근세에는 항목도 다양화되어 데라코야寺子屋(에도 시대에 서민 자제에게 초보적인 읽기·쓰기·산술을 가르친 사설 교육기관)의 교과서가 되었다.

15 여대학女大学 : 에도 시대부터 여성 교육에 사용된 교훈서. 여기에서 말하는 '대학大学'이란 사서오경四書五経 중 하나인 '대학'을 말한다. 가이바라 에키켄貝原益軒이 저술한 『화속동자훈和俗童子訓』을 기본으로 해서 저술된 것으로 보인다. 1716년 간행.

16 『햐쿠닌잇슈百人一首』: 『오구라 햐쿠닌잇슈小倉百人一首』를 말한다. 후지와라노 데이카藤原定家가 교토 오구라산小倉山의 산장에서 선정했다고 전해지는 백수의 노래. 덴지天智 천황부터 준토쿠順徳 천황까지 백인의 와카를 한 수씩 모은 것으로, 근세 이후에는 가루타ガルタ라고 하는 일종의 카드놀이로도 보급되었다.

기의 비밀은 『겐지 이야기』를 비롯한 고전에 친숙히 하기 위한 도입적인 내용이 담긴 점에 있었다.

그 때문에 이후 유사한 책이 연이어 간행되었기 때문에 어느 샌가 여성용 텍스트에는 『겐지 이야기』의 일부가 반드시 채용되어 주인공인 히카루 겐지光る源氏의 이름은 더욱 더 많은 여성들 사이에 침투되어 갔다.

그러나 여성과 아이들 사이에 『겐지 이야기』가 침투된 것은 유교적 관점에서 보면 '호색 음란해서 옳지 않은 일'을 쓴 책의 장르에 포함된다고 여겨졌기 때문에 그다지 환영받은 것은 아니었다. 그래도 '여교서女教書'의 권위인 가이바라 에키켄貝原益軒[17]에 의해서 "음란하지 않은 옛 노래를 많이 읽게 해서 풍아風雅의 길을 알게 해야 한다"고 장려된 후 "언제 읽어도 덕이 있는 문장은 『햐쿠닌잇슈』, 『고킨와카슈』, 『이세 이야기伊勢物語』 및 『겐지 이야기』"라고 여성교육에서 중시되기에 이르렀다.

그러나 『겐지 이야기』가 남성 세계의 문학이었던 점은 분명하다. 특히 국학이 사상적으로 영향력을 강화하게 되자 더욱 더 관심이 높아졌다. 에도 후기의 하이진俳人[18] 고바야시 잇사小林一茶[19]는 모토오리 노

----

17 가이바라 에키켄貝原益軒, 1630~1714 : 에도 전기의 유학자이자 본초학자本草学者. 후쿠오카福岡 번사藩士. 이름은 아쓰노부篤信, 자는 시세이子誠이며 초기에는 손겐損軒라 호했다. 약학을 공부하고 주자학을 신봉했다. 교육·역사·경제면에서도 공적이 많다. 저서에 『양생훈養生訓』, 『신사록慎思録』, 『야마토 본초大和本草』 등이 있다.

18 하이진俳人 : 하이쿠俳句를 짓는 사람.

19 고바야시 잇사小林一茶, 1763~1827 : 에도 후기의 하이진. 시나노信濃 출신. 통칭은 미타로弥太郎. 14세의 봄, 에도에 나와서 가쓰시카파葛飾派의 니로쿠안치쿠아二六庵竹阿에게 하이카이를 배웠다. 훗날 각 지역을 순회하다가 만년에는 고향에 정주했다. 불행 속에서 속어와 방언을 섞어 굴절된 감정에 기초한 독자적인 작풍을 표현했다. 저서 『칠번일기七番日記』,

리나가本居宣長²⁰가 주장한 '시키시마敷島²¹의 길' = 국학에 심취되어 '불교, 유교 모두 혼탁해도 신도만이 맑다'라고 기록할 정도로 경사되었기 때문에 당연히 『겐지 이야기』에도 깊은 관심을 나타냈는데

사랑스런 고양이

울타리에서 겐지

흉내내네   1809년

恋猫の源氏めかする垣根哉   文化 6

라고 읊었을 정도였다.

고독한 나는

빛나지 않는

반딧불인가   1820년

孤の我は光らぬ蛍かな   文政 3

················

『나의 봄おらが春』, 『아버지의 종언일기父の終焉日記』 등.

20 모토오리 노리나가本居宣長, 1730~1801 : 에도 중기의 국학자國学者. 일본 국학의 4대인四大人 중 한 사람. 이세伊勢 출신. 호는 스즈노야鈴屋. 교토로 가서 의학을 배우는 한편, 『겐지 이야기』 등을 연구했다. 다시 가모노 마부치賀茂真淵에 입문하여 고도古道 연구를 시작하고 『고사기전古事記伝』을 저술하는 데 30여년을 전념했다. 또한 데니오하てにをはな 용언用言 활용 등의 어학설語学説, '모노노아와레もののあはれ'를 중심으로 하는 문학론, 상대上代의 생활과 정신을 이상으로 하는 고도설古道説 등 다방면에 걸쳐서 연구와 저술을 전개했다. 저서 『우히야마부미うひ山ぶみ』, 『석상사숙언石上私淑言』, 『고토바노다마오詞の玉緒』, 『겐지모노가타리 다마노오구시源氏物語玉の小櫛』, 『고금집원경古今集遠鏡』, 『다마가쓰마玉勝間』, 『스즈노야집鈴屋集』 등.

21 시키시마敷島 : 일본의 다른 이름.

라고 자신의 생애를 '빛나지 않는 반딧불'에 비유해서 3세에 모친을 여읜 처지를 겐지에 중첩시키고 있다.[22] 더욱이 잇사는 『겐지 이야기』의 '반딧불'에 히카루 겐지가 의붓어머니 이야기를 비난한 구절이 있다는 것을 충분히 의식해서 하이쿠俳句[23]를 읊을 정도로 정통해 있었다.

또한 『겐지 이야기』의 구성과 전개를 의식해서 주인공인 히카루 겐지를 당세풍의 요노스케世之介로 꾸민 이하라 사이카쿠井原西鶴[24]의 『호색일대남好色一代男』이나, 『겐지 이야기』를 무로마치 시대의 이야기로 각색한 다네히코의 『가짜 무라사키 시골 겐지』 등을 통해서 『겐지 이야기』는 본문을 읽지 않은 독자층에까지 널리 알려지는 존재가 되었다.

일본문화의 원형 형성

노구치 다케히코 씨가 언급한 대로, 출판문화가 발달한 덕분에 많은 서민들이 『겐지 이야기』를 향수하게 되었다는 점은 분명하다. 따라서 2008년 천 주년을 계기로 일었던 『겐지 이야기』 붐도 에도 시대에 비롯되었다고 말해도 과언이 아니다.

....

22 '빛나지 않는光らぬ'은 '빛나다'는 의미인 '히카루光る'의 부정형으로, 『겐지 이야기』의 주인공 히카루光る를 중의적으로 나타내고 있다.

23 하이쿠俳句 : 하이카이俳諧의 렌가連歌의 첫 구가 독립된 5·7·5의 17자로 된 짧은 시.

24 이하라 사이카쿠井原西鶴, 1642~93 : 에도 전기의 우키요조시浮世草子 작가이자 하이진. 오사카 출신. 니시야마 소인西山宗因에게 하이카이를 배웠다. 우키요조시에서는 무사와 조닌町人(본서 시작하는 말의 주 46 참조)의 생활 실태를 객관적으로 묘사해서 일본 최초의 현실주의적 시민문학을 확립했다. 저서 『호색일대남好色一代男』, 『본조이십불효本朝二十不孝』, 『일본영대장日本永代蔵』, 『세켄무네산요世間胸算用』, 『사이카쿠 제국 이야기西鶴諸国ばなし』, 『사이카쿠가 남긴 선물西鶴置土産』, 하이카이의 『사이카쿠 오야카즈西鶴大矢数』 등.

이러한 점은『겐지 이야기』에 한정되지 않는다. 많은 고전문학도 마찬가지였다. 저명한 헤이안 문학의 대개는 에도 전기에 간행되었다. 이는 에도 초기에 일었던 왕조문화로의 회귀현상과 불가분하게 연결되어 있다. 센고쿠戦国 시기에 위기에 처해 있던 고금전수古今伝授[25]를 지켜내는 등 왕조문화의 전통을 유지하고자 하는 분위기 속에서 고전을 공유하기 위해서 출판을 활용하고자 했기 때문이다. 그러나 이는 아이러니하게도 전통적인 고전 해석을 부정하는 동시에 새로운 해석을 탄생시키는 계기가 되었다.

근세문화사 연구자인 요코타 후유히코橫田冬彦 씨는 이러한 경향이 헤이안기 고전의 부활에 그치지 않고 가마쿠라・무로마치 시대의 문예에도 영향을 미쳤다고 지적했다. 그 유명한 겐코 법사兼好法師의 수필『쓰레즈레구사徒然草』도 마찬가지라고 언급했다.

『쓰레즈레구사』는 가마쿠라 시대 말기의 작품이지만『겐지 이야기』와는 달리 무로마치 시대에는 사본이 약간 남아있을 뿐으로 한정된 사람들에게만 읽혀졌다고 한다. 그러던 것이 에도 시대에 들어서자 원문과 주석본이 고활자본으로 간행되었다. 그 후에도 주석본이 연이어 간행되고 특히 유학・불교・가학歌学[26]・하이카이誹諧[27]적인 입장에서 당

---

25 고금전수古今伝授: 중세에『고킨슈古今集』의 난해한 어구 해석 등을 비전秘伝으로 스승에서 제자에게 전수된 것. 도 쓰네요리東常緣로부터 소기宗祇에게 전해진 것이 시초이다. 그 후 사카이堺・나라奈良・니조二条 등으로 나뉘었다.
26 가학歌学: 와카和歌에 관한 학문. 와카의 본질・변천・미적 이념・관습을 연구해서 훈고訓詁 주해, 가집歌集의 교정 등을 실시했다. 헤이안 중기 이후에 본격화되었다.
27 하이카이誹諧: 렌가連歌의 일종. 본래 여흥으로 만들어진 것으로, 해학미를 주로 하는 렌가. 무로마치 말기, 야마자키 소칸山崎宗鑑・아라키다 모리타케荒木田守武 등에 의해서 독자적인 문예가 되었다. 에도 시대, 마쓰나가 데이토쿠・니시야마 소인 등을 거쳐서 마쓰오 바쇼松尾芭蕉에 이르러 쇼풍 하이카이蕉風俳諧로서 예술적 완성을 이루었다. 바쇼 이후에 훗

시의 저명인이 모두 주석서를 출판했기 때문에 급속하게 보급되어 하이카이를 좋아하는 무라비토村人[28] 사이에 확장되었다고 한다. 『쓰레즈레구사』의 보급도 또한 출판문화의 발달에 의해서 가능했다.

이러한 고전 회귀현상은 문학의 세계뿐 아니라 문화의 다양한 분야에서 일어났다. 다음 사진은 혼아미 고에쓰本阿弥光悦[29]의 작품이라 전하는 〈선교 마키에 벼루상자船橋蒔絵硯箱〉이다. 이 의장은 『후찬 와카슈後撰和歌集』(恋二)에 수록된 미나모토노 히토시源等의 노래를 표현한 것으로, 『이세 이야기』 「아즈마쿠다리東下り」의 한 구절인 야쓰하시八橋 장면의 모티브가 오가타 고린尾形光琳[30]의 〈가키쓰바타 그림 병풍燕子花図屛風〉으로 확장된 사실은 잘 알려진 이야기이다.

이러한 고전 회귀의 작업을 통한 고전적인 문화의 전통과 축적을 기초로 해서, 그때까지 일본에 막대한 영향을 미쳤던 중국문화와는 취향을 달리하는 독자적인 문화를 지향하는 움직임이 나타났다는 사실이 중요하다.

....

쿠発句가 중심이 되면서 하이카이는 쇠퇴했다.

28 무라비토村人 : 농업·임업·어업에 종사하는 사람들이 형성하는 일정 규모의 집락인 무라村에 거주하는 사람. 도시에 거주하는 상공인을 이르는 조닌에 대한 말로 쓰이기도 한다.

29 혼아미 고에쓰本阿弥光悦, 1558~1637 : 모모야마桃山 시대부터 에도 초기의 예술가. 교토 출신. 호는 다이코안太虚庵, 지도쿠사이自得斎 등. 도검刀剣 감정의 명가인 혼아미本阿弥 가문의 분가分家에서 태어났다. 서書·도예陶芸·옻공예漆芸 등에 뛰어나 1615년겐나 원년 도쿠가와 이에야스徳川家康로부터 낙북洛北의 다카가미네鷹ヶ峰 지역을 사여받아 예술마을을 운영했다. 글씨는 간에이 삼필寛永三筆 중 한 사람이며, 고에쓰류光悦流의 시조이다. 도예·옻공예에서도 고에쓰 라쿠야키光悦楽焼·고에쓰 마키에光悦蒔絵의 창시자로 일가를 이루었다.

30 오가타 고린尾形光琳, 1658~1716 : 에도 중기의 화가·공예의장가工芸意匠家. 교토 출신. 통칭 이치노조市之丞라 불렸다. 겐잔乾山의 형. 처음에는 가노파狩野派를 공부하고 나중에 고에쓰와 소타쓰宗達의 작품에 영향을 받아 대담하고 가벼운 화풍을 특징으로 하는 독자적인 조형미를 전개해서 린파琳派를 확립했다. 대표작에 〈가키쓰바타 그림 병풍〉, 〈홍백매도 병풍紅白梅図屛風〉 등이 유명하다.

그 한편에서 여전히 중국문화가 큰 영향력을 끼쳤다는 점에는 변함이 없다. 또한 에도 후기에는 서양의 문화도 유입되어 일정한 영향을 받았다는 것도 주지하는 사실이다. 에도 후기에는 이러한 세 개의 문화가 융화되면서 모든 분야에서 독자적인 문화가 형성되어 갔다고 말할 수 있을 것이다.

헤이안 문학에 모티브를 구하다
〈선교 마키에 벼루상자〉. 미나모토노 히토시源等의 와카 '동국 사노로 긴 배다리 걸쳐있듯 그리워하나 이 맘 알아주는 이 아무도 없구나東路乃左乃 > 船橋かけて濃ミ、思渡るを知る人そなき(『후찬 와카집後撰和歌集』 수록)에서 '船橋' 두 글자는 문자로 나타내지 않고 대신 도안으로 나타냈다.

다시 말해서, 에도 시대의 문화의 원점은 그 이전의 고전문화에 있으며 또한 일본에 영향을 미친 중국문화에 있다. 그리고 출판문화의 확립에 의해서 많은 사람들이 지적 정보를 공유할 조건이 갖추어져 있었다. 요컨대, 에도 시대는 공유된 지적 정보를 활용해서 고대·중세 이래의 전통적인 제약과 중국문화의 영향에서 해방되어 독자적인 해석을 통해서 고전과 중국문화를 새롭게 융합시키고 거기에서 다시 일본 독자적인 문화의 표현형식을 창조한 시대라고 할 수 있다.

에도라고 하면 바로 떠오르는 하이카이나 가부키歌舞伎,[31] 우키요에浮世絵[32] 등 이 시대에 꽃핀 문화도 일본의 고전과 중국문화가 불가분

----

31 가부키歌舞伎 : 덴쇼天正 시대(1573~92)의 유행어로 기묘한 차림을 나타내는 뜻의 동사 'かぶ(傾) く'의 연용형連用形에서 비롯되었다. 근세 초기에 발생, 에도 시대의 문화가 키워낸 일본 고유의 연극. 선행하는 무용음악 등의 여러 요소를 집대성하여 서민적인 종합연극으로 현재에 이르고 있다.
32 우키요에浮世絵 : 에도 시대의 풍속, 특히 유리遊里, 유녀遊女, 배우俳優 등을 그린 그림. 에도 서민층을 기반으로 융성했다. 육필화와 목판화가 있으며 특히 판화는 히시카와 모로노

아리와라노 나리히라在原業平**의 기분과는 이질적인 화려함**
붓꽃을 뜻하는 '가키쓰바타ゕきつばた'라는 다섯 글자를 각각 구의 첫머리에 읊은 아리와라의 와카를 회화로 나타냈다.
(오가타 고린 〈가키쓰바타 그림 병풍〉 우첩)

②

하게 연결되면서 이를 기초로 창조된 독자적인 예술이다. 이들은 많은
사람들의 희망과 지적인 요구에 맞물려 공감을 얻었다. 특히 중요한
것은 이러한 새로운 문화를 일반 서민이 향수하고 즐길 수 있는 조건
을 만들어냈다는 점에 있다.

그러한 점에서 에도 시대는 근대 국민문화의 기반이 될 만한 조건을
준비하여 오늘날의 일본문화의 원형을 형성한 시대라고 할 수 있다.

. . . .

부菱川師宜에서 시작해서 스즈키 하루노부鈴木春信 등에 의한 다색의 니시키에錦絵 기법의
출현에 의해서 크게 발전했다. 대표적인 작가로 기타가와 우타마로喜多川歌麿, 우타가와
히로시게歌川広重, 가쓰시카 호쿠사이葛飾北斎 등이 유명하다. 서양의 근대 회화, 특히 인상
파에 영향을 미쳤다.

문화사의 새로운 방법

문화란 무엇인가. 문화사란 어떠한 것을 묘사한 역사인가 하는 문제에 대해서 문화사의 통사나 개설을 집필한 선행연구자들은 반드시 서두에 독자에게 자신의 의견을 언급한다.

예를 들어, 지금도 읽혀지고 있는 『일본문화사日本文化史』[33]의 저자인 이에나가 사부로家永三郎 씨에 의하면, 광의로는 '인간 삶의 영위 모두'이며 협의로는 '학문이나 예술, 종교·사상·도덕'을 묘사하는 것이 문화사라고 한다. 그리고 이 둘 중 어느 입장에서 묘사한다고 해도 '문화에는 만들어내는 작용과 만들어지는 것, 향수하는 작용, 이렇게 세 가지 측면'이 있으며, 이 삼자가 각각 독립성을 가지면서도 밀접하게 연결되어 있기 때문에 문화사는 단지 만들어진 문화재로서뿐 아니라 이를 만들어내고 향수하는 사회 또는 개인과의 관계에 초점을 두어 서술해야 한다고 한다.

이에나가 씨의 『일본문화사』가 오랫동안 생명을 유지하고 많은 독자에게 지적 감동을 주고 있는 것은 이러한 관점에서 시대의 문화적 특성을 간결하게 그려내고 있기 때문일 것이다.

저자는 이에나가 씨의 이러한 개념 정의에 친근감을 갖는다. 그러나 이에나가 씨의 경우, 아무래도 그 시대의 문화를 대표하는 예술가나 사상가·종교가 그리고 작품에 관한 서술이 중심을 이루고 있어서 이를 향수하는 사회나 개인의 입장에 관해서는 충분히 묘사되어 있다고 할 수 없다.

....
[33] 家永三郎, 『日本文化史』, 岩波新書, 1959(이에나가 사부로, 이영 역, 『일본문화사』, 까치, 1999).

이러한 점은 근세 사상사 연구자인 비토 마사히데尾燈正英 씨가 저술한 『일본문화의 역사日本文化の歷史』[34]의 경우에도 해당된다고 말할 수 있다. 비토 씨도 '역사적으로 형성되어온 일본인의 생활과 사고의 양식 전체'를 묘사하는 것이 문화사라고 말하면서도 그 서술이 생활문화의 수준에까지 이르렀다고는 생각되지 않는다.

그러한 점에서 볼 때 에도 시대의 문화에 한정해서 통사나 개설을 저술한 선행연구자들의 작업도 유감스럽게도 그다지 차이가 없으며, 무엇보다도 에도 시대의 문화사를 대담하게 묘사하고자 하는 연구자가 없었기 때문에 참고로 할 수도 없다.

그렇기 때문에 현대의 정치·사회·문예 비평가인 가토 슈이치加藤周— 씨의 『일본문학사서설日本文学史序説』 하권[35]이 문화사의 대체물로 읽혀져 왔다. 가토 씨는 각 시대의 문학을 이해하기 위해서 문학을 둘러싼 문화상황에도 많은 부분을 할애해 각 시대의 문화 전반을 개관하고 때로는 상당히 깊이 있게 묘사하고 있기 때문에 그 시점과 서술 내용이 지금도 설득력 있게 독자에게 다가온다.

그러던 중, 근년에 드디어 대망의 책이 간행되었다. 본 전서[36] 제11권인 『도쿠가와 사회의 흔들림德川社会のゆらぎ』을 집필한 구라치 가쓰나오倉地克直 씨가 저술한 『에도 문화를 읽다江戸文化をよむ』이다. 구라치 씨는 에도 시대 사상사 연구의 일인자이다. 이 책은 풍부한 사상적 지식

34 尾藤正英,『日本文化の歷史』,岩波新書, 2000(비토 마사히데, 엄석인 역,『사상으로 보는 일본문화사』, 예문서원, 2003).

35 加藤周一,『日本文學史序說』下, 筑摩書房, 1980(가토 슈이치, 김태준 역,『일본문학사서설』2, 시사일본어사, 1996).

36 小學館創立85周年記念出版,『日本の歷史』.

을 기초로 해서 에도 시대의 시간적 흐름에 따라 각각의 문화에 관해 구체적인 사례를 담았고 문화를 주도한 사람들과 작품에 관해서도 새로운 해석을 가했기 때문에 계몽되는 점이 많기는 하지만, 향수자의 입장이 반영된 문화사인가 하는 점에서는 의문을 느끼지 않을 수 없다.

문학·미술·연극 등의 문화를 구성하는 개별 장르에 관해서는 많은 통사와 개설이 저술되고 있다. 그러나 저술의 중심은 여전히 정통적인 작가·작품론이 압도적으로 많다. 따라서 그 성과를 통사나 개설에 반영시켜 참신한 문화사를 그려내는 데는 새로운 방법론이 필요하다.

예를 들어, 에도 초기의 화가 다와라야 소타쓰俵屋宗達[37]의 작품은 모두가 육필화이다. 농민의 생활을 묘사한 구스미 모리카게久隅守景[38]의 그림도 마찬가지이다. 이러한 회화는 훌륭해서 에도 초기의 일본문화를 대표하는 작품이 분명하다. 오늘날 우리는 이를 미술관에서 직접 감상할 기회가 있고, 복제이기는 하지만 화집 등을 통해서 그 아름다움과 훌륭한 표현을 감상할 수 있다. 그러나 에도 시대에 살았던 사람들 중에 이를 볼 기회를 갖는 사람은 매우 한정되어 있었다.

그렇다고 해서 근대사회로 들어서기까지는 소타쓰나 모리카게의

....
37 다와라야 소타쓰俵屋宗達, 생몰년 미상 : 모모야마에서 에도 초기에 걸친 화가. 다와라야俵屋
는 가호家号이며 이넨伊年·다이세이켄对青軒이라는 인장을 사용했다. 소타쓰코린파宗達光
琳派, 즉 린파琳派의 시조. 교토의 상층 조닌 출신으로 보이며, 혼아미 고에쓰가 글씨를 쓴
와카마키和歌巻에 금은니金銀泥의 밑그림을 그렸다. 또 부채나 시키시에色紙絵(오색의 문양
과 금은 가루를 뿌려 장식한 종이) 등에 야마토에大和絵의 전통을 새롭게 해석해서 참신한
장식적 화법을 나타냈으며 수묵화에도 새로운 바람을 불어넣었다. 〈풍신뢰신도風神雷神
図〉 등 병풍 형식의 대작도 많다.
38 구스미 모리카게久隅守景, 생몰년 미상 : 에도 초기의 화가. 에도 출신. 호는 무게사이無下斎,
잇친오一陳翁. 가노 단유狩野探幽에게 사사했으나 후에 파문되었다고 한다. 농민·서민의
풍속을 그린 〈석안붕납량도夕顔棚納涼図〉, 〈경작도耕作図〉가 유명하다.

③

종교화의 세계로부터 인간주의의 미술로
다와라야 소타쓰의 대표작. 〈풍신뢰신도 병풍風神雷神図屏風〉은 오랫동안 종교화로 묘사된 모티브였지만 소타쓰에 의해서 인간적인 모습으로 변신했다.

존재를 전혀 몰랐으며 알 가능성이 없었다고 단정하는 것은 섣부른 생각이다. 농민 가운데는 이를 알 기회가 있는 자가, 조금씩이기는 했지만, 늘어났다. 소타쓰와 오가타 고린의 회화의 아름다움을 향수할 수 있는 기회가 어떻게 해서 보급되어 많은 사람들에게 향수되었는가 하는 문화사를 그려낼 수는 없을까? 누군가 한 번 도전해도 좋지 않을까?

향수하는 입장에서 묘사하는 사례

이에 두 가지 사례를 소개해 보겠다. 예컨대, 일본의 고전문학을 대표하는『고킨와카슈』나『햐쿠닌잇슈』등의 훌륭함은 에도 시대의 사람들에게 어디까지 수용되었는가 하는 사실을 알 수 있는 방법으로서 라쿠쇼落書[39]를 이용해 보자.

오구라야마小倉山는 아니지만 여기에서 구라마이도리蔵米取り[40]의 가인家人
에게 한 수를 보냈다. 『신거지집新乞食集』에 더해도 좋을 것이다.

덴치天智 천황

움막집 놓인

가을 들녘에 벼가

너무 잘 익어

나의 소매자락은

계속 저당 잡히네

秋の田のかりほの穂の出来すぎて わが衣手に質をおきつつ[41]

지토持統 천황

봄이 지나고

여름이 찾아오면

쌀값도 자꾸

내려가기만 하니

골치 아프네

春すぎて夏来てみれば米値段 次第にやすくあたまかく山[42]

. . . .

39 라쿠쇼落書 : 정치・사회나 인물 등을 비판・풍자한 익명의 문서. 사람들 눈에 띄기 쉬운 곳
    에 떨어뜨려 사람들이 줍게 하거나 거리에 붙여 놓았다. 중세부터 근세에 걸쳐서 성행했다.
40 구라마이도리蔵米取り : 에도 시대, 봉록미俸禄米로서 구라마이蔵米를 지급받는 막신幕臣이
    나 번사藩士.
41 『햐쿠닌잇슈』의 "가을 들녘에 / 움막 지붕이 너무 / 듬성하여서 / 나의 소매 자락은 / 이
    슬에 계속 젖네秋の田のかりほの庵の苫をあらみ わが衣手は露に濡れつつ"를 패러디한 것이다.
42 『햐쿠닌잇슈』의 "봄이 지나고 / 여름이 왔나 보다 / 여름이 오면 / 새하얀 빨래 넌다는 /

에도 후기인 분카文化 연간(1804~18)에는 쌀값이 계속 내려가서 무사 생활에 직격탄을 가했다. 그러한 상황에서 에도 조카町家의 담벼락에 위와 같은 자레우타ざれ歌[43]가 붙었다. 그야말로 라쿠쇼의 일종이다. 이처럼 정치나 사회를 풍자하는 노래를 교카狂歌[44]라고 하는데, 라쿠쇼로 쓰여지면 라쿠슈落首[45]가 된다. 이를 본 조닌町人[46]은 이것이 『햐쿠닌잇슈』의 혼카도리本歌取り[47]라는 사실을 알아차린다. 그리고는 무심결에 웃으며 휴대하고 있던 야타테矢立[48]를 살며시 꺼내서 적어두곤 한다.

이 작자가 무사 신분의 반체제자인지 로닌浪人[49]인지는 따지지 않겠다. 문제는 이 교카를 읽은 서민이다. 즉, 서민들 사이에서는 『햐쿠닌잇슈』의 가루타カルタ 놀이[50]가 유행했기 때문에 이미 이 정도의 고전은 널리 보급되어 있다고 작자가 판단하고 이 교카를 읊었다고 하는 점이다.

....

아마노카구야마春過ぎて夏来にけらし白妙の 衣ほすてふ あまの香具山"를 패러디한 것이다.

43 자레우타ざれ歌: 골계미가 있는 와카. 또는 교카狂歌.

44 교카狂歌: 일상을 소재로 해서 속어를 사용한 단가短歌로 풍자와 해학을 자아내는 것이 특색이다. 에도 중기 이후에 크게 유행했다.

45 라쿠슈落首: 풍자·비판·조소를 포함한 익명의 자레우타ざれ歌. 시가詩歌의 형식을 띤 라쿠쇼.

46 조닌町人: 에도 시대, 도시에 거주한 상공商工 계급. 엄밀하게는 토지와 가옥을 소유한 지주와 가옥을 소유한 자에 한정되지만 일반적으로는 가게나 토지를 빌려 쓰는 하층민도 포함해서 이른다. 가마쿠라 시대쯤부터 대도시에 정주해서 상공업을 영위하기 시작해서, 아즈치·모모야마 시대에 병농분리정책에 의해서 사농계층과 구별되어 조카마치城下町에 정주하면서 조닌으로서의 신분이 확립되었다. 신분적으로는 하위에 놓였지만 경제력을 축적해서 영주의 경제에 영향을 미치는 한편 문화의 담당자로 부상했다.

47 혼카도리本歌取り: 와카·렌가連歌 등에서 고가古歌의 어구語句나 취향趣向 등을 도입해 짓는 것. 『신코킨와카슈新古今和歌集』 시대에 활발했다.

48 야타테矢立: 전통箭筒에 넣어 휴대하는 벼루, 먹통에 붓통이 달린 휴대용 필묵.

49 로닌浪人: 중세나 근세에 주군과 스스로 결별하거나 혹은 잃어버린 무사. 에도 시대에는 막부의 다이묘大名 억압 정책에 의해서 현저히 증가해 정치·사회 문제가 되었다.

50 가루타カルタ 놀이: 가루타는 카드를 의미하는 포르투갈어 carta에서 온 말로 작은 종이 카드에 다양한 그림과 문자를 적어 한 쌍을 만드는 놀이이다.

헤이안 문예를 대표하는『햐쿠닌잇슈』정도는 누구라도 알고 있다는 점을 전제로 해서 정치나 사회를 풍자하는 교카라는 새로운 장르가 탄생하여 고전이 형태를 바꾸어 생활 속에 살아있었던 것이다.

또 하나의 사례는 역시 에도 후기에 여성을 위해서 쓰인 다메나가 슌스이為永春水[51] 작의 닌조본人情本[52]『춘색 매화 달력春色梅児誉美』이다. 초편 1권 두 번째 장면의 서두는 다음과 같은 문장으로 시작된다.

멀고도 가까운 것이 남녀 사이라는 것은 세이조淸女의 붓의 묘미인가. 그렇기는 하지만 단지로丹次郎와 요네하치米八는 가쿠야樂屋[53]에 살면서 어느새인가

이 문장을 읽은 여성 독자들은 이것이 헤이안 문학의 대표작인『마쿠라노소시枕草子』161단의 '멀고도 가까운 것 — 극락, 뱃길, 사람 마음'이라고 한 구절을 인용한 것이며 '세이조淸女의 붓'이라는 것은 세이쇼 나곤淸少納言[54]의 말을 의미한다고 즉시 떠올릴 수 있었을까? 슌스이는

----

51 다메나가 슌스이為永春水, 1790~1843 : 에도 후기의 닌조본人情本 작가. 에도 출신. 본명은 사사키 사다타카鷦鷯貞高. 시키테이 산바式亭三馬의 제자가 되어 에도의 조닌 생활과 남녀의 치정 세계를 묘사한 닌조본 형식을 확립했다. 풍기를 어지럽혔다고 해서 덴포 개혁에서 수갑형을 받아 우울해 하던 중 사망했다. 저서『춘색 매화 달력春色梅児誉美』,『춘색 후카가와의 정원春色辰巳園』,『하루쓰게도리春告鳥』등.

52 닌조본人情本 : 에도 말기의 서민 생활을 연애 중심으로 엮은 소설. 샤레본의 뒤를 이은 것으로 조닌의 연애, 인정人情의 갈등 등을 묘사했다. 다메나가 슌스이의『춘색 매화 달력』등이 대표작이다.

53 가쿠야樂屋 : 극장의 무대 뒤에 있는 공간으로 출연자가 출연 준비를 하거나 휴식하는 방.

54 세이쇼 나곤淸少納言, 생몰년 미상 : 헤이안 시대 중기의 여류 문학자. 본명 미상. 993년쇼랴쿠正曆 4쯤부터 이치조一条 천황의 중궁中宮 데이시定子를 섬기고 화한和漢의 학문적 재능으로 총애를 받았다. 수필『마쿠라노소시』, 가집『세이쇼 나곤집淸少納言集』등을 남겼다.

이 정도는 상식이라고 말하기라도 하듯이 각 권의 권두 부분에 반드시 고전문학의 한 구절을 인용해 문아文雅의 분위기에서 이야기를 시작한다. 슌스이는 독자가 이해할 수 있다고 판단했던 것 같다. 고전문학이 서민 문예 속에 깊이 뿌리를 내리고 있었던 것을 말해준다.

에도 시대의 문화사에서 다루어 온 오가타 고린의 회화와 마쓰오 바쇼松尾芭蕉[55]의 하이카이 등을 그들의 작품의 예술성이라는 관점에서 묘사할 뿐 아니라 감상하고 즐기는 측, 즉 수용자의 관점에서 묘사해 보면, 고린이나 바쇼가 창조한 예술이 사람들의 어떠한 세계에까지 침투해 있었는가를 파악할 수 있으며 그들의 예술이 일상생활을 풍요롭게 하고 있었던 사실을 이해할 수 있을 것이다.

서민의 눈높이에서 묘사하는 문화사

서민의 눈높이에서 문화사를 묘사하고자 하면, 문화를 향수하는 서민이 어떠한 생활을 하고 있었는가 하는 생활의 원점에 입각해야만 한다. 이러한 일상생활의 문제는 이제까지 민속학적인 연구의 관점에서 이루어졌으며 역사학의 관점으로는 거의 다루어지지 않았다. 다행히

....
55 마쓰오 바쇼松尾芭蕉, 1644~94 : 에도 전기의 하이진. 이가伊賀 출신. 이름은 무네후사宗房. 바쇼는 하이고俳号이다. 별호別号에 도세이桃青 등이 있다. 도도 요시타다藤堂良忠(하이고俳号 : 센긴蟬吟)를 섬겨 하이카이를 공부하고 교토에서 기타무라 기긴에게 사사했다. 훗날 에도로 가서 후카가와深川의 바쇼암芭蕉庵에 살며 단린풍談林風의 하이카이를 벗어나 쇼풍蕉風을 확립했다. 각지를 여행하며 홋쿠発句와 기행문을 남겼다. 여행지였던 오사카에서 병으로 사망했다. 하이쿠의 대개는『하이카이 칠부집俳諧七部集』에 수록되어 있다. 기행에『노자라시 기행野ざらし紀行』,『수행자의 소문笈の小文』,『사라시나 기행更科紀行』,『오쿠로 가는 좁은 길奥の細道』, 일기에『사가 일기嵯峨日記』등이 있다.

도 에도 시대의 각 무라村[56]에 남겨진 문서에는 농민의 일상생활에 관한 문서도 상당히 많이 존재해서 그러한 문서의 분석을 통해서 새로운 연구 성과가 이루어지고 있다.

이 점에 관해서 근세사회사 연구자인 쓰카모토 마나부塚本学 씨는 『작은 역사와 큰 역사小さな歷史と大きな歷史』에서 "문자를 모르는 채로 지배층의 체제에 편입되지 않고 존재했던 민속이 문자세계의 문화에도 등장할 기회를 얻었으며, 반면에 문자세계의 문화에 편입되어 가는 것도 에도 시대에 크게 진행한 것이 분명하다"고 언급한 바 있는데 실로 그러하다. 그리고 이는 근세 문서에 정통한 모리 야스히코森安彦 씨의 『고문서가 말해주는 근세 무라비토의 일생古文書が語る近世村人の一生』에서 논증되었다. 이에 본서에는 이상의 연구를 참고하면서 무라비토와 조닌의 문화에 접근해 보고자 한다.

우선, 에도 시대의 문화사를 그려내는 데 빠뜨릴 수 없는, 가마쿠라・무로마치와는 크게 다른 특색을 네 가지 다루어 보겠다. 그중 하나가 이백수십여 년이나 전쟁이 없었다는 사실이고, 두 번째는 그에 의해서 무라비토가 정주생활을 영위하게 된 점이다. 그리고 세 번째로는 삼도三都[57]를 포함해서 전국 각지에 조카마치城下町[58] 등이 연이어 탄생했다는 사실이다. 마지막은 사농공상이라는 강력한 신분제가 관철되었다는 사실이다. 직분제職分制 국가라고 일컬어지는 에도 시대를 부負의 측면만 강조하는 것이 아니라 거기에 태어난 민간사회로부터 역사

----

56 무라村 : 농업・임업・어업에 종사하는 사람들이 형성하는 일정 규모의 집락.
57 삼도三都 : 에도・오사카・교토를 가리킨다.
58 조카마치城下町 : 센고쿠 시대부터 에도 시대에 걸쳐서 다이묘의 거성居城을 중심으로 발달한 시가市街.

를 다시 그려 낸다면 에도 시대의 다른 모습이 부상하지 않을까?

이상의 사실을 기본으로 해서 우선 에도 시대 사람들의 생활 기초인 주거에 초점을 맞추었다. 그리고 그 실내에 장식된 회화로부터 에도 시대 회화의 역사를 돌아보고 회화와 주거의 관계를 묘사해 보겠다.

두 번째 주제로는 사람들이 경제활동과 문화정보를 수용하고 전달하기 위해서 필요한 능력을 얻기 위한 수단으로서 기초교육의 양상과 전개를 다루어 보겠다. 그리고 이를 지탱하는 교육산업의 성립과정과, 많은 사람들이 정보를 공유할 수 있는 매체로서의 출판활동의 존재에 접근해 보겠다.

세 번째 주제로는 사람들의 생활 가운데 가장 중심적인 음식과 의류의 문제를 다루고자 한다(제6장 '먹다, 입다').

마지막 주제는 전쟁이 종식된 후 사람들이 근심 많은 세상憂世으로부터 해방되었을 때, 우키요浮世[59]의 즐거움을 어디에서 찾았을까 하는 문제이다. 또한, 정주생활이 정착되면서 타향에 대한 관심이 높아져 비일상적인 해방감을 기대하게 될 때 사람들은 여행을 하게 되는데, 여행에서 돌아온 사람들은 자신들이 사는 고향에 관심을 가지게 된다. 여기서는 이때 생겨나는 지역관을 문제로 삼고자 한다(제7장 '우키요의 즐거움', 제8장 '여행으로의 유혹').

이와 같은 구성에 의해서 문화를 향수하는 입장에서 에도 시대의 문화를 그려 본 것이 이 책이다. 이 책을 집필하는 데는 있어서는 문학 · 미술 · 연극 등 문화사의 다양한 분야의 연구 성과를 검토하였고 또한

....
59 우키요浮世 : 본래는 불교적 염세관에서 근심 많은 세상, 무상無常한 세상을 의미하는 '憂世'였으나, 근대 초기부터 현세를 긍정하고 향락적인 세상을 의미하게 되었다.

건축사 연구 등으로부터도 많은 영향을 받아 참고하였다. 그러나 이 책의 성격상 선행연구의 연구자명과 서명, 논문명을 일일이 소개하지 못하고 책 말미의 참고문헌 소개에 게재하는 데 그친 점에 대해 양해를 구한다.

또한 가능한 한, 읽기 쉽게 하고자 저자가 연구하고 있는 고바야시 잇사의 하이쿠와 『하이후 야나기다루 전집誹風柳多留全集』에 수록되어 있는 센류를 종종 인용하였다. 잇사는 사회나 정치의 움직임을 민감하게 파악하고 풍부한 감성으로 솔직하게 노래한 하이진이어서 이 책의 주제에 부합한 구가 많기 때문이다. 또한 센류는 서민의 마음을 대변하고 있다고 생각하기 때문이다.

그리고 인용한 사료 가운데 원문으로는 이해하기 어려운 점이 있는 경우에는 읽기 쉽도록 표기를 고친 부분이 있다. 이 점도 역시 양해를 구하는 바이다.

평화로운 세상

『게이초 견문집』

에도 시대의 문화를 생각하는 데 가장 중요한 점은 이백수십여 년
동안 거의 전쟁이 없었다는 사실이다. 이로써 사람들의 생활의 안정이
확보된 것은 분명한 사실이다. 에도 시대 사람들이 당대를 '평화로운
세상'이라고 표현했듯이, 그렇게 장기간에 걸쳐서 내란도 없고 국제분
쟁에도 휩싸이지 않은 시대는 고대국가가 성립된 이래 처음이었다. 국
가를 뒤흔들 만한 사건이 거의 발생되지 않고 평화로운 시대가 이어졌
다는 사실을 말해주고 있다.

1600년의 세키가하라関ヶ原 전투[1] 후 겨우 10년 정도의 평화로운 시
절을 경험한 것만으로도 전란이 없다는 것이 얼마나 행복한 일인가를
절실히 느낀 한 남성이 있었다.

미우라 조신三浦浄心이라는 사람이다. 본인의 기록에 의하면, 이름은
시게마사茂正, 통칭 고로사에몬五郎左衛門이라고 하고 1565년에 사가미
국相模国 미우라三浦 반도(가나가와현神奈川県)에서 태어났다. 1577년 13세

---

1   세키가하라関ヶ原 전투 : 1600년 세키가하라関ヶ原에서 이시다 미쓰나리石田三成를 중심으
     로 한 서군西軍과, 도쿠가와 이에야스를 중심으로 한 동군東軍이 천하를 다툰 전투. 고바야
     카와 히데아키小早川秀秋의 배반에 의해서 동군이 대승하고 이시다 미쓰나리 등은 처벌되
     었으며 도요토미 히데타다豊臣秀頼는 60만 석의 다이묘로 전락했다. 이에 의해서 도쿠가
     와의 패권이 확립되었다.

의 나이에 센고쿠 다이묘戰國大名[2]인 오다와라小田原의 호조 우지마사北
条氏政[3]를 섬기기 시작했지만, 도요토미 히데요시豊臣秀吉의 오다와라 정
벌에 의해서 호조 씨가 멸망하자, 26세에 고향으로 돌아갔다가 얼마 후
에도로 갔다. 그리고 호조 집안 역사를 기록하고자 하는 마음으로 집
필을 시작했다. 이것이 『호조 5대기北条五代記』라는 제목의 저서였다.

조신은 에도로 간 이후에 보고 들은 것들도 기록했다. 이를 『견문집
見聞集』이라고 하는데 주로 게이초慶長 연간(1596~1615)의 이야기가 많
기 때문에 훗날 『게이초 견문집慶長見聞集』이라고도 불리게 되었다. 단,
게이초 이후의 것도 기록되어 있기 때문에 성립 연대는 게이초 연간보
다 나중이라고 지적되고 있다.

그 후 조신은 도에이산東叡山 간에이사寬永寺를 창건한 천태승 덴카이
天海[4]에 귀의해서 불문에 들어가 조신이라는 호를 사용하게 되었고
1644년 80세로 사망했다.

전란의 세상에 태어나 농성籠城이라는 비참한 전쟁 체험을 한 인간
이 이야기한, 에도라는 세상에 대한 기억이다. 이 『견문집』 제1권 '만
인의 즐거움에 부합되는 것'은 이러한 문장으로 시작된다.

· · · · · · · · · · · · · ·

2   센고쿠 다이묘戦国大名 : 센고쿠 시대에 각지에 할거한 대영주大領主. 영민과 토호土豪를 가
    신단家臣団으로 조직해서 일국의 경영·정치를 지배했다.
3   호조 우지마사北条氏政, 1538~90 : 센고쿠 시대의 무장. 다케다 신켄武田信玄·우에스키 겐신
    上杉謙信의 공방에 연대해 저항하면서 영토를 확보했다. 만년에 도요토미 히데요시豊臣秀吉
    에게 오다와라성小田原城을 포위당해 자살했다.
4   덴카이天海, 1536~1643 : 에도 초기 천태종 승려. 아이즈会津 출신. 호号는 난코보南光坊, 칙시
    호勅謚号는 지겐 대사慈眼大師. 이에야스가 중히 여겨 정무에도 참가했다. 이에야스 사후 도
    쇼 다이곤겐東照大権現을 증호贈号하고, 닛코산日光山에 개장改葬해 린노사輪王寺를 중흥시켰
    다. 에도 우에노上野에 도에이산 간에이사를 창건했다. 목활자판의 대장경을 간행했는데
    이는 덴카이판天海版이라고도 불린다.

미우라三浦라고 하는 산마을에 살고 있는 한 노인을 알고 있는데 그해 봄에도 구경을 하러 왔다. 나를 만나서 이야기하기를, "참으로 경사스러운 시대야. 우리 같은 토민土民까지도 안락하게 번영하고 아름다운 것들을 보러 오게되니 감사하지요. 지금이 미륵弥勒의 시대라 할 수 있지" 하였다. 실로 토민이말할 수 있는 말이지만 전혀 개인적인 의견이 아니다. 요즘 세상의 사람들은삼계무암화택三界無庵火宅을 다 보내고 즐거움을 다하는 나라에 사는구나.

'그해 봄'에 사가미국相模国 미우라군三浦郡의 산마을에서 사는 어느 친구가 에도를 구경하러 와서 자신에게 이야기한 내용이다. 참으로 경사스런 시대가 되었다, 우리 농민들도 안락하게 생활하게 되었다, 지금이야말로 미륵의 세상[5] 같다, 안심하고 지낼 수 없었던 불안한 시대는 이제 끝났으니 세상 사람들은 좋은 나라에 태어났구나 하는 이야기이다.

여기에서 '그해 봄'이라는 것은 언제인지 분명히 알 수는 없지만, 아마도 세키가하라 전투가 끝나고 상당한 시간이 지난 후일 것이다. 센고쿠戦国 시대의 세상이 무라에서 생활하는 농민들에게 얼마나 힘든것이었는지가 느껴진다. 전쟁이 일어나면 전쟁터로 달려 나간다. 무라가 전쟁터가 되면 집은 잿더미로 바뀌고 전답은 황폐해진다. 그리고가족과 무라비토 중에 희생자가 나온다. 그야말로 '삼계무암화택三界無庵火宅'[6]이라는 표현 그대로의 세상이었다. 그러한 불안한 날들의 연속

....
5   미륵의 세상 : 불교에서 미륵보살弥勒菩薩이 이 세상에 내려와 중생을 구한다고 하는 미래
     의 세상.
6   삼계무암화택三界無庵火宅 : 삼계화택三界火宅과 삼계무안三界無安이 결합한 말. 둘 다 『법화
     경法華経』「비유품譬喩品」의 '삼계三界에 편안함 없으니 마치 불난 집 같다'라는 말에서 비롯
     된 것으로, 전자는 미혹과 고통이 가득한 세계를 불에 둘러싸인 집에 비유한 말이며 후자
     는 현세는 고통이 가득해서 조금도 편하지 않다는 말이다. 여기에서는 '庵'과 '安'이 같은

에 비해서 에도의 봄은 '미륵의 세상', 즉 천국이었던 것이다.

문아文雅의 세상 시작

전쟁이 없어지면, 어떠한 문화현상이 일어날까? 『게이초 견문집』
제4권 '아이들은 널리 배운다'에는 이렇게 쓰여 있다.

> 옛날 가마쿠라 구보鎌倉公方 모치우지持氏 공의 타계로부터 시작된 동국란
> 東国乱에서부터 25년 이전까지는 곳곳에서 화살을 잡아 세상이 안정되지 않
> 았다. 이 때문에 그 시대 사람들은 문자를 배우기가 쉽지 않았다. 그래서 글
> 을 쓰는 사람이 드물고 그렇지 않은 사람이 많았다. 지금은 나라가 평안하
> 고 천하가 태평하니 상하를 막론하고 모두 글을 쓴다. 무릇 필도筆道는 배움
> 의 근본이라고 할 수 있으니 누가 이 도를 배우지 않겠는가

동국東国의 전란이 '가마쿠라 구보鎌倉公方[7] 모치우지持氏 공 타계', 즉
에이쿄永享의 난(1438)[8]에서 시작되었는가 어떤가 하는 문제는 차치하
더라도, 아마도 1615년게이초 20의 오사카 여름 전투[9]로부터 계산해서

의미로 쓰인 것으로 보인다.
7   가마쿠라 구보鎌倉公方 : 무로마치 시대, 가마쿠라부鎌倉府에서 간토関東 8개국 및 이즈伊
    豆 · 가이甲斐의 10개국을 지배했던 아시카가足利 씨.
8   에이쿄永享의 난 : 1438년에이쿄永享 10, 가마쿠라 구보鎌倉公方 아시카가 모치우지足利持氏가
    쇼군 아시카가 요시노리足利義教에 대해서 일으킨 반란. 요시노리가 이마가와今川 씨 등에
    게 토벌을 명하고 이듬해 모치우지는 자살했다.
9   오사카 여름 전투 : 1615년겐나 원년 여름, 도쿠가와 측이 오사카 겨울 전투의 화의의 조건

25년 전, 즉 1590년덴쇼天正 18의 도요토미 히데요시에 의한 오다와라小田原 정벌 이전까지는 "곳곳에서 화살을 잡아 세상이 안정되지 않았"던 센고쿠의 세상이었다고 하는 판단은 틀리지 않을 것이다. 그리고 그 후 전쟁이 끊기고 평화로운 세상이 되자 귀천을 막론하고 문자를 즐기게 되었다고 한다. 그것이 문화를 발달시키는 여러 학문의 기초라고 본 점에 조신의 혜안을 엿볼 수가 있다.

겐로쿠 문화를 만든 사람들은 전후 출생자

오사카 여름 전투 후의 일본은, 당시에 이미 '겐나 언무元和偃武'라는 말이 널리 퍼져 있었던 사실에서 알 수 있듯이, 큰 국제분쟁에 휩싸이거나 국가를 뒤흔드는 사건 없이 무사한 세상이 이어졌다는 사실은 주지하는 대로이다. 미우라 조신의 논리로 말하자면, 당연히 여러 학문의 기초가 되는 습자는 더욱 보급되고 학문도 예술도 크게 발전할 것이다. 실제로도 겐로쿠기元禄期. 1677~1704에는 조닌 문화가 가미가타上方[10]에서 개화하고, 분카文化·분세이기文政期. 1804~30에는 에도에서 서민문화가 꽃을 피웠다.

도쿠가와 치세의 시작으로 가장 일반적인 기준인 세키가하라 전투

을 깨고 오사카성大坂城 내부의 해자를 메웠기 때문에 도요토미 측이 병사를 일으켜 도쿠가와 이에야스를 공격한 전투. 요도기미淀君와 히데요리秀頼 모자가 자살함으로써 도요토미豊臣 가문은 멸망했다.

10 가미가타上方 : 황거皇居가 있는 방향이라는 의미로, 교토 및 그 부근 일대를 가리키는 말이다. 간사이関西 지방.

는 1600년게이초 5에 일어났다. 그리고 오사카 여름 전투는 1615년에 끝났다. 인생 50년인 시대에 완전한 세대교체에 100년이 걸린다고 가정하면, 세키가하라 전투의 100년 후는 1700년겐로쿠 13, 오사카 여름 전투의 100년 후는 1715년쇼토쿠正德 5이 된다. 바야흐로 겐로쿠元禄 문화[11]의 절정기였다.

그러고 보니, 겐로쿠 문화를 대표하는 이하라 사이카쿠, 마쓰오 바쇼, 지카마쓰 몬자에몬近松門左衛門,[12] 오가타 고린은 모두 오사카 전투大阪の陣[13] 이후에 태어난 인물들이다.

즉, 겐로쿠 문화를 창조한 문화인들은 그 대부분이 전쟁을 모르는 사람들인 셈이다. 역으로 말하자면, 겐로쿠 문화는 전쟁을 모르는 사람들이 창조한 문화라는 것이다.

이러한 관점에서 겐로쿠 문화의 질을 생각한다면 무엇이 보이게 될까? 한마디로 말하면 지극히 인간적인 점이라고 할 수 있다. 그러한 점에서 겐로쿠기는 '인간 개안人間開眼'의 시대라고 해도 좋을 것이다.

전란의 시대에 사이카쿠 등은 아직 태어나지 않았었다. 그러나 조

....
11 겐로쿠元禄 문화 : 겐로쿠元禄 연간(1688~1704)을 중심으로 하는 에도 전기의 문화. 신흥 조닌町人, 특히 가미가타의 상인을 중심으로 발달했으며 인간성・합리성을 중시하는 조닌 기질을 특징으로 함. 특히 문예면에서 눈부신 발달이 있었다.
12 지카마쓰 몬자에몬近松門左衛門, 1653~1724 : 에도 중기의 조루리浄瑠璃・가부키 작가. 에치젠越前 출신. 별호로 소린시巣林子가 있다. 가부키 배우인 사카타 도주로坂田藤十郎를 위해서 각본을 쓰고 그의 명연기와 함께 가미가타 가부키上方歌舞伎의 전성기를 불러왔다. 또한 다케모토 기다유竹本義太夫를 위해서 조루리를 써서 기타유부시義太節(샤미센의 반주에 맞추어 대사에 박자를 넣어 읊는 것)의 확립에 협력했다. 대표작 〈고쿠센야 전투国性爺合戦〉, 〈소네자키신주曽根崎心中〉 등.
13 오사카 전투大阪の陣 : 에도 막부가 도요토미 종가豊臣宗家(하시바 집안羽柴家)를 멸망시킨 전투이다. 1614년게이초 19의 오사카 겨울 전투와 1615년의 오사카 여름 전투를 합하여 말한다. 본 장의 주 9 참조.

부모, 부모 그리고 은사들의 대부분은 전란의 세상에 태어나 세키가하라 전투의 시대를 경험하고 오사카 여름 전투 이후에 이 세상을 떠났다. 많은 사람들이 전란의 세상에서 태평천하로 이행하는 격동의 시대를 경험했다.

이시다 미쓰나리石田三成[14]에게 봉공한 아버지를 따라서 세키가하라 전투에서 도망한 경험이 있는 오안おあん은 "오안 아저씨, 옛날이야기 들려주세요" 하는 아이들의 부탁을 받고

> 대포를 쏘면 성루도 흔들흔들 움직이고 땅도 갈라질 듯이 무시무시한 가운데 마음 약한 부인들은 기절도 하고 매우 힘들었다.
> (『오아무 이야기おあむ物語』)

라고 전쟁의 잔혹함을 몇 번이나 들려주었다. 그리고 마지막으로 "요즘 젊은이들은 의복에 너무 관심이 많다"고 하며 새로운 시대의 모습을 한탄하고 경계했다고 한다.

오안은 80세 정도까지 살고 간분 연간(1661~73)에 사망했다. 오안이 이야기한 전쟁 체험은 그즈음 아직 어렸던 조카에게

전쟁의 비참함을 호소하는 『오아무 이야기』
주인공 오안은 이시다 미쓰나리에게 봉공하는 부친을 따라서 어릴 때 세키가하라 전투를 경험했다. 이 그림은 어린이들에게 전해주는 전쟁터의 처참한 광경을 회화로 한 것일 것이다.

---

14 이시다 미쓰나리石田三成, 1560~1600 : 아즈치·모모야마 시대의 무장. 오미 출신. 히데요시에게 재능을 인정받아 5부교五奉行 중의 한 사람이 되어 태합검지太閤檢地 등 내정에 깊이 관여했다. 1595년 오미 사와산佐和山 성주가 되어 19만 4천 석을 받았지만 히데요시 사후의 세키가하라 전투에서 이에야스에게 패해 처형되었다.

전승되었고, 쇼토쿠正德 연간(1711~16)까지 손자들에게 전해졌다고 한다. 전쟁을 싫어하는 이러한 분위기가 오랫동안 남아있었던 것이다.

이 시기 사람들의 대부분은 오안의 전쟁 체험과 미우라 조신의 새로운 시대에 대한 기대감의 한편에서 급속하게 확립되어 가는 도쿠가와 막부德川幕府를 정점으로 하는 국가질서하에서 답답함을 느끼면서 살아갔다. 사이카쿠도 바쇼도 전쟁을 경험한 사람들의 등을 바라보면서 자라났으며 그들로부터 큰 영향을 받는 환경에 있었다는 사실은 분명하다.

이렇게 해서 100년 동안 평화로운 세상이 이어졌다는 점이 새로운 문화 창조의 요인이었으며, 그 담당자가 조닌으로 옮겨 갔다는 사실을 당시의 한 인물이 이미 간파하고 있었다. 니시카와 조켄西川如見[15]이라는 사람인데, 천문학자이자 경세학자로서도 저명했다.

이즈음 백 년은 천하가 평온한 시대인 까닭에 유자, 의사, 가도자歌道者, 다인 등의 여러 예능인의 대개는 조닌에서 나왔다.

평화로운 세상이 되었기 때문에 훌륭한 문화인을 다수 배출할 수 있었으며 그 담당자는 경제활동을 좌우하는 조닌이라는 것이다.

그러나 겐로쿠 문화를 겐로쿠기와 그 전후의 시대를 포괄한 시기의 문화라고 파악한 관점에는 이의가 있다. 에도시대사 연구자인 오이시 신자부로大石慎三郎 씨는 『겐로쿠 시대元禄時代』에서 사이카쿠와 바쇼, 지

....
15 니시카와 조켄西川如見, 1648~1724 : 에도 중기의 천문·지리학자. 나가사키長崎 출신. 이름은 주에이忠英, 호는 구린사이求林斎. 송학宋学 및 천문역산天文暦算을 배우고 유교적 자연관에 근거하면서 실증주의적인 입장을 전개했다. 만년에 도쿠가와 요시무네德川吉宗를 섬겼다. 저서에 『화이통상고華夷通商考』, 『조닌부쿠로町人嚢』, 『천문의론天文義論』 등이 있다.

카마쓰 몬자에몬이 활약한 시기를 비교한 바 있는데, 엄밀히 말해서 양자 모두 겐로쿠 시대에서 벗어나 있다고 한다. 그리고 사이카쿠 시대와 몬자에몬 시대를 나누어야 한다고 주장했다.

이 지적이 왜 중요한가 하면, 사이카쿠의 『일본영대장日本永代蔵』 등에 묘사된, 재능과 금욕으로 성공한 신흥 조닌의 세계와, 기리義理[16]와 닌조人情[17]의 사이에서 고투하는 남녀의 모습을 묘사하는 몬자에몬의 세계를 동시대의 현상으로 다루는 것에는 위화감이 있기 때문이다. 사이카쿠가 살았던 시대에는 다양한 가능성이 있었지만, 몬자에몬의 시대는 상인 세계에도 신분질서가 철저하게 굳어진 결과, 그것이 만들어내는 비극이 연극화되어 감동을 불러일으키는 시대라고 볼 수 있을 것이다.

전쟁이야기가 오락화되는 시대

1700년겐로쿠 13, 1715년쇼토쿠 5의 100년 후는 1800년간세이寬政 12, 1815년분카文化 12이다. 1800년은 간세이寬政 개혁[18]을 주도한 로주슈자老中首

....

16 기리義理 : 어떤 특별한 관계에 있는 사람들에게 대해 해야만 하는 의무에 가까운 개념으로, 자신을 도와준 사람과 은혜를 베풀어 준 사람에게 은혜를 갚아야 한다고 생각하는 것이다. 예를 들면, 봉건시대 무사들에게 있어 기리라는 것은 주군 즉, 영주로부터 받은 영지나 가록(집안 대대로 받았던 봉록)과 같은 은혜에 대한 보답으로 목숨을 바쳐서라도 주군을 섬기는 것을 말한다. 즉, 조선시대 선비들의 의리, 말 그대로 의롭고 이치에 맞는 의리의 개념에 비해 일본의 기리는 계약적인 성격이 짙다고 한다.
17 닌조人情 : 부모자식간이나 연인과 같은 인간관계에서 상대에 대해 자연스럽게 느끼는 감정을 말한다. 즉 사랑, 연민, 동정, 슬픔 등을 가리킨다. 일반적으로는 닌조가 사회적인 기리와 대립 관계에 있던 것은 아니지만 봉건시대의 일본에서는 때로는 기리와 닌조가 대립하는 경우가 종종 있었다. 이러한 경우 닌조를 희생하고 기리를 내세우는 것이 일본인들의 전통적 정신세계의 지향점이라고 이해되고 있다.

座인 마쓰다이라 사다노부松平定信[19]가 이미 실각하고, 개혁을 담당했던 '간세이의 유로遺老' 중 한 사람인 로주 마쓰다이라 노부아키라松平信明[20] (미카와三河 요시다吉田 번주藩主)에게 권력이 넘어갔다. 개혁은 계속되었지만 정치적 긴장이 완화되기 시작한 시기이다. 한편, 1815년은 얼마 지나지 않아 11대 쇼군將軍 도쿠가와 이에나리德川家齊[21]의 측근 중의 측근인 미즈노 다다아키라水野忠成[22](스루가駿河 누마즈沼津 번주)가 정권을 잡아 방만한 재정이 개시되는 전야였다.

짓펜샤 잇쿠十返舍一九[23]의 『도카이도추히자구리게東海道中膝栗毛』에 묘사되었듯이, 오랫동안 평화로운 세상에 탐닉해 있던 사람들의 머릿속에 떠오르는 것은 음식남여였다. 따라서 거기에 태어난 문화는 인간의 본성 그 자체의 노출이었다.

....

18 간세이寬政 개혁 : 1787년덴메이天明 7부터 1793년간세이 5에 걸쳐서 로주老中 마쓰다이라 사다노부가 실시한 막부 개혁. 교호享保 개혁을 이상으로 삼아 검약, 비황備荒·저축貯蓄 장려, 기연령棄捐令(대차관계 파기법), 이학異學 금지 등의 정책을 수행했지만 경기가 침체되어 사람들의 불만을 샀다.

19 마쓰다이라 사다노부松平定信, 1759~1829 : 에도 후기의 다이묘. 다야스 무네타케田安宗武의 7남. 무씨陸奧 시라카와白河 번주藩主인 마쓰다이라 사다쿠니松平定邦의 양자. 1787년덴메이 7 로주슈자老中首座가 되어 간세이 개혁을 단행했다. 저서에 『화월쌍지花月双紙』, 『우하인언宇下人言』 등이 있다.

20 마쓰다이라 노부아키라松平信明, 1763~1817 : 에도 후기의 다이묘. 미카와三河 요시다吉田 번주. 마쓰다이라 사다노부의 신임을 얻어 로주로 승진하여 간세이 개혁에 협력했다.

21 도쿠가와 이에나리德川家齊, 1773~1841 : 에도 막부 제11대 쇼군. 재임 1787~1837. 히토쓰바시 하루사다一橋治済의 장남. 마쓰다이라 사다노부를 로주로 등용해서 간세이 개혁을 실시했다. 사다노부가 실각한 후에는 스스로 정치를 집행하였다. 사치스런 생활을 즐겨 분카·분세이의 사치시대를 초래하였다.

22 미즈노 다다아키라水野忠成, 1762~1834 : 에도 후기의 다이묘. 누마즈沼津 번주. 1812년 쇼군 이에나리家齊의 소바요닌側用人이 되고 1817년 로주가 되어 분세이의 개주改鑄에 참여했다.

23 짓펜샤 잇쿠十返舍一九, 1765~1831 : 에도 후기의 게사쿠 작가. 스루가駿河 출신. 에도로 나왔다가 다시 오사카로 가서 조루리의 합작合作으로 문필활동을 시작했다. 다시 에도로 돌아가 샤레본, 기뵤시 등을 저술했으며 곳케이본滑稽本『도카이도추히자구리게東海道中膝栗毛』로 유명해졌다.

이제 전쟁도 오락이다. 줄거리는 장대하고 극적이며 활동적인 영웅담인 것이 훨씬 재미있다. 『태평기』가 폭발적인 인기를 불러일으키고, 중국의 장편소설 『삼국지연의三国志演義』와 『수호전水滸伝』과 같은 웅대한 전쟁 드라마가 환영받게 되었다. 이는 에도 후기에 에도에서 발행된, 군서류軍書類의 인기순위를 나타낸 『화한군서집람和漢軍書集覧』을 보면 잘 알 수 있다. 동쪽은 화서和書이고 서쪽은 한서漢書인데, 각각의 으뜸은 『태평기』와 『통속삼국지通俗三国志』였다.

『통속삼국지』는 1689년겐로쿠 2에서 1692년에 걸쳐서 간행되었다. 이책은 에도 초기에는 이미 일본에도 유입되어 있었는데 교토京都 덴류사天龍寺의 승려 고난분잔湖南文山(승려 기테쓰義轍·게쓰도月堂 형제의 총칭)은 이를 번역하는 데 상당한 시간을 들였다. 이 책은 일본 전기물戰記物을 방불케하는 문체와 함께, 때로는 원문에는 없는 일본적인 풍경묘사 등을 보탬으로써 독자를 매료시켰다. 그리고 1836~41년에 간행된 『에혼 통속삼국지絵本通俗三国志』에 수록된, 400점을 넘는 현장감 넘치는 삽화가 유행에 불을 지폈다.

그러나 오랫동안 평화로운 세상이 단지 세상을 즐기는 현상만을 가져다 준 것은 아니었다. 이 사이에 나타난 도시민의 증대는 소비와 수요를 증대시켜 다양한 물산의 생산을 촉진하고 농촌공업을 발달시

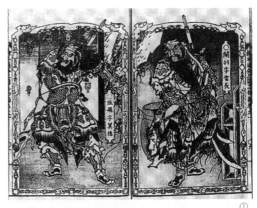

상상 속 영웅들의 용감한 모습
『에혼 통속삼국지』는 읽기 쉽게 만들고자 삽화를 많이 사용했다. 가쓰시카 호쿠사이葛飾北斎의 문인 다이토戴斗에게 그리게 한 영웅들의 용감한 모습은 상상화이기는 했지만 크게 유행했다.

컸다. 그 결과, 농업과 수공업이나 상업을 겸해서 수익을 높여 전답을 늘이는 부농과 유덕인有德人[24]이라 불리는 농민이 생겨났다. 그러나 한편, 그들의 주변에는 전답을 포기한 빈농도 다수 생겨나기 시작했다.

이러한 변화를 적확하게 파악하고 있었던 남성이 있다. 그의 이름은 알 수 없지만, 본인은 부요 은사武陽隱士라고 했는데 당시 세정의 모습을 탄식한『세사견문록世事見聞録』이라는 저서를 엮었기 때문에 조금 유명해졌다. 그 가운데

> 당세는 그와 같이 빈부가 편중되고 우열이 크게 생겨나서 유덕有德이 한
> 사람 있으면 그 주변에 어려운 백성이 20명, 30명 생겨났다. 예컨대, 큰 나
> 무 옆에 초목이 자라나지 못하는 것처럼 대가 주변에는 백성도 쉴 수 없다.
> 자연히 유덕인의 위세에 억눌려 곤궁한 자가 허다하게 생겨났다.

라고 기록되어 있다. 그리고 농민 중심의 무라의 질서가 붕괴된 곳에 자연까지 맹위를 떨쳐서 무라는 이미 구제능력을 상실하고 막부도 번도 손쓸 방법이 없었다. 이것이 1780년대에 발생한 덴메이天明의 기근이다.

전답을 잃고 무라에서 생활이 불가능해지면 농민은 결락欠落한다. 그리고 자신의 노동력을 팔아서 생계를 이어가기 위해서 '번화한 유복'의 땅이라고 보였던, 거대한 소비인구가 체류하는 도시로 옮겨왔다.

그러나 어제까지 농사일을 해 온 결락인欠落人[25]에게는 자본도 없으

····················
24 유덕인有德人 : 부유한 사람.
25 결락인欠落人 : 일본 근세, 중세重税 · 빈곤 · 범죄 등의 이유로 거주지를 떠나 다른 토지로 도망가는 사람.

며 기술도 없었다. 에도에서 할 수 있는 일도 한정되었다. '새롭게 장사를 시작하는 것은 자유롭지 않'아서 발을 들여놓을 여지 따위는 거의 없었다. 우선 뒷골목에 있는 가게를 빌려서 "과일 장사, 생선 장사, 가마꾼, 짐꾼, 소몰이꾼, 야간 장사, 넝마장수, 각종 품팔이꾼 등등 모두 힘을 다하고 수고를 다해 살아간다"고 할 정도로 매우 힘들었다. 게다가 전부가 비가 오면 수입이 끊기는 일뿐이다.

그러나 아무리 힘든 일이라도 농사일에 비교하면 아무 것도 아니다. 강 저편(스미다천隅田川 동쪽)의 신흥지인 혼조本所[26]·후카가와深川[27]로 가면 값싼 뒷골목의 우라나가야裏長屋[28]도 있으며 일거리도 있으니 그럭저럭 '그날그날의 생활'을 할 수가 있다. 그렇기 때문에 막부가 귀촌을 촉구하는 구리귀농령旧里帰農令[29]을 내도 아무도 무라로 돌아가려고 하지 않았다.

'다나가리店借'라고 불리는 이러한 생활을 하는 사람들이 에도 인구의 절반을 차지하게 되었을 때 어떠한 현상이 일어났을까?

에도는 몇십만이나 되는 가난한 사람들의 생활에 부합되는 경제구조로 전환되었다. 가미가타에서 온 값비싼 상품보다 에도 부근에서 생산되는 염가의 물건이면 충분하다. 그 결과, 특권적인 가부나카마株仲

---

26 혼조本所 : 도쿄도東京都 스미다구墨田区 남서부의 지명. 스미다천隅田川 동쪽에 위치하며 상공업지역이다.
27 후카가와深川 : 도쿄도 고토구江東区 북서부의 지명. 도미오카富岡 하치만궁八幡宮의 몬젠마치門前町(신사나 사원의 문 앞을 중심으로 발달한 마을). 에도 시대에는 목재의 집산지로 번영했다.
28 우라나가야裏長屋 : 대로변이 아니라 뒷골목에 위치한 공동주택.
29 구리귀농령旧里帰農令 : 에도 시대, 에도·오사카·교토 등의 대도시에 집중한 사람들을 귀향시키려고 한 것. 특히 간세이 개혁·덴포 개혁에서는 에도의 인구 과잉과 농촌의 황폐화를 타개할 목적으로 실시되었다.

間[30]가 독점했던, 가미가타의 상품을 기초로 한 유통체계에 틈이 생겨 값싼 에도 상품을 다루는 상인들이 세력을 키우기 시작하였다.

서민이 꽃피운 가세이 문화

가부나카마 상인의 몰락은 그들이 후원했던 유리遊里 요시와라吉原[31]를 쇠퇴시켰다. 그 결과, 요시와라는 '게사쿠의 학교'로서의 역할을 마쳤다. 간세이 개혁으로 막부의 풍속 단속이 강화된 것의 영향을 받아서 요시와라를 무대로 한 '이키粋'[32]와 '쓰通'[33]를 경쟁하는 '샤레본洒落本'[34]과 같은 문예는 쇠퇴하게 되었다. 그리고 산토 교덴山東京伝[35] 등을 대신해서 등장한 것이 짓펜샤 잇쿠와 시키테이 산바式亭三馬, 다메나가 슌스이였다.

....

30 가부나카마株仲間 : 에도 시대, 막부나 번의 허가를 얻어서 결성된 상공업자의 동업조합. 막부와 번은 가부나카마를 통해서 경제를 통제하고 가부나카마는 명가금冥加金(에도 시대의 잡세의 하나. 본서 6장의 주 55 참조)을 내는 대신에 영업 독점권을 부여받았다.

31 요시와라吉原 : 에도의 유곽. 현재 도쿄도 다이토구 아사쿠사浅草 북부에 해당되는 지역. 1617년, 그때까지 산재해 있던 유녀옥遊女屋을 막부가 니혼바시日本橋 부키야초葺屋町에 모아서 공인. 1657년 대화재로 불타 아사쿠사로 옮겨졌다.

32 이키粋 : 에도 후기에 에도 후카가와의 조닌 계급 사이에서 발생한 미의식으로 몸짓이나 행동 등이 세련되고 색기가 있는 것을 말한다. 반대어는 야보野暮이다.

33 쓰通 : 화류계의 내부 사정에 정통한 것. 혹은 그러한 사람.

34 샤레본洒落本 : 에도 중기부터 후기에 걸쳐서 주로 에도에서 유행한 유리 문학. 쓰通 등을 주제로 해서 유리 내부나 유녀·유객遊客의 언동을 회화 중심으로 사실적으로 묘사한 것. 간세이 개혁 때, 풍기문란을 이유로 해서 일시 금지되기도 했다.

35 산토 교덴山東京伝, 1761~1816 : 에도 후기의 게사쿠 작가·우키요에 화가. 에도 출신. 본명은 이와세 사무루岩瀬醒. 기타오 시게마사北尾重政에게 우키요에를 배우고 기타오 마사노부北尾政演라고 자칭했다. 나중에 게사쿠에서 두각을 나타냈다. 간세이 개혁에서 샤레본이 금지되어 수쇄手鎖(에도 시대, 서민에게 가한 형벌의 일종) 50일의 형을 받은 이후, 요미혼을 저술했다. 샤레본『쓰겐소마가키通言総籬』,『게이세이카이시주핫테傾城買四十八手』, 기묘시『에도우마레우와사노가바야키江戸生艶気樺焼』, 요미혼『사쿠라히메덴아케보노조시桜姫全伝曙草紙』, 고증수필『골동집骨董集』 등을 저술했다.

행상인으로 번잡한 우라나가야의 입구
시키테이 산바의 고칸『우키요부로』,『우키요도코浮世床』의 무대가 된, 목욕탕과 이발관에 인접한 우라나가야. 가난한 자가 생활하고 행상인이 왕래하는 곳이 에도 시타마치下町36였다.

잇쿠와 산바, 슌스이가 묘사하는 소설의 무대는 뒷골목의 우라나가야였으며 오카바쇼岡場所37라 불리는 사창가의 세계였다. 그곳은 에도 조닌 인구의 대부분을 차지하는 '그날그날 벌어먹고 사는 인생'인 '다나가리店借' 층의 세계이며 독자도 또한 그곳에 살고 있는 남녀였다.

에돗코江戸っ子38가 가장 좋아했던 가부키의 세계에도 마찬가지의 영향이 미쳤다. 4대 쓰루야 난보쿠四代目鶴屋南北39가 묘사하는 기제와물生

....

36 시타마치下町 : 도회지에서 토지가 낮은 곳에 있는 마을로 대개 상공업지이다. 도쿄에서는 아사쿠사浅草・시타야下谷・간다神田・니혼바시・교바시京橋・혼조本所・후카가와深川 등의 지역을 말한다.
37 오카바쇼岡場所 : 요시와라에 대해서 '오카傍', 즉 변두리 장소라는 뜻. 에도에서 관허官許인 요시와라에 대해서 비공인의 후카가와深川・시나가와品川・신주쿠新宿 등의 유리.
38 에돗코江戸っ子 : 에도에서 태어나 에도에서 자란 사람.

世話物[40]의 무대는 뒷골목의 우라나가야였으며 밑바닥 생활을 하며 '밤을 보낼 돈도 없는' 사람들의 세계였다. 분카・분세이기(1804~30) 문화의 주역은 서민들이었다. 서민이 꽃피운 것이 가세이化政 문화라고 할 수 있을 것이다.

전쟁이 없고 무력을 사용하지 않는 세상이 오래 지속되면 여성의 역할이 커지고 발언권이 세지는 현상이 나타난다. 산바의 『우키요부로浮世風呂』 '여탕 권女湯の巻'은 '여탕의 소설'이라 자칭하는데 여성들의 생생한 대화가 묘사되어 있어 큰 인기를 모았다.

그리고 슌스이의 '매화 달력 시리즈'(『춘색 매화 달력』외에 11권)와 류테이 다네히코의 고칸『가짜 무라사키 시골 겐지』는 틀림없이 여성을 독자로 의식해서 묘사된 것으로, 그 내용은 여성들을 웃고 울게 하는 것이었다. 서민 여성을 독자로 설정해서 쓰인 소설이라는 것은 전대미문이다.

신불에 의지하다

오랫동안 전쟁이 없는 세상은 인간의 생활을 풍요롭게 하고 생명을 연장시키는 것에 대한 기대도 크게 부풀렸다. 육체적인 고통과 죽음에

....

39 4대 쓰루야 난보쿠四代目鶴屋南北, 1755~1829 : 에도 출신. 본명은 이노스케伊之助 또는 가쓰지로勝次郞. 별호는 우바조스케姥尉輔. 초대 사쿠라다 지스케桜田治助에게 배우고 사쿠라다 효조桜田兵蔵라 자칭했다. 나중에 사와 효조沢兵蔵, 가쓰 효조勝俵蔵 등을 거쳐서 1811년분카8 난보쿠南北라는 이름을 사용했다. 세와물世話物을 장기로 하여 훌륭한 무대 구성과 사실적인 작품의 걸작을 남겼다. 대표작〈오소메히사마쓰우키나노요미우리お染久松色読販〉,〈도카이도 요쓰야 괴담東海道四谷怪談〉등.

40 기제와물生世話物 : 가부키의 세와물世話物 중에서 사실적인 경향이 현저한 내용과 연출에 의한 것. 분카・분세이기 이후의 에도 가부키江戸歌舞伎에서 발달했다.

대한 공포로부터의 해방은 신분의 상하를 불문하고 모두가 희구해 마지
않았다. 또한 이따금 덮치는 자연의 맹위에 대한 경계와 기아로부터의
해방에 대한 염원은 의학과 본초학本草学,[41] 천문학과 농학 등 실학이라
불리는 자연과학의 눈부신 발전을 가져다주었다. 그러나 가난 때문에
유행병이나 병마에 시달리고 고통과 불안을 어찌할 바 모르게 되자 사
람들은 지푸라기라도 잡고 싶다는 생각을 더욱 강하게 하게 되었다.

분카·분세이기는 전 세계의 기후가 마침 소빙하기의 절정에 해당
되는 시기였다. 일본에서도 1813년분카 10, 1819년분세이 2, 1824년분세이 7
에 3회에 걸쳐서 오사카의 하천이 얼어붙어 교토와 오사카를 연결하는
삼십석주三十石舟가 결항하는 사태가 발생하기도 하고, 규슈九州에서도
11월에 폭설이 내리는 등 종종 혹독한 한파가 덮쳤다. 1822년에는 전
세계적인 콜레라 유행의 여파가 일본에도 상륙해 나가토長門의 시모노
세키下関 항에서 도카이도東海道[42]를 북상하였다. 사람들은 두려워했지
만 손쓸 방도가 없어 사상자는 늘어나기만 했다. 다행히도 하코네箱根
직전에서 겨울을 맞이했기 때문에 에도에서의 유행을 피할 수 있었지
만 유행감기 등의 세계적 유행에는 쇄국도 거의 무력했다.

아무에게도 의지할 수가 없게 되면 사람들은 신불神仏에 의지한다.
신이든 불이든 이루어주기만 한다면 감사하다. 특히 무라의 공동사회
에서 유리해

----

41 본초학本草学 : 중국 고래의 식물을 중심으로 하는 약물학. 500년경 도홍경陶弘景이 엮은
『신농본초神農本草』가 초기 문헌으로 명나라의 이시진李時珍이 『본초강목本草綱目』으로 집
대성했다. 일본에는 헤이안 시대에 전해졌으며 에도 시대에 전성기를 이루었고 중국의
약물을 일본산으로 대신하는 연구에 의해서 박물학博物学·물산학物産学으로 발전했다.

42 도카이도東海道 : 에도 시대의 5가도五街道 중 하나. 에도에서 태평양 연안을 따라 교토에
이르는 가도.

볏짚이라도 잡으려 하는 에돗코들
누군가 근처의 이나리稲荷[43]에 소원을 말하고 병이 치료되었다는 소문이 나면 금방 많은 사람들이 모여들었다. 그러한 유행신이 에도 곳곳에 탄생했다. (『에도 신불원현 조호기』)

긴긴 가을밤

이웃을 비롯해

모르는 사람뿐   잇사 1804년

秋の夜や隣を始めしらぬ人   一茶 文化元年

으로 대표되는, 도시사회에 사는 고독한 주민들은 개인적인 염원으로 치우치기 쉽다. 그러한 사람들의 마음에 부응하기 위한 신불 안내서 『에도 신불원현 조호기江戸神仏願掛重宝記』가 1814년 분코쿠도文刻堂 니시무라 겐로쿠西村源六에 의해 간행되었다. 아마도 이를 보면서 참배하러

....
43 이나리稲荷 : 오곡五穀을 관장하는 음식의 신神인 우카노미타마노카미倉稲魂神.

나가는 사람들이 증가할 것이라고 판단했을 것이다. 속편까지 예고될 정도로 이러한 근심을 가진 에돗코가 증가해 있었다.

한편, 병이나 재해로부터 벗어날 수 있는 호신·제재除災의 신들에게 참배하러 가는 경우도 증가하였다. 그러나 중요한 것은 전승이나 전쟁터에서의 무사를 기원하는 신앙이 아니라 생활고나 병마 등 지극히 개인적인 불안으로부터의 해방을 염원한 신앙이었다는 점에서 평화로운 세상에 걸맞은 현상이었다고 할 수 있을 것이다.

평화는 이익이다

에도 시대라고 하는 평화로운 시대에도 다양한 사건이 종종 발생하였다. 그러나 그러한 위기를 어떻게 해서든지 극복하여 내란으로 발전되지 않았고 국제분쟁에도 휩쓸리지 않아 큰 전쟁이 발생되지는 않았다. 어째서일까? 이에 대해 지금 시점에서 답할 수는 없다. 일본 사상사 연구의 일인자였던 마루야마 마사오丸山眞男 씨가 말하는 것처럼, "머리에서 발끝까지 무장하고 유사시에는 즉시 전시 총동원체제로 전환할 수 있는 통치조직과, 반란·폭동·내란 등의 모든 싹을 조기에 제거하도록 그물망처럼 둘러진 (상호감독과 밀정의) 메커니즘을 통해서" 인민을 지배한 국가였기 때문일까? 또는 근세 정치사 연구자인 다카기 쇼사쿠高木昭作 씨가 지적하듯이, 국토 그 자체를 일종의 병영화하고자 했던 국가였기 때문이었을까?

확실히 쇄국정책에 의해서 국제간의 분쟁이 억제되었고 무력 소지의 격차로 인해서 막번幕藩 간의 대립관계도 억제되었다. 그리고 법치주의가 사회의 구석구석까지 관철되어 가자, 전시체제는 점차로 형해화되고 막부와 다이묘大名[44]의 관계는 참근교대參勤交代[45]와 의식, 다양한 공사로의 동원 등으로 대체되었다.

그러나 이러한 비용은 번의 재정을 무겁게 압박했고, 그 부담은 다시 영민에게 전가되어 영민의 대부분을 차지하는 생산층인 농민의 성립을 위기에 빠뜨렸다. 이에 번 내에서 농민봉기百姓一揆라고 하는 저항운동이 종종 조직되어 영내 전역이 봉기 세력에 의해서 석권되는 사태로 발전하고, 반란 세력에 의해서 발휘되는 폭발적인 에너지가 부담의 경감과 철폐를 실현했다.

따라서 각각의 영내에서는 번정藩政을 뒤흔드는 유사사태가 종종 발생되었다. 그러나 이러한 봉기는 쇼군이나 번주에게 공격이 직접적으로 향한 것이 아니라 정책을 입안하고 실행하는 담당자들에게 향한 것이었기 때문에 봉기가 직접 국가의 체제를 위협하는 일은 없었다.

이미 소개한 에도 중기의 경세가 니시카와 조켄의 의견은 이 점에 관해서 경청할 만하다. 조켄은 인간 세계는 오등五等[46]이라고 하는 '인

. . . .

44 다이묘大名 : 에도 시대, 쇼군에게 직속되었던 1만 석 이상의 무가. 쇼군과의 친소親疎 관계에 따라서 신판親藩, 후다이譜代, 도자마外樣로 나뉜다.

45 참근교대參勤交代 : 에도 막부가 다이묘를 정기적으로 에도에 참근시킨 제도. 1635년간에이寬永 12에 제도화되어 1년마다 재부在府・재국在国을 번갈아 이동하는 것을 원칙으로 했다. 이 때문에 전국의 교통은 발달했지만 다이묘는 거액을 지출하게 되고 그 처자는 막부의 인질이 되었다.

46 오등五等 : 비젠번備前藩의 어용학자인 구마자와 반잔熊沢蕃山은 근세 막번 체제하의 사회계층을 '오등五等'으로 분류하여 신분제 사회가 '천자天子・제후諸侯・경대부卿太夫・사士・서민庶人'으로 구성된다고 했다. 여기서 '오등'의 '등等'은 '종種'이라는 의미의 말로 '오등'이란 '다섯 종류'를 말한다.

륜'이 즉 사회질서로 성립되어 있다고 보았다. 제1은 천자天子, 제2는 제후諸侯, 제3은 상위의 고관, 제4는 상위의 무사 신분士分, 제4는 서민이다. 서민은 다시 사민四民 = 사농공상士農工商으로 나뉘어 각각의 직능을 갖는다. 이는 만국 공통의 원리로, 이 질서가 헐거워지면 사회질서가 붕괴된다고 한다.

중요한 것은 사민이라고 하는 '민' 가운데 '사士'가 편입되어 있는 점이다. 사민의 위에 천자나 제후가 존재하고 사민은 그들을 위해서 각각의 직무를 수행하는 것이 인륜이라고 배웠기 때문에 농민봉기는 사민 내부의 분쟁이어서 천자 = 천황, 제후 = 쇼군·번주에는 파급되지 않는 구조였다고 한다.

그러나 세습제가 정착되어 제멋대로 폭정을 하는 번주나 무능한 번주가 생겨났다. 이는 집안 소동御家騷動이라 불리는, 집안을 이분하는 번 내 항쟁으로까지 발전해서 번의 존속을 좌우하는 사태를 키우고 때로는 막부의 개입을 초래하여 몰수나 감봉減封, 전봉轉封[47]을 당하기에 이르렀다. 그 때문에 주군 감금主君押込[48] 등 번정을 뒤흔드는 극단적인 사태의 발생을 사전에 억제하는 시스템이 허용되어 있었다.

그러나 조켄이 간과한 신분이 있다. 사민의 아래에 에다穢多[49]·히닌

----

47 전봉轉封 : 에도 시대, 막부의 명령으로 다이묘의 영지를 다른 곳으로 옮기는 것. 이봉移封.

48 주군 감금主君押込 : 가마쿠라 시대부터 무사사회에 나타나는 관행으로, 특히 에도 시대의 막번체제에 있어서 행적이 나쁜 번주를 가로家老 등의 합의에 의해서 강제적으로 감금하는 행위를 말한다. 일본적 쿠데타의 유형이다.

49 에다穢多 : 중세 및 근세의 천민 신분 중 하나. 에도 시대에는 히닌非人이라 불리는 사람들과 함께 사농공상 아래에 놓여 거주지도 제약되는 등 부당한 차별을 받았다. 주로 피혁업皮革業에 종사했고 범죄자의 체포나 죄인의 처형 등을 맡았다. 1871년메이지 4의 태정관포고太政官布告로 법적으로는 평민이 되었지만 사회적 차별은 여전히 존속되었다.

非人[50]이라고 하는 천민이 존재하고 있었다는 사실이다. 이러한 신분제의 구조가 사농공상의 시스템을 보다 견고하게 했다는 점을 잊어서는 안 된다.

국가안전

소나무 그늘

아래서 누워 지내는

육십여 주   잇사

松蔭に寝て喰ふ六十余州哉   一茶

라고 분카·분세이기에 태어난 하이진 고바야시 잇사가 읊었듯이, 사람들이 안전하게 생활할 수 있는 평화로운 세상이 오랫동안 계속되었으면 좋겠다고 희망하고 있었다는 것만은 분명하다.

　조켄의 의견에서 간과해서는 안 될 점은 경제 발전 등에 의해서 무라나 마치의 신분질서가 변용되고 사민을 구성하는 사농공상의 틀 외에 '유민遊民'이라고 하는 '국토를 위해서 쓸모없는' 비생산 인구가 다수 태어난 경우, 이 신분질서의 시스템이 붕괴될 수 있다고 보고 있는 점일 것이다. 사민이라는 틀 내에는 편입되지 않는 잡업층의 증가가 신분질서를 동요시킨다고 보고 있었다. 그리고 "이 사민이 없을 때는 오등의 인륜도 성립되지 않는다"고 국가의 내부 붕괴를 예언했다. 실제

....

50　히닌非人 : 에도 시대, 에다와 함께 사농공상의 아래에 놓인 피차별 계급. 또는 그에 속한
　　사람. 형장刑場의 잡일 등에 종사했다. 1871년의 태정관포고로 법적으로는 평민이 되었지
　　만 사회적 차별은 여전히 존속되었다.

로 역사는 그러한 방향으로 진행했다.

그리고 마지막으로 또 하나 잊어서는 안 되는 점은 전쟁에 의해서 쓸 데 없는 낭비를 하지 않았고 국토를 파괴하지 않았으며 무기 개발에 거의 힘을 쏟지 않았다는 사실이다. 농민으로부터 수탈한 연공이나 잡세 등이 모두 막번 권력 유지를 위해서 소비된 것은 아니다. 영내의 안정, 영민의 안전한 생활, 생산 확대 등 이른바 공공투자에 충당된 부분도 적지 않았다.

그러나 그렇다고 해서 국가가 변용되지 않은 것은 아니다. 오히려 그 반대였다. 부의 편중은 더욱 커지고 사회의 모순은 심각한 정도로 심화되었다. 가난한 농민들은 극도의 빈궁 속에서 '새로운 세상'을 슬로건으로 국가의 전환을 희구하기에 이르렀다. 이렇게 해서 '어일신御一新'을 향한 정치 정세가 준비된 것이다.

잇사의 구句 비석 제1호 ②
1829년분세이文政 12, 고향인 가시와바라柏原 역참 입구에 건립되었다. 도쿠가와의 세상을 구가하는 "소나무 그늘에"라는 구가 선택된 것을 보면 잇사는 사회파 하이진이라고 여겨졌던 것 같다.

가족이 같은 마을에서 생활하다

사람들이 안심하고 생활하고 있다고 실감하는 것은 가족이 대대로 오랫동안 같은 장소에서 생활하게 되었을 때일 것이다. 다른 말로 하면, 정주생활을 영위하게 되었을 때이다.

전쟁이나 지진, 홍수, 흉작, 역병이 발생하면, 그때마다 삶의 터전에서 벗어나 방랑하게 된다. 전란의 종결은 그러한 점에서 불안정한 생활에 종식을 고하고 대부분의 농민이 하나의 촌락에서 평생 생활할 수 있는 조건을 하나 갖추게 된 것이다. 그렇게 되면 개발을 진행해서 경지를 확보하고 하천의 개수나 관개시설의 확충 등으로 농업생산력이 비약적으로 증대된다. 그리고 경작에 의해서 촌락에서의 생활이 성립되는 최소한의 조건을 확보할 수 있다.

이렇게 해서 부부와 자녀, 그리고 양친을 최소단위로 하는 가족이 그럭저럭 생활할 수 있을 만큼의 전답을 소유하는 소농민적인 경영이 가능해지고, 그들이 공동으로 농작업에 힘을 쏟을 수 있는 무라의 조직이 가능하게 된다. 이야말로 농민이 촌락에서 정주할 수 있는 최저 조건이다.

구라치 가쓰나오 씨가 『도쿠가와 사회의 동요』의 권두화로 소개한, 에도 전기의 화가 구스미 모리카게가 그린 〈초저녁 선선함을 즐기는 부

自夕涼みの親子)의 모습이야말로 그러한 실상에 가깝다. 구라치 씨는 "저녁나팔꽃 덩굴 아래의 세 부자. 일을 마친 후 쉬는 즐거움. 에도 시대는 부모와 자녀라고 하는 가족 단위의 생활이 보장되기 시작한 시대"라고 설명했다. 여기에 덧붙여 말하면, 방랑생활 따위는 떠올릴 수도 없는 안도감을 이 모습에서 읽어낼 수가 있다.

이러한 생활이 센고쿠 말기부터 전국의 곳곳에 나타나기 시작했다. 그리고 촌락 내의 움직임

③

구스미 모리카게의 화풍
가노 단유狩野探幽 문하의 사천왕四天王이라 불리는 모리카게는 가가번加賀藩에 초빙되어 6년간 머물렀다. 그사이에 명군 마에다 쓰나노리前田綱紀의 번정 개혁으로 생활이 안정되기 시작한 농민의 가족 모습을 묘사했다고 평가되고 있다. (《납량도 병풍 納涼図屏風》)

을 파악하고 촌락을 영주領主의 재정기반으로 삼기 위해서 실행한 것이 검지檢地와 징세의 범위를 확정하기 위한 '무라기리村切'[51]였다. 이렇게 해서 촌락은 행정단위로서의 '무라村'라고 불리며 연공징수의 최소단위가 되었다. 무라에서 생활하는 농민은 소지하는 전답의 생산고에 따라서 세금을 부담할 의무를 지게 되었다.

연공 수입은 영주 재정의 대부분을 차지하기 때문에 연공을 부담할 수 있는 전답을 소유한 농민을 다카모치뱌쿠쇼高持百姓. 혹은 혼뱌쿠쇼本百姓라 하고 부담할 수 없는 농민을 무다카뱌쿠쇼無高百姓. 혹은 미즈노미뱌쿠쇼水

51 무라기리村切 : 근세, 검지를 통해서 이루어진 경지耕地의 편성. 중세의 복잡한 토지소유관계를 정리해서 농민의 경영을 무라 단위로 편성했다.

春百姓라 해서 차별하게 되었다.

하극상의 가능성을 없애고 주군에 대한 충성을 강제하는 병농분리 정책의 결과, 촌락에서 무사가 사라졌다. 행정단위로서의 무라에서는 무라비토로부터 세금을 징수하는 역할을 영주로부터 위임받은 유력한 농민이 무라야쿠닌村役人이라 불리며 촌정 전반에 권력을 갖게 되었는데, 무라야쿠닌과 오다카모치大高持를 '오마에大前', 보통의 다카모치高持를 '고마에小前'라 구별했다.

이렇게 되자, 생산을 담당하는 농민의 감소는 영주에게도, 연공 징수를 맡은 무라야쿠닌에게도 큰일이었다. 왜냐하면, 생산하는 농민의 감소는 연공 부담자의 감소이며, 나아가 연공량의 감소도 의미했기 때문이다. 이 때문에 세 부담의 과중으로부터 도망하는 '도산逃散'이나, 생활이 불가능해져서 무라를 떠나는離村 '결락欠落'에 엄격한 조치가 내려졌다.

매년 반복되는 사계의 풍경

영주는 농민을 무라에 구속하여 다른 영국領国으로의 이전이나 거주의 자유를 빼앗았다. 그 결과, 농민의 정주화가 촉진되어 점차로 몇 대에 걸쳐서 정주하는 농민가족의 존재가 무라의 일반적인 모습이 되었다. 또한 〈사계경작도四季耕作図〉와 같이 춘하추동의 농작의 변화를 묘사하는 농촌 풍경이 일상적인 상태가 되었다. 이렇게 해서 에도 시대는 무라비토의 정주가 당연해지고 영외로의 이동에는 일정한 제약이 수반되었다.

④

바쁜 사계절을 묘사한 농경도

무라의 일 년은 농업을 중심으로 진행되므로 농작하는 모습을 묘사하는 '사계농경도'가 각지에서 그려지게 되었다. 농경도의 대부분은 가족이 총동원되어 일하는 모내기와 수확 장면이 차지한다. (《풍년만작지도豊年萬作之図》)

자신의 전답을 소지하고 안정적으로 경작하는 것이 보장되면, 당연히 가족이 생활하는 가옥에 관심을 갖게 된다. 경제적으로 조금 여유가 생기면, 비바람을 피하고 몸을 쉬게 하는 정도의 거주지에서 벗어나 조금 더 나은 생활을 할 수 있고 대대로 거주할 수 있는 가옥을 짓는다. 이렇게 해서, 소지하는 전답과 가옥을 합해서 그것들이 재산으로 인식되고 이를 자녀들에게 상속하고 싶다고 하는 가문이라는 의식이 싹트게 되었다. 개인이나 가족을 초월해서 가문이 중요하다고 하는 자각이 신분 차를 불문하고 정착되었다.

상속은 가문의 역사에 대한 관심을 높여서 가문의 초석을 다진 선조에 대한 숭배와 신앙을 깊게 했다. 사청제寺請制[52]가 정착되어 사원에

....

52 사청제寺請制 : 에도 시대에 행해진 종문개宗門改(에도 막부가 그리스도교 금압·적발을 위

과거장過去帳⁵³이 정비되기 시작할 즈음, 선조에 대한 감정의 구체적 표현으로서 묘지에 묘비를 건립해서 공양하기에 이르렀다. 그리고 묘비명이 개인명에서 점차로 '어느 어느 집안의 묘何々家之墓'라고 바뀌어 새겨지게 되었다. 또한 전답이나 가옥을 상속할 수 있는 경영규모의 무라비토의 집에는 조상신氏神·屋敷神이 모셔졌다.

그러나 소가족의 무라비토는 가족만으로 농업경영을 유지할 수가 없었다. 전답을 경작하는 데도, 가축을 키우는 데도, 연료를 확보하는 데도 물을 이용하고 산의 자원을 활용했다. 이러한 것들은 무라비토가 공동으로 관리해서 운용했다. 개개의 무라비토는 공동조직에 의존해서 생산하고 생활했다. 이러한 집주集住 형태를 무라 사회村社会라고 한다. 그래서 무라에는 이 공동조직의 구성원의 안전과 오곡풍양을 기원하는 우부스나가미産土神⁵⁴가 모셔졌다.

이러한 무라에 이변이 발생하거나 혹은 다른 무라와의 소송 등으로 자신의 무라 입장을 증명해야만 하는 등 무라 존립에 관련된 사태가 발생하면, 무라비토들은 자신의 무라의 역사를 파고든다. 유래를 다시 조사해서 그로부터 자신의 무라의 우위성을 주장하기 시작했다. 무라비토들이 '내 고장'이라고 하는 지역의식을 공유하기 시작한 것이다. 또한 때로는 무라의 현재와 과거를 조사해서 시대의 커다란 변용에 놀

해서 마련한 제도. 집집마다 개인별로 불교종파를 조사해서 특정사원의 신자라는 것을 증명하여 매년 종문인별장宗門人別帳이 작성되었다)에 있어서 금제된 종파인 그리스도교나 일련종日蓮宗 후주후세파不受不施派 등의 신자가 아니라는 사실을 단나사檀那寺(자신의 집안이 귀의해서 단가檀家가 되어 있는 절)가 증명하는 제도.

53 과거장過去帳 : 절에서 단가檀家·신도 사자死者의 속명俗名·법명法名·사망 연월일·연령 등을 기록해 두는 장부.
54 우부스나가미産土神 : 태어난 고장의 수호신.

라면서 그 변용에 관련된 자신과 동료들을 현창顯彰하기에 이른다.

또한, 무라를 떠나는 다른 지역으로의 여행은 커다란 해방감을 가져다주었다. 이세코伊勢講[55]에서 선발된 대참代參[56]이나 소송 때문에 막부로 떠나는 여행에 의해서 비로소 에도를 구경하게 되거나 교토에 상경하였다. 타향에서의 경험은 무라비토에게 큰 변화를 가져다주었다. 또한 타향에 가보고 깨닫게 되는 것이 부모나 형제가 지내는 '내 고장'에 대한 망향의 마음이다. 이러한 마음도 무라비토들이 정주사회를 형성한 후 비로소 생겨난 현상이었다고 할 수 있다.

---

55 이세코伊勢講 : 이세 참궁伊勢參宮을 목적으로 한 신자 단체. 여비를 모아서 제비뽑기로 대표를 선발해 교대로 참배했다. 중세 말에서 근세에 걸쳐서 활발하게 행해졌다.
56 대참代參 : 본인 대신에 신사·사원에 참배하는 것.

거대 소비도시의 탄생

각지에 탄생한 거대 소비도시

문화를 육성할 뿐만 아니라 그것을 전달하는 수단을 가지고 아울러 문화를 향수하는 사람들이 동시에 존재하는 공간이 도시이다. 에도 시대 이전에 그러한 도시가 어느 정도 있었을까? 교토, 가마쿠라 그리고 사카이堺나 하카타博多 등 손에 꼽을 정도밖에는 떠오르지 않는다.

그러던 것이 병농분리정책이 단행되면서 크게 바뀌었다. 그 결과, 병兵을 집중 거주시킨 조카마치城下町라는 거대한 소비도시가 우후죽순처럼 각지에 탄생되었다. 이것이 바로 센고쿠 말기부터 에도 초기의 현상이다. 에도 각지에서 그때까지 없었던 대대적인 개발이 이루어지고 조카마치라고 하는 전혀 새로운 도시 경관이 전국에 출현하기 시작하였다.

조카마치에는 성곽을 중심으로 무사집단의 마을, 무사의 생활을 유지하고 영국 경영에 불가결한 유통기능을 담당하는 직인職人과 상인들이 모이는 조닌마치町人町, 그리고 데라마치寺町57라 불리는 종교시설 등이 건설되었다. 조카마치는 분명히 군사기지이며 통치기능의 중추가 놓인 정치도시였지만 동시에 주민의 대부분이 소비자가 되는 대소

....

57 데라마치寺町 : 절이 많이 집중된 지역.

비도시이기도 했다.

그러한 기능을 모두 갖추어 거대도시화한 것이 에도이다. 그러나 에도 주변은 에도에 집주하는 방대한 소비인구를 감당할 정도의 생산력이 갖추고 있지 않았다. 그 때문에 중앙시장의 역할을 담당하고 있었던 오사카의 물류력에 의존할 수밖에 없었다. 그 결과, 오사카는 물류의 집산지로 거대화되었다. 조정이 존재하는 교토도 또한 전통문화를 바탕으로 새로운 발전을 이루었다. 에도, 오사카, 교토를 당시 사람들은 삼도三都라 불렀다.

삼도 이외에 센다이仙台, 나고야名古屋, 가나자와金沢, 히로시마広島, 후쿠오카福岡, 구마모토熊本 등 1만을 넘는 인구를 거느리고 있는 조카마치가 전국 각지에 탄생되었다. 모두가 영국의 중심도시로 발달했으며 그 대부분은 소비인구였다. 이러한 도시는, 쇄국 후 무역항이 네 개의 창구나가사키長崎・류큐琉球・쓰시마対馬・에조치蝦夷地로 한정되었기 때문에, 연공미의 판매를 위해서 중앙시장인 오사카와 연결될 수밖에 없으며 각 번은 구라야도蔵宿[58]를 마련해서 오사카의 상인과 관계를 강화했다.

각각 성격을 달리하는 거대도시인 에도와 오사카가 일본의 동서에 탄생되었다. 히가키 회선菱垣廻船[59]과 다루 회선樽廻船[60]이 주항周航해서 2대 도시를 연결하는 등, 영국 경제의 중심인 조카마치와 삼도는 수운

. . . .

58 구라야도蔵宿 : 에도 시대, 에도・오사카로 연공미를 우송해 온 농민이 배에서 짐을 내리고 창고에 옮겨 넣을 때까지 머무르던 숙박지.
59 히가키 회선菱垣廻船 : 에도 시대, 에도・오사카 사이의 정기 화물선. 적하물이 떨어지지 않도록 좌우의 끝에 세운 표식을 별모양으로 만들어서 붙은 이름이다. 에도에서 사용할 목면・기름・술 등의 일상품과 막부・번의 화물 운송을 담당했으며 막부의 보호를 받았다.
60 다루 항로樽廻船 : 에도 시대, 오사카에서 에도로 주로 술통 등을 운송하는 데 사용되었던 배. 속도가 빨라서 막부 말기에는 히가키 회선을 압도했다.

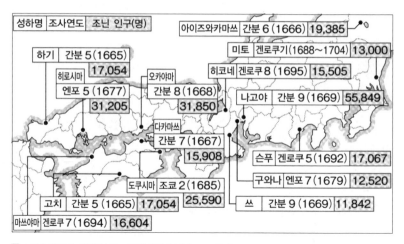

성하명	조사연도	조닌 인구(명)

아이즈와카마쓰 | 간분 6 (1666) | 19,385

미토 | 겐로쿠기 (1688~1704) | 13,000

하기 | 간분 5 (1665) | 17,054

히로시마 | 엔포 5 (1677) | 31,205

오카야마 | 간분 8 (1668) | 31,850

히코네 | 겐로쿠 8 (1695) | 15,505

나고야 | 간분 9 (1669) | 55,849

다카마쓰 | 간분 7 (1667) | 15,908

슨푸 | 겐로쿠 5 (1692) | 17,067

구와나 | 엔포 7 (1679) | 12,520

고치 | 간분 5 (1665) | 17,054

도쿠시마 | 조쿄 2 (1685) | 25,590

쓰 | 간분 9 (1669) | 11,842

마쓰야마 | 겐로쿠 7 (1694) | 16,604

조닌 인구가 1만을 넘는 조카마치가 전국으로 확대
17세기의 주요 조카마치의 조닌 인구를 나타낸 지도. 18세기의 조사로는 센다이 23,098명(안에이安永원년), 가나자와 74,987명(호에이宝永 7년), 후쿠오카 17,470명(분카 3년)이다. (『일본역사지명대계日本歷史地名大系』로부터 작성)

水運과 해운海運으로 연결되었고 육로를 사용할 수밖에 없는 지역은 마배운송업자馬背運送業者[61]를 매개로 해서 연결되었다.

상품의 적하가 이루어지는 육운陸運과 수운의 접점에는 하안河岸이라고 하는 유통 거점이 생겨나고 수운과 해운의 접점에는 항구湊라 불리는 큰 항만시설이 마련되었다. 천석선千石船이나 지마와리부네地回り船[62]가 드나들고 선박운송업자廻船問屋가 선하船荷의 관리를 맡았다. 항구 마을은 유통의 거점으로 기능하는 외에, 집산되는 상품을 가공해서 부가가치를 높이는 지역산업도 함께 갖추게 되었다.

또한 참근교대를 원활하게 하기 위해서 주요 간선도로인 5가도五街道[63]가 에도를 기점으로 동서로 뻗게 하고 역참에서의 숙박과 비각飛

. . . .
61 마배운송업자馬背運送業者 : 에도 시대, 말을 이용한 화물운송업자.
62 지마와리부네地回り船 : 근해의 운송을 맡은 배.

脚[64]에 의한 통신망이 정비되었다. 또한 협가도脇街道[65]도 발전되어 사람들의 이동과 정보 교환이 용이해졌다. 그 결과, 안전한 여행이 가능해지고 각지의 정보를 입수할 수 있게 되었다.

이렇게 해서 에도와 오사카에는 전국으로부터 부가 집중되기 시작했다. 그러한 부에 의해서 소비문화의 도가니가 되고 경제력이 있다면 인간적인 욕망을 채울 수 있는 세계가 형성되었다. 그리고 그 매력에 유혹되어 다양한 사람들이 유입되었다. 특히 에도는 훗날 '각지의 쓰레기장'라 불릴 정도로 전국에서 몰려온 유입자로 넘쳐났다.

소비도시가 문화의 발신지로

방대한 소비인구를 안고 있는 도시는 주민의 다양한 욕망을 채우기 위한 갖가지 일을 만들어냈다. 욕망 중에 가장 인간적인 것이 식욕과 색욕이다. 다음으로 입을 것에 마음이 가기 시작한다.

오사카 여름 전투 후 얼마 지나지 않은 시기에 제작되었다고 하는 〈낙중낙외도 병풍洛中洛外図屛風〉 후나키본舟木本과, 그로부터 십여 년 후의 에도 모습을 묘사한 〈에도도 병풍江戸図屛風〉에는 활기가 넘치는 서민들의 활동이 생생하게 묘사되어 있다. 가부키 극장에서 젊은 남성들

---

63 5가도五街道 : 에도 시대, 에도를 기점으로 한 5개의 주요한 가도. 도카이도東海道・나카센도中山道・닛코 가도日光街道・오슈 가도奥州街道・고슈 가도甲州街道.

64 비각飛脚 : 먼 거리를 재게 달려 통신을 전하는 역할을 하던 전령.

65 협가도脇街道 : 에도 시대, 5가도 등의 본가도本街道 이외의 지가도支街道. 그 주요한 것에 미토 가도水戸街道・미노로美濃路・주고쿠로中国路・닛코 오나리 가도日光御成街道・레이헤이시 가도例幣使街道 등이 있다.

이 춤을 추는 자태에 도취된 남성들과, 유나부로湯女風呂[66]에 빠진 남성들. 이 향락적인 모습들이야말로 도시민이 추구하는 '우키요浮世'의 세계였으리라.

그리고 이러한 향락적인 풍속문화를 지탱하는 다양한 상인과 직인들이 각지의 조카마치의 소비생활에 부응하게 된다. 그 직종의 대개는 농산물의 생산이 아니라 제2차 산업을 영위하는 자들이었다.

그러나 마을마다 여기저기에서 전개되는 '우키요' 현상은 얼마 지나지 않아 종막을 맞이했다. '우키요'의 상징인 오쿠니카부키御国歌舞伎[67]가 금지되고 그 대신에 등장한 와카슈카부키若衆歌舞伎[68]도 오히려 선정적이라고 해서 금지되기에 이르렀다. '우키요'의 즐거움은 관허의 유리遊里 속으로 제한되었다.

또한 전란의 종식에 의해서 이제 무력만으로는 권력을 유지할 수 없게 되었고 법적 정비를 서둘러 신분질서의 통제 등 문치적인 통치를 강화하고 종교적·정신적인 권력으로 위압할 필요성이 증가했다. 막부는 도쿠가와 이에야스를 신격화하고 최고층의 지식인과 예술가를 전속으로 고용함으로써 지적 독점을 꾀하고 우수한 기술자에게는 '천하제일'이라는 보증서를 부여해 권위를 과시하도록 했다.

한편, 그들이 세습화에 의해서 지위를 확고히 하자, 거기에 연결되는 동문 집단이 형성되고 이를 통솔하는 이에모토제家元制[69]가 확립되

......

66 유나부로湯女風呂 : 에도 시대, 유나湯女라는 직업여성을 둔 공중목욕탕.
67 오쿠니카부키御国歌舞伎 : 이즈모出雲의 오쿠니阿国가 창시한 예능. 초기 가부키 전체를 가리키는 경우도 있다.
68 와카슈카부키若衆歌舞伎 : 초기 가부키 형태의 하나. 1629년간에이 6 온나카부키女歌舞伎 금지 후에 대두된 것으로 앞 머리칼이 있는 미소년의 무용을 중심으로 했다. 1652년쇼오承応 원년 남색男色에 의한 폐해로 금지되었다.

와카슈카부키에 넋을
잃은 남성들

에도 고비키초木挽町의
가부키극장에서는 피리
와 북 소리에 맞추어 농
염하게 허리를 움직여 춤
을 추는 젊은이들의 모습
이 연일 피로되었다. 객
석에서 넋을 잃은 남성들
의 모습은 그야말로 우키
요이다.

(《에도 명소도 병풍江戶
名所図屏風》)

⑤

었다. 그들의 대개는 교토와 에도에 거점을 두었기 때문에 그곳이 문
화의 발신지가 되어 전국으로 보급되었다.

그러나 세습성에 의한 예술의 독점은 예술의 형식화를 가져다주었
기 때문에 창조성이 풍부한 예술가는 이단시되고 배제되었다. 그들은
교토나 에도를 떠나 재야에 침잠해 활동하면서 세습적인 예술에 만족
하지 않는 사람들에게 환영받았다. 이렇게 해서 새로운 문화가 지방으
로까지 확대되었다.

도시에 사는 조닌들은 무라와 같은 개방된 공간에서 생활하는 것이

---

69 이에모토제家元制 : 기예技芸 분야에서 각 유파流派의 본가本家로서 정통을 계승하여 유파를
통솔하는 집안 또는 그 당주当主인 이에모토를 중심으로 특정 기예가 계승되는 형태. 무로
마치 시대에 시작되어 에도 시대에 다양한 예능의 발전과 함께 노가쿠能楽 · 교겐狂言 · 무
용舞踊 · 음곡音曲 · 향도香道 · 다도茶道 · 화도華道 · 무도武道 등에 관해서 주로 사용되는 말
이다.

처마가 즐비하게 이어진 도시경관
에도 조닌마치의 중심인 니혼바시 혼초本町의 집들이 묘사되어 있다. 가옥이 빽빽하게 들어찬 모습은 많은 상인을 불러들이려고 한 도시정책의 일면을 나타낸다.
(《희대승람熙代勝覽》)

⑥

불가능했다. 중심거리에 면한 좁은 공간의 부지를 충분히 활용하고자 한다면, 활용면적을 최대한 늘여야 했다. 2층짜리 건물이 즐비한 가옥의 밀집이 에도를 비롯한 조카마치의 도시경관의 상징이 되었다.

이 폐쇄된 가옥의 공간 속에 상업의 장, 거실居間, 그리고 객실客間이 마련되었다. 주거지는 한정된 공지밖에 없어서 그곳이 약간의 초목으로 위로받는 정원이 된다. 그렇기 때문에 그 한정된 실내공간에 사치를 하게 되고 실내장식은 점차로 호화로워졌다. 실내공간에 대한 조닌들의 열정이 에도 시대의 회화를 크게 비약시키는 계기가 되었다.

직분제 국가

'働'이라는 문자가 사용되지 않은 시대

무라와 마치의 고문서를 읽으면 한 가지 사실을 발견하게 된다. 그것은 '働'이라는 문자가 거의 확인되지 않는다는 사실이다. 그렇기 때문에 고문서 해독관계의 사전을 보거나 초서체崩し字 용례 관계의 사전을 보아도 용례는 거의 없다.

그렇다면 막부의 법령류에는 사용되었을까? 우선 대대로 제정된 무가제법도武家諸法度[70]에는 전혀 사용되지 않았다. 또한 농민의 근로를 권장하는 법령류에도 거의 사용되지 않았다. 근세 정치사 연구자인 야마모토 에이지山本英二 씨가 발굴한 '게이안 오후레가키慶安御触書'의 원형이라 일컬어지는 '농민의 품행에 관해서百姓身持之事'에도 전혀 나오지 않는다. 사용되었다고 해도, 예를 들어 화재에 관한 법령에서 화재가 발생된 장소로 달려가서 임기응변하게 "최선을 다해서 움직여야働 하며 아울러 조닌들에게 급히 전해야 한다"라고 하는 것처럼 근로와는 무관계한 경우에 사용되는 경우가 많다.

'일꾼', '일벌'이라는 말이 근면한 일본인의 대명사처럼 사용되고 '일

---

70 무가제법도武家諸法度 : 에도 막부가 다이묘를 통제하기 위해서 제정한 법령. 1615년겐나 원년 도쿠가와 이에야스의 명에 의해서 2대 쇼군 히데타다秀忠 때에 발포된 13개조가 최초의 것이며, 그 후 필요에 따라서 개정되었다. 성의 개축이나 혼인·참근교대 등에 관해서 규정했다.

이 없는 남자'를 경멸하는 풍조 등 일본인이 '働'이라는 말에 특별한 생각을 갖게 된 것은 언제부터일까? 많은 사람은 아마도 그것은 사농공상이라는 강력한 신분제하에서 '농민百姓은 살리지도 죽이지도 말도록 한다'는 정책에 의해서 노동이 평생 강조된 에도 시대부터라고 생각할 것이다. 그러나 그렇지 않다. 반대로 신분제가 강력했기 때문에 '働'이라고 하는 말을 많이 사용할 필요가 없었던 것이다.

에도 시대의 사농공상이라는 신분은 글자 그대로 사 = 무사 = 무술, 농 = 농민 = 농업, 공 = 직인 = 공업, 상 = 상인 = 상업으로 신분과 직업이 일치되어 있다. 그 때문에 막번제 국가는 직분제 국가라고 일컬어진다. 게다가 신분이 개인에 달려 있는 것이 아니라 집안과 연결되어 있기 때문에 그 집안의 신분 = 집안의 직업 = 가직家職이 그 집안에 태어난 사람의 삶을 결정하게 된다. 즉 가직에 근면성실할 것이 운명으로 정해진 것이다.

에도 중기의 존왕론자尊王論者인 야마가타 다이니山県大弐[71]가

> 옛날에 이른바 천민天民은 그 수가 4인데, 사농공상이라 해서 사는 관정에 따르매 이로써 천하의 의를 힘쓰고, 농은 농사稼穡에 힘쓰매 이로써 천하의 식량을 더한다. 공은 기물을 제작하매 이로써 천하의 쓰임을 해결하고, 상은 무역을 하매 이로써 천하의 재를 유통하게 한다.

....

71 야마가타 다이니山県大弐, 1725~67 : 에도 중기의 유학자·병학자. 가이甲斐 출신. 이름은 마사다昌貞. 처음에는 의사였지만 유학·신도를 배우고 에도로 나와서 병학을 강의하고 『류자신론柳子新論』을 저술해서 존왕론尊王論을 주장했다. 메이와明和 사건(1766년 에도 막부에 의한 존왕사상 탄압 사건)에 연루되어 처형당했다.

라고 언급한 것과 같이 신분과 연결된 가직에 대한 생각은 아마도 많은 지식인들의 공통인식이었다고 할 수 있다.

에도 사회의 각각의 신분은 농민은 '경작하다耕す', 상인은 '장사하다商う'라는 식으로 일의 내용이 매우 분명했다. 그 때문에 모든 일을 포괄하여 그 내용에 구체성이 결여된 '일하다働く'라는 말은 '구어체'라면 몰라도 '문어체'로는 그다지 사용되지 않았다고 생각된다. 상가나 농가의 가훈에서는 계승되어야 할 일의 내용이 명확하지 않으면 설득력이 결여되기 때문에 '장사'에 전념하라, '경작'을 소홀히 하지 말라는 식으로 분명히 표현하는 것이 일반적이었다.

본래 '働'이라는 문자는 국자이다. 국학자 반 나오카타伴直方[72]의 『국자고国字考』에는 "『고본 세쓰요집古本節用集』에 보인다. 이것은 사람이 움직인다人動는 뜻으로 만들어진 글자로, 가까운 시대의 문자이다"라고 되어 있다. 즉, '働'이라는 문자는 에도 시대에서 볼 때 '가까운 시대'에 만들어진 문자라는 것인데 『우쓰호 이야기宇津保物語』나 『헤이케 이야기』, 『호조키方丈記』 등에는 나오는 말이다. 단순히 움직인다고 하는 의미로부터 열심히 일한다는 의미로 사용되기 시작한 것은 이상의 고전에서 확인할 수 있다.

즉, 헤이안 시대 말기에 생겨나고 가마쿠라 시대에 들어서 '봉공奉公'이라는 추상적인 표현형태로 무가에서 사용되어 일반화된 것이 아닐까 생각된다. 덧붙여서 말하자면, 가장 오래된 『고본 세쓰요집』은 1496

---

[72] 반 나오카타伴直方, 1790~1842 : 에도 후기의 국학자. 에도 출신. 막신幕臣. 고증에 능해서 『동요고집설童謠考集説』, 『마쿠라노소시 고枕冊子考』 등을 저술했으며, 어학 저서에 『국자고』, 『이로하 고以呂波考』 등이 있다.

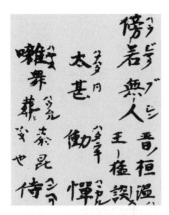

『고본 세쓰요집』에서 처음 확인되는 '働'

『고본 세쓰요집』은 무로마치 시대에 만들어진 일본어 사전이다. 일상어를 이로하いろは 순서로 배열해서 각 음을 15부분으로 세분했다. 왼쪽에서 두 번째 행에 '働'이 있다.

년메이오明応 5판인데 '働'은 '언어진퇴부'에 수록되어 있다.

이상의 사실로 볼 때, '働'이라는 말이 고문서에 그다지 나오지 않는 것은 에도 시대의 직분제가 얼마나 강력한 것이었는가 하는 증거가 되리라 생각한다. 따라서 '働'이라는 말이 빈번히 사용되는 것은 몰락한 빈농층이나 도시에 침전된 잡업층의 증가 등에 의해서 강력한 신분제가 동요되기 시작한 막부 말기부터 사민이 평등해져 직업 선택의 자유가 가능해진 근대사회 이래의 일이 되는 셈이다. 다양한 일의 내용을 종합적으로 설명할 수 있는 말이기 때문이다.

민간 사회에 집중된 지와 부

종래에 에도 시대에 대해서는 강력한 신분제에 의해서 사회적 · 문화적으로 고정되어 있었다는 인상이 강했고, 이러한 점 때문에 자유로운 중세와 비교되어 암흑의 근세사회라고 일컬어져 왔다. 일찍이 오카쿠라 덴신岡倉天心이 "서양인은 일본이 평화로운 문예에 빠져 있을 때는 야만국이라 간주하였다. 그러나 만주의 전쟁터에서 대대적인 살육이 이루어지기 시작한 이후 문명국이라 부르고 있다"고 메이지 시대 말기에 언급한 바 있는데 이 발언은 의미가 충분히 음미되지 못한 채 에도 시대를 이해하는 데 지속적으로 영향을 미쳐왔다.

그렇다면, 사농공상의 신분제와 중국을 중심으로 한 동아시아 국가들(조선·베트남)이 채택한 과거(학과의 선거 = 시험)에 의한 인재등용제도를 비교해 볼 때, 어느 쪽이 근대화를 가능하게 했다고 할 수 있을까? 그 답은 명쾌하다.

에도 시대에 살았던 농공상 신분의 사람들은 무기 몰수에 의해서 무력으로 권력을 탈취할 가능성을 단념할 수밖에 없었다. 또한 무사신분으로 등용되어 권력 측으로 옮기는 것은 지극히 어려운 일이었다. 게다가 무사신분 내부에도 신분제가 관철되어 있어서 아시가루足輕[73]에서 가로家老[74]로 올라가는 것도 어려웠다. 무사신분으로 올라갔다 하더라도 하급 무사신분에 머무는 것이 뻔한 일이었다.

⑦

오카쿠라 덴신, 『차의 책
THE BOOK OF TEA』
1906년메이지 39 덴신이 보스턴 미술관 동양부장을 역임할 때 뉴욕에서 간행되었다. 차 문화의 형태로 일본 전통문화의 우월성을 소개했다.

그래서 농공상 신분의 대개는 신분의 상승 지향을 단념하고 계승된 가직家職의 경영규모 등 가산家産을 발전시키는 데 전념하고 진력하게 되었다. 미국의 역사학자인 에드윈 올드파더 라이샤워Edwin Oldfather Reischauer는 큰 부자가 되자든가 유명한 의사가 되자는 식의 목적지향성이 강한 인간을 배출하게 된 동기가 되었다고 한다. 가운家運을 상승시키는 것이 인생 최대의 목표가 된 것이다.

....

73 아시가루足輕 : '다리가 가볍게 잘 뛰는 병사'라는 의미로, 일본의 중세·근세에 평상시에는 잡역을 맡고 전시에는 보병이 된다. 무사 신분과는 구별된다.
74 가로家老 : 에도 시대, 번주를 도와서 번정을 행하는 중신. 복수이며 합의윤번제合議輪番制에 의한다. 조다이 가로城代家老·에도 가로江戸家老 등이 있다.

막번제에서 경제활동은 생산에서 유통까지 기본적으로 농공상 신분이 전담했다. 그 때문에 재능이 있고 근면과 검약에 노력하면 가직을 발전시킬 가능성을 가지고 있었다. 농공상 신분이 전 인구의 대다수를 차지했다. 그러한 가운데서 이하라 사이카쿠가 『일본영대장』, 『세켄무네산요』에서 소개한 바 있는 자산가로 성장하는 인재가 각지에서 배출되기 시작하였다. 즉, 민간인에 지력과 경제력이 축적된 것인데, 이는 시간이 지나면서 규모가 커졌다. 막번 영주는 그들의 지성과 경제력에 의존하지 않으면 체제를 유지할 수 없는 상황에까지 이르게 되었다.

'과거'를 통해서 국가가 우수한 인재를 포섭하여 국가의 운영에 충분히 활용해서 권력의 안태를 꾀해 온 중국과 조선은 수구세력 때문에 오래된 체제를 내부로부터 와해시키기가 어려웠다.

그에 반해서, 강력한 신분제로 인해서 민간사회에 축적된 팽대한 지력과 경제력은 막번 권력에 대해서 자괴작용을 촉진하였다. 게다가 민간사회의 구성원인 농공상 신분의 사람들은 경제활동뿐만 아니라 학문·예술 등 문화의 모든 면에도 큰 기반을 구축하고 있었다. 그리고 무엇보다도 에도 후기에 시작되는 부의 편중에 의해서 생겨난 빈농들이 무라를 떠나 잡업층이 되어 사민의 주변에서 다양한 활동을 하기 시작했으며 점차 그 존재를 무시할 수 없는 상황이 되어 갔다. 그때까지의 강력한 신분제 사회 그 자체의 토대를 뒤흔들기에 이른 것이다.

가업의 발전에는 읽고 쓰기 · 주산

자손에게 가직을 유지시키고 발전시키는 데 무엇이 가장 중요한가 하고 경영 확대에 성공한 자산가들에게 물으면 대개는 우선 식자력과 계산력을 익히는 것이라고 답할 것이다. 문자를 읽고 쓸 줄 모르고 주판 알을 튕길 줄 모르면 농업 경영도 장사도 할 수 없다. 『논어』도 읽지 못하고 하이카이의 소양도 없으며 인간적인 성장조차도 기대할 수 없다. 읽고 쓰기와 계산을 하지 못하면 가운이 기울어지고 종국에는 집안의 존속마저도 위태로워진다.

이에 유년기부터 적극적으로 데라코야寺子屋[75]나 습자소에 보내 최소한의 기초교육을 받게 하였다. 데라코야에서 몇 년 공부하면 상당한 교양을 익힐 수가 있었다. 때로는 바둑 · 장기나 와카 · 하이카이도 배운다. 거기에 더해서 '남의 밥을 먹이'는 봉공奉公에 내보내서 사

⑧

습자소의 학습 풍경
습자소의 학습은 쓰고 읽기를 습득하는 것이 기본이다. 이 그림은 이로하에서 문장까지 연령에 맞추어 학습하고 있는 광경을 묘사하고 있다. 스승이 어린 학생의 손을 잡고 이로하를 가르치고 있는 모습이 인상적이다. (〈풍류 데라코야 길서의 첫수업 그림風流てらこ吉書はしめけいこの図〉)

----

75 데라코야寺子屋 : 에도 시대, 서민의 교육시설. 승려 · 무사 · 신관神官 · 의사 등이 선생이 되어 읽고 쓰기 · 주산을 가르쳤다. 교과서는 『정훈 오라이庭訓往来』, 『동자교童子教』 등이 사용되었다. 메이지 이후, 의무교육의 보편화와 함께 소멸했다.

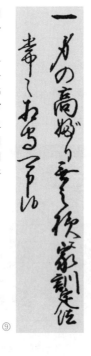

회성을 익히게 했던 것이다.

왜냐하면 그것이 사교적인 장에서 사람들과 어울리고 교제할 때의 최소한의 소양이었기 때문이다.

습자소의 현관에 걸려 있는 간판에는 '오이에류 지남御家流指南'이라고 쓰여 있는 것이 많다. 이는 막부가 공인한 중국풍唐様 서체를 말한다. 왜냐하면 '오이에류御家流'[76]는 사농공상의 신분을 초월한 공통의 서체이기 때문이다. 또한 한자와 히라가나平仮名가 혼용된 일본한문으로 쓰여진 문체도 신분에 제한이 없는 공통의 '문어체'로 배웠다는 점을 간과해서는 안 된다.

이는 무사 신분이 성하에 모여 거주하고 농민 신분은 무라에 거주하는 병농분리책이 단행된 결과, 상호 의사소통의 수단으로 문서가 활용되었을 때 쌍방이 서체도 문체도 같은 '문어'를 사용하지 않으면 의사소통을 꾀할 수 없었기 때문이다. 이러한 사실이 신분의 괴리 없이 서로 교류할 수 있는 사회를 형성했다고 할 수 있다.

---

76   오이에류御家流 : 화양和様 서도書道의 유파 중 하나. 에도 시대, 막부의 문교정책으로 널리 일반에게 유포된 쇼렌인류青蓮院流를 가리킨다.

문인문화의 시대

사농공상이라는 강력한 신분제 시스템은 각각의 신분 내부에도 상하 관계를 관철시켰다. 무사라면 가로에서 아시가루 사이에, 상인이라면 단나旦那[77]·반토番頭[78]에서 뎃치丁稚[79] 사이에 엄격한 상하관계가 있었 지만, 무사를 제외하면 본인의 능력과 노력에 의해서 단나라든가 오야 카타親方[80]라 불리는 신분으로 상승하는 경우가 드물지 않았다. 그러나 무사의 경우는 사정이 다르다. 에도 후기에 하급무사가 번정의 실권을 장악하는 듯한 번정의 큰 전환이 없는 한, 역직役職[81]에 연결된 집안 내 력이 바뀌기는 일반적으로는 매우 어려웠다.

따라서 집안을 유지하기 위해서 가직에 전념하며 생애를 보내는 것이 무사의 자연스러운 삶이었다. 그러나 무사 가운데도 직무를 수행하면서 타고난 예술적인 재능을 여기余技로 발산시켜 자기만족을 하는 문화적 영위에 보람을 느끼며 이에 침잠하는 자가 나오는 것도 이상한 일은 아 니다. 그리고 이러한 자기만족의 예술적 활동이 세상에 알려져 유명해지 면서 많은 무사들의 삶에 영향을 미친 인물도 생기기 시작했다.

예컨대, 야마토大和 오리야마번郡山藩의 가로 야나기사와 기엔柳沢其園[82]

---

77 단나旦那 : 상가商家의 봉공인奉公人이 주인을 이르는 말.
78 반토番頭 : 상가 등에서 고용인 중의 으뜸. 영업·경리 등 가게 전체를 관리하는 사람.
79 뎃치丁稚 : 직인·상가 등에 연계봉공年季奉公(본서 3장의 주 25 참조)을 하는 소년. 잡일이 나 심부름을 했다.
80 오야카타親方 : 직인·제자弟子·봉공인奉公人 등을 지도하고 보호하는 입장에 있는 사람.
81 역직役職 : 담당하는 직책·직무.
82 야나기사와 기엔柳沢其園, 1704~58 : 에도 중기의 문인·화가. 자는 고비公美. 류 리쿄柳里恭 라고도 불린다. 야마토大和 오리야마번郡山藩의 중신. 유불儒仏·의학·서화書画 등 16가지 예芸에 정통했다고 한다. 특히 회화는 정치하고 풍려한 색채의 화조도 외에 지두화指頭画

의 생애가 그에 해당될 것이다. 기엔은 야마토 오리야마번의 가로직을 맡으면서 고학파古学派[83] 유자인 오규 소라이荻生徂徠[84]에 사사하고 유학·불전·본초학·서화·전각 등 열여섯 가지 예능에 뛰어났으며, 그중에서도 그림은 짙은 채색의 화조·인물화에 뛰어나 그 방면으로 유명해진 인물이다.

또한 막부의 다이로大老[85]까지 올라간 야나기사와 요시야스柳沢吉保[86]에게 '노래와 그림의 예芸로' 고용되는 한편 오규 소라이에게 고문사학古文辞学[87]을 배운 핫토리 난카쿠服部南郭[88]도 그중 한 사람이다.

난카쿠는 요시야스 사후에 야나기사와 집안의 분위기에 견디지 못하고 사임하였다. 그리고 생계의 불안을 대가로 하여 오로지 시문에

....

(손가락이나 손톱을 붓 대신으로 해서 그린 수묵화)에도 뛰어나 남화南画의 선구자 중 한 사람이라고 지적된다. 저서『히토리네ひとりね』 등이 있다.

83 고학파古学派 : 근세 일본 유학의 일파. 『논어』와 『맹자』 등의 경서를 주자학·양명학 등의 해석을 개입하지 않고 직접 연구해서 이해하고자 하는 것. 야마가 소코山鹿素行에서 비롯되어 이토 진사이伊藤仁斎(고의학古義学)·오규 소라이荻生徂徠(고문사학古文辞学) 등도 각각 독자적인 전개를 나타냈다.

84 오규 소라이荻生徂徠, 1666~1728 : 에도 중기의 유학자. 에도 출신. 이름은 나베마쓰双松. 자는 시게노리茂卿, 별호는 겐엔蘐園. 또한 모노베物部 씨의 후손인 이유로 중국식으로 부쓰 소라이物徂徠라 자칭하기도 했다. 주자학을 거쳐서 고문사학古文辞学을 주장했으며 문하에서 다자이 슌다이太宰春台, 핫토리 난카쿠服部南郭 등이 배출되었다. 저서에『변도弁道』,『겐엔 수필蘐園随筆』,『정담政談』,『남류별지南留別志』 등이 있다.

85 다이로大老 : 에도 막부의 직명. 필요에 따라서 로주老中의 위에 놓이게 되는데, 정무를 총괄하는 최고의 직이다.

86 야나기사와 요시야스柳沢吉保, 1658~1714 : 에도 중기의 다이묘. 도쿠가와 쓰나요시德川綱吉의 소바요닌側用人에 이어 로주카쿠老中格에서 다이로카쿠大老格이 되어 고후甲府 15만 석을 받았다. 문치정책을 추진했지만, 쓰나요시의 실정에 대한 책임을 지고 쓰나요시 사후에 은거했다.

87 고문사학古文辞学 : 오규 소라이가 주창한 유학. 중국의 송·명의 유학과 이토 진사이의 고의학파古義学派에 반대해서 후세의 주에 의지하지 않고 고어의 의의를 귀납적으로 연구해 직접 선진고전先秦古典의 본뜻을 알아야 한다고 주장했다.

88 핫토리 난카쿠服部南郭, 1683~1759 : 에도 중기의 유자·한시인. 교토 출신. 이름은 모토타카元喬. 고문사파의 대표시인. 오규 소라이 문하로, 다자이 슌다이와 함께 그 대표적 문하로 칭해진다. 저서『난카쿠 문집南郭文集』 등이 있다.

몰입해 살았다. 이는 마치 중국에서 관직을 사임하고 문아에 살아가는 사대부 문인의 삶과 비슷하기 때문에 그는 일본적 문인으로서 같은 경우에 있었던 무사층으로부터 공감을 얻었다. 얼마 지나지 않아, 그의 주변에는 신분·학통·사상에 불만을 품고 풍아를 추구하는 동지가 모여들어 한시문을 중심으로 교유하는 살롱이 생기는 등, 그의 삶이 많은 무사층에 영향을 미치게 되었다.

**자신에 대해서
언급하지 않았던 핫토리 난카쿠**
문인으로서의 삶을 자각하고 있었던 난카쿠는 자신에 관해서 한 번도 언급하지 않았다고 한다.

그리고 본업에 종사하면서 여기를 중시하는 풍조는 『논어』에서 "널리 백성을 사랑하고 인仁을 가까이 하며 행함에 있어 여력이 있으면 학문을 하라"고 하는 '여력학문'의 가르침에 따라서 농공상 신분의 상층 자산가들 사이에까지 미치기 시작했기 때문에 문인 붐이 일어 전국으로 확장되었다.

문인들이 남긴 작품은 현실사회에서 도피해서 여기로 창작한다는 점에서 공통된다. 문학의 경우에는 정치와는 일정한 거리를 두고 다양한 어구나 사물에 의문을 품어 이를 고증학적 방법으로 해명해서 본질에 접근하고자 하는 태도이다. 고증수필考証随筆이라 불리는 이러한 작품이 매우 많다.

오와리尾張 번사인 아마노 사다카게天野信景[89]가 저술한 『시오지리塩尻』나 교토마치부교소京都町奉行所[90] 요리키与力[91]이었던 간자와 도코神

. . . .

89 아마노 사다카게天野信景, 1663~1733 : 에도 중기의 국학자. 오와리 번사.
90 교토마치부교소京都町奉行所 : 에도 막부가 교토에 설치한 온고쿠부교遠国奉行(막부 직할의

沢杜口의『오기나구사翁草』등은 모두 100권에 이르는 대저이다. 막신인 네기시 야스모리根岸鎮衛[92]가 사도 부교佐渡奉行[93] 시절, 섬의 일상을 기록한『미미부쿠로耳囊』나 히젠肥前 히라도平戸 번사였던 마쓰라 세이잔松浦静山[94]이 저술한『갑자야화甲子夜話』도 방대한 정보량이다.

또한 민간 유자인 야마자키 요시시게山崎美成의『해록海録』도 20권에 이르며 막부 말기에 성립된 기타무라 노부요喜多村信節의『희유소람嬉遊笑覧』, 기타가와 기소喜多川季荘, 모리사다守貞의『모리사다 만고守貞謾稿』등 그야말로 고증백과라는 이름을 붙이기에 부합되는 성과가 주목된다. 뿐만 아니라, 기간既刊의 수필집인『미간수필백종未刊随筆百種』[95](12권 101화), 『연석십종燕石十種』[96](6권 61화),『속연석십종続燕石十種』(3권 49화),『신연석십종新燕石十種』(8권 50화),『일본수필대전日本随筆大成』1기(22권 108화)·2

요지에 배치한 부교奉行의 총칭) 중 하나. 로주老中 지배이지만, 실제로는 교토쇼시다이京都所司代(에도 막부의 직명. 교토의 슈고守護, 조정·공가에 관한 정무의 관장, 교토·후시미伏見·나라의 3부교의 지배, 교토 주변 8개국의 소송 처리, 서국 다이묘 감시 등을 맡았다)의 지휘하에 직무를 수행했다.

91 요리키与力 : 에도 시대, 부교奉行·오반가시라大番頭·쇼인반가시라書院番頭 등의 아래에서 이들을 보좌하는 관리.

92 네기시 야스모리根岸鎮衛, 1737~1815 : 에도 후기의 에도마치부교江戸町奉行(에도 막부의 직명. 로주의 지휘하에 에도의 무가지역·사원지역을 제외한 지역과 조닌에 관한 행정·재판·경찰을 담당했다). 18년 동안 재임해서 평가가 좋다.

93 사도 부교佐渡奉行 : 에도 막부의 직명. 온고쿠부교의 하나. 1601년게이초6 설치. 로주에 속하며, 사도佐渡 아이카와相川에 주재하며 사도의 민정과 광산 관리·운영, 외국선의 경계 등을 맡았다.

94 마쓰라 세이잔松浦静山, 1760~1841 : 에도 후기의 다이묘. 히젠 히라도 번주. 이름은 기요清. 번정 개혁에 진력하고 번교유신관藩校維新館을 설립하는 등 학문을 장려했다.

95 『미간수필백종未刊随筆百種』: 총서. 에도 시대의 풍속수필로 미간의 사본 100종을 수록. 미타무라 엔교三田村鳶魚 편교編校. 23책. 1927년, 요네야마도米山堂에서 야마다 세이사쿠山田清作가 간행.

96 『연석십종燕石十種』: 에도 후기의 총서. 다루마야 가쓰토시達磨屋活東子 편. 다루마야 고이치達磨屋五一 보補. 1863년 성립. 에도 시대의 풍속 관계 희서稀書 60책을, 1집에 10책씩 수록. 1907년 3권본 간행.

마음으로 그린 눈 쌓인 교토의 히가시야마東山 ⑪

하이진 부손은 형제제자의 한시에서 발상을 얻어 이 〈야색누대도夜色楼台図〉를 제작했다. '재 속 숯불처럼 나의 은신처도 눈 속에 있네埋火や我かくれ家も雪の中'라고 읊은 심경을 읽을 수 있다.

기(24권 114화) 등에 수록된 수필류는 방대한 수에 이르며 이러한 수필류도 문인 붐이 낳은 성과라는 사실은 분명하다.

그리고 문인문화를 대표하는 문화라고 하면 바로 떠오르는 것이 요사 부손与謝蕪村[97]·이케노 다이가池大雅[98]로 대표되는 문인화의 보급이다.

이렇게 보면 강력한 신분제였기 때문에 여기로 행해진 문화 활동이 남긴 지적인 축적을 에도 시대의 문화로는 간과할 수가 없을 것이다.

----

[97] 요사 부손与謝蕪村, 1716~83 : 에도 중기의 하이진·화가. 셋쓰摂津 출신. 본성은 다니구치谷口. 부손蕪村은 하이고俳号. 에도에 나와서 하이진 하야노 반진早野巴人에 입문했다. 여러 지방을 방랑한 후 교토에 정착해서 나중에 야한테이夜半亭 2세라고 자칭했다. 낭만적·회화적인 작풍을 나타내며 「춘풍마제곡春風馬堤曲」 등의 신체시도 창작해 하이카이 중흥의 중심적인 역할을 했다. 회화에서는 이케노 다이가池大雅와 함께 일본 남화의 대성자라 일컬어진다. 저서 『신화적新花摘』, 『야한의 즐거움夜半楽』, 『부손 구집蕪村句集』 등.

[98] 이케노 다이가池大雅, 1723~76 : 에도 중기의 남화가南画家. 교토 출신. 이름은 긴勤, 별호는 가쇼霞樵. 야나기사와 기엔·기온 난카이祇園南海와 교류하며 청나라 이부구伊孚九의 화법을 공부했다. 일본 남화의 대성자라 평가된다. 글씨도 뛰어났다.

서기	쇼군	문화·정치·경제
1590		도쿠가와 이에야스 에도 입성
1600		세키가하라関ヶ原 전투에서 동군 승리
1603	이에야스家康	도쿠가와 이에야스가 세이이타이쇼군征夷大将軍이 되어 막부를 열다
		『일포사전日葡辞書』 간행
1607	히데타다秀忠	이즈모出雲 오쿠니阿国가 에도성에서 가부키오도리かぶき踊り
1609		네덜란드가 히라도平戸에 상관을 건설
1612		그리스도교 금령 발포
1613		다테 마사무네伊達政宗**99**가 하세쿠라 쓰네나가支倉常長**100** 등을 유럽에 파견
1614		호코사方広寺 대불전 준공. 오사카 겨울 전투
1615		오사카 여름 전투로 도요토미豊臣 집안 멸망
1615		인형극操り人形芝居·조루리浄瑠璃**101** 유행
1616		스루가판駿河版『군서치요群書治要』 간행
1617		닛코日光 도쇼사東照社 조영
		가노 단유狩野探幽,**102** 막부 어용화가가 되다
1618		나오에 가네쓰구直江兼続가 요네자와米沢에 젠린사禅林寺를 세우다
1619		도카이도東海道 하코네 역참箱根宿에 관문関所을 설치하다
1620		가쓰라리궁桂離宮**103** 조영을 시작하다
1624	이에미쓰家光	초대初代 나카무라 간자부로中村勘三郎**104**가 사루와카좌猿若座**105**를 개설하다

· · · · · · · · · · · · · · · ·

99 다테 마사무네伊達政宗, 1567~1636 : 아즈치·모모야마 시대부터 에도 초기에 걸친 시기의 무장. 데와出羽 출신. 하타케야마畠山·아시나蘆名 씨를 쓰러뜨리고 오슈奥州를 제패했다. 훗날 도요토미 히데요시를 섬겨 조선에 출진했으며 세키가하라 전투·오사카 전투에는 도쿠가와 측에 서서 센다이번仙台藩의 기초를 닦았다.

100 하세쿠라 쓰네나가支倉常長, 1571~1622 : 에도 초기의 센다이 번사. 다테 마사무네의 명을 받고 1613년 일본을 출발해서 유럽으로 건너가 로마교황 바울로 5세를 알현하고 통상 교섭을 시도했으나 성공하지 못하고 귀국했다.

101 조루리浄瑠璃 : 샤미센三味線 반주에 맞추어 가락을 붙여 엮어 나가는 이야기. 무로마치 시대에 성립되어 에도 시대에 최성기를 맞았다.

102 가노 단유狩野探幽, 1602~74 : 에도 초기의 화가. 교토 출신. 에도로 나와서 막부의 어용 화가가 되었고 모모야마 시대의 호방하고 화려한 양식에 반해서 소쇄한 화풍을 특색으로 하여 에도 가노파江戸狩野派 번성의 기반을 구축했다.

103 가쓰라리궁桂離宮 : 교토시京都市 니시쿄구西京区에 있는 하치조노미야 집안八条宮家(가쓰라노미야 집안桂宮家)의 별장. 에도 초기에 하치조노미야 도시히토 친왕八条宮智仁親王이 창건. 친왕의 사후 한 때 황폐했지만 그 후 막부의 원조로 몇 차례 증축되었다. 회유식回遊式 정원과 스키야풍数寄屋風 서원이 유명하다.

서기	쇼군	문화·정치·경제
1625		와카슈카부키若衆歌舞伎[106] 시작되다
		우에노上野 간에이사寛永寺 준공
1627		요시다 미쓰요시吉田光由[107] 『진겁기塵劫記』 간행
1629		2대 이케노보 센코池坊専好[108]가 궁중에서 릿카立花[109]
		온나카부키女歌舞伎[110]·온나마이女舞 등 여성예능을 금지
1630		하야시 라잔林羅山[111]이 시노부가오카忍岡에 성묘를 건립하다
1633		일본선의 해외도항 금지(쇄국령)
		데이몬 하이카이貞門俳諧[112] 융성
1634		무라야마좌村山座(훗날 이치무라좌市村座)[113] 개설

104 나카무라 간자부로中村勘三郎, 1598~1658 : 야마시로山城 출신. 야고屋号(가부키 배우 집안의 칭호)는 가시와야柏屋. 1624년 에도 나카바시中橋에 에도에서 처음으로 가부키 극장 사루와카좌猿若座를 창립했다. 이후 나카무라좌中村座로 개칭하여 대대로 가부키 배우와 극장 주座元를 계승했다.

105 사루와카좌猿若座 : 에도 삼좌江戸三座 중 하나인 나카무라좌의 전신.

106 와카슈카부키若衆歌舞伎 : 초기 가부키의 한 형태. 1629년간에이 6, 온나카부키女歌舞伎 금지 후 부각된 것으로, 앞머리를 내린 미소년의 무용을 중심으로 한다. 1652년쇼오承応 원년 남색에 의한 폐해 때문에 금지되었다.

107 요시다 미쓰요시吉田光由, 1598~1672 : 에도 전기의 수학가数学家. 교토 출신. 모리 시게요시毛利重能·스미노쿠라 소안角倉素庵에게 배웠다. 『진겁기』 외에 『고력편람古暦便覧』, 『화한합운和漢合運』 등을 저술했다.

108 2대 이케노보 센코池坊専好, 1575~1658 : 릿카立花의 명인. 홋쿄法橋(승위僧位 제3위)에 서임叙任. 고미즈노오원後水尾院의 신임을 얻어 궁정에서 릿카를 지도했다.

109 릿카立花 : 꽃꽂이 중 하나. 에도 전기에 2대 이케노보 센코가 확립한 최초의 꽃꽂이 양식.

110 온나카부키女歌舞伎 : 여성을 중심으로 하는 가부키로 게이초 연간(1596~1615) 교토에서 시작되었다. 1629년에 풍기문란을 이유로 금지되었다.

111 하야시 라잔林羅山, 1583~1657 : 에도 초기의 유학자. 막부 유관 하야시林 집안의 시조. 교토 출신. 이름은 주忠, 노부카쓰信勝. 법호法号는 도슌道春. 주자학을 후지와라 세이카藤原惺窩에게 배우고 도쿠가와 이에야스로부터 이에쓰나까지 4대에 걸쳐서 시강侍講으로 쇼군을 모셨다. 우에노上野 시노부가오카忍岡의 가숙학숙家塾은 쇼헤이자카 학문소昌平坂学問所의 전신이되었다. 저서에 『라잔 문집羅山文集』 등이 있다.

112 데이몬 하이카이貞門俳諧 : 에도 전기의 하이카이류파俳諧流派 또는 그 작풍. '데이몬貞門'이란 마쓰나가 데이토쿠松永貞徳의 작품을 말한다. 단린談林의 신풍新風·이풍異風에 대해서 고풍古風·정풍正風을 의미한다.

113 이치무라좌市村座 : 가부키 극장. 에도 삼좌 중 하나. 1634년 무라야마좌村山座라는 이름으로 니혼바시 후키야초葺屋町에 건립되었다. 간분 연간(1661~72)에 이치무라좌市村座로 개칭되었다. 1842년 아사쿠사浅草 사루와카초猿若町로 이전했다가 다시 1892년에 시타야니초마치下谷二長町로 이전했다. 1932년 소실되면서 이치무라좌는 막을 내렸다.

서기	쇼군	문화 · 정치 · 경제
		아리타有田 급이 에도에 처음으로 들어오다
1635		사청제寺請制가 전국으로 보급되다
1636		나가사키長崎 데지마出島[114] 완성
1637		시마바라島原 · 아마쿠사天草 반란[115]
1641		오카야마번岡山藩에 하나바타케 교장花畠教場[116] 창립(번교藩校의 시초)
1643		후카가와深川 도미오카 하치만궁富岡八幡宮[117] 제례가 시작되다
1645		사카이다 가키에몬酒井田柿右衛門[118]이 아카에赤絵[119] 기법을 완성하다
1647		노노무라 닌세이野々村仁清[120] 오무로야키御室焼
1652		와카슈카부키若衆歌舞伎 금지
1654	이에쓰나家綱	다마가와 상수玉川上水[121] 완성

....

114 데지마出島 : 나가사키시長崎市의 지명. 1634년 에도 막부가 나가사키의 상인에게 명해서 나가사키 항구 내에 만든 4천 평 정도의 부채꼴 모양의 섬. 처음에는 포르투갈인을 살게 했다가 다시 여기에 히라도의 네덜란드상관을 이전시켰다. 메이지 초에 매립되어 현재 는 시가지의 일부를 이룬다.

115 시마바라島原 · 아마쿠사天草 반란 : 1637년부터 이듬해에 걸쳐서 규슈의 시마바라 · 아마쿠 사에서 발생한 그리스도교를 중심으로 한 농민 폭동. 막부의 금교 정책禁教政策과 영주의 혹 정에 대해서 아마쿠사 시로天草四郎를 주축으로 하는 약 4만 명의 농민 · 로닌이 하라성原城 에서 완강하게 저항했지만 막부군에 의해서 4개월 후에 진압되었다. 시마바라島原의 난.

116 하나바타케 교장花畠教場 : 에도 시대, 오카야마번岡山의 번교. 1641년 번주 이케다 미쓰 마사池田光政가 유자인 구마자와 반잔熊沢蕃山을 초빙해서 오카야마성岡山城 아래의 하나바 타케花畠에 개설했다.

117 도미오카 하치만궁富岡八幡宮 : 도쿄도 고토구江東区 도미오카富岡에 있는 신사神社. 예제例祭 인 후카가와 마쓰리深川祭り는 에도 3대 마쓰리 중 하나.

118 사카이다 가키에몬酒井田柿右衛門, 1596~1666 : 에도 초기의 도공陶工. 히젠국肥前国 아리타有田 출신. 유약을 바른 위에 그림을 그리는 기법(우와에즈케上絵付け)을 중국에서 배워서 일본 최초로 아카에赤絵 도기 제작에 성공했다. 이후, 일본 국내외에 큰 영향을 미쳤다. 자손 대 대로 가키에몬柿右衛門이라는 이름을 사용했기 때문에 작품도 가키에몬이라고 불린다.

119 아카에赤絵 : 빨강색을 주로 해서 채색한 도자기. 또는 그 그림. 중국에서는 오채五彩라고 한다. 이마리 아카에伊万里赤絵, 구타니 아카에九谷赤絵 등이 해당된다.

120 노노무라 닌세이野々村仁清, 생몰년 미상 : 에도 초기의 도공. 단바丹波 출신. 교토 오무로御室 의 닌나사仁和寺 몬젠門前에 가마를 만들었다. 우아한 양식으로, 마키에蒔絵(본서 2장의 주 44 참조)의 취향을 응용한 채색도기色絵陶器를 장기로 했다. 교야키京焼의 대성자大成者로 일컬어지고 있다.

121 다마가와 상수玉川上水 : 도쿄도 하무라시羽村市에서 다마천多摩川의 물을 끌어다가 신주쿠 구新宿区 요쓰야四谷 오키도大木戸에 이르는 용수로. 에도 시대, 에도의 음료수 공급을 위해 서 다마가와 쇼에몬玉川庄右衛門 · 세이에몬清右衛門 형제에 의해서 1654년에 완성되었다. 메이지 이후에도 사용되었다.

서기	쇼군	문화 · 정치 · 경제
		황벽종黃檗宗의 승려 은원隱元, 중국 명나라에서 일본에 왔다
1657		메이레키明曆의 대화재. 요시와라吉原 유곽이 아사쿠사浅草로 이전되다
1658		나카가와 기운中川喜雲[122]『교와라베京童』간행
1659		료고쿠바시両国橋[123] 완성
1660		모리타 간야森田勘弥가 모리타좌森田座[124]를 개설하다
1662		이토 진사이伊藤仁斎[125] 고기도古義堂를 개설하다
		아사이 료이浅井了意[126]『에도 명소기江戸名所記』[127] 간행
1665		쓰와노번津和野藩이 종이를 번의 전매로 삼다
1666		나카무라 데키사이中村惕斎[128]『훈몽도회訓蒙図彙』[129]

122 나카가와 기운中川喜雲, 1636?~1705 : 가나소시仮名草子 작가. 하이카이시俳諧師. 부친인 나카가와 진에몬 시게사다中川仁右衛門重定는 단바丹波의 향사郷土로 마쓰나가 데이토쿠와 고보리 엔슈小堀遠州 등과 교류하며 교카와 하이카이를 잘 짓는 풍류인이었다. 기운도 그러한 영향을 받아서 젊을 때 데이토쿠 문하에 입문했다. 데이토쿠 사후에 그 후계자인 야스하라 데이시츠安原貞室와 교류했으며 동인찬同人撰『옥해집玉海集』에는 부친 시게사다 1구, 기운 8구가 수록되었다.

123 료고쿠바시両国橋 : 스미다천隅田川 하류에 있는 다리. 스미다구墨田区 료고쿠両国와 주오구中央区 히가시니혼바시東日本橋를 연결한다. 메이레키의 대화재 후 1659년 건축된 것이라고 한다. 에도 시대부터 가와비라키川開き(그해의 강놀이 개시를 축하하는 연중행사)의 불꽃놀이의 명소이다.

124 모리타좌森田座 : 가부키 극장. 에도 삼좌 중 하나. 1660년 모리타 다로베에森田太郎兵衛가 고비키초木挽町에 설립. 이후 대대로 모리타 간야森田勘弥가 극장주座元를 맡아, 1856년에 모리타좌守田座로 이름을 바꿨다. 1872년에 사루와카초猿若町에서 신토미초新富町로 이전해서 1861년에 신토미좌新富座로 개칭했다.

125 이토 진사이伊藤仁斎, 1627~1705 : 에도 전기의 유학자. 교토 출신. 이름은 고레에다維槙. 고의학파古義学派의 시조. 처음에는 주자학을 공부했으나 주자학과 양명학의 주석에 불만을 느끼고 직접『논어』와『맹자』의 원전을 통해서 고의古義를 밝히고자 했다. 교토 호리카와堀川에 연 고기도古義堂는 문하에 3천여 명이 있었다고 한다. 저서에『논어고의論語古義』,『맹자고의孟子古義』,『동자문童子問』등이 있다.

126 아사이 료이浅井了意, 1612쯤~1691 : 에도 전기의 가나소시 작가. 무사였으나 정토진종浄土真宗의 승려가 되었다. 호는 효스이시瓢水子, 쇼운松雲. 저서에『오토기보코御伽婢子』,『이누하리코狗張子』,『도카이도 명소기東海道名所記』등이 있다.

127 『에도 명소기江戸名所記』: 삽화가 들어간 에도의 지지地誌 중 가장 오래된 것. 7권. 아사이 료이 저술. 1662년 간행. 에도를 대표하는 명소 · 신사 · 불각 등에 관해서 그 연혁과 전설 · 기원 등을 기록했다.

128 나카무라 데키사이中村惕斎, 1629~1702 : 에도 전기의 유자. 교토 출신. 독학으로 주자학을 공부해 천문 · 지리 · 도량형度量衡에서 음률에 이르기까지 정통했다. 이토 진사이에 비견되었지만, 평생 사관仕官을 하지 않았다. 이름은 시킨之欽, 자는 게이호敬甫. 저서에『사서시몽구해四書示蒙句解』, 편저에『훈몽도회』등이 있다.

서기	쇼군	문화 · 정치 · 경제
1667		간분 고소데寬文小袖[130] 유행
1672		가와무라 즈이켄河村瑞賢[131]가 서회항로西廻航路를 쇄신하다
1673		미쓰이 다카토시三井高利[132]가 에치고야越後屋 포목점을 개업하다
1673		이치카와 단주로市川団十郎[133] 아라고토荒事[134]
1674		세키 다카카즈関孝和『발미산법發微算法』 간행
1678		사카타 도주로坂田藤十郎[135] 와고토和事[136]
1682	쓰나요시綱吉	이하라 사이카쿠井原西鶴『호색일대남好色一代男』
1684		다케모토 기다유竹本義太夫[137]가 도톤보리道頓堀에 다케모토좌竹本座를 개설하다
1685		동물살생금지령生類憐みの令[138] (~1709)
1689		『통속삼국사通俗三国史』 간행 개시

· · · · · · · · · · · · · ·

129 『훈몽도휘訓蒙図彙』: 에도 시대의 도해사전図解事典. 20권. 나카무라 데키사이 저. 1666년 성립. 정확한 그림에 화명和名・한명漢名・주기를 붙인 계몽서.

130 간분 고소데寬文小袖: 간분기(1661~73)쯤에 유행한 고소데小袖. 어깨에서 오른쪽 길에 걸쳐서 대담하게 커다란 문양을 배치하고 홀치기염색이나 자수가 많이 사용되며 문자로 큰 문양을 나타내는 것이 특징이다.

131 가와무라 즈이켄河村瑞賢, 1618~99: 에도 전기의 상인. 이세 출신. 에도로 나와서 목재상이 되었다가 메이레키의 대화재로 막대한 이익을 거두었다. 훗날 동회항로東廻航路(도호쿠東北・호쿠리쿠北陸의 항구와 에도를 연결한 간선항로幹線航路), 서회항로西廻航路(일본해 연안의 항로와 오사카를 연결한 간선항로)를 개발했다. 아지천安治川 등의 치수治水 공사에도 업적을 남겼다.

132 미쓰이 다카토시三井高利, 1622~94: 에도 전기의 상인. 이세 출신. 에도로 옮겨와 에치고야越後屋라는 야고屋号로 포목점을 열고 '현금거래・에누리 없음'이라는 새로운 상법商法을 시작했다. 또한 환전소両替店를 열어 막부의 공금 환公金為替을 맡으면서 급속하게 번영하여 재벌 미쓰이 집안三井家의 기초를 닦았다.

133 이치카와 단주로市川団十郎, 1660~1704: 에도 전기의 가부키 배우. 에도 출신. 1673년 에도 나카무라좌中村座의 첫무대에서 얼굴에 구마도리隈取り(가부키 화장법 중 하나)를 하고 아라고토荒事(가부키 연기 양식의 하나)를 창안했다. 겐로쿠 시대를 대표하는 명배우. 이치카와 집안市川家의 종가宗家로, 미마스야 효고三升屋兵庫라는 이름으로 각본도 썼다. 1704년 2월 19일 배우 이쿠시마 반로쿠生島半六에게 무대에서 사살되었다.

134 아라고토荒事: 가부키에서 무사나 귀신 등의 거칢을 과장해서 연기하는 것. 또는 그 연출 양식. 창시자인 초대初世 단주로団十郎 이후 이치가와 집안市川家의 가예家芸이자 에도 가부키江戸歌舞伎의 특징이다.

135 사카타 도주로坂田藤十郎, 1647~1709: 가부키 배우. 교토 출신. 겐로쿠기를 대표하는 가미가타上方의 명배우. 와고토和事의 시조로 일컬어진다. 가미가타카부키上方歌舞伎의 기초를 닦았으며 지카마쓰 몬자에몬近松門左衛門을 작가로 얻어서 다수의 명작을 남겼다.

136 와고토和事: 가부키에서 유약한 남성의 연애 묘사를 중심으로 하는 연기. 혹은 그러한 연출양식. 겐로쿠기에 발생해서 주로 가미가타에 전해졌다.

서기	쇼군	문화·정치·경제
1690		우키요조시浮世草子139 유행
1692		이하라 사이카쿠『세켄무네산요世間胸算用』 간행
1694		마쓰오 바쇼松尾芭蕉『오쿠로 가는 좁은 길おくのほそ道』 완성
1696		미야자키 야스사다宮崎安貞140『농업전서農業全書』 완성
1699		오가타 겐잔尾形乾山141이 나루타키요鳴滝窯를 열다
1702		아코 로시赤穂浪士142 복수
		마쓰오 바쇼『오쿠로 가는 좁은 길』 간행
1703		지카마쓰 몬자에몬近松門左衛門『소네자키 신주曾根崎心中』
1705		오사카의 호상 요도야 다쓰고로淀屋辰五郎143 결소闕所144

137 다케모토 기다유竹本義太夫, 1651~1714 : 조루리의 다유太夫(흥행주). 기다유부시義太夫節의 시조. 오사카 출신. 본명은 고로베에五郎兵衛. 처음에는 기요미즈 리베에清水理兵衛에게 하리마부시播磨節를 배워서 기요미즈 리다유清水理太夫라 했지만, 1684년 오사카에 다케모토좌竹本座를 개설하면서 다케모토 기다유竹本義太夫라 자칭했다. 지카모토 몬자에몬近松左衛門을 작가로 맞이해서 인형극操り芝居을 흥행시키고 닌교조루리人形浄瑠璃를 대성시켰다.

138 동물살생금지령生類憐みの令 : 에도 중기, 5대 쇼군인 도쿠가와 쓰나요시가 발포한 살생금지령. 1685년조쿄2 이후 몇 차례 발령되었다. 특히 개를 중시했으며 범한 자는 엄벌에 처했다. 쓰나요시 사후에 폐지되었다.

139 우키요조시浮世草子 : 에도 시대 소설의 한 종류. 1682년 간행된 이하라 사이카쿠의『호색일대남』이후, 겐로쿠기를 최성기로 해서 약80년간 가미가타를 중심으로 간행된 소설의 일종. 가나소시와 구별되는 사실적 표현이 특징으로, 현세적·향락적인 내용. 호색물好色物·조닌물町人物·무가물武家物·가타키물気質物(등장인물의 성격이나 기질을 계층이나 직업 등에 특유한 유형에 의해서 묘사한 작품군) 등으로 분류되어 사이카쿠 이후에는 하치몬지야본八文字屋本이 중심을 이루었다.

140 미야자키 야스사다宮崎安貞, 1623~97 : 에도 전기의 농학자. 아키安芸 출신. 지쿠젠筑前 후쿠오카번福岡藩을 섬기다가 사임하고 농업에 관심을 두어 서일본 각지를 돌며 농업에 관한 견문을 수집하여『농업전서』를 저술했다.

141 오가타 겐잔尾形乾山, 1663~1743 : 에도 중기의 도공이자 화가. 교토 출신. 고린光琳의 동생. 노노무라 닌세이野々村仁清에게 도법陶法을 배우고 교토에서 나루타키요鳴滝窯를 열었다. 만년에는 에도 이리야入谷에 가마를 만들었다. 회화로는〈야쓰하시도八ツ橋図〉,〈화롱도花籠図〉등의 작품을 남겼다.

142 아코 로시赤穂浪士 : 1703년 1월 30일겐로쿠 15년 12월 14일, 주군인 아사노타쿠미노카미나가노리浅野内匠頭長矩의 치욕을 떨쳐내기 위해서 기라코즈케노스케요시나카吉良上野介義央를 공격한 구旧 아코 번사赤穂藩士 47명을 말한다. 이듬해 막부의 명에 의해서 할복하고 센가쿠사泉岳寺에 매장되었다.

143 요도야 다쓰고로淀屋辰五郎, 생몰년 미상 : 에도 중기의 오사카 호상. 1705년호에이宝永2 조닌의 분수를 지키지 않은 사치생활 때문에 도코로바라이所払い의 형(주거지에서 추방당하여 출입을 금지 당함)을 받았다. 조루리·가부키 등에 각색되고 있다.

서기	쇼군	문화 · 정치 · 경제
1707		쓰치야 마타사부로土屋又三郎[145] 『경가춘추耕稼春秋』
		후지산富士山 분화, 간토 지역에 피해
1709	이에노부家宣	아라이 하쿠세키新井白石[146]가 등용되다
1710		가이바라 에키켄貝原益軒 『화속동자훈和俗童子訓』
1712	이에쓰구家繼	간조부교勘定奉行[147] 오기와라 시게히데荻原重秀[148] 파면
		이토 진사이 『논어고의論語古義』 간행
1713		가이바라 에키켄 『양생훈養生訓』 완성
		데라지마 료안寺島良安[149] 『화한삼재도회和漢三才図会』 완성
1714		오오쿠토시요리大奥年寄 에지마絵島[150] 간통죄로 유배
1715		아라이 하쿠세키 『서양기문西洋紀聞』 완성
1719		마에다 쓰나노리前田綱紀[151] 『서물유찬庶物類纂』[152]을 막부에 헌상

- - - - - - - - - - - -

144 결소闕所 : 에도 시대에 추방 이상의 형을 받은 자에 부가된 형벌.

145 쓰치야 마타사부로土屋又三郎, ?~1719 : 에도 전기의 권농가勸農家, 화산和算 · 측량술의 기술자.

146 아라이 하쿠세키新井白石, 1657~1725 : 에도 중기의 유학자이자 정치가. 이름은 긴미君美. 기노시타 준안木下順庵의 제자. 6대 쇼군 도쿠가와 이에노부德川家宣를 섬기며 막부의 정치에 참여해 조선통신사의 대우를 간소화하고 화폐 개주改鋳 등에 힘썼다. 저서에 『번한보藩翰譜』, 『독사여론読史余論』, 『서양기문』, 『고사통古史通』, 『잡목을 태우며折たく柴の記』 등이 있다.

147 간조부교勘定奉行 : 에도 막부의 직명. 지샤부교寺社奉行 · 마치부교町奉行와 함께 3부교三奉行의 하나. 로주에 속하며 막부재정의 운영과 다이칸代官(본서 3장의 주 13 참조)의 통솔, 막부직할지의 수세收税, 금전 · 곡물의 출납, 영내 인민의 소송 등을 맡았다.

148 오기와라 시게히데荻原重秀, 1658~1713 : 에도 중기의 막신幕臣. 간조부교. 통칭 히코지로彦次郎. 화폐 개주를 단행해서 일시적으로 막부의 재정난을 구제했다. 사리를 탐했다고 아라이 하쿠세키의 탄핵을 받고 실각했다.

149 데라지마 료안寺島良安, 생몰년 미상 : 에도 중기의 한방의漢方医. 오사카 출신. 자는 쇼준尚順. 호는 교린도杏林堂. 일본 최초의 삽화 수록 백과사전인 『화한삼재도회』 105권을 저술했다. 그 밖의 저술에 『삼재제신본기三才諸神本記』, 『제보기済宝記』 등이 있다.

150 에지마絵島, 1681~1741 : 에도성江戸城 오오쿠大奥(에도성 내, 쇼군의 정실과 측실이 거주했던 곳)의 시녀. 7대 쇼군 도쿠가와 이에쓰구德川家継의 모친 겟코인月光院을 모셨다. 가부키 배우 이쿠시마 신고로生島新五郎와의 연애사건으로 시나노信濃 다카토高遠로 유배되었다.

151 마에다 쓰나노리前田綱紀, 1643~1724 : 에도 전기의 다이묘. 가가번加賀藩 제5대 번주. 번정 개혁에 진력했다. 또한 학문을 좋아하여 기노시타 준안을 초빙하여 도서의 수집 · 보존 · 편찬에도 노력해 손케이카쿠 문고尊経閣文庫의 기초를 닦았다.

152 『서물유찬庶物類纂』 : 에도 시대의 본초학서本草学書. 1000권. 이노 자쿠스이稲生若水가 저술한 362권본에 니와 쇼하쿠丹羽正伯 등이 638권을 추가해서 1747년 성립. 중국의 고전 서적에서 동물 · 식물 · 광물에 관한 기술을 수집하여 분류해서 실물에 의해 검증한 것이다.

서기	쇼군	문화·정치·경제
1720		마치 소방사町火消[153] 이로하47조いろは四七組 설치
		그리스도교 이외의 한역 서양서적의 수입 완화
1721		다나카 규구田中丘隅[154]『민간성요民間省要』[155] 완성
		메야스바코目安箱[156]·고이시카와 약원小石川薬園[157] 설치
1722		풍속본風俗本 금지 등의 출판통제 강화
1724		아사쿠사浅草 구라마에蔵前의 후다사시札差[158]에게 가부나카마株仲間 설치를 인가
		오사카에 가이토쿠도懐徳堂[159] 설립
1727		영국에서 캠페르가『일본지日本誌』간행
1729		베트남 코끼리 에도에 도착
		이시다 바이간石田梅岩[160]이 심학의 강의를 시작하다
1732		기나이畿内의 서쪽 지역에 대기근

··············

153 마치 소방사町火消 : 에도 시대, 조닌이 자치적으로 조직한 소방조직. 에도에서는 마치부
교의 관리하에 이로하47조いろは47組가 있었다.

154 다나카 규구田中丘隅, 1662~1730 : 에도 중기의 다이칸代官, 민정가. 무슈武州 다마군多摩郡 히
라사와촌平沢村에 태어나서 쓰즈키군都筑郡 가와사키 역참川崎宿의 나누시名主(영주 아래서
촌정을 담당하는 무라의 으뜸)로 지역의 부흥을 위해 진력했다. 그 치적으로 1723년 쇼군
도쿠가와 요시무네에 불려가 아라천荒川·다마천多摩川의 치수, 사카와천酒匂川의 축제築堤
를 실행했다.

155『민간성요民間省要』: 농정서農政書. 3편 15권. 다나카 규구 편. 1721년 성립. 무슈 가와사키
역참의 나누시였던 저자가 관리의 횡포를 비판하고, 무사계급뿐 아니라 민간을 등용할
것을 주장했다.

156 메야스바코目安箱 : 1721년 8대 쇼군 도쿠가와 요시무네가 교호 연간 실시한 개혁 중 하나
로, 평정소評定所(에도 막부 최고의 재판소) 앞에 설치해서 서민의 진언·불만 등을 투서
하는 상자. 상자는 쇼군의 면전에서 개봉되어 쇼군이 직접 열람했다.

157 고이시카와 약원小石川薬園 : 에도 막부의 약초원. 1638년 도쿠가와 이에미쓰가 에도성의
남과 북, 두 곳에 설치한 것 중에서 남원을 1684년에 고이시카와小石川로 옮긴 것이다. 현
재, 도쿄 대학東京大学 부속 고이시카와 식물원小石川植物園.

158 후다사시札差 : 에도 시대, 구라마이도리藏米取り(본서 시작하는 말의 주 40 참조)인 하타모
토旗本 등에 대해서 구라마이蔵米의 수취와 매각을 대행하고 수수료를 받는 상인. 그 밖에
구라마이를 담보로 한 금융업으로 거부가 되었다.

159 가이토쿠도懐徳堂 : 1724년 오사카 조닌들이 나가이 슈안中井甃庵을 중심으로 개설한 사숙.
1726년 막부의 허가를 받았다. 서민이 많이 배우러 와서 도미나가 나카모토富永仲基·야마
가타 반토山片蟠桃 등 조닌 학자가 배출되었다. 1869년 폐교.

160 이시다 바이간石田梅岩, 1685~1744 : 에도 중기의 사상가. 석문石門 심학心学의 시조. 단바丹波
출신. 이름은 오키나가興長. 오구리 쇼운小栗了雲에 사사했다. 실천적 윤리사상을 이해하기
쉽게 설명해서 조닌 계층에게 환영을 받았다. 저서『도비문답都鄙問答』,『제가론斉家論』등.

서기	쇼군	문화·정치·경제
1733		료고쿠兩国의 불꽃놀이가 시작되다
		야나카谷中 간노사感応寺에서의 복권 흥행 허가
1734		아오키 곤요青木昆陽[161] 고이시카와 등에 고구마를 심다
1738		약용 인삼의 일반 판매 허가
		우지宇治에서 상질의 센차煎茶 제조에 성공
1739		기류桐生에서 견직물 생산 개시
1745	이에시게家重	니혼마쓰번二本松藩에서 적자양육법赤子養育法을 포고하다
1746		에도 간다神田에 천문대天文台 설치
1748		에도에서 금붕어 사육 유행
1754		야마와키 도요山脇東洋[162]가 인체를 해부하다
1755		안도 쇼에키安藤昌益[163] 『자연진영도自然真営道』 완성
		교토京都 기온에祇園会[164]에서 병풍 장식 시작
1757		『통속충의수호전通俗忠義水滸伝』 간행 개시
		가라이 센류柄井川柳[165]가 만쿠아와세万句合를 시작하다
1759		의복 사치 금지·제례 화미 금지령
1761	이에하루家治	이케노보 센이池坊専意가 에도성江戸城에서 릿카立花
1763		요사 부손与謝蕪村 〈산수도 병풍山水図屛風〉 제작

161 아오키 곤요青木昆陽, 1698~1769 : 에도 중기의 난학자. 에도 출신. 처음에는 이토 도가이伊藤東涯에게 사사했다. 고구마를 구황작물로 보급하는 데 힘썼다. 『오란다 문자략고和蘭文字略考』, 『번서고蕃薯考』 등.

162 야마와키 도요山脇東洋, 1705~62 : 에도 중기의 의사. 교토 출신. 본명은 시미즈 쇼토쿠清水尚徳. 야마와키 겐슈山脇玄修의 양자가 된 후, 고토 곤잔後藤艮山에게도 배워서 고의학古医方의 대가가 되었다. 1754년 고스기 겐테키小杉玄適 등과 교토의 사형장에서 해부하는 데 입회하여 일본 최초의 해부기록 『장지蔵志』를 간행했다.

163 안도 쇼에키安藤昌益, 1703~62 : 에도 중기의 사회사상가·의사. 데와出羽 출신. 봉건사회와 이를 지탱한 유학·불교를 비판했다. 모든 사람이 평등하게 생산에 종사해서 생활하는 '자연스러운 세상'을 주창했다. 저서에 『자연진영도』, 『통도진전統道真伝』 등이 있다.

164 기온에祇園会 : 교토시 기온사祇園社의 제례. 옛날에는 매년 음력 6월 7일부터 14일까지 행해졌지만, 현재에는 7월 17일부터 24일까지 행해진다. 야마보코山鉾(축제 때 끌고 다니는 조형물) 순행 등이 있다. 여름의 역병 방지 등의 효과가 있다고 한다.

165 가라이 센류柄井川柳, 1718~90 : 에도 중기의 마에쿠즈케前句付(7·7음에 대해 5·7·5음을 붙여서 하나의 노래로 만들어 연결할 때의 착상의 묘미를 즐기는 일종의 언어유희)의 덴자点者(우열을 판정하는 사람). 에도 출신. 쓰케구付句가 독립적으로 센류川柳라 불리게 되었다. 1757년호레키宝暦 7, 『만쿠아와세万句合』를 간행하고, 나중에 그 가운데 선별하여 『하이후야나기다루誹風柳多留』를 출판했다.

서기	쇼군	문화·정치·경제
		히라가 겐나이平賀源内**166**『물류품척物類品隲』 간행
1765		대소력大小曆 유행. 스즈키 하루노부鈴木春信**167** 니시키에錦絵**168** 창시
1771		센류川柳에 '에돗코江戸っ子'라는 말이 등장
1772		메구로目黒 교넌자카行人坂에 대화재 발생
1774		스기타 겐파쿠杉田玄白**169**·마에노 료타쿠前野良沢**170**가『해체신서解体新書』 간행
1775		고이카와 하루마치恋川春町**171**『긴킨 선생 영화의 꿈金々先生栄花夢』
1776		가쓰라가와 호슈桂川甫周**172**·나카가와 준안中川淳庵**173**이 칼 툰베르크Carl Thunberg**174**에게 배우다

166 히라가 겐나이平賀源内, 1728~80 : 에도 중기의 본초학자 겸 게사쿠 작가. 사누키讃岐 출신. 이름은 구니토모国倫, 자는 시이子彝. 호는 규케이鳩溪. 본초학·난학·물산학物産学·국학을 배우고 물산회物産会를 개최했으며 화완포火浣布, 발전 장치, 한난계寒暖計 등을 발명했다. 게사쿠·조루리에도 재능을 발휘해『후류 시도켄 전風流志道軒伝』,『근무초根無草』, 조루리『신레이야구치노와타시神霊矢口渡』등을 남겼다.

167 스즈키 하루노부鈴木春信, 1725?~1770 : 에도 중기의 우키요에 화가. 에도 출신. 니시키에錦絵의 성립에 중심적인 역할을 했다. 미인화에 뛰어나고 유곽의 풍속이나 시정의 일상적 정경에 고전 와카和歌의 의미를 담은 미타테에見立絵를 즐겨 제작했다.

168 니시키에錦絵 : 다색을 사용한 우키요에 판화. 1765년메이와明和 2 우키요에 화가 스즈키 하루노부를 중심으로 판을 깎는 사람彫り師과 종이에 찍는 사람摺り師이 협력해서 창시했다. 비단처럼 정치하고 아름다운 판화. 우키요에의 대명사가 되었다.

169 스기타 겐파쿠杉田玄白, 1733~1817 : 에도 후기의 난방의蘭方医. 와카사若狭 오바마小浜 번의의 아들로 에도에서 출생했다. 마에노 료타쿠前野良沢 등과『타펠 아나토미아Tabulae Anatomicae』를 번역해『해체신서解体新書』라는 이름으로 간행하는 등 서양의학을 널리 소개했다.『타펠 아나토미아』는 독일의 요한 아담 쿨무스Johann Adam Kulmus의『아나토미쉐 타벨렌Anatomische tabellen』의 네덜란드 번역서이다. 저서에『난학사시蘭学事始』등이 있다.

170 마에노 료타쿠前野良沢, 1723~1803 : 에도 중기의 난학자 겸 의사. 부젠豊前 나카쓰中津 번의. 아오키 곤요에 사사하고 네덜란드어를 배웠다. 스기타 겐파쿠 등과의『타펠 아나토미아』 번역에서 지도적 역할을 담당했다.

171 고이카와 하루마치恋川春町, 1744~89 : 에도 중기의 기뵤시 작자·교카시狂歌師. 스루가駿河 오지마小島 번사. 교고狂号는 사케노우에노 후라치酒上不埒. 필명 고이카와 하루마치恋川春町는 번저藩邸가 있었던 고이시카와小石川 하루가초春日町를 빗댄 것이다.『긴킨 선생 영화의 꿈』으로 기뵤시를 탄생시켰으나 간세이 개혁을 풍자한『앵무반문무이도鸚鵡返文武二道』로 필화筆禍를 초래해 자살했다고 한다.

172 가쓰라가와 호슈桂川甫周, 1751~1809 : 에도 후기의 난의蘭医. 이름은 구니아키라国瑞. 스기타 겐파쿠 등과『해체신서』를 번역. 편저『로시아지魯西亜志』,『북사문략北槎聞略』등.

173 나카가와 준안中川淳庵, 1739~86 : 에도 중기의 난의. 에도 출신. 이름은 겐린玄鱗. 본초학·난학을 공부해 스기타 겐파쿠 등과『해체신서』를 번역했다. 네덜란드의사 툰베르크Thunberg와의 교류가 있었다. 저서에『오란다 국방和蘭局方』,『오란다 약보和蘭薬譜』등.

서기	쇼군	문화·정치·경제
		히라가 겐나이 에레키테르エレキテル[175] 완성
		우에다 아키나리上田秋成[176]『우월 이야기雨月物語』간행
1780		다니카제 가지노스케谷風梶之助[177]·오노가와 기사부로小野川喜三郎[178]가 간진즈모勧進相撲[179]에서 활약
1783		구도 헤이스케工藤平助[180]가『아카에조 풍설고赤蝦夷風説考』[181] 완성
		아사마산浅間山 대분화. 이로 인해 대기근 발생.
		시바 고칸司馬江漢[182]이 동판화를 제작
1787	이에나리家斉	마쓰다이라 사다노부松平定信 로주슈자老中首座가 되어 개혁을 단행
		모토오리 노리나가本居宣長[183]『비본 다마쿠시게秘本玉くしげ』완성

· · · · · · · · · · · · · · ·

174 칼 툰베르크Carl Thunberg, 1743~1828 : 스웨덴의 박물학자·의사. 1775년안에이 4 나가사키 네덜란드상관의 의사로 방일해서 1년간 머물렀다. 일본의 의학·식물학의 발전에 공헌했다. 저서『일본기행日本紀行』,『일본식물지日本植物誌』.

175 에레키테르エレキテル : (네덜란드어 elektriciteit에서 온 말) 에도 중기, 네덜란드에서 전해진 마찰발전기의 일종. 치료에 사용되었다.

176 우에다 아키나리上田秋成, 1734~1809 : 에도 후기의 국학자. 우키요조시, 요미혼의 작가. 오사카 출신. 통칭은 도사쿠東作이며, 별호에 무초無腸 등이 있다. 저서에 요미혼『우월 이야기雨月物語』,『춘우 이야기春雨物語』, 수필『단대소심록胆大小心録』, 가문집歌文集『쓰즈라부미藤簍冊子』등이 있다.

177 다니카제 가지노스케谷風梶之助, 1750~95 : 에도 후기의 리키시力士(스모 선수). 제4대 요코쓰나横綱. 무쓰陸奥 출신. 요코즈나 재위 4년8개월. 우승 21회. 63연승의 기록을 갖는다. 실질적인 첫 번째 요코즈나라는 설도 있다.

178 오노가와 기사부로小野川喜三郎, 1758~1806 : 에도 후기의 리키시. 제5대 요코쓰나. 오미 출신. 다니카제谷風·라이덴雷電의 호적수로 활약하여 스모相撲의 황금시대를 구축했다.

179 간진즈모勧進相撲 : 탑·불상 등의 건립·수리를 목적으로 모금하기 위해서 흥행하는 스모.

180 구도 헤이스케工藤平助, 1734~1800 : 에도 중기의 의사·경세가. 기이紀伊 출신. 이름은 규케이球卿. 해상 방위·개항開港 무역·에조치蝦夷地(본서 프롤로그의 주 195 참조) 개발을 주장하고『아카에조 풍설고赤蝦夷風説考』를 저술해 러시아 남하에 대한 대비를 역설했다.

181 『아카에조 풍설고赤蝦夷風説考』: 에도 후기의 지지地誌. 2권. 구도 헤이스케 저술. 1781~83 성립. 아카에조赤蝦夷는 캄차카를 말한다. 일본 최초의 러시아 연구서. 상권은 러시아와의 통상·에조치 개발을 역설했다. 하권은 러시아의 지지.

182 시바 고칸司馬江漢, 1747~1818 : 에도 후기의 양풍화가. 에도 출신. 본명은 안도 기치지로安藤吉次郎, 별호에 슌파로春波楼 등이 있다. 스즈키 하루노부의 문하에서 우키요에 화가가 되지만 나중에 사생체写生体의 한화漢画, 미인화를 그리고 다시 히라가 겐나이 등의 영향을 받아 양풍화로 전환했다. 일본에서 최초로 에칭etching을 제작하고 유채油彩에 의한 풍경화도 다수 제작했다. 또한 지동설 등의 자연과학을 소개하는 데도 노력했으며 수필에도 뛰어났다. 저서『지구전도략설地球全図略説』,『슌파로 필기春波楼筆記』등이 있다.

183 모토오리 노리나가本居宣長 : 본서 시작하는 말의 주 20 참조.

서기	쇼군	문화·정치·경제
1791		산토 교덴山東京伝이 샤레본洒落本으로 수갑 50일형
1792		하야시 시헤이林子平**184**가 『해국병담海国兵談』으로 처벌
		아담 락스만Adam Laxman**185**이 네무로根室에 내항
1794		쓰타야 주자부로蔦屋重三郎**186** 샤라쿠写楽**187**의 야쿠샤에役者絵**188**을 간행
		오이시 히사타카大石久敬**189** 『지방범례록地方凡例録』
		오쓰키 겐타쿠大槻玄沢**190**의 시란도芝蘭堂**191**에서 네덜란드 정월을 지내다
1796		이나무라 산파쿠稲村三伯**192** 『하루마 화해ハルマ和解』
1799		기무라 겐카도木村蒹葭堂**193** 『일본산해명물도회日本山海名物図会』

184 하야시 시헤이林子平, 1738~93 : 에도 중기의 경세가. 에도 출신. 이름은 도모나오友直. 오쓰키 겐타쿠大槻玄沢·우다가와 겐즈이宇田川玄随 등과 교유. 해외사정에 정통해서 에조치 개척의 필요성을 역설했지만 『삼국통람도설三国通覧図説』, 『해국병담』 등이 막부의 노여움을 사서 칙거를 명받았다.

185 아담 락스만Adam Laxman, 1766~1806 : 러시아제국의 군인으로 육군 중위. 러시아 최초의 견일사절遣日使節.

186 쓰타야 주자부로蔦屋重三郎, 1750~97 : 에도 후기의 출판업자. 에도 출신. 본명은 기타가와 가라마루喜多川柯理. 호는 고쇼도耕書堂. 통칭은 쓰타주蔦重, 교카명狂歌名은 쓰타노카라마루蔦唐丸. 오타 난포大田南畝·산토 교덴 등과 친교가 있어 많은 샤레본·기뵤시 외에 도슈사이 샤라쿠東洲斎写楽·기타가와 우타마로 등의 우키요에 판화도 출판했다.

187 샤라쿠写楽, 생몰년 미상 : 에도 후기의 우키요에 화가. 호는 도슈사이東洲斎. 야쿠샤役者(가부키 배우)의 니가오에似顔絵나 스모에相撲絵 등을 그렸는데, 특히 배우의 개성 풍부한 얼굴을 과장해 묘사해서 오쿠비에大首絵에 진가를 발휘했다. 현존하는 약 140점의 작품을 제작한 기간은 1794년간세이 6 5월부터 약 10개월간이라고 추정된다.

188 야쿠샤에役者絵 : 가부키 배우의 무대모습이나 얼굴 등을 그린 우키요에.

189 오이시 히사타카大石久敬, 1725~94 : 에도 중기의 농정학자. 지쿠고국筑後国 구루메久留米 출신. 다카사키번高崎藩의 번사.

190 오쓰키 겐타쿠大槻玄沢, 1757~1827 : 에도 후기의 난학자. 무쓰陸奥 출신. 이름은 시게카타茂質, 자는 시칸子煥. 스기타 겐파쿠·마에노 료타쿠에게 네덜란드 의학과 네덜란드어를 배우고, 나가사키에서 유학했다. 저서 『난학계제蘭学階梯』, 『중정 해체신서重訂解体新書』 등이 있다.

191 시란도芝蘭堂 : 오쓰키 겐타쿠가 1786년에 에도 혼자이모쿠초本材木町에 연 가숙. 당시 난학 연구의 중심이었다.

192 이나무라 산파쿠稲村三伯, 1758~1811 : 에도 후기의 난학자. 돗토리鳥取 번의. 이나바因幡 출신. 오쓰키 겐타쿠에게 사사하고 난일대역사전蘭日対訳辞書 『하루마 화해』를 편찬했다. 나중에 우나가미 즈이오海上随鴎라 개명했다.

193 기무라 겐카도木村蒹葭堂, 1736~1802 : 에도 중기의 문인. 오사카 출신. 이름은 고쿄孔恭, 별호 손사이巽斎. 본초학·회화·시문을 배우고 서화골동書画骨董을 수집했다. 저서 『겐카도 일기蒹葭堂日記』 등이 있다.

서기	쇼군	문화·정치·경제
1800		이노 다다타카伊能忠敬[194]가 에조치蝦夷地[195] 측량을 목적으로 출발
1801	이에나리家斉	에도 여성의 머리 장식과 색 지리멘色縮緬 사용 금지
		시즈키 다다오志筑忠雄[196] 『쇄국론鎖国論』 완성
		가모 군페이蒲生君平[197] 『산능지山陵志』 완성
1802		짓펜샤 잇쿠十返舍一九 『도카이도추히자구리게東海道中膝栗毛』 초편 간행
1804		막부가 에조시絵草紙의 출판·판매를 제한
		러시아 사절 레자노프가 나가사키에 내항
1806		에도에서 대화재 발생
1807		구타니야키九谷焼[198] 부흥
1809		시키테이 산바式亭三馬 『우키요부로浮世風呂』 전편 간행
		마미야 린조間宮林蔵[199] 마미야 해협間宮海峡을 확인
		미토水戸 번주가 『대일본사大日本史』를 막부에 헌상
1811		러시아 함장 골로브닌Golovnin[200] 체포

194 이노 다다타카伊能忠敬, 1745~1818 : 에도 중기의 지리학자·측량가. 가즈사上総 출신. 다카하시 요시토키高橋至時에게 천문역학을 배웠다. 에조蝦夷, 나중에는 전국의 실지측량을 행해서 일본 최초의 실측지도를 제작했다. 저서에 『대일본연해여지전도大日本沿海輿地全図』, 『여지실측록輿地実測録』 등이 있다.

195 에조치蝦夷地 : 일본 에도 시대에 에조라 불린 아이누의 거주지를 가리키는 말이다. 오시마 반도를 제외한 홋카이도 전역과 사할린 섬, 쿠릴 열도까지를 포함한다. 이 말은 마쓰마에 번의 마쓰마에 가문이 도요토미 히데요시, 이후 도쿠가와 이에야스와 에도 막부로부터 이 지역에 대한 지배권, 교역권을 인정받고, 당시 일본인이 거주하던 번의 직할 영지인 오시마 반도 일대를 와진치和人地로 부르면서, 와진치는 에조치에 대치되는 용어로 등장하였다. 특히, 홋카이도 동부와 쿠릴 열도는 동에조치東蝦夷地, 홋카이도 서부와 사할린 섬 일대는 서에조치西蝦夷地로 불렸다. 1799년에는 동에조치가, 1807년에는 서에조치가 막부 직할령이 되었고, 1821년에 두 에조치는 다시 마쓰마에번에 돌아갔다가, 1855년에 막부의 직할 하에 들어갔다. 1869년 8월 15일, 에조치는 홋카이도北海道로 개명되었다.

196 시즈키 다다오志筑忠雄, 1760~1806 : 에도 중기의 난학자. 나가사키 출신. 본성本姓은 나카노中野, 호는 류호柳圃. 『역상신서暦象新書』를 역술譯述해서 뉴턴의 학설을 소개했다. 그 밖의 역서에 『쇄국론』, 『오란다 사품고和蘭詞品考』 등이 있다.

197 가모 군페이蒲生君平, 1768~1813 : 에도 후기의 존왕론자·유학자. 시모쓰케下野 출신. 이름은 히데자네秀実. 미토학水戸学의 영향을 받았다. 황폐한 역대 천황릉天皇陵을 조사해서 『산릉지』를 저술했다. 또한 『불휴위不休緯』에서 해상방위의 필요성을 역설했다. 하야시 시헤이·다카야마 히코쿠로高山彦九郎와 함께 간세이寛政의 삼기인三奇人이라 불린다.

198 구타니야키九谷焼 : 이시카와현石川県 구타니九谷에서 생산되는 도자기. 메이레키 연간(1655~58)에서 겐로쿠 연간(1688~1704) 제작되어 오늘날 고쿠타니古九谷라 불리는 호화로운 채색도기 및 에도 말기의 재건 후에 시작되는 정교한 아카에赤絵·긴란데金襴手 등의 총칭.

서기	쇼군	문화·정치·경제
		만서화해어용괘蛮書和解御用掛[201]를 신설
1814		구로즈미 무네타다黒住宗忠[202]가 구로즈미교黒住教[203]를 창시
		교쿠테이 바킨曲亭馬琴[204] 『난소사토미핫켄덴南総里見八犬伝』 초편 간행
1815		스기타 겐파쿠 『난학사시蘭学事始』 완성
		나팔꽃 재배 유행
1816		부요 은사武陽隠士 『세사견문록世事見聞録』 완성
1817		히로세 단소広瀬淡窓[205] 간기엔咸宜園
		오쿠라 나가쓰네大蔵永常[206] 『농구편리론農具便利論』 간행

· · · · · · · · · · · · · · · ·

199 마미야 린조間宮林蔵, 1780~1844 : 에도 후기의 탐험가. 히타치常陸 출신. 이름은 도모무네倫宗. 이노 다타카 등의 측량술을 배워 막부의 명령에 의해서 사할린을 조사. 또한 해협을 건너서 흑룡강 하류를 탐험하여 사할린이 섬이라는 것을 확인했다. 훗날 밀무역 등의 조사에 종사하여 시볼트 사건을 밀고했다. 저서 『동달기행東韃紀行』, 『북에조도설北蝦夷図説』 등.

200 골로브닌Golovnin, 1776~1831 : 러시아의 해군사관. 디아나호로 세계 주항하던 1811년에 구나시리도国後島에서 일본의 마쓰마에번松前藩에 붙잡힌 후, 러시아에 붙잡힌 다카다야 가헤에高田屋嘉兵衛와 교환하는 조건으로 석방되었다. 저서에 『일본유수기日本幽囚記』가 있다.

201 만서화해어용괘蛮書和解御用掛 : 1811년에 에도 막부에 의해서 설치된, 난서蘭書를 중심으로 한 번역기관. 막부의 편력編暦·측량을 담당하는 천문방天文方 내에 마련되었다.

202 구로즈미 무네타다黒住宗忠, 1780~1850 : 에도 후기의 신도가神道家. 구로즈미교黒住教의 교조. 히젠국 미노군御野郡의 네기禰宜에서 지병의 완치와 신비체험을 경험하고 구로즈미교를 열었다.

203 구로즈미교黒住教 : 신도 13파 중 하나. 1814년 구로즈미 무네타다가 창설. 막부 말기에 교세를 확장해서 1876년메이지 9에 일파로서 독립했다. 아마테라스오미카미太陽神天照大神를 신앙의 중심에 두고 신인합일神人合一의 경지를 목표로 한다. 본부는 오카야마시岡山市에 있다.

204 교쿠테이 바킨曲亭馬琴, 1767~1848 : 에도 후기 요미혼 작가. 에도 출신. 본성은 다키자와滝沢, 이름은 오키쿠니興邦. 산토 교덴에게 사사하고 기뵤시 『쓰카이하타시테니부쿄겐尽用而二分狂言』을 발표했다. 이후, 고칸·요미혼 등을 활발하게 저술했다. 주로 역사물에서 인정받았으며 권선징악의 이념과 인과응보의 도리를 아속雅俗 절충의 문체로 묘사했다. 대표작 『진세쓰유미하리즈키椿説弓張月』, 『슌칸소즈시마 이야기俊寛僧都島物語』, 『난소사토미핫켄덴南総里見八犬伝』, 『근세설미소년록近世説美少年録』 등이 있다.

205 히로세 단소広瀬淡窓, 1782~1856 : 에도 후기의 유학자. 분고豊後 출신. 자는 시키子基, 별호는 세이케이青渓 등이 있다. 간기엔咸宜園을 열어 제자를 교육했다. 오무라 마스지로大村益次郎·다카노 조에이高野長英는 그의 제자이다. 저서에 『원사루시초遠思楼詩鈔』, 『약언約言』 등이 있다.

206 오쿠라 나가쓰네大蔵永常, 1768~? : 에도 후기의 농학자. 분고 출신. 농업기술의 지도와 진보에 공헌했다. 저서에 『농구편리론』, 『농가익農家益』, 『광익국산고広益国産考』 등이 있다.

서기	쇼군	문화·정치·경제
1818		미즈노 다다아키라水野忠成[207] 로주老中가 되어 화폐 개주
		〈에도 주인내도江戸朱引内図〉 작성
1819		고바야시 잇사『나의 봄おらが春』[208] 완성
1821		료고쿠両国에서 낙타 구경
1822		사토 노부히로佐藤信淵[209]『경제요략経済要略』완성
		야오젠八百善[210]『에도 유행 요리통江戸流行 料理通』초편 간행
1824		오사카에서『에도카이모노히토리안나이江戸買物独案内』간행
		시볼트가 나루타키주쿠鳴滝塾[211]를 설립
1825		쓰루야 난보쿠鶴屋南北『도카이도 요쓰야 괴담東海道四谷怪談』초연
1829		류테이 다네히코『가짜 무라사키 시골 겐지』초편 간행
1831		가쓰시카 호쿠사이葛飾北斎[212]〈후가쿠 삼십육경富嶽三十六景〉완성
1832		다메나가 슌스이『춘색 매화 달력』초편 간행
		와타나베 가잔渡辺崋山[213] 등이 쇼시카이尚歯会[214]를 결성

207 미즈노 다다아키라水野忠成, 1762~1834 : 에도 후기의 다이묘. 누마즈 번주. 1812년 쇼군 이에나리家斉의 소바요닌側用人, 1817년 로주老中가 되어 분세이의 개주文政の改鋳에도 참여했다.

208 『나의 봄おらが春』 : 에도 후기의 하이카이俳諧·하이분슈俳文集. 1책. 고바야시 잇사 지음. 1819년 성립. 잇사 사후 25년째인 1852년 간행. 잇사가 57세 되던 해의 정월 초하루부터 섣달 그믐까지의 견문감상 등을, 장녀의 죽음을 중심으로 하이쿠俳句를 섞어 기록한 것.

209 사토 노부히로佐藤信淵, 1769~1850 : 에도 후기의 경제학자. 데와出羽 출신. 자는 겐카이元海. 우다가와 겐즈이宇田川玄随·히라타 아쓰타네平田篤胤 등에게 사사. 학문은 농정·물산·해방·병학·천문·국학 등 광범위하다. 저서『경제요록経済要録』,『농정본론農政本論』

210 야오젠八百善 : 에도 시대에 회석会席 요리를 확립하여 에도에서 가장 성공한 요정料亭 중 하나. 교호 연간(1716~35)에 아사쿠사浅草 산야山谷에서 창업한 이후 영고성쇠를 반복했다.

211 나루타키주쿠鳴滝塾 : 시볼트가 1824년에 나가사키 교외의 나루타키鳴滝에 개설한 진료소 겸 난학숙蘭学塾. 에도의 시란도芝蘭堂, 교토의 데키주쿠適塾과 함께 일컬어진다. 이토 겐보쿠伊東玄朴·다카노 조에이高野長英 등의 인재를 배출했다.

212 가쓰시카 호쿠사이葛飾北斎, 1760~1849 : 에도 중후기의 우키요에 화가. 에도 출신. 처음에는 가쓰카와 슌쇼勝川春章에게 그림을 배우고 가노파狩野派·도사파土佐派·린파琳派·양풍화洋風画 등의 화한양和漢洋의 화법을 섭취하고 요미혼의 삽화와 에혼, 풍경화에 새로운 경지를 구축했다.『호쿠사이 만화北斎漫画』와 〈후가쿠 삼십육경〉이 유명하다.

213 와타나베 가잔渡辺崋山, 1793~1841 : 에도 후기의 난학자·화가. 이름은 사다야스定静. 별호는 구카이도寓絵堂. 미카와三河 다하라번田原藩의 가로家老로 해방괘海防掛를 겸했다. 사토 잇사이佐藤一斎에게 유학을 배우고 다니 분초谷文晁에게 남화南画를 배운 후 서양화의 기법을 도입하여 사실적인 화풍을 확립했다. 특히 초상화에 뛰어나다.『신기론慎機論』을 저술하여 막정幕政을 비판했기 때문에 반샤의 투옥蛮社の獄에 연좌되어 자살했다.

서기	쇼군	문화·정치·경제
		도이 도시쓰라土井利位『설화도설雪華図説』215 간행
1833		우타가와 히로시게歌川広重216 〈도카이도 오십삼차東海道五十三次〉 간행
		덴포天保의 대기근 시작된다
1834		가라쿠리 기에몬からくり儀右衛門217 회중촉대懐中燭台 발명
1835		구니토모 도베에国友藤兵衛218가 태양의 흑점을 관측
		오하라 유가쿠大原幽学219 성학性学을 강의
		고토히라궁金刀比羅宮에 곤피라 오시바이金毘羅大芝居220 완성
		스즈키 보쿠시鈴木牧之221 『호쿠에쓰 설보北越雪譜』222 초편 간행

214 쇼시카이尚歯会 : 에도 후기, 기슈번紀州藩 유관인 엔도 쇼스케遠藤勝助가 주재해서 와타나베 가잔·다카노 조에이高野長英 등이 참가한 양학洋学 연구회. 반샤의 투옥으로 해체되었다.

215 『설화도설雪華図説』 : 눈의 결정도설집結晶図説集. 고가古河 번주 도이 도시쓰라 저술. 1833년에 정편正編, 1840년에 속편続編 간행. 현미경으로 관찰한 눈의 결정도 총 183개와 논고『눈의 생성의 물리雪の生成の物理』 등을 수록했다.

216 우타가와 히로시게歌川広重, 1797~1858 : 에도 후기의 우키요에 화가. 에도 출신. 본성은 안도安藤. 우타가와 도요히로歌川豊広에게 사사하고 히로시게広重라는 이름을 받았다. 서정성과 친근감이 풍부한 풍경화에 뛰어나, 대표작인 〈도카이도 오십삼차〉를 비롯해서 여러 지방의 풍경과 에도 명소를 다수 그려냈다.

217 가라쿠리 기에몬からくり儀右衛門, 1799~1881 : 다나카 히사시케田中久重를 말한다. 막부 말·메이지 초기의 기술자. 구루메久留米 출신. 가라쿠리닌교からくり人形(자동으로 움직이는 인형)를 제작해서 가라쿠리 기에몬이라 불렸다. 만년시계와 일본 최초의 기관차 모형을 제작했다. 1875년에 일본 최초의 민간 기계공장을 만들어서 오늘날의 도시바東芝의 기초를 쌓았다.

218 구니토모 도베에国友藤兵衛, 1778~1840 : 에도 후기의 과학자. 철포단야鉄砲鍛冶. 오미 출신. 이름은 시게유키重恭, 호는 잇칸사이一貫斎. 대대로 막부의 어용철포단야직御用鉄砲鍛冶職을 맡은 집안에서 태어났다. 자신이 제작한 천체망원경으로 태양의 흑점을 관측했다. 공기총·펌프 등을 제작했다.

219 오하라 유가쿠大原幽学, 1797~1858 : 에도 말기의 농촌지도자. 신도·불교·유교를 공부하고 시모우사국下総国 가토리군香取郡 나가베촌長部村에서 촌민을 지도해서 무라村의 재건을 꾀했지만 막부의 압력을 받고 자살했다. 그가 만들게 한 토지공유조직 '先祖株組合'는 농업협동조합운동의 선구가 되었다. 저서 『성학취의性学趣意』, 『미미유현고微味幽玄考』 등.

220 곤피라 오시바이金毘羅大芝居 : 가가와현香川県 나카타도군仲多度郡 고토히라초琴平町의 고토히라궁金刀比羅宮 몬젠마치門前町에 있는, 현존하는 가장 오래된 가부키극장. 일본의 중요 문화재.

221 스즈키 보쿠시鈴木牧之, 1770~1842 : 에도 후기의 문인. 에치고越後 출신. 본명은 기조지儀三治. 보쿠시는 하이고俳号. 에치고의 눈을 중심으로 기술한 『호쿠에쓰 설보』가 유명하다.

222 『호쿠에쓰 설보北越雪譜』 : 에도 후기의 수필. 2편 7권. 스즈키 보쿠시 저술. 1836~41덴포7~12 간행. 에치고의 눈을 관찰한 기록을 중심으로 설국의 풍경과 관습 등도 기술했다.

서기	쇼군	문화·정치·경제
1836		사이토 겟신齋藤月岑[223]『에도 명소도회江戶名所図会』 완성
1837		오사카에서 오시오 헤이하치로大塩平八郎[224]의 난
1838		나카야마 미키中山みき[225] 천리교天理教[226]를 창시
		오가타 고안緒方洪庵[227] 데키주쿠適塾[228]
1839		교토에서 풍년춤豊年踊り 유행
1840		8대 이치카와 단주로市川団十郎『간진초勸進帳』[229] 초연
1841		덴포天保 개혁이 시작된다. 가부나카마 해산령
1842		닌조본人情本 금지. 다메나가 슌스이·류테이 다네히코 처벌
1848		사이토 겟신『부코 연표武江年表』 완성

....

223 사이토 겟신齋藤月岑, 1804~78 : 에도 말기의 문인. 에도 간다神田의 나누시. 이름은 유키나리幸成. 화한和漢의 학문에 정통하여 조부의 찬撰, 부친의 보수補修에 의한『에도 명소도회』를 간행했다. 저서에『부코 연표武江年表』,『동도세사기東都歳事記』,『성곡류찬声曲類纂』등이 있다.

224 오시오 헤이하치로大塩平八郎, 1793~1837 : 에도 후기의 양명학자. 아와阿波 출신(오사카 출신이라는 말도 있음). 이름은 고소後素, 호는 주사이中斎. 오사카마치부교쇼大坂町奉行所 요리키与力를 사직하고 사숙 센신도洗心洞에서 제자 교육에 전념했다. 1836년 덴포 기근 때, 부교쇼奉行所에 구제를 요청했지만 받아들여지지 않자, 장서蔵書를 팔아 난민을 구제했다. 1837년, 막부를 비판해 오사카에서 군사를 일으켰지만 패배하여 자살했다. 저서『세심동차기洗心洞箚記』.

225 나카야마 미키中山みき, 1798~1887 : 천리교天理教의 교주. 야마토大和 출신. 41세에 영감을 받아 세상 사람들을 구원하기 위해서 포교를 시작했다.

226 천리교天理教 : 신도神道 13파 중 하나. 야마토의 농부農婦인 나카야마 미키를 교조로 해서 1838년에 창시되었다. 1908년 일파로 독립했다. 진정한 세계평화, 밝은 세상으로 바꾸기 위해서 인간은 나를 버리고 신명神命에 봉사해야 한다고 역설했다. 덴리오노미코토天理王命를 주신으로 삼는다.

227 오가타 고안緒方洪庵, 1810~63 : 에도 후기의 난학자이자 의사 겸 교육자. 비추備中 출신. 에도와 나가사키에서 의학을 배우고 의업과 함께 난학숙蘭学塾(데키주쿠適塾)를 열어 청년들을 교육했다. 종두의 보급에도 노력하는 등 일본의 서양의학 기초를 닦았다. 저서『병학통론病学通論』등 다수.

228 데키주쿠適塾 : 1838년 오가타 고안이 오사카에 설립한 난학숙. 오무라 마스지로大村益次郎, 하시모토 사나이橋本左内, 나가요 센사이長与専斎, 후쿠자와 유키치福沢諭吉 등의 인재를 배출했다.

229 『간진초勸進帳』 : 가부키 18번十八番 중 하나. 1막. 3세 나미키 고헤이並木五瓶 작. 4세 기네야 로쿠사부로杵屋六三郎 작곡. 1840년 에도 가와라사키좌河原崎座에서 7세 이치카와 단주로市川団十郎가 초연. 노能의 『아타카安宅』의 가부키화한 것.

서기	쇼군	문화 · 정치 · 경제
1853	이에사다家定	페리 내항. 푸티야틴Putyatin[230] 내항
1855		대지진 발생, 이로 인해 후지타 도코藤田東湖[231] 사망
1857		이즈伊豆 니라야마韮山의 반사로反射炉 완성
1858	이에시게家茂	나가사키에 영어 전습소를 설치
1859		요코하마橫浜 · 나가사키 · 하코다테函館에서 무역을 시작하다
		가와테 분지로川手文治郎[232]가 금광교金光教[233]를 창시
1860		사쿠라다문桜田門 밖의 변[234]
1861		산유테이 엔초三遊亭円朝[235]『괴담모란등롱怪談牡丹灯籠』
		도사土佐 출신 에킨絵金[236]의 시바이에芝居絵[237]가 크게 유행

· · · · · · · · · · · · · · · ·

230 푸티야틴Putyatin, 1804~83 : 러시아의 해군 군인. 1853년 일본과의 조약 체결 특명을 받고 방일해서 1854년 12월부터 3년에 걸쳐서 러일화친조약 · 러일수호통상조약을 체결했다.
231 후지타 도코藤田東湖, 1806~55 : 막부 말기의 유학자. 미토水戸 번사. 유코쿠幽谷의 3남. 이름은 다케키彪. 번주 도쿠가나 나리아키라德川斉昭 밑에서 번정 개혁에 힘을 쏟았다. 또한 그 사상은 존왕양이운동에 크게 영향을 미쳤다. 안세이安政의 대지진으로 사망했다. 저서 『정기가正気歌』,『회천시사回天詩史』등.
232 가와테 분지로川手文治郎, 1814~83 : 종교가. 금광교金光教 교조. 오카야마현岡山県 출생. 금신金神(도교나 음양도에서 제사지내는 신)을 신앙하는 중에 신명을 받아 개교. 스스로 금광대신金光大神이라 하며 덴치카네노카미天地金乃神의 가르침을 신자에게 전했다. 개명해서 아카자와 분지赤沢文治라고도 했다.
233 금광교金光教 : 막부 말기에 창시된 민중종교로, 교파신도教派神道 13파 중 하나. 안세이 연간(1854~60), 아카자와 분지赤沢文治가 창시. 덴치카네노카미天地金乃神를 주신으로 해서 신과 인간 사이를 매개하는 도리쓰기取次라는 독특한 방식으로 포교한다. 1900년메이지 33 일파가 독립. 본부는 오카야마현岡山県 아사쿠치시浅口市에 있다.
234 사쿠라다문 밖의 변桜田門外の変 : 1860년안세이 7 3월 3일, 칙허 없이 안세이의 가조약에 조인하고 안세이의 대옥大獄으로 탄압한 다이로大老 이이 나오스케井伊直弼가 미토水戸 · 사쓰마薩摩의 로시浪士 등에게 사쿠라다문桜田門 밖에서 암살된 사건.
235 산유테이 엔초三遊亭円朝, 1839~1900 : 막부 말에서 메이지에 활동한 라쿠고가落語家. 에도 출신. 본명은 이즈부치 지로키치出淵次郎吉. 도구를 사용한 닌조바나시人情噺로 인기를 얻었지만, 후에 스바나시素噺(도구 등을 사용하지 않는 라쿠고落語)로 전향했다. 근대 라쿠고의 원조. 대표작『진경루루연真景累ヶ淵』,『괴담모란등롱』,『시오바라 다스케 일대기塩原多助一代記』등.
236 에킨絵金, 1812~76 : 막부 말기부터 메이지 초기의 화가. 도사 출신. 본성은 히로세弘瀬, 통칭은 긴조金蔵. 에도에서 가노파에게 배우고 도사로 돌아가 괴기하고 특이한 화풍의 시바이에芝居絵를 전개했다.
237 시바이에芝居絵 : 가부키를 제재로 한 회화의 총칭. 극장 · 무대 · 배우 등을 그린 우키요에에 많다.

서기	쇼군	문화 · 정치 · 경제
1862		황녀 가즈노미야和宮[238]가 쇼군 이에시게家茂와 혼례
		요코하마에서 시모오카 렌조下岡蓮杖[239] 사진관을 개설
1863		나가사키에 글로버 저택[240] 완성
1865		나가사키에 오우라 천주당大浦天主堂[241] 완성
		사카모토 료마坂本龍馬[242]가 무역상사 '가메야마샤추亀山社中'를 결성
1866		후쿠자와 유키치福沢諭吉[243] 『서양사정西洋事情』 간행
1867		미카와三河 · 오와리尾張에서 '좋지 않은가ええじゃないか' 대유행[244]
		왕정복고王政復古 대호령大号令

....

238 가즈노미야和宮, 1846~77 : 닌코仁孝 천황의 황녀. 고메이孝明 천황의 여동생. 이름은 지카코親子. 공무합체운동을 위해서 14대 쇼군 도쿠가와 이에모치德川家茂에게 시집을 갔다. 이에 모치의 사후에 체발剃髪하고 세이칸인노미야静寛院宮이라 칭해졌으며 에도 개성江戸開城의 숨은 공헌자였다.

239 시모오카 렌조下岡蓮杖, 1823~1914 : 에도 말기부터 메이지에 걸쳐 활동한 사진가. 이즈伊豆 시모다下田 출신. 우에노 히코마上野彦馬와 함께 일본사진의 선구자로, 1862년에 요코하마에 사진관을 개설하고 도쿄 아사쿠사로 옮겼다.

240 글로버 저택 : 막부 말기에 일본에 온 영국 상인 토마스 글로버Thomas Glover가 1863년 나가사키 미나미야마테南山手에 완성한 저택. 일본인 목수에 의한 최초의 서양식 주택.

241 오우라 천주당大浦天主堂 : 나가사키 미나미야마테에 있는 고딕풍의 가톨릭 성당. 현존하는 일본 최고의 서양식 건축으로 26성인순교기념성당二十六聖人殉教記念聖堂이 1864년겐지元治 원년 완성. 메이지 초기에 개축. 국보.

242 사카모토 료마坂本龍馬, 1836~67 : 막부 말기의 지사. 도사 번사. 이름은 나오나리直柔. 지바 슈사쿠 도장千葉周作道場에서 검술을 배우고 나중에 탈번脱藩해서 가쓰 가이슈勝海舟에 사사했다. 1866년게이오慶応 2 사초 동맹薩長同盟 성립에 진력했다. 도사 번주 야마우치 도요시게山内豊信를 설득해서 태정봉환太政奉還을 성공시켰지만 도쿄에서 암살되었다.

243 후쿠자와 유키치福沢諭吉, 1835~1901 : 계몽사상가이자 교육가. 오사카 출신. 부젠豊前 나가쓰中津 번사. 오사카에서 오가타 고안緒方洪庵에게 난학을 배우고, 에도에서 난학숙(훗날의 게이오기주쿠慶応義塾)을 개설했다. 후에 독학으로 영어를 공부하고 막부견외사절幕府遣外使節에 수행해서 3번 서양을 시찰했다. 유신 후, 신정부의 부름에 응하지 않고 교육과 계몽 활동에 전념했다. 메이로쿠샤明六社를 설립하여 『시사신보時事新報』 창간. 저서 『서양사정』, 『학문의 권장学問のすゝめ』, 『문명론의 개략文明論之概略』, 『후쿠옹자전福翁自伝』 등이 있다.

244 에도 말기 1867년 8월부터 12월에 걸쳐서 긴키近畿, 시코쿠四国, 도카이東海 지방 등에서 발생된 소동. "하늘에서 부적이 쏟아져 내린다. 이는 길조이다"라는 말이 퍼지고 민중이 가장을 하고 '좋지 않은가'를 연발하며 집단으로 춤추며 거리를 돌아다녔다.

굴립식에서 초석식으로

무라비토의 가옥은 굴립식

『나가노현사長野県史』 근세사료편 제2권 (1) 도신東信 지방[1]에, 1654
년조오承応 3에 작성된 시나노국信濃国(신슈信州) 사쿠군佐久郡 하라촌原村(나
가노현長野県 미나미사쿠군南佐久郡 노자와마치野沢町)의 '인별장人別帳'[2]이 게재되
어 있다. 그 처음 부분에

> 하나. 전답 1정町[3] 9단反[4] 2묘畝[5] 18보步[6] 혼뱌쿠쇼本百姓 고로우에몬五郎右
> 衛門 印
>
> 그중 1정 1단 2묘 16보는 논
>
> 하나. 부지 9묘 18보 단, 잡목 7, 둘레는 3척尺[7] 이하.
>
> 하나. 본채 9간間[8] 5칸 단, 초석, 초가지붕 마구간은 본채 내에 있음.
>
> 하나. 사랑채 3칸 4칸 단, 초석, 초가지붕

. . . .

1 도신東信 지방 : 나가노현長野県 동부, 사쿠佐久 분지・우에다上田 분지를 중심으로 하는 지
  쿠마천千曲川 상류・중류지역을 이른다.
2 인별장人別帳 : 에도 시대의 호적.
3 정町 : 면적의 단위. 10단段, 즉 3,000보步. 약 9,917㎡.
4 단反 : 면적의 단위. 1정의 1/10. 10묘畝, 또는 300보步.
5 묘畝 : 면적의 단위. 1단段의 1/10. 30평坪. 30보步. 약 100㎡.
6 보步 : 면적의 단위. 6척평방을 1보步로 한다. 약 3.31㎡.
7 척尺 : 길이의 단위. 1촌寸(일본에서는 약 3.03cm)의 10배. 1장丈의 1/10.
8 간間 : 길이의 단위. 에도 시대에 1간間은 6척尺 1보步(약 1.82m).

하나. 창고 3칸 4칸   단, 초석, 판자지붕

하나. 별채 2칸 3칸   단, 굴립, 초가지붕

하나. 변소 2칸 4칸   단, 굴립, 초가지붕

하나. 문간채 2칸 4칸   단, 굴립, 초가지붕

　　　　가옥 수 총 6채

하나. 고로우에몬 부부 50세 · 41세

하나. 부친 82세

　　　　자(남) 주자부로忠三郎 23세, 아내 있음(18세)

하나. 자 3명 남 덴자부로伝三郎 20세

　　　　남 구마조熊蔵 10세

하나. 문간채 간자부로甚三郎 부부 28세 · 25세

하나. 하인 7명 남성 사이조才蔵 20세, 고로五郎 21세

라고 쓰여 있다.

　위에 소개한 사료는 대대로 쇼야莊屋를 맡았던 고로우에몬 집안五郎右衛門家의 부분이다. 당시의 하라촌은 고모로번小諸藩 아오야마青山 씨의 사령私領이었는데, 이 '인별장人別帳'의 특징은 부지 내 가옥이 한 채씩 짓는 방법까지 자세하게 기록되어 있는 데에 있다. 아마 인별개人別改[9]를 실시할 때 고모로번은 부지 내의 건물도 과세의 대상으로 삼으려고 조사했던 것으로 보인다.

· · · · · · · · · · · · · · ·

9　인별개人別改 : 에도 시대의 호적 조사. 초기에는 부역夫役 · 부과賦課를 위해서 임시적 · 부분적으로 행해졌지만, 나중에는 그리스도교 금압을 위한 종문인별개宗門人別改와 아울러 행해지게 되었다. 교호 연간(1716~36) 이후에는 6년마다 정기적 · 전국적으로 이루어졌다.

고로우에몬의 집은 1정보町步[10]나 되는 넓은 부지 안에 가옥이 6채 있다. 본채 외에 자시키座敷[11]의 공간을 도입한 가옥도 있고 창고도 있다. 전부가 초석 위에 기둥을 세워 지어진 것으로 지붕은 초가지붕茅葺과 판자지붕板葺이다. 그 외의 가옥은 굴립식의 초가지붕이었다.

에도 초기부터 고로우에몬 집안의 본채, 자시키 = 사랑채, 창고는 사원

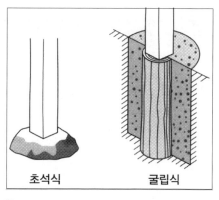

굴립식과 초석식
토대를 만들지 않고 지면을 파서 직접 기둥의 뿌리를 파묻는 것이 굴립식. 초석식은 기둥이 침하되는 것을 막기 위해서 돌을 놓고 그 위에 기둥을 세운다.

의 본당처럼 초석 위에 지어졌는데, 그중에서도 본채는 방의 수도 많아서 훌륭한 가옥이었으리라 상상할 수 있다. 과연 쇼야를 담당하는 무라야쿠닌의 주거지이고 보니 감탄할 만하다.

그 가운데서도 별채로 사랑채가 존재하는 점은 흥미롭다. 틀림없이 손님맞이용으로 이용되었겠지만, 실내에는 천정이 발라져 있고 도코노마床の間[12]가 마련된 걸로 보아 서원풍書院風의 건물이었음이 분명하다. 그러한 방에서 가족이 어떤 생활을 했을까가 상상이 될 것이다.

그러면, 그 외의 촌민들의 가옥은 어떨까? 무라 내 27호戶의 부지 내 가옥을 조사한 것이 다음의 표이다. 생활의 중심인 본채가 초석식인

10 정보町步 : 전답과 산림 등의 면적을 정町를 단위로 세는 데 사용하는 말. 1정보町步는 한 변의 길이가 1정町(60보步)인 정사각형1町四方의 토지 면적으로 3,000보.
11 자시키座敷 : 다타미畳를 깐 방으로, 판자를 깐 이타지키板敷에 대한 말. 손님맞이용으로 마련된 실내에 사용되었다.
12 도코노마床の間 : 근세 이후의 일본 주택에서 족자 등의 미술품을 장식하는 장소로 만들어진 공간.

	신분	이름	소유전답면적	부지	인수	본채		창고		사랑채		별채		변소		문간방		우마
1	本百姓	五郎右衛門	1.9.2.18	9.18	17	45	石力馬	12	石板	12	石力	6	掘力	8	掘力	8	掘力	馬
2	〃	武右衛門	2.4.3.01	4.20	19	31.5	掘力馬					12	〃〃	6	〃〃	12 / 6	〃〃	馬
3	〃	与五右衛門	1.7.6.02	4.14	12	18	〃〃			15	石板	6	〃〃	6	〃〃	8	〃〃	馬
4	〃	久衛門	2.6.5.01	5.04	14	45	石板馬					10	〃〃	6	〃〃	24	石板	馬
5	〃	兵左衛門	2.1.5.00	9.24	15	35	掘力馬					12	〃〃	6	〃〃	8	掘力	馬
6		清左衛門	8.2.20	2.14	8	15	掘力馬							2	掘力	3	掘力	馬
7	本百姓	仁左衛門	1.6.7.20	3.12	18	15	〃〃			15	石板	6	掘力	2	〃〃	15 / 6	掘力	馬
8		太左衛門	2.2.2.29	10.0	20	36	〃〃	8	石板	10	〃〃	2	〃〃	6	〃〃	8 / 6 / 6		馬
9	〃	佐五右衛門	1.6.6.15	4.00	11	21	〃〃					8	〃〃	2	〃〃	6	〃〃	馬
10	〃	ぬい左衛門	1.6.3.18	4.12	9	18	〃〃							2	〃〃	6	〃〃	馬
11	本百姓	与五右衛門	1.1.0.18	4.12	9	15	掘力					2	掘力	1	掘力			馬
12		左京介	2.2.6.08	1.22	18	36	掘力馬	10	石板	15	石板	6	〃〃	6	〃〃			馬
13	〃	作右衛門	1.8.4.11	6.20	13	21	〃〃							2	〃〃	15 / 12	掘力	馬
14		六右衛門	1.3.5.17	1.26	5	15	〃〃							2	〃〃			馬
15		伝介	7.2.02		10	15	〃〃							2	〃〃	6	〃〃	馬
16		太右衛門	1.2.1.09		9	15	掘力馬							2	掘力	8	掘力	
17		小兵衛	2.5.02		4	15	〃〃							2	〃〃			
18		甚右衛門	8.9.13		8	18	〃〃							2	〃〃			馬
19		久三郎	5.9.13		6	8	掘力							1	〃〃			
20		長々く	3.3.11		6	7.5	〃〃					6	掘力	1	〃〃			
21		源右衛門	2.5.24		4	4.5	掘力							1	掘力	8	掘力	馬
22		長七郎	5.1.28		6	10	掘力馬							1	〃〃			馬
23	本百姓	加兵衛	7.6.15	5.18	6	15	掘力					6	掘力	1	〃〃			馬
24		善三郎	6.7.28		5	8	掘力馬					6	〃〃	1	〃〃			馬
25		忠	6.4.26		5	8	〃〃							1	〃〃			馬
26		長四郎	5.4.23		7	10	掘力馬							1	掘力	6	掘力	馬
27	本百姓	彦右衛門	1.6.28	3.24	4	10	掘力							1	〃〃			馬
28	ありき	孫右衛門	1.6.15	6.12	3	8	〃							1	〃〃			
29	いもじ	二郎左衛門	4.6.05		3	3	注：燒失											
	합계		33.7.4.00 (38.8.8.05)	91.07 (93.00)	274 (278)	28		3		5		13				20	掘力	馬

① 소유전답면적의 단위는 町, 反, 畝, 步.
② 본채・창고・자시키・별채・변소・문간방의 숫자는 평수.
③ 石＝초석식, 掘＝굴립식, 力＝초가지붕, 板＝판자지붕의 약자.
④ 馬＝본채 내에 마구간 있음.
⑤ 부지의 면적이 기록되지 않은 것은 上畑에 가옥을 지었기 때문.
⑥ 합계란의 ( )의 숫자는 '인별장'에 기재된 합계 수.
＊『나가노현사長野県史』로부터 작성.

■ 인별장
1654년 신슈 사쿠군 하라촌의 문서. 고모로 번령에는 같은 형식의 '인별장'이 몇 가지 남아 있는데 『나가노현사』 「건축편」에 사쿠군 우다촌臼田村의 문서가 수록되어 있다. 가옥의 대부분이 굴립식으로 두 마을 모두 경향이 비슷하다.

것은 고로우에몬의 집과 규베에久兵衛의 집 2채밖에 없고 나머지는 전부 굴립식이다. 또한 자시키를 갖는 촌민은 5채로 모두가 초석 위에 지어졌으며, 고로우에몬 집을 제외하면 지붕은 판자지붕이다. 그리고 부지 내에 호주의 형제부부가 사는 '별채添屋', '변소雪隠', 후다이譜代[13] 봉공인들이 생활하는 '문간방門屋'은 1채를 제외하고는 굴립식이며 초가지붕이다.

이 표를 잘 보면, 초석식과 굴립식은 가옥의 면적에 차이가 있다는 사실을 알 수 있다. 초석식은 45평이나 되고 굴립식은 36평, 작은 가옥에서는 4평밖에 되지 않고 대개는 15, 6평이다. 대개의 촌민은 토방土間을 포함해서 30조畳, 방 2칸 정도의 소박한 집에 살고 있었던 셈이다. 그중에서도 영세한 농민들의 가옥은 특히 작았다. 또한 별채, 문간방의 면적은 6평에서 10평, 큰 경우에도 15평 정도밖에 되지 않는다. 호주의 형제나 후다이 봉공인은 방수가 겨우 1, 2칸밖에 없는 좁은 가옥에서 지냈다.

그렇다면, 이러한 가옥에서 촌민들은 어떻게 지내며 언제까지 계속되었을까?

에도 후기에도 굴립식 주택에서 생활하다

막부 말기의 신슈 사쿠군 하치만촌八満村(나가노현 고모로시小諸市)에 고바야시 시로자에몬小林四郎左衛門이라고 하는 사람이 있었다. 그는 1793

----

13 후다이譜代 : 대대로 같은 주인을 모시는 것. 혹은 그 아랫사람의 집안.

년에 태어나 1811년 19세의 젊은 나이에 가독家督을 계승했다. 1820년대 초, 촌정을 둘러싸고 동요했을 때 부친으로부터 나누시名主[14]를 물려받은 지 얼마 지나지 않은 시점에서 무라를 안정시켰을 정도의 정치 수완을 가지고 있었다. 또한 학문에도 뛰어나서 가숙을 열어 많은 제자를 길러내는 한편, 하아카이도 익혀서 구즈후루萬古라 호했다. 신슈 마쓰시로松代 출신의 하이진인 구라타 가쓰산倉田萬三에 사사하고 고바야시 잇사와도 친분이 있는 등 하이진으로서도 상당한 인물이었다.

인생경험이 풍부한 시로자에몬이 64세 때, 분카에서 안세이安政 연간(1804~60)에 걸친 사쿠 지방의 변모를 옷, 음식, 주거, 꽃의 4항목과 연중행사로 나누어 기록해서 『기리모쿠사きりもくさ』라고 이름 지었다. 기리모쿠사란 종이로 말아서 뜸에 사용되는 뜸쑥을 잘게 자른 것인데, 시로자에몬은 해마다 화려해지는 무라비토의 생활을 경계하고자 하는 의미로 이름지었다고 언급했다.[15]

신슈 사쿠 지방에서는 분카·분세이기에서 막부 말까지의 약 55년간 생활의 기본이 되는 주거가 어떻게 변했는가를 시로자에몬을 통해서 들어보기로 하자.

옛날에 집은 굴립이라고 해서 기둥[16]의 밑부분을 불로 태우고 1척尺5, 6촌(45~48cm)이나 땅을 팠으며 지면에서 도리桁[17]까지의 높이가 7척(약 2.1m)

....

14 나누시名主 : 에도 시대, 영주의 밑에서 촌정을 담당한 무라의 으뜸. 주로 간토関東에서의 호칭으로, 간사이関西에서는 쇼야庄屋, 도호쿠東北에서는 기모이리肝煎라 불렸다.
15 '뜸을 놓는다お灸を据える'는 말이 엄하게 주의하거나 처벌한다는 뜻으로 사용되기 때문이다.
16 기둥 : 구조물에서 주춧돌 위에 세워서 보나 도리 따위를 받치거나 벽체의 골격을 이루는 수직 구조재.

나 됐다. 폭은 4간間(약 7.3m)에 깊이는 2간 반(약 4.5m) 또는 5간(약 9m)에 3간(약 5.5m) 정도인데, 모두 큰 문이 하나씩 있고, 토방에서 주거했다.

쇼와까지 남아 있던 설국의 민가
에도 시대 소농민의 가옥은 거의 남아 있지 않다. 사진은 에치고 아키야마고秋山鄕에 가까운 쓰난마치津南町에 남아 있는 민가로 소농민의 주거양식을 상상케 한다.

여기에서 말하는 '옛날'이란 분카·분세이기보다 조금 전의 간세이기寬政期, 즉 18세기 말이다. 그즈음, 하치만촌의 무라비토 대개는 굴립식 집에 살며 토방에 깔개를 깔고 그 조금 높은 부분에 화로가 하나 있었다. 벽은 손으로 발랐는데, 그 내부에 설치하는 고마이木舞[18]는 가는 대나무를 사용해 그 사이에 잡초를 채워 흙을 발라 넣기 때문에 벽이 울퉁불퉁하다. 벽 속에 가로로 놓은 대나무 따위가 보일 정도로 거칠지만 따뜻하다. 지붕의 재료는 띠茅나 밀 껍질로, 친척이나 이웃 등의 힘을 빌려서 이었기 때문에 엉성해 보인다고 했다.

17　도리桁 : 서까래를 받치기 위해 기둥과 기둥 위에 걸쳐 놓는 나무.
18　고마이木舞 : 벽의 토대로 가로세로로 엮은 대나무나 가는 나무.

짚으로 만든 요 속에서 잠자다

이 집 안에서 어떠한 생활을 했을까? 시로자에몬의 관찰을 조금 더 들어보기로 하자.

판자를 깐 주거는 없고 화로 하나. 솥·가마는 벽에 노끈으로 걸어둔 선반에 올려 둔다. 거실은 짚을 많이 깔고 그 위에 짚으로 짠 돗자리를 깔았는데, 손님이 오면 손으로 짠 류큐고자琉球莫蓙나 가마고자蒲莫蓙를 깔고 식사 때에는 "잘 오셨습니다" 하고 대접한다. 지금 훌륭한 집에 살고 있는 가에몬嘉右衛門·히코로쿠彦六·스케노조助之丞·시치노조七之丞의 집도 모두 그러했다.

판자로 만든 집은 거의 없고, 화로가 하나. 솥이나 가마는 벽에 노끈으로 만든 선반에 올려둔다. 거실居間에는 볏짚을 잔뜩 깔고 손님이 오면 볏짚 위에 돗자리방석을 깔아 "잘 오셨습니다" 하면서 대접한다. 지금은 훌륭한 집에서 살고 있는 가에몬嘉右衛門 등의 집조차도 옛날에는 이처럼 허름했기 때문에 다른 무라비토의 사정은 미루어 짐작할 수 있다는 것이다.

그러나 본가의 히코자에몬彦左衛門의 옛집은 조금 다르다. 시로자에몬은 이렇게 떠올렸다.

본가의 히코자에몬의 옛집이 언제쯤 지어졌는지에 관해서는 우리집에 전해지는 사실밖에는 모르겠지만 누노비키布引의 샤쿠손사釈尊寺[19]를 지은 다이쿠大工에게 부탁해서 처음으로 돌 위에 기둥을 세워서 집을 지었기 때

문에 독특해서 오사쿠大佐久 부근에서도 일부러 보러 왔다고 한다. 폭이 9간間, 깊이가 4간, 다실 茶の間에서 자시키에 걸친 폭이 3척인 툇마루가 있었고, 8조의 자시키에는 도코노마가 달려 있지 않았다. 6조의 뒷방은 15조의 다타미를 깐 다실에 화로가 있고

토방에 화로가 있는 민가 ②
본서 113쪽 사진의 민가 내부는 토방의 중앙에 화로가 있고 그 주변에 짚으로 짠 돗자리를 깔고 생활했다. 『기리모쿠사』의 기술을 방불케 한다.

본가의 옛집은 사원의 다이쿠가 맡았는데, 사쿠 지방 최초로 초석 위에 기둥을 세워 만든 집이었다. 그 때문에 사람들이 매우 신기해하며 멀리서도 구경하러 왔을 정도였다고 한다. 그 결과, 드디어 폭이 9간, 깊이가 4간이나 되는 집이 세워졌는데, 다실과 사랑방, 툇마루가 달려 있었지만, 부엌은 좁고 초가지붕으로 2층이 없었다. 1629년의 검지檢地에서 30석이 넘는 오다카모치大高持의 집치고는 소박한 편이었다고 한다.

그 후, 본가가 좁아져서 증축하거나 별채를 지었다. 천정에는 계수나무를 사용하고 판자벽은 모래벽으로 했으며 도코노마도 마련하고 도조土蔵[20]도 지었지만 1817년의 화재로 소실되었다.

초석 위에 기둥을 세운 집은 자신의 집도 포함해서 조금씩 늘어났다. 그리고 사랑채는 정성스럽게 꾸몄는데 농민이라는 신분에 다실과

---

19 샤쿠손사釈尊寺 : 나가노현長野県 고무로시小諸市에 있는 천태종 사원. 산호山号는 누노비키산布引山. 누노비키 관음布引観音이라고도 불린다.
20 도조土蔵 : 흙벽으로 된 곳간.

③

부농의 가옥의 방 배치와 서원의 실내
쇼야를 맡았던 이요국(伊予国) 도시마 집안(豊島家)의 방 배치. 중앙에서 안채(母屋)와 사랑채로 구별되고 안쪽에 서원이 있다. 장자의 문살이
내부장식의 역할을 한다. (스즈키 미쓰루(鈴木充), 『민가(民家)』)

천정 따위는 필요 없다고 하는 부친의 말씀으로 포기하고 더 이상 호
화롭게 하지는 않았다고 한다.

그 밖에 여러 가지가 있었지만, 가장 눈에 띄는 변화는 도조를 짓는
집이 급속히 늘어났다는 점이다. 아마도 도조야말로 그 집의 번영의
상징이라고 간주되기 시작했기 때문이었을 것이다.

시로자에몬의 관찰을 요약해보면, 분카·분세이기까지의 신슈 고
모로 성하에 가까운 무라에서는 무라비토의 대개가 여전히 허름한 굴
립식 가옥에 살며 토방에 짚을 깔아 잠자리로 삼았다. 무라비토 가운
데 오다카모치 계층만이 초석 위에 기둥을 세운 집에 살게 되었는데
거기에 다실 = 거실과 사랑채가 마련되었다는 것이다.

또한 굴립식 가옥은 친척이나 이웃의 노동력을 빌리면 지붕도 만들
수 있어서, 거의가 비전문가의 기술로 지어졌다. 에도 초기에는 근린
의 조카마치 등에 사는 사원 다이쿠(大工)를 부르는 것이 가장 빨랐다.

그리고 중요한 것은 굴립식으로는 겨우 방 2칸 정도의 집밖에 만들지 못하는 데 반해서 기초가 튼튼한 초석식 집은 방을 몇 개라도 만들 수 있고 천정을 만들어 더위와 추위를 방지할 수 있게 되었다는 점이다.

분카・분세이에 초석식으로

굴립식 가옥은 짚더미 속에서 피곤에 지친 몸을 달래는 정도의 기능밖에 하지 못했다. 이에 반해서 초석식 가옥은 피곤한 몸을 회복시킬 뿐만 아니라 손님을 대접하는 사랑채에 장식을 하는 등, '주거'로서의 기능이 한층 풍부해졌다.

이렇게 보면, 처음에 소개한 1654년 지어진 고모로 번령 하라촌에 사는 무라비토들의 가옥과, 150년 후의 같은 번령인 하치만촌의 무라비토들의 가옥은 거의 변화가 없었던 셈이다.

게다가 굴립식 가옥에서의 생활은 지극히 허술한 것으로 비와 이슬을 피해 몸을 쉬는 정도일 뿐이었다. 약간의 무라비토만이 초석 위에 기둥을 세우는 가옥에 살며 여유 있는 생활을 했을 뿐이었다.

그러한 것이 18세기 말까지의 신슈 무라에 사는 보통

④

■ 도시마 집안 주택의 외관
좌측이 사랑채로 1758년에 신축되었다. 두 군데에 손님을 맞이하는 현관이 있다.

의 농민들의 보금자리였다.

이러한 모습은, 선진적인 기나이畿內의 촌락을 제외하면, 거의 전국의 무라에 해당된다고 생각한다. 데와국出羽国 신조번新庄藩 도자와戸沢씨 68,000석(야마가타현山形県 신조시新庄市)의 영내의 사례를 소개해 보겠다. 신조번은 1832년, 비지飛地[21]인 무라야마군村山郡 야치谷地 지역(야마가타현 히가시무라야마군東村山郡 기타초北町)의 17,300석, 18마을에 대해서 다음과 같은 가옥건축단속령家作取締令을 내렸다.

하나, 농민이 집을 지을 때는 현관 및 나가야長屋 설치를 금할 것

하나, 고토다나床棚[22] · 우라이타裏板[23] · 나게시長押[24] · 툇마루를 금할 것

하나, 다타미畳는 원추리에 한정하고 두꺼운 테두리는 금할 것

하나, 당지唐紙를 바른 맹장지襖 · 장자를 금할 것

하나, 모든 농민의 집은 어울리지 않는 과한 보수를 하지 않도록 주의해야 한다. 이전부터 농민의 집은 굴립식 · 토방에 한정했는데 최근에는 임의대로 한다 하고 또한 초석식으로 하는 집이 오래간다고 들었기 때문에 앞으로는 초석식으로 해도 상관하지 않는다. 판자를 덧대는 것板敷き은 자시키에 한하며 그 외에 부엌을 이타지키로 하는 것은 모두 금지할 것. 다만, 7마을과 온천지는 제외한다.

---

21 비지飛地 : 한 나라의 영토에 속하면서 다른 나라의 영토에 둘러싸인 땅.

22 고토다나床棚 : 도코노마에 설치된 선반.

23 우라이타裏板 : 지붕이나 처마에 덧대는 판.

24 나게시長押 : 일본건축에서 기둥에서 기둥으로 수평으로 배치해 둔 목재. 본래는 기둥을 연결하는 구조재였지만 점차 장식화되었다.

1832년덴포 3까지 가난한 농민의 집은 모두 굴립식·토방이어야만 한다고 강제했던 사실을 알 수 있다. 그리고 드디어 이 해부터 내구성이 좋은 초석식 집을 지어도 좋다는 허가가 내린 것이다.

단, 영내의 일곱 마을과 온천지를 제외한 무라에서는 현관과 그에 이어지는 나가야를 비롯해서 도코다나·우라이타·나게시·툇마루, 다타미, 당지를 바른 맹장지·장자도 금지했는데, 다만 자시키에 한해서만 판자를 덧댈 수 있도록 허가했다. 농민은 토방에서 생활하고 다타미는 금하고 돗자리로 하라는 것이므로 신슈 사쿠군의 무라는 거의 같은 상태에서 생활하라고 명한 셈이다.

'누에님' 덕분에 도조가 세워지다

분카·분세이기(1804~30) 이후, 신슈에서 사는 사람들의 생활에 커다란 변화가 일었다. 대부분의 무라에 양잠업과 생사업이 보급되어 무라에 풍요로움을 가져다주었기 때문이다. 하치만촌에 가까운 고무로 지방에 양잠업이 본격적으로 보급된 것은 그렇게 오래된 일이 아니다. 겨우 18세기 후반이었다. 그러던 것이 19세기에 들어서 굉장한 기세로 보급되어 뽕을 재배하여 누에를 키워 이익을 올리는 무라비토가 늘어나서 많은 금전이 무라에 흘러들어왔다.

신슈에서 태어난 하이진 고바야시 잇사는 양잠업의 발전상을

가녀린 팔로

뽕잎을 따내는

비오는 밤   1803년

細腕に桑の葉しごく雨夜哉   享和 3

귀한 신분으로

고이고이 키워진

누에님   1820년

さまづけに育られたる蚕哉   文政 3

이라고 읊었다. 19세기 초인 교와 연간(1801~04)에는 재배한 뽕잎을 팔기 위해서 가지에서 잎을 따는 작업이 비 오는 날 밤늦도록 계속되었다. 그것이 무라의 풍경이었다. 그리고 분카·분세이기에는 양잠업이 급속히 보급되어 그 매상이 최대 수입원이 되기 시작했다. 그렇게 되자, 무라비토들은 사육하고 있는 양잠의 성장에 일희일비했다. 분세이文政 연간에는 결국 '누에님'이라 부를 정도가 되었다.

고무로에서 지구마천千曲川을 내려와 가와나카지마川中島 앞에 신슈 하니시나군埴科郡 모리촌森村(나가노현中野県 지쿠마시千曲市)이라는 무라가 있다. 에도 후기부터 살구 마을로 유명한 곳이다. 이 무라의 나누시였던 주조 다다시치로中条唯七郎가 바뀌어 가는 무라의 모습을 상세하게 기록한 수필 『견문집록見聞集録』에서

이 무라 사람들의 기풍과 인정은 예부터 천지격절의 변화가 있었다. 옛날에는 집짓는 것을 비롯해서 의복·기재까지도 지금 보는 것은 꿈도 꿀 수

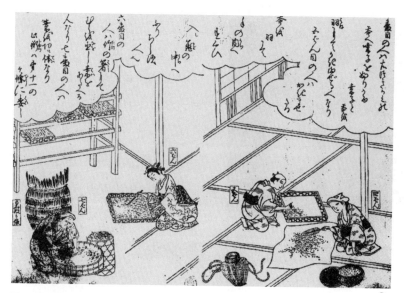

실내에서 양잠하는 풍경
누에와 뽕잎을 섞어서 바구니에 넣어둔 뒤, 뽕잎을 주어 누에를 사육하는 장면이다. 양잠은 온도조절 관계로 누에고치를 얻기까지 실내에서 작업한다. (『신찬양잠비서新撰養蚕秘書』)

⑤

없었지만, 세상이 통일되어 이 무라도 산속 깊은 곳에서도 사람들의 기풍이 활달해지고 금전 등도 굴러다니는 돌처럼 흔했다.

라고 기록했듯이, 엄청난 활황이었던 사실을 알 수 있다. 이러한 점에서는 고모로 성하를 중심으로 한 사쿠佐久 지방에서도 거의 다르지 않았다. 모두 양잠에 의한 섬유업 경기에 들끓고 있었다.

그 결과, 신슈의 무라에 사는 사람들이 처음 착수한 것이 집짓는 일이었다. 굴립식 가옥을 대신해서 초석식 가옥을 지었다. 그리고 또 하나는 번영의 상징으로서의 도조를 짓는 일이었다.

시로자에몬은 다음과 같이 기록했다.

도조가 있는 광경
일본 각지의 농촌에 지금도 흰 벽의 도조가 남아 있다. 구
조는 대개 같다. 에도 시대, 도조는 번영의 상징이었다. 태
평양 전쟁 중에는 벽이 검게 칠해졌다.

옛날에는 구라倉라고 하는 것만 있고 도조는 없었다. 도조의 시작은 규자에 몬久左衛門과 우리 집이라고 들었는데 언제 즈음 세워졌는지는 듣지 못했다 (…중략…) 도조는 메이와 말년에 지어졌다. 그때부터 늘어나서 지금은 혼고本鄕·노리세乘瀨에 50이나 있다. 안에이 원년부터 세어 90년이 되지 않았는데 이렇게 되었다.

불과 90년 사이에 2개의 집락에는 50개나 되는 도조가 세워졌다. 그러한 점은 다다시치로가 사는 모리촌에서도 마찬가지였는데, 최근에는 도조를 2개나 짓는 자도 나왔다고 놀라고 있다.

도조는 예전에 있었던 '구라'와는 다르다. 목조가 아니다. 가산을 화재나 도난, 습기로부터 지키는 시설로, 보통의 가옥에 비해서 강도도 구조도 훨씬 견고하다. 따라서 부유한 자의 상징에 어울리는 존재였던 것이다.

기와지붕의 집

초석식 가옥은 가족과 친척, 이웃 등 비전문 집단이 총출동해서 지은 굴립식과는 수준이 다르다. 전문적인 건축기술을 가진 다이쿠大工를 비롯해서 다양한 기술자들에 의존하지 않으면 절대로 지을 수 없다.

왜냐하면, 기둥과 들보, 도리 등의 수평재를 강하게 결합해 움직이지 않도록 해서 지진이나 바람에 견딜 수 있는 가옥을 만들려면 전문가의 기술이 불가결하기 때문이다. 게다가 지붕은 지붕 기술자屋根屋, 벽은 벽의 기초를 만드는 고마이木舞라고 불리는 대나무 등의 목재를 짜는 고마이카키木舞搔き, 벽에 칠하는 기술자壁塗師, 다타미 만드는 기술자畳師, 건물 내외부의 문, 창, 장자 등을 만드는 기술자建具師 등등의 다양한 기술자가 건축에 관련된다. 때로는 정원사까지 포함된다.

집의 설계부터 적산積算,[25] 건축자재의 입수, 그리고 다양한 기술자의 섭외에 이르기까지 건물 하나 완성시키기 위해서 처음부터 끝까지 관련되는 것이 다이쿠大工이다. 다이쿠란, 명장名匠이라는 의미로 사용되었던 고대의 '다이쇼大匠'에서 비롯된 명칭으로 전 공정을 총괄하는 역할이다. 그 때문에 으뜸은 도료棟梁라 불리며 존경받았다.

도료를 정점으로 한 건축 집단이 무라 가까이에 없으면 멀리서 불러와야만 한다. 신슈에서도 과거에 사원과 신사의 건축에 종사했던 도료가 각지에 있었다. 이러한 기술자들은 거대한 본당을 세우는 기술뿐 아니라 정교한 조각을 할 수 있는 기술도 함께 가지고 있었다. 그 때문에 시로자에몬의 본가에서는 가까운 데 사는 사원의 다이쿠에게 부탁해서 집을 지었던 것이다.

에도 초기의 무라에서는 그러한 건축 광경은 드물어서 멀리서도 많은 구경꾼들이 찾아왔는데 에도 후기가 되자 사원과 신사 건축 수가 줄기

---

25 적산積算 : 건축에서 설계도에 근거해 공사비를 계산해서 예측하는 것.

시작해서 무라비토의 의뢰를 수임하게 되었다. 그러한 다이쿠를 무라다이쿠라 부를 정도로 어느 무라에나 다이쿠 등의 비농업민이 존재했다.

또한 다이쿠는 도료를 정점으로 동업조합이 조직되어서 영업범위가 정해져 있었다. 공사는 혼자서 불가능하기 때문에 동업자들끼리 서로 협력하는 집단적인 조직도 생겨났다.

에도 후기의 무라 경관 속에서 눈에 띠는 것은 기와지붕의 가옥이 증가한 점일 것이다. 초가지붕이나 판자지붕은 부식해서 종종 교체해야 하고 도시에서는 방화의 관점에서도 기와지붕이 장려되었지만 비용이 단점이었다. 그러나 분카·분세이기가 되자 경제적으로 여유가 생겼기 때문에 기와지붕이 눈에 띄게 되었다. 모리촌의 주조 다다시로는 이렇게 기록했다.

기와가 근년 이 일대에 유행했다. 이 일대의 시작이라고 하는 야시로矢代 쇼렌사生蓮寺의 뒤편에 있는 논에 높은 부분이 있는데 그곳에서 산슈三州에서 온 주베에忠兵衛라는 사람이 쇼렌사 본당의 기와를 처음 구웠다. 이는 덴메이天明 7년 즈음의 일이었는데 그 후 여러 지역에 직인이 들어가서 기와의 유행이 성해졌다.

건축 유행은 역시 사원에서 비롯된다. 모리촌에 가까운 홋코쿠 가도北国街道[26] 야시로矢〔屋〕代 역참(지쿠마시千曲市)의 쇼렌사에 산슈의 기와

. . . .

26 홋코쿠 가도北国街道 : 호쿠리쿠 가도北陸街道와 나카센도中山道를 연결하는 가도. 나카센도의 시나노信濃 오이와케追分에서 고모로小諸·우에다上田·다카다高田를 거쳐 호쿠리쿠 가도의 나오에쓰直江津에 이르는 사이에서 에도와 사도佐渡를 연결하는 중요한 협가도脇街道였다.

⑦

가옥 전체가 기와지붕인 저택
신슈 스자카須坂의 부농 다나카 집안田中家 저택의 그림. 저택을 도조로 둘러싸고 지붕은 전부 기와이다. 본
서 136~137쪽의 잇사의 구에 읊어진 듯한 외관이다.

장이가 와서 기와를 구운 것이 1787년 즈음이었다. 그 후, 각지로 기와
장이가 들어가서 활발하게 기와가 생산되었다. 모리촌에서 최초의 기
와지붕은 무라에서 가장 큰 고쇼사興生寺라고 한다. 덧붙여 말하자면,
무라비토의 집으로는 의사로 매우 유명한 가시와바라 주센柏原寿泉의
정문에 있는 도조였다.

산슈 기와三州瓦는 잔와桟瓦로, 주로 니시미카와西三河 지방(아이치현)에
서 제조되었다. 상당히 품질이 좋기 때문에 에도에서 반응이 좋아서 '산
슈 기와'라는 브랜드로 각지에 판매되었다. 그런 소문이 신슈에도 들어
왔다. 운반이 곤란했기 때문에 누군가가 기술자를 불러들였을 것이다.

단, 사원건축에서는 환와丸瓦와 평와平瓦를 조합해서 지붕을 이는 본
와本瓦가 일반적이었는데, 이것이 권위의 상징이었다. 그러나 신슈의
촌락 사원의 대개는 초가지붕으로, 18세기 말 겨우 잔와 지붕이 되었
다는 사실을 말해준다.

도조와 기와지붕이 무라비토의 자연스러운 가옥 풍경이 되었다. 이

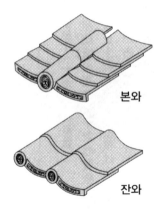

본와와 잔와
평와平瓦와 환와丸瓦를 교대로 배열한 것이 본와이고, 잔와는 평와와 환와를 일체화한 것이다.

렇게 해서 신슈의 촌락 풍경은 크게 바뀌기 시작했던 것이다.

앞서 소개한 데와국 무라야마촌 야치마치 주변의 경우에도 마찬가지이다. 가난한 농민들은 이미 초석식 가옥을 지어 현관도 있고 툇마루도 있으며 다타미를 깔고 당지를 바른 맹장지襖로 공간을 나누는 형태의 생활을 했었다고 볼 수 있다. 신조번이 금령을 낸 것은 이미 그러한 생활이 당연했던 상황 때문이었다.

무라야마촌 야치마치 주변은 특산물인 잇꽃紅花 산지의 중심지였다. 신슈에서 양잠·생사업이 발달하자 그에 연동해서 주색朱色의 염색에 빠뜨릴 수 없는 잇꽃의 생산도 신장되어 에도 중기 이후 무라비토들도 크게 이윤을 얻기 시작했다. 초석식 가옥을 지어서 도코노마가 달린 사랑채가 있는 생활을 해보고 싶다고 동경하는 농민이 속출했다고 해도 이상한 일은 아니었다.

다량의 판자를 사용한 가옥

무라와 마치의 집짓기에서 중요한 것은 완성까지의 공사기간의 단축이었다. 그래서 다이쿠 도구도 혁신되어 풍부한 건축자재의 제공이 요구되었다. 에도 시대에 들어 도구의 최대 혁신은 톱과 대패의 보급일 것이다. 방대한 양의 판자를 소비하게 되었기 때문이다.

한편, 에도 시대의 민가는 그때까지와는 달리 모든 데 판자가 사용되었다. 판자에 의해서 초석식 가옥의 건축에 복도, 툇마루, 천정 등이 만들어지고 장자에 의해서 실내에 채광과 온도조절 등의 기능을 가져왔다.

통나무를 세로로 잘라 길고 얇은 판자를 생산하는 도구로 큰 톱大鋸이 등장한 것은 센고쿠 시대이다. 그때까지는 통나무에 쐐기를 박아 벌이는 방법으로 판자를 생산했다. 그 때문에 나뭇결이 정리되어 있는 노송나무와 삼나무가 건축 재료로 많이 사용되었다. 덧붙여 말하자면, 에도 시대의 임업이 주로 노송나무와 삼나무의 식목에 주력해서 아키타秋田와 기소木曽에 특산지가 생겨난 것은 이러한 전통을 이어받았기 때문이다.

그러나 쐐기를 박아 넣는 방식으로는 판자의 수요를 따라갈 수가 없다. 그래서 실톱糸鋸과 같은 큰 톱이 등장했지만 끊어지기 쉬운 결점이 있었다. 다음으로 등장한 것이 다음 쪽 그림에 있는 폭 넓은 톱이다. '마에비키노코前挽鋸'라 불리는 이 톱이 판자를 만드는 데 널리 보급되어 판자의 대량생산을 가능케 했다.

장자가 있는 가옥

에도 시대에 지어진 가옥의 경관으로 눈에 띠는 것은 새하얀 장자障子로 실내가 차단된 광경일 것이다. 가옥에 장자가 사용되기 시작한 원류를 거슬러 올라가기 위해서 다다음 쪽에 나타낸 두 채의 건물을 비교해 보기로 하자. 오른쪽이 무로마치 시대의 기타야마北山 문화를 대

⑧　　⑨

큰 톱(왼쪽)과 마에비키노코前挽鋸**(오른쪽)**

큰 톱은 가는 톱날을 정확한 위치에 놓기 위해서 두 사람이 잡아당기지만, 넓은 강철로 된 마에비키노코는 한 사람이 작업한다. (『삼십이번직인 우타아와세三十二番職人歌合』; 구와가타 게이사이鍬形蕙斎, 『긴세이쇼쿠닌즈쿠시에고토바近世職人尽絵詞』)

표하는 교토 로쿠온사鹿苑寺 금각金閣, 왼쪽은 히가시야마東山 문화를 대
표하는 지쇼사慈照寺 은각銀閣이다.

　　외관상 가장 눈에 띠는 것은 은각 2층의 창이 새하얗다는 점이다.
틀림없이 장자의 백색이다. 금각은 신덴즈쿠리寝殿造り[27]·화양和樣의
불당·선종양식의 절충이라는 무로마치 시대 초기의 건축양식으로,
장자는 사용되지 않았다. 이에 반해서, 무로마치 시대 후기의 은각은
차이가 있다. 이후, 장자가 본격적으로 가옥건축에 사용되어 근세 민
가에까지 응용되었다고 볼 수 있다.

　　그렇다면, 왜 장자가 사용되었을까? 장자는, 정확하게 말하자면, '명장
자明障子'[28]라고 하는데, 빛을 통과시키는 작은 차단도구라는 의미이다.

- - - - - - - - - - - -

27　신덴즈쿠리寝殿造り : 침전寝殿을 중심으로 ㄷ자로 다이노야対屋, 쓰리도노釣殿 등을 복도로
　　이은 헤이안 시대 귀족 주택의 건축 양식.

28　명장자明障子 : 격자로 짠 틀에 흰 종이를 발라서 채광을 좋게 한 장자.

⑩　　　　　　　　　　　　　　　　　　⑪

금각에 비해서 은각의 창은 하얗다
금각(왼쪽)과 은각(오른쪽)을 비교하면, 은각의 창은 장자라는 점, 게다가 종이가 외측이 발라져 있어 하얗게 보이는 점도
주목된다.

　그때까지 실내와 실외를 차단하는 도구로는 가로로 이동하는 판자
문板戶이나 위아래로 움직이는 시토미도蔀戶가 일반적이었는데, 채광
을 위해서 움직여야 하고 춥거나 비바람이 불 때는 닫아놓기 때문에
실내가 어둡다.

　이를 대신해서 비바람이 불 때도 실내가 밝고 방음을 겸한 장자가
가마쿠라 시대 후기부터 점차 도입되었다. 이를 본격적으로 활용한 것
이 한적한 분위기 속에서 책을 읽을 수 있는 다타미를 깐 공간인 서원
이었다.

　그러나 오랜 기간 낮에는 판자문을 열어서 실내와 자연이 일체가 되
는 가운데 생활해온 사람들에게 장자로 차단된 고독한 공간에서의 생
활은 견딜 수 없었다. 이에 자연을 불러내는 동시에 실내공간을 풍요

⑫   ⑬

장자의 문살이 보이는 조선의 가옥
17세기에 세워진 조선의 가옥인 양진당養眞堂(오른쪽)의 창은 장자의 문살이 외부에서 잘 보인다. 그에 반해서 일본의 서원(왼쪽)은 문살이 내부장식으로 이용된다.

롭게 채색하는 방법이 고안되었다. 이렇게 해서 도코노마가 마련된 것이다. 처음에는 불전에 공양하는 향로·화병·촉대 등이 놓였지만 점차 꽃꽂이·족자 등이 장식되고 장자의 문살도 실내장식에 큰 역할을 하게 되었다.

그 때문에 종이는 장자의 문살을 강조하기 위해서 외측에 붙인다. 은각의 새하얀 창은 이러한 배려 속에서 생겨난 광경인데, 중국과 한국의 민가의 외관과 비교해 보면 외관을 우선으로 하는가 실내를 장식하는가 하는 차이가 가옥의 외관 차이로 분명히 나타난다.

겸해서 말하자면, 서원의 장자를 열 때 거기에 인공적인 자연(정원)이 보여 자연과 일체가 된다(권두화보). 그것도 실내를 장식하는 고안의 하나였다. 그러한 점에서 정원도 서원에는 빠뜨릴 수 없는 시설로 신덴즈쿠리 이래의 전통이 여기에 살아 있었던 것이다.

주거를 풍요롭게

분초의 그림으로라도 장식할까

무라비토가 집을 만들 때 우선 생각하는 것은 다타미가 깔리는 사랑채 공간座敷の間을 마련하는 것이었다. 왜냐하면, 무라비토는 나누시나 지주의 집에 있는 사랑방을 이상으로 여겼기 때문이다. 이는 방을 명장자로 외부와 차단하고 다타미를 방 전체에 깔아 상단에 도코노마를 마련해서 선반을 갖춘 서원풍 방이었다.

무라비토들은 이러한 공간을 어떻게 사용했을까? 모리촌森村의 주조 다다시치로中条唯七郎는

> 노, 하이카이, 교카狂歌에서부터 요즘에는 와카 · 나가우타長唄,²⁹ 꽃꽂이, 다도 또는 서화에 이르기까지 끝이지 않는다.

라며, 동경해 마지않는 문화를 스스로 즐기기에 이르렀다고 기록한 바 있다.

이러한 주택이 유행하기 시작하자 도코노마를 장식할 서화를 갖고

---

29 나가우타長唄 : 샤미센三味線 음악의 일종. 가부키의 효과음악 내지 그 무용의 반주음악으로 성립된 것으로, 샤미센을 주 악기로 하는 가곡 중심의 악곡이지만 기악곡으로 독립할 수 있는 간주 혹은 노래를 생략한 샤미센만의 반주 형태인 것도 있다.

싶은 마음이 커져만 갔다. 무라비토들은 어떠한 그림을 장식하고자 했을까? 하치만촌의 고바야시 시로자에몬은 『기리모쿠사』에서 다음과 같이 기록했다.

우리집에서는 쓰시마津島 우두천왕牛頭天王[30]의 신계도神系図 한 축을 증조부 때인 엔쿄延享 원년부터 족자로 계속 걸어둔 것 같다. 그을음으로 글자도 잘 보이지 않는 것을 지금까지 보관했다. (…중략…) 분카 초기부터 분초文晁 선생의 그림을 감상하는 것이 유행했다. 이는 하치만八幡 고지小路 교쿠린사玉林寺의 겐잔崛山 — 분초의 문하로 들어가 보쿠치ㅏ墨竹라는 이름을 사용했다 — 이 종종 에도에 나가서 좋아하는 그림을 분초에게 부탁했기 때문이었다. 또한 가미쓰카하라上塚原에 이케다 간조池田寛蔵라는 사람이 감정의 묘를 다한 신고新古의 서화를 판매했기 때문에 문화文華가 일시에 개화해 고서화의 진위를 ○했다.

자신의 집은 전전대까지는 오와리 쓰시마 신사津島神社의 신계도 등을 도코노마의 벽에 걸어두었지만, 분카 초부터 어느 집에서나 다니

⋯⋯⋯⋯⋯
30 우두천왕牛頭天王 : 본래 인도 기원정사祇園精舎의 수호신인데, 일본에서는 신불습합에 의해서 신으로 모셔져, 스사노오노미코토素戔嗚尊(일본신화에서 아마테라스오미카미天照大神의 동생)와 동일시된다. 교토의 기온사祇園社는 876년조간貞観 18에 후지와라노 모토쓰네藤原基経가 역병을 다스리기 위해서 우두천왕을 모셔 조영한 것으로, 그 제례가 바로 기온마쓰리祇園祭(본서 8장의 주 42 참조)이다. 불교의 우두천왕이 스사노오노미코토와 습합된 것은 우두천왕이 도교계의 무토신武塔神과 동일시되었기 때문인데, 『빈고국풍토기備後国風土記』에 의하면, 무토신은 소민쇼라이蘇民将来에게 하룻밤 머물 곳을 빌리고 그 보답으로 역병을 물리치는 지노와茅の輪(짚으로 만든 커다란 동그라미로 이를 통과하면 역병을 피할 수 있다고 여겨졌다)를 주며 '나는 스사노오노미코토다'라 했다고 한다. 사람들은 역병을 두려워해서 피하고자 우두천왕을 모시게 되었다.

분초谷文晁[31]의 그림이 선호되었다. 이는 분초의 문인이었던 겐잔이라는 사람이 에도에 갔을 때 분초에게 그림을 받아와서 판매했기 때문이었는데, 서화에 관해서는 진위를 검증하는 감정가가 있어서 그 좋고 나쁨을 판정해서 매매하기 때문에 마을 전체에 문아文雅가 일시에 개화한 듯한 상태였다고 한다.

다니 분초는 분카·분세이기(1804~30)의 에도 문인화단의 중진이다. 일찍부터 가노파狩野派와 도사파土佐派의 고전적 화풍과 문인화를 공부하는 한편, 나가사키에 유학해서 양풍화 등의 수법을 흡수해서 독자적인 화풍을 확립했다. 막부의 간세이 개혁의 주도자인 마쓰다이라 사다노부의 후원으로 고서화와 기기·무구류의 도집『집고십종集古十種』[32] 편찬에 관여하였고 전국을 여행하면서 오사카의 기무라 겐카도木村蒹葭堂[33]를 비롯해 각지의 문인들과 교류했다. 문하에서 다노무라 지쿠덴田能村竹田[34]과 와타나베 가잔渡辺崋山,[35] 다치하라 교쇼立原杏所[36] 등 훌륭한 문인화가를 배출한 당대 일류의 화가이다.

. . . .

31 다니 분초谷文晁, 1763~1840 : 에도 후기의 화가. 에도 출신. 이름은 쇼안正安. 별호는 샤산루写山楼, 가가쿠사이画学斎 등. 널리 화한양和漢洋의 화법을 공부해 독자적인 남화南画로 일가를 이루었다. 또한 마쓰다이라 사다노부의 신임을 얻어 서양화의 원근법·음영법을 도입한 〈공여탐승도권公余探勝図巻〉을 그리는 등『집고십종』의 삽화도 담당했다.

32 『집고십종集古十種』: 에도 시대의 고보물 도록집. 85권. 마쓰다이라 사다노부 편. 다니 분초 등 그림. 1800년간세이 12쯤 성립. 비명碑銘·종명鐘銘·병기·동기銅器·악기·문방·인장·편액·초상·고서화 10종, 약 2000점을 모사해서 그 치수·특색·소장처 등을 기록한 것.

33 기무라 겐카도木村蒹葭堂, 1736~1802 : 본서 프롤로그의 주 193 참조.

34 다노무라 지쿠덴田能村竹田, 1777~1835 : 에도 후기의 문인화가. 분고豊後 출신. 이름은 다카노리孝憲, 자는 군이君彝. 번정에 대한 불만으로 관직을 사직하고 라이 산요頼山陽·우라가미 교쿠도浦上玉堂 등의 문인들과 교류했다. 〈역부일악첩亦復一楽帖〉으로 대표되는 청고담아清高淡雅한 그림을 그리는 한편, 시문에도 뛰어났다. 화론서『산중인요설山中人饒舌』이 있다.

35 와타나베 가잔渡辺崋山, 1793~1841 : 본서 프롤로그의 주 213 참조.

36 다치하라 교쇼立原杏所, 1785~1840 : 에도 후기의 문인화가. 미토水戸 출신. 이름은 닌任. 자는 시엔子遠, 별호는 도켄東軒 등. 다니 분초에게 배우고 중국 명·청대의 그림을 연구했다.

다니 분초의 〈산수도〉 ⑭
찬에 "계축년 11월 사산루写山樓에
서 그리다"라고 쓰여 있어서 1793
년, 분초가 30세 때의 작품이라는
사실을 알 수 있다. 분초가 가장 기
력이 충실한 시기에 즐겨 그린 산수
화 중 하나.

분초는 전국을 여행하며 산천의 경관을 감상
하고 사생했다. 그 때문에 실경実景에서 얻은 생
생한 감각에 뒷받침된, 남종적 취향이 강한 작품
을 그려 인기를 모았다. 그 후, 분초는 남종풍도
아니고 북종풍도 아닌 분초풍이라 할 수밖에 없
는 화풍으로 명성을 얻었다. 분초에게 입문하여
가르침을 구한 입문자는 300명이나 되었고 교류
를 구한 문인들도 끊이지 않았다고 한다. 성격이
호방하고 술을 좋아했는데, 누군가 그림을 청하
면 그 자리에서 바로 그려줬다고 한다.

그 때문에 신슈의 문인이 분초의 그림을 알선
했다는 것도 사실일 것이다. 하지만 분초의 그림
이 간단히 손에 들어올 리가 없다. 당시의 무라
비토들은 가장 평판이 좋은 화가를 선호했다. 하
지만 진위를 판단하는 충분한 감식안이 없기 때
문에 감정사가 분초의 그림이라고 하면 진품이
라고 믿었다. 그리고는 도코노마에 장식해서 당
시 최신의 에도 문화에 빠져 만족했다.

또한 시로자에몬의 부친은 국화를 좋아해서 화단까지 만들어서 즐
기기 시작했다고 한다. 앞서 언급한 바와 같이, 서원풍의 자시키방의
장자를 열면 거기에는 정원이 있는 것이 보통이다. 이러한 경관의 변
화에는 모리촌의 다다시치로도 민감했다. 다다시치로는 다음과 같이
기록했다.

우리 마을에서 정원을 만들기 시작한 것은 1809년부터이다. 그 이전에는 소나무나 단풍 등으로 정원을 만든 사람이 있기는 했지만 아무런 풍치도 없는 것이었고 그 수도 적었다. 모두 그즈음부터 만들기 시작했으며 부근에서도 마찬가지였다.

그때까지는 풍아의 기분도 없고 소나무와 단풍을 부지 내에 심는 사람은 조금 있었지만, 진짜 정원은 아니다. 1809년 즈음, 모리촌에서는 본격적으로 정원을 만드는 자가 생겼는데 이는 다른 마을에서도 마찬가지였다고 한다.

그리고 도코노마에는 꽃을 장식했다. 1803년, 모리촌의 어느 집에 오시치야お七夜[37]를 축하하러 다른 마을에서 손님이 왔다. 사랑방에서 접대하고 싶기 때문에 도코노마에 꽃을 장식하고 싶지만 마을에는 꽃꽂이를 하는 사람도 없고 꽃병도 없었다. 그 때문에 이웃마을에서 능숙한 사람을 초대해서 꽃꽂이를 부탁했는데, 사실은 그 사람도 명수가 아니었다고 한다. 그 후에도 크게 변하지는 않았지만 꽃병 등의 도구만은 호화로워졌다고 한다. 그리고 19세기에 들어서자, 이러한 일이 이웃마을에서도 나타났다고 한다.

무라비토가 다다미 위에서 생활하게 된 것도, 도코노마에 꽃을 장식하고 벽에 풍경화 족자를 걸어 그 풍정을 즐기게 된 것도, 모두 19세기, 즉 분카·분세이기 후의 일이라는 것을 알 수 있다. 지금부터 겨우 200년 정도 전에 드디어 무라에서 생활하는 사람들의 생활 속에 풍아의

....
37 오시치야お七夜 : 태어난 후 7일째에 행하는 축하.

꽃꽂이 하는 남성들
서원의 공간이 보급되면서 꽃꽂이도 널리 보급되는데, 이 그림에는 '걸어둔 배つりふね' 등 꽃꽂이 양식과 그에 따른 도구도 그려 있다.
남성이 익히고 있다는 점이 주목된다. (『영대절용무진장永代節用無尽蔵』)

문화가 정착하기 시작했던 것이다.

풍아와 안정감이 있는 사랑방

목면업과 양잠생사업의 발달이 모든 농민을 평등하게 풍요롭게 했
다고는 할 수 없다. 대대로 재력을 축적했던 무라야쿠닌 가운데는 더
욱 부를 늘여서 풍요로워진 자가 나왔다. 가난했던 하이진 고바야시
잇사는 그러한 번영상을 다음과 같이 읊었다.

높은 흰 벽

마을을 내려보니

인적 끊겼네   1812년

白壁の里見くだしてかんこ鳥   文化 9

높은 흰 벽

비난받으면서도

남의 걸 가져가네   1819년
白壁のそしられつつもかすみけり 文政 2

넓은 부지를 흰 벽으로 둘러서 무라비토들에게 비난을 받을 정도로
호화로운 저택을 지어 생활하는 것이 상당히 부러웠던 것 같다.

하이쿠를 좋아하는 잇사의 후원자들의 대개는 모두 이러한 흰 벽 안
에 사는 부농들뿐이다. 그들 덕분에 생활이 가능한 부분이 있으면서도
이렇게 표현하는 것은 너무 심하다고 생각할 수도 있겠지만, 그것이
잇사의 스타일이다. 보통의 농민과 에도 하층 조닌들의 시선에서밖에
구를 읊을 수 없었던 것이다.

무라의 관리는 막부와 번의 지방 관리, 같은 입장에 있는 다른 무라
의 관리들과도 일상적으로 교류했다. 세상은 하이카이 붐이 한창이었
다. 구 하나도 읊을 수 없다면 대등하게 교제할 수가 없다. 화조풍월에
친숙하여 풍류를 이해할 것을 세상이 요구했던 것이다.

그래서 그러한 신분과 격식의 손님을 초대하게 되면, 그에 어울리는
시설이 필요해진다. 특별히 별장을 짓기도 하고 다실을 마련하기도 하지
만, 사랑방으로 모시는 것이 예의이다. 거기에는 제철의 꽃이 장식되고
벽에는 족자가 걸려 있다. 풍아하고 차분한 공간이 필요했던 것이다.

예컨대, 잇사가 에도에서 고향인 신슈로 돌아온다고 하자. 문인들
중 누군가의 집에서 구회가 열리게 되면 사랑방에서 이루어지는 것이
보통이다. 그리고 구회가 끝나면 집주인이 곧 고희를 맞으니까 그 기

념으로 구집을 만들자 하면서 편집은 에도의 저명한 하이진들과 친분이 있는 대가에게 부탁하자 하는 식으로 이야기가 진전된다.

게다가 실내에 꽃을 장식하는 것도, 차를 대접하는 것도, 그 준비부터 시작해서 모든 것을 처리하는 것은 전통적으로 남성의 일이었다. 그것이 남성의 소양이다. 집주인은 다양한 예능을 익히지 않으면 감당할 수가 없었던 것이다.

족자와 병풍화의 문화

오와리 내 무라의 쇼야를 맡은 집에 많은 고문서와 함께 1869년에 작성된 '소장괘물춘하추동잡지부목록所蔵掛物春夏秋冬雑之部目録'라는 서화목록이 남아 있다. 그에 의하면, 소장했던 족자는 200여 점에 이른다.

**'소장괘물춘하추동
잡지부목록'**
서화의 제목은 〈수로인寿老人〉이다. 에도 후기, 오와리번의 문인을 대표하는 나이토 도호內藤東甫의 그림과 히토미 기유人見璣邑의 찬이 있는 그림을 소유하고 있었던 사실을 알 수 있다.

이 서화목록은 표제대로 쇼야가 도코노마 등에 장식하는 족자의 기록이다. 이에 의하면, 서화의 그림과 글씨의 내용에 따라서 춘하추동과 그 외의 족자로 나뉘어 보관되었던 사실을 알 수 있다. 계절에 따라서 도코노마의 족자를 바꿔가며 장식했던 사실도 알 수 있으며 손님을 대접할 때도 손님의 신분과 직업 등을 배려해서 그때마다 적절하다고 여겨지는 서화를 장식했던 사실도 짐작할 수 있다.

이러한 경향은 삼도와 조닌마치의 조닌들 사

이에서도 확인할 수 있다. 그 점을 가가국加賀国 미야노코시宮越의 선주인 제니야 고헤에錢屋五兵衛[38]의 재산목록을 통해서 살펴보자.

고헤에는 1853년, 번에서 혐의를 받고 조사 중에 옥사했다. 제니야라는 가명이 끊기고 가재가 몰수되었는데, 그때 조사해서 기록된 서화목록이 남아 있다. 가산은 아들 기타로喜太郎에게 넘어갔기 때문에 '제니야 기타로 가재어불치단등지장錢屋喜太郎家財御払値段等之帳', '제니야 기타로 가재어불명세錢屋喜太郎家財御払明細'라는 이름의 장부에 기록되었는데, 이 장부는 '본지부本之部', '병풍지부屛風之部', '권물지부卷物之部', '마쿠리 부まくり之部', '중지부重之部' 등으로 나뉘어 있다.

목록을 읽어 가면, '병풍지부', '권물지부', '마쿠리 부'에 기록되어 있는 서화의 수가 많다는 점과 그 미술적 가치에 압도되어 버린다. '권물지부'의 권물은 족자를 가리킨다. 그 밖에 병풍과 맹장지에 붙였던 서화를 떼어내 표장表裝하지 않은 상태인 '마쿠리まくり'에는 당시 저명한 화가나 문인들의 서화가 많은데, 언젠가 이를 족자나 병풍으로 만들어서 감상하고자 했었던 것 같다. 그러나 여기에서도 족자와 병풍이 중심이었던 점은 마찬가지이다.

이러한 미술품 구입의 경위는 1828년, 고헤에가 48세 때의 수기 『연년류年々留』에 상세히 기록되어 있다. 구입 경로의 대부분은 가나자와의 도구상에게 직접 구입한 것이 많지만 그 다음으로는 교토의 도구상에서 구입한 것이 많았고, 또한 고헤에 자신이 상경해서 구입한 경우

---

38 제니야 고헤에錢屋五兵衛, 1773~1852 : 에도 후기의 호상. 가가加賀 출신. 해운업을 경영하였고 후에 가가번의 어용상인御用商人이 되어 거대한 부를 축적했다. 가호쿠 갯벌河北潟의 간척사업에 관련된 사건의 용의로 옥사했다.

도 있었다. 또한 오사카의 우루시야 요이치에몬漆屋与一右衛門에게 '모리카게守景 병풍의 수리금 15냥兩 2부分을 건네다'라고 기록된 것으로 보아 때로는 구스미 모리카게가 그린 병풍을 오사카까지 옮겨 수리를 의뢰하기도 했다.

고헤에도 계절과 손님의 신분 등에 따라서 도코노마의 족자를 바꾸었던 사실을 알 수 있다.

제 　 2 　 장

생활을
윤택하게 하다

생활에 윤기를 더하는 회화

회화의 영역

19세기도 분카·분세이기(1804~30)에 접어들 즈음, 일반 농민들에
까지 에도의 회화가 보급되기에 이르렀다. 다니 분초谷文晁의 그림은
무라비토 집의 사랑방에 있는 공간을 장식하여 사람들을 풍아의 기분
에 잠기게 했다. 그 후 일반 집에도 사랑방을 마련하는 것이 당연해져
서 계절마다 서화의 족자를 바꾸어 달며 실내에서 사계절의 분위기를
즐기게 되었다.

서화의 대부분은 주거 공간 속에 장식되어 가옥과 연결되면서 생활
속에 융화되어 왔다. 또한, 회화의 역할은 시대에 따라서 변화되는 주
거의 구조에 부응해서 변화되어 왔다.

예컨대, 바람막이용 차폐물遮蔽物인 병풍에 그려진 병풍화나, 성곽 등
의 거대건축의 융성에 맞추어 큰 공간의 주변을 장식하기 위해서 벽이
나 맹장지襖에 그려진 장벽화障壁画 등 건축물의 규모나 주거공간의 구조
변화에 맞추어서 그림의 내용도 크게 달라졌다. 따라서 그곳에 그려진
회화를 통해서 화가와 감상하는 측의 긴장관계를 읽어낼 수가 있다.

그러나 회화에는 주거공간과 전혀 관계가 없이 그려진 것도 있다.
그중 하나에 두루마리그림絵巻物이 있는데, 이는 문장과 그림으로 구성
된 이야기성격이 강한 '에고토바絵詞', '에마키絵巻'라 불리는 장르와, 연

기緣起를 비롯해 종교적인 설화를 그림으로 해설하는 '에토키絵解き'라 불리는 장르로 나뉜다.

그 밖에도 그려지는 공간이 웅대해짐에 따라서 그림도 길어져서 '장권長卷'이라 불리기에 부합되는 회화의 장르가 있는데, 이는 두루마리 그림과는 구별된다. 예컨대, 셋슈雪舟[1]의 〈산수장권山水長卷〉이 그에 해당되는데 길이 16m, 다타미 10조畳 분량 정도 되는 장대한 것이다. 셋슈가 자신의 뇌리에 떠올릴 수 있는 산수의 광경을 전부 그려낸 듯한 분량이다.

이처럼 스케일이 큰 구상을 그려낼 때 사용하는 두루마리그림은 에도 시대에 들어서도 종종 사용되었다. 예를 들어, 귀재 이와사 마타베에岩佐又兵衛[2]의 걸작이라 일컬어지는 〈야마나카토키와 이야기 두루마리그림山中常磐物語絵巻〉은 12권에 이르는 장대한 것이며, 최근 화제가 되었던 에도의 니혼바시日本橋, 혼초本町·혼코쿠초本石町·무로마치室町의 활기 넘치는 니혼바시 거리日本橋通り의 모습을 묘사한 〈희대승람熙代勝覧〉도 그 하나일 것이다. 170m에 이르는 마을 정경을 섬세하게 그려내는 데는 길이 10.55m는 필요하다. 제첨題簽에 '천天'이라 쓰여 있기

---

1 셋슈雪舟, 1420~1506 : 무로마치 후기의 화승. 비추備中 출신. 휘諱는 도요等楊. 교토의 쇼코쿠사相国寺에 들어가서 슈분周文에게 그림을 배우고, 야마구치山口에 운코쿠암雲谷庵이라는 화방을 열었다. 명나라에 건너간 전후의 시기에 송원화宋元画를 널리 공부하고 후에 오이타大分에 천개도화루天開図画楼를 개설했다. 자연에 대한 깊은 관조하에 개성이 풍부한 수묵산수화 양식을 완성하여 후세에 지대한 영향을 미쳤다. 대표작 〈아마노하시타테도天橋立図〉, 〈산수장권〉 등 다수.
2 이와사 마타베에岩佐又兵衛, 1578~1650 : 에도 초기의 화가. 센고쿠의 무장 아라키 무라시게荒木村重의 막내아들. 자는 가쓰모치勝以. 후쿠이福井에 살다가 만년에 에도에서 지냈다. 도사파土佐派·운쿠쿠파雲谷派 등 화한和漢의 화법을 공부하고 인물화 등에 독자적인 화풍을 전개했다. 우키요 마타베에浮世又兵衛라고도 불리어 우키요에의 창시자라는 설도 있다.

설화를 제재로 한 두루마리그림

센고쿠 무장인 아라키 무라시게荒木村重의 아들이라고 전해지는 이와사 마타베에는 에도 초기에 독자적인 화풍을 확립해서 '이와사파岩佐派'를 이끌었다. (《야마나카토키와 이야기 두루마리그림》)

때문에 그 외에도 '지土', '인人'의 권이 존재했다고 미루어 짐작되지만 확실하지는 않다. 만약 존재한다면, 보다 장대한 두루마리그림이 되는 셈이다.

또한 종교 활동의 선각자들의 인물상을 그려서 그 화상을 걸어 숭배했던 습관으로부터 생겨난 니세에似絵[3]에 의해서 저명한 인물상이 다수 그려졌다. 그 대개는 족자軸物로 보관되어 때때로 공개되었는데 에도 시대에 들어서 실내를 장식하는 족자掛軸의 선구적인 형식이 되어 에도 중기 이후의 회화의 주류가 되었다.

....

3   니세에似絵 : 헤이안 말기부터 가마쿠라 시대에 유행한 야마토에 양식의 초상화. 특히 얼굴을 사실적으로 묘사한다.

목판인쇄로 확장되는 애호가

회화의 대부분은 육필화이어서 감상할 수 있는 사람의 수가 한정된다. 그러나 진품을 보고 싶어 하는 마음은 문화적 지식을 몸에 익힐수록 강해지기 마련이다. 에도 후기의 에도에서는 그러한 기분의 고양을 의식해서인지 유명한 요정 등에서 서화회가 종종 개최되어 당시 평판이 높은 문인들도 참석해서 예술담론에 꽃을 피웠다.

그래서 에돗코 사이에서 "오늘은 개자원芥子園의 서화회를 갔다가 고염무顧炎武⁴의 서화회에 들린 다음, 다시 산야山谷의 시회를 돌아야 해" 하면서 중국통中国通이라는 것을 자랑하는 은거인이 나타나기도 했다. 일본 문인화에 큰 영향을 미친 중국 청대 초기의 화보『개자원화전芥子園画伝』⁵의 후원자가 개최하는 서화회에 빗대어서 에도에서 개최되는 서화회나 한시 모임 등을 연이어 옮겨 다니며 문인 흉내내는 것을 빈정거림이 분명하다. 그러나 그러한 서화 감상회에 초대받은 사람들은 돈이 좀 있는 조닌 정도까지이다. 따라서 명성은 들어서 알고는 있어도 실물은 감상할 수 없는 것이 실정이었다.

. . . .

4   고염무顧炎武, 1613~82 : 중국 명 말·청 초의 사상가이자 학자. 강소성江蘇省 곤산崑山 출신. 자는 영인寧人, 호는 정림亭林. 학문은 경세를 목적으로 해서 역사·지리·제도사·경학·음운훈고音韻訓詁 등의 다방면에 걸쳐서 청조고증학의 시조. 저서『일지록日知録』,『천하군구리병서天下郡国利病書』,『음학오서音学五書』등.

5   『개자원화전芥子園画伝』: 중국 청대 초기의 화보. 개자원芥子園은 남경南京의 명사名士 심심우沈心友의 별장명 혹은 서점명이라고 한다. 4집. 초집初集은 심씨가 소장한 명나라 이유방李流芳의 산수화보山水画譜를 왕개王槪가 편집한 것으로 이어李漁의 서문이 있다. 1679년 간행. 2·3집은 왕개 형제가 편집한 화조花鳥의 화보로 1701년 간행. 4집은 소훈巣勲이 편집한 것으로 인물화론 등을 실었다. 일본에는 겐로쿠(1688~1704)쯤에 전해져 남화의 발전에 영향을 미쳤다.

그러한 점에서 회화의 대중화에 기여한 것이 우키요에 판화의 보급과 에혼絵本[6] 출판의 융성일 것이다. 우키요에 판화는 두루마리그림과 마찬가지로 그림을 가옥과의 관련에서 해방시켰다는 점에서 획기적인 역할을 했다. 게다가 휴대할수 있어 언제나 손에 들고 감상할 수 있는 회화로서 에도를 비롯한 도시민의 생활에 빠뜨릴 수 없는 회화가 되었다.

중국 청대의 화보 『개자원화전』
산수화의 화법과 초목·조충의 그림을 모은 화보. 청대 초기, 화가를 지망하는 사람들을 위한 안내서로 간행된 것이 일본에 전해져 번각본이 다수 시판되었다. 문인화의 발전에 기여했다고 한다.

또한, 그러한 인기를 배경으로 유명한 우키요에 화가의 손에 의한 책자형 판화집이 간행되기 시작했다. 뿐만 아니라 그들의 스케치가 그림본으로 활용되기에 이르렀다. 그 대표적인 작품이 기타가와 우타마로喜多川歌麿[7]의 『화본충찬画本虫撰』과 가쓰시카 호쿠사이의 『호쿠사이 만화北斎漫画』이다. 이러한 경향은 회화의 본류의 세계에서도 활발해서, 겐로쿠 문화를 주도했던 화가 오가타 고린의 화집 『고린 백도光琳百図』가 고린에 심취된 사카이 호이쓰酒井抱一[8]에 의해서 간행되기도 하

---

6 에혼絵本 : 에도 시대, 그림을 위주로 한 통속적인 책.
7 기타가와 우타마로喜多川歌麿, 1753~1806 : 에도 후기의 우키요에 화가. 기타가와파喜多川派의 원조. 독자적인 미인화, 특히 오쿠비에大首絵를 창안해서 여성의 관능적인 아름다움을 그려냈다.

②

히이나가타본雛形本[8]과 유젠조메友禪染[9]의 고소데

『고린 히이나가타 와카미도리光林雛形わかみどり』에 게재된 문양도 〈밤의 등꽃夜の藤〉(오른쪽)과, 거의 같은 디자인의 고소데(왼쪽). 에도 중기에 이르면 히이나가타본이 적극적으로 이용되었다.

고 다니 분초가 『분초 화보文晁画譜』를 발간하는 등 하나의 유행현상을 만들어냈다.

이러한 화집이 시판되면 이를 입수한 애호가는 고린光琳 문양[11]을 동경하였고 염색장이는 이를 그림본으로 고객에게 전달해서 스소裾

. . . .

8 사카이 호이쓰酒井抱一, 1761~1828 : 에도 후기의 화가. 에도 출신. 이름은 다다나오忠因. 별호는 오손鶯村. 히메지姫路 성주城主 사카이 다다자네酒井忠以의 동생. 오가타 고린에게 경사되었고, 린파琳派의 화풍에 섬세한 서정성을 가미해 린파의 마지막을 장식했다. 하이카이・와카和歌・서書 등에도 뛰어났다. 대표작 〈하추초도 병풍夏秋草図屛風〉.

9 히이나가타본雛形本 : 작은 모형이나 도안을 모은 견본집으로 에도 시대부터 메이지에 건축, 염색물 등의 분야에서 사용되었다.

10 유젠조메友禪染 : 염색 기법 중 하나. 풀을 방염제로 사용하는 염색법으로 그림을 그린 듯한 인물・화조 등의 화려한 문양을 특색으로 한다. 근세 초기부터 발달하기 시작해서 겐로쿠기의 교토 화가 미야자키 유젠사이宮崎友禪齋가 그린 문양이 인기를 모아 유젠조메라 불리게 되었다.

11 고린光琳 문양 : 오가타 고린 특유의 의장 구성에 의한 문양으로 극단적으로 도안화된 것이 특징이다.

문양[12]의 디자인에 채용하는 것이 자연스러운 흐름이었다. 따라서 육필의 회화를 보지 않더라도 누가 유명하고 어떤 경향의 그림을 그리는가에 관해서 전혀 몰랐던 것은 아니다. 아마도 양잠에 의한 섬유산업이 발달했던 신슈信州 마을에도 흘러들어 갔기 때문에 분초의 화풍 정도는 널리 알려져 있던 것으로 보인다.

또한 헤이안 시대 이후의 두루마리그림이나 연기의 에토키絵解き 맥락에 있던 오토기조시御伽草子[13] 『후쿠토미조시福富草子』의 회화화가 진행되자, 그림에 의해서 이야기의 줄거리를 읽어내는 문예 작품이 탄생되었다. 이것이 바로 에혼이다. 에도 중기가 되면, 아동서인 에조시絵草紙[14] (아카혼赤本·아오혼青本)에서부터 성인의 에혼인 기뵤시黄表紙,[15] 그리고 이야기가 장편화되었기 때문에 고안된 고칸으로 진행되어, 책을 펼쳤을 때 양면을 하나의 그림과 문장으로 구성하는 독자적인 문예를 창조하기에 이르렀다. 고칸의 고안자는 곳케이본滑稽本[16]의 작가 시키테이 산바였으며 그 그림을 그린 것은 당대 인기 있던 우키요에 화가였다.

---

12 스소褄 문양 : 기모노의 치맛자락에 문양이 놓이도록 배치한 것.

13 오토기조시御伽草子 : 무로마치 시대부터 에도 초기에 걸쳐서 제작된 단편 이야기의 총칭. 헤이안 시대의 모노가타리物語 문학에서 가나조시로 이어지는 것으로, 공상적·교훈적인 동화풍의 작품이 많다. 또한 특히 에도 중기인 교호(1716~36)쯤 오사카의 시부카와 세이에몬渋川清右衛門이 그중 23편을 『오토기 문고御伽文庫』라 이름해서 간행한 것을 말한다.

14 에조시絵草紙 : 에도 시대에 제작된, 여성과 아동용의 소설로 삽화가 많이 들어 있는 것이 특징이다. 표지의 색에 따라서 아카혼赤本·구로혼黒本·아오혼青本으로 나뉜다.

15 기뵤시黄表紙 : (표지가 노란색인 데서 붙여진 명칭) 에도 후기의 구사조시 중 하나. 익살과 풍자가 특징으로 그림을 주로 해서 여백에 문장을 나타낸 성인용 그림책. 안에이(1772~81)에서 분카(1804~18)에 걸쳐 유행했다.

16 곳케이본滑稽本 : 에도 후기, 분카·분세이기(1804~30)를 중심으로 저술된 소설의 일종. 에도 조닌의 일상생활에서 소재를 취해서 주로 회화를 통해서 인물의 행동을 해학적으로 묘사했다. 짓펜샤 잇쿠의 『도카이도추히자구리게』, 시키테이 산바의 『우키요부로』, 『우키요도코』 등.

에도의 대중목욕탕을 무대로 한 『우키요부로』에서는 아이들의 몸을 씻기면서 모친이 옆에 있는 여성에게 말한다.

우리집 셋째는 고칸이라고 하는 구사조시草双紙가 나올 때마다 사는데, 바구니에 꽉 찼어요. 도요쿠니가 좋네, 구니사다도 좋네 하고 화공의 이름까지 외웠어요. 요즘 애들은 정말 똑똑해요.

고칸의 작가나 판권자版元는 우타가와 도요쿠니歌川豊国[17]나 우타가와 구니사다歌川国貞[18] 등 당대 최고의 화가에게 그림을 의뢰해서 인기를 얻고자 했다. 류테이 다네히코의 베스트셀러인 『가짜 무라사키 시골 겐지』의 그림은 미인화나 야쿠샤에役者絵로 인기가 많았던 우타가와 구니사다가 그렸다.

또한, 스리모노摺物[19]라 불리는 한 장짜리 가와라반瓦版[20]이라던가 요미우리読売[21]라 불리는 정보전달 수단은 지면의 대부분이 그림이라는 점이 특징이다. 사실적일 것 같지만 사실적이지 않다. 상당히 과장된

----

17 우타가와 도요쿠니歌川豊国, 1769~1825 : 에도 출신. 본성은 구라하시倉橋. 우타가와 도요하루歌川豊春의 문하로, 미인화와 가부키 배우의 니가오에로 인기를 끌었으며 그 외에도 삽화 등 넓은 분야에서 활약하고 우수한 문하생을 육성했다.

18 우타가와 구니사다歌川国貞, 1786~1864 : 에도 후기의 우키요에 화가. 본명은 쓰노다 쇼조角田庄蔵. 호는 이치유사이一雄斎・고토테이五渡亭 등. 초세 우타가와 도요쿠니初世歌川豊国, 1769~1825에게 사사. 처음에는 구사조시의 삽화를 그리다가 야쿠샤役者 니가오에와 미인화로 바꾸어 최고 인기 있는 화가가 되었다.

19 스리모노摺物 : 에도 시대, 달력・교카狂歌・하이쿠 등에 그림을 더해서 한 장짜리로 구성된 판화.

20 가와라반瓦版 : 에도 시대, 천재지변・화재・자살 등의 사건을 속보기사로 거리에서 판매된 인쇄물.

21 요미우리読売 : 에도 시대, 각종 사건을 속보로 전하는 가와라반 등의 인쇄물을 들고 다니면서 내용을 읽어주며 판매하던 것. 혹은 그 사람.

표현으로 관심을 높이는 수법은 전달할 정보의 중요성을 인식시키기 위한 하나의 수단이었다.

이처럼 회화의 범위는 에도 시대에 들어서 크게 확장되었다. 가옥의 실내를 풍요롭게 할 뿐 아니라 문예와 연결되어 생활의 모든 장면에 등장하면서 생활에 빠질 수 없는 존재가 되었다. 때로는 흥분과 감동을 주고 때로는 마음의 위안이 되는 한편, 눈으로 보는 정보원으로서도 커다란 역할을 하게 된 것이다.

류테이 다네히코의 『가짜 무라사키 시골 겐지』
에도 시대의 베스트셀러로 유명한 작품인데, 우타가와 구니사다의 그림도 인기의 비결 중 하나였다. 그림은 히카루 씨光氏(히카루 겐지光源氏)에게 마쓰가에松枝(아카시노기미明石の君)가 하오리羽織22를 입히는 장면.

병풍에 그려지는 것은 서민의 생활

그림이 그려진 병풍 등을 통해서 회화의 역사를 읽고자 하는 관점은 감상하는 쪽에서 회화를 볼 때 매우 중요한 관점이다. 이러한 관점에서 에도 시대의 회화를 보면, 초기에는 병풍화나 장벽화가 매우 많다. 현관이나 사랑방 등을 가리는 쓰이타테쇼지衝立障子23에 그려진 그림을 더하면, 병장구屛障具라 불리는 이동용 가구의 장르에 들어가는 것에 무슨 이유에선지 미적인 관심이 크게 작용했다는 사실을 알아차릴 것이다.

. . . .

22 하오리羽織 : 일본의 전통적 복장和裝으로 고소데 위에 걸쳐 입는 짧은 기장의 외투.
23 쓰이타테쇼지衝立障子 : 일종의 칸막이.

병풍은 바람이나 냉기의 침입을 방지하거나 공간을 나누기 위해서 사용되었고 인물의 배경을 장식하기 위해서나 혹은 실내 그 자체를 장식하는 가구로서도 이용되어 왔다. 또한 출산·사망의 장면이나 의례 시에 장엄함을 연출하기 위한 도구로도 종종 사용되었다. 이 모두가 일정한 장소에 상설되는 것이 아니었기 때문에 세로로 긴 나무틀에 종이와 견을 붙여서 접어서 이동할 수 있도록 고안되었다. 그 한 쪽 면에 그림이나 글씨를 나타내서 장식하는 풍습이 생겨나 병풍화라 불리는 독특한 회화의 영역이 탄생되었다.

쓰이타테쇼지는 용도는 병풍과 거의 같지만 현관 등에 세워서 실내를 가리기 위해서 사용되었기 때문에 거기에 묘사된 회화는 중요한 의미를 갖는다. 또한 장벽화는 큰 공간이 건설되었을 때 공간을 나누는 고정된 벽이나 개폐할 수 있는 맹장지에 그려져 공간을 채색하기 위한 회화이다.

이러한 병장구屛障具에 그려진 회화의 대개는 이를 필요로 하는 성곽이나 조카마치의 가옥, 사원의 신축·재건 등의 유산이다.

센고쿠 시대 이후의 성곽 건축 붐은 에도 초기에도 계승되었다. 에도성江戸城의 확장, 니조성二条城과 나고야성名古屋城을 비롯하여 전국 각지에서 축성할 때 혼마루本丸[24]를 비롯한 다수의 건물이 건설되어 각각 용도에 맞게 몇 개의 방이 준비되었다.

성은 권력의 상징이었기 때문에 혼마루의 현관에는 쓰이타테쇼지가 배치되고 방의 칸막이로 사용된 벽과 맹장지에는 당대 최고의 화가

....

24 혼마루本丸 : 일본의 성곽에서 중심이 되는 부분. 성주의 거처로 대개는 중앙에 천수각天守閣을 짓고 주위에 해자를 마련했다.

가 그린 장벽화가 실내를 장식했다. 그리고 거기에서 이루어지는 다양한 행사에는 그때마다 행사의 성격에 맞는 병풍화가 장식되어 위엄을 높였다.

거기에 그려진 그림의 주제도 화풍도 권력자의 위엄을 장식하는 도구로서 최대한 활용된, 모모야마桃山 시대의 장식미술의 흔적을 반영하고 있었다. 그 한편, 망자의 보제菩提를 위로하기 위해서 조영된 사원 내의 장벽이나 맹장지에 그려진, 정토에 비유된 화려한 화조 등의 자연 묘사도 모모야마 시대와 크게 달라지지 않았다.

그러한 가운데 점차로 그림 주제의 주역으로 부각된 것이 현세에 살고 있는 사람들의 모습을 도시 공간 속에서 약동적으로 묘사해서 도시의 활기를 화면에 재현하는 화풍이다. 게다가 무대는 중심도시 교토가 아니라면 의미가 없다.

이미 무로마치 시대에 그려지기 시작한 〈낙중낙외도 병풍洛中洛外図屏風〉에 그 싹이 나타난다. 가노 에이토쿠狩野永德[25]가 그리고 오다 노부나가織田信長[26]가 우에스기 겐신上杉謙信[27]에게 선물했다고 일컬어지는

---

25 가노 에이토쿠狩野永德, 1543~90 : 아즈치·모모야마 시대의 화가. 이름은 구니노부州信. 일찍부터 그림에 재능을 발휘해서 오다織田·도요토미豊臣 씨를 섬기고, 아즈치성安土城·오사카성大坂城·주라쿠다이聚楽第 등의 장벽화를 그렸다. 호방하고 화려한 모모야마 장벽화의 양식을 확립하고 가노파 전성의 기초를 다졌다.

26 오다 노부나가織田信長, 1534~82 : 센고쿠·아즈치·모모야마 시대의 무장. 노부히데信秀의 아들. 오케하자마桶狭間에서 이마가와 요시모토今川義元를 토벌하여 오와리를 통일했다. 다시 교토로 올라가 히에이산比叡山을 불태우고 아사이浅井 씨·아사쿠라朝倉 씨를 이긴 후 쇼군 아시카가 요시아키足利義昭를 추방하고 다케다 가쓰요리武田勝頼를 미카와三河의 나가시노長篠에서 이겼다. 아즈치安土에 성을 쌓아 주고쿠中国로 출진하는 도중에 교토 혼간사本能寺에서 아케치 미쓰히데明智光秀의 반역으로 자살했다.

27 우에스기 겐신上杉謙信, 1530~78 : 센고쿠 시대의 무장. 에치고越後 슈고다이守護代(슈고守護의 다이칸代官, 슈고의 가신이 임명되어 주로 해당 영지에 있으면서 슈고의 직무를 대행했음) 나가오 다메카게長尾為景의 아들. 1561년에이로쿠永禄 4 우에스기 노리마사上杉憲政를 계

③

〈낙중낙외도 병풍〉에는 1,800명이 넘는 인물이 약동감 넘치게 묘사되
어 있다. 회화 전체에 넘쳐나는 활기를 통해서 평화로운 교토를 연상
시키고 전국동란戦国動乱의 종결을 예언하고자 했던 것 같다. 묘사된 인
물의 대부분은 활동적인 서민의 모습이다.

이와 같은 풍속 묘사의 수법은 얼마 후 가노 나가노부狩野長信의 〈화
하유락도 병풍花下遊楽図屏風〉, 그리고 이와사 마타베에 작이라 일컬어지
는 〈도요쿠니 제례도 병풍豊国祭礼図屏風〉에서 〈오쿠니카부키도 병풍阿国

....

승해서 간토칸레이関東管領(무로마치 막부의 직명, 간토의 직무를 총관시키기 위하여 가
마쿠라鎌倉에 설치, 1363년 아시카가 모토우지足利基氏가 집사 우에스기 노리아키上杉憲顕를
임명한 것에서 시작됨)가 되면서 우에스기라는 성을 사용했다. 겐신謙信은 법명. 호조 우
지야스北条氏康와 싸운 오나와라 공격小田原攻め, 다케다 신켄武田信玄과 가와나카지마 전투川
中島の戦い 등을 거쳐서 오다 노부나가와 대립했지만, 도중에 병사했다.

28 기온에祇園会 : 본서 프롤로그의 주 164 참조.
29 후네보코船鉾 : 교토 시내에서 행해지는 기온에에서 매년 7월 17일의 전제前祭에 순회하는
'야마보코山鉾'의 하나.

歌舞伎図屛風〉(작자 불명), 〈낙중낙외도 병풍〉(작자 불명)으로 이어져 향락을 추구하는 서민의 염원을 묘사하는 풍속화의 장르를 확립했다. 그리고 그러한 세계를 조감하는 〈낙중낙외도 병풍〉의 제작 붐을 맞이했다.

현재 〈낙중낙외도 병풍〉은 100점 정도 현존하는 것으로 확인된다. 그중에 무로마치 시대 후기에 제작된 것은 수 점이고, 그 외에는 전부 17세기 이후, 즉 에도 초기에 제작된 것이라 지적되고 있다. 그 가운데 교토에 살고 있는 사람들이 전란의 종식을 기뻐하는 모습을 생생하게 묘사한 〈낙중낙외도 병풍〉 후나키본舟木本에는 그때까지의 각종 유락도가 곳곳에 부분적으로 도입되어 있어서 전쟁을 싫어하는 기분에서 해방된 에도 초기의 교토 서민의 마음을 잘 반영하고 있다.

왜 '낙중낙외'만 선호되었던 것일까? 그것은 에도가 아직 무사시노武蔵野의 일개 신흥도시여서 그림으로 그릴 만한 화제성이 부족했기 때문이었을 것이다. 에도의 번화함이 그림의 주제가 되고 명소에 어울리는 시설이 정비되기 시작한 것은 3대 쇼군 도쿠가와 이에미쓰德川家光의 대가 시작되는 간에이기寛永期(1624~44) 전후로, 그 최초의 병풍화가 〈에도 명소도 병풍江戸名所図屛風〉이다. 그야말로 오에도大江戸 개막을 구가하는 데 부합되는, 활기에 넘치는 번화한 조닌 마을의 세계를 묘사한 것이다. 그러나 건축 중인 가옥이 좌첩 중앙에 묘사된 것처럼, 에도가 아직 건설 중이어서 발전 가능성을 암시하고 있는 듯이 표현되어 있다.

하지만 에도 전체를 묘사하는 병풍화는 그렇게 많이 제작되지 않았다. 간에이기에 들어서면 도시를 조감하는 병풍화를 대신해서 풍속회화로 크게 변화한다. 센고쿠의 세상을 살아남은 야성미를 간직한 유녀들의 자태를 묘사한 〈히코네 병풍彦根屛風〉이나, 벗어서 걸어놓은 의복만을 통해서 유녀와의 정교를 연상시키는, 억제된 에로티즘의 풍속화가 제작되었다.

교토나 에도의 마을을 조감하면서 천하를 꿈꾸는 시대는 종식을 고했다. 게다가 도시 내에서의 풍속 규제가 강화되기 시작하여 야외에서의 유락은 격감했다. 이렇게 되자, 실내에서의 유녀와의 애욕이야말로 꿈의 대상으로 남게 되었다. 그러나 병풍이 활용되는 장을 고려하면 그러한 정경을 사실적으로는 그릴 수도 없다. 이에 벗어 놓은 의복에 의해서 미녀와의 적나라한 정교를 연상시키는 것이 호기심을 자아낸다고 판단했을 것이다. 이러한 그림은 나중에 〈다가소데도 병풍誰が袖図屏風〉이라는 우아한 이름이 붙게 되었다. 이는

색보다도
냄새야말로
애련하여라
누구 소매에 스쳤나
우리집 매화 향기롭네   작자미상
色よりも香こそあはれと思ほゆれ 誰が袖ふれし宿の梅ぞも   読み人知らず

라고 하는 『고킨와카슈古今和歌集』의 노래에 연결시켜서, 옷걸이 끝에 걸려 있는 향낭에 의해서 화면에 묘사되지 않은 여성의 체취를 연상시키고자 했던 것이 아닌가 여겨지고 있다.

병풍화에 그려진 이러한 풍속화를 총칭해서 간에이 풍속화寛永風俗画라고 하는데, 실내를 장식하는 병풍화는 그 방의 용도에 맞추어 그에

④

실내로 들어간 풍속화
남녀의 대화 장면의 배경으로 그려진, 다양한 옷걸이에 걸린 호화로운 의상. 착용자를 암시하는 데서 〈다가소데도 병풍〉
이라는 이름이 붙었다. (《다가소데 미인도 병풍誰か袖美人図屛風》 좌첩)

어울리는 그림이 아니면 분위기에 맞지 않아 위화감을 증폭시킬 뿐이
다. 그 때문에 이 시기의 병풍화에는 당시 유행했던 서원풍의 실내에
맞춘 산수나 풍경, 화조, 인물도 다수 묘사되었다.

　그 가운데서 특필할 만한 것은 농민의 가족 각각이 편안한 모습과
표정을 생생하게 묘사한 구스미 모리카게의 〈납량도 병풍納涼図屛風〉에
이르러 비로소 생산의 주역인 농민의 생활이 그림의 주제가 된 점일
것이다. 이는 야마토에大和絵와 수묵화水墨画라고 하는 화한和漢의 기법
을 융합시켜 전통적인 시정과 정감을 높인 하세가와 도하쿠長谷川等伯[30]
의 〈송림도 병풍松林図屛風〉에서 가노 산세쓰狩野山雪[31]의 〈후지・미호 송

30　하세가와 도하쿠長谷川等伯, 1539~1610 : 모모야마 시대의 화가. 노토能登 출신. 이름은 마타
　시로又四郎, 후에 다테와키帯刀로 개명. 처음에는 신순信春이라 호하며 불화仏画를 그렸지만,
　나중에는 교토로 나와서 여러 유파의 화법을 공부하고 이름도 도하쿠等伯로 고쳤으며 일
　본 독자적인 수묵화 양식을 확립했다. 또한 화려한 금벽장벽화金碧障壁画도 착수해서 가노
　파에 비견되는 하세가와파長谷川派를 형성했다. 대표작 〈송림도 병풍〉 등.
31　가노 산세쓰狩野山雪, 1590~1651 : 에도 전기의 화가. 비젠肥前 출신. 가노 산라쿠狩野山楽의 문

⑤

농경의 풍경을 묘사하다
소박한 전원풍경 속에 안정된 이상적인 사회를 발견할 수 있다. 농촌에서 분리된 도시의 실내공간을 풍요롭게 했다. (구스미 모리카게, 〈사계경작도 병풍〉)

원도 병풍富士·三保松原図屏風〉 등 산수도 병풍의 역사 속에 그림의 새로운 주제가 더해진 것을 말해준다.

그리고 〈낙중낙외도 병풍〉 후나키본과 〈에도 명소도 병풍〉에 묘사된, 일하는 농공상 신분의 모습으로부터 농민이 독립적으로 하나의 화제가 되었다. 다음으로 모리카게가 묘사하는 〈사계경작도 병풍四季耕作図屏風〉과 같이 노동의 광경 그 자체가 실내를 장식하는 데 이른다. 또한 모리카게의 연장선상에 하나부사 잇초英—蝶[32]가 그린 다양한 신분과 직종, 남녀노소가 문 앞에서 함께 어울리는 〈비 피하기 그림 병풍雨宿り図屏風〉을 놓고 보면, 병풍화의 주제가 현실의 사람들에 향해 있다

......

하로 훗날 양자가 되었다. 이지적인 구성의 장식화에 독자적인 조형성을 나타냈다.
32 하나부사 잇초英—蝶, 1652~1724 : 에도 전·중기 화가. 교토 출신. 막부의 노여움을 사서 미야케지마三宅島로 유배되었다가 사면 후 하나부사 잇초로 개명했다. 처음에는 가노파에 입문했다가 풍속화로 전환하여 경쾌하고 시원스런 화풍을 확립했다. 또한 마쓰오 바쇼에 사사해서 하이카이에도 능했다.

도시라는 잡다한 공간
소나기를 피해서 처마 아래로 모여든 사람들의 신분과 직업은 다양하다. 이 그림이 그려진 18세기 초에는 에도의 인구가 100만을 넘었다고 한다. 〈하나부사 잇초, 〈비 피하기 그림 병풍〉〉

⑥

는 사실을 알게 된다. 근세회화사 연구의 고바야시 다다시小林忠 씨는 모리카게를 전원풍경화, 잇초를 도시풍속화의 선구자로 자리매김하면서 생활인으로서 솔직한 마음을 묘사한 점에서 공통된다고 한다.

안으로 향한 미술

거대한 성곽 건설 붐이 종식을 고할 즈음, 교토의 마치는 안정감을 되찾았고 에도를 비롯한 조카마치의 건설도 일단락되었다. 그리고 삼도나 조카마치에서 조닌들이 경제활동의 주역으로 활동을 시작하자, 그들은 자신의 상업의 거점이며 거주지이기도 했던 가옥에 강한 관심을 나타내기 시작했다.

그러나 도시에서 조닌마치의 범위는 한정되어 있었고 도시의 대부분은 무가武家 지역이 차지했다. 도시로 찾아든 조닌들에게 마련된 택지는 큰길에 접해 있기는 했지만, 공간은 좁고 안으로 깊은 형태가 많았다. 또한 옆집과의 사이에는 공간도 없고 처마가 연결되어 있었다.

조닌들은 부지의 정면에 가게를 열고 안쪽을 주거지로 이용할 수밖에 없었지만 이곳은 자신들만의 성이었다. 특별한 손님들을 대접하는 방은 안쪽의 거주지와의 사이에 위치했는데, 거기에는 스키야즈쿠리数寄屋造り33의 서원풍書院風 실내장식이 있는 방이 마련되었다. 그리고 실내에 준비된 문구나 꽃병, 가구 등에 자신의 미의식을 반영해서 새로운 조형미가 더해지게 되었다.

에도 초기에 고전문화 부흥의 기운이 고조된 사실은 『겐지 이야기』를 예로 해서 '들어가는 말'에서 언급한 바 있는데, 그 가운데서도 전통문화를 축적한 교토에서는 왕조의 미야비雅34와 모모야마 문화의 호화로움을 결합시킨 독자적인 의장을 창조하려는 시도가 상층 조닌 사이에서 고조되었고 이를 실내나 신변의 도구류에도 반영시켜 새로운 실내장식의 세계가 만들어졌다. 이는 부유한 조닌들의 미의식을 대변하는 것이었다. 이를 주도한 것이 다와라야 소타쓰나 혼아미 고에쓰 등이었다. 그들은 조닌 문화의 리더로서 스스로 독창적인 장식문화를 만들어냈다. 그리고 그들의 미의식은 겐로쿠기(1666~1704)에 장식미술로 대성한 오가타 고린 등에게 큰 영향을 미쳤다. 고린은 후에 린파琳派35

---

33 스키야즈쿠리数寄屋造り : 다실 건축법을 도입한 주택양식.

34 미야비雅 : '시골풍'을 의미하는 '히나비鄙び'에 대해서 '도시풍'을 의미하는 '미야비宮び'에서 비롯되어 도시풍・궁정풍의 세련됨을 가리키는 말로 정착되면서 '俗'에 대한 '雅'라는 한자가 사용되었다. 널리 헤이안 시대의 귀족문화를 가리킨다.

35 린파琳派 : 에도 시대, 회화 유파 중 하나. 다와라야 소타쓰・혼아미 고에쓰를 시조로 해서 오가타 고린이 대성했으며 사카이 호이쓰 등에 계승되었다. 화려한 색채와 금니金泥・은

라 불리는 미적 특성을 공유하는 화
풍의 창시자로서 존경을 받았다.

그들은 어디까지나 서원풍의 실내
공간을 장식하는 미에 몰두했다. 그
때문에 병풍화 외에 서書·벼루상자·
문서상자·꽃병 등에까지 관심이 미
쳤다. 이는 그러한 실내공간을 갖고
자 꿈꾸던 상층 조닌이나 공가, 사원
의 가옥을 장식화하는 데 큰 영향을
미치게 되었다.

소타쓰나 고에쓰가 교토에서 활

전통문화의 계승
검정색의 칠 바탕에 마키에와 나전으로 나타낸 것은
『이세 이야기』의 '야쓰하시八橋' 장면. 고린은 교토에 공
방을 마련해서 부유층의 주문에 부응했다. (오가타 고
린, 〈야쓰하시 마키에 나전 벼루상자八橋蒔絵螺鈿硯箱〉)

약하고 있던 즈음, 에도의 유락도 크게 변화하기 시작했다. 오쿠니
카부키의 선정성은 풍기문란의 주범으로 간주되어 활동이 금지되었
고, 이어서 등장한 와카슈카부키 역시 같은 이유로 금지되었다.

시내에 산재해 있던 유녀 포줏집이 1617년겐나 3에 치안 유지를 명목
으로 통합 허가를 받아, 후키야초葺屋町 동쪽의 요시와라葭原 사방 2정
보二町四方36를 정리해서 이듬해 유곽이 탄생되었다. 그로부터 8년 후
인 1626년간에이 3, 요시와라吉原라 개칭되어 마을이 정비되었다. 그 후
1657년메이레키 3의 대화재를 계기로 유곽은 아사쿠사浅草 니혼즈쓰미日
本堤로 이전되었고 그 결과, 에도의 거리에서 유녀의 모습은 사라졌다.
당연히 유락의 세계를 그리는 풍속도 병풍에 대한 관심도 옅어져 갔다.

....
니銀泥를 사용한 장식적인 화풍을 특색으로 한다. 고린파光琳派.
36 사방 2정보 : 본서 1장의 주 10 참조.

남성들이 동경하는 유녀는 유곽에 있다. 그러나 유리遊里는 그곳에서 노니는 남성들에게는 들뜬 세상浮世이었으며 아름다운 의복을 몸에 두른 유녀에게는 근심 많은 세상憂世이었다. 다시 한번 유녀를 만나고 싶어 하는 손님이 있고, 다시 한번 손님이 방문해 주시를 바라는 유곽 측의 바람도 있다. 이러한 마음을 담아서 그려진 미인화가 등장했다.

거기에는 오로지 유녀 한 명이 서 있거나 앉아 있는 모습이 그려져 있고 세로로 긴 그림이 많은데 이것이 훗날 우키요에 미인화의 원형이라고 할 수 있다.

예를 들어 이러한 그림에는

⑧
유녀가 남성들에게 보낸 원조 브로마이드
이 그림은 간분 연간의 초엽에 교토의 시마바라島原에 실존했던 유녀의 것이라고 한다. 또 방문해 달라는 마음에서 자필의 노래와 서명을 넣어서 손님에게 선물했을 것이다.
(《서 있는 미인도美人立姿図》)

사랑을 약속했으니 다른 데 마음이 있으랴. 그대 없으면 누구를 의지할까.

ちきるとて余所こころあるべきか 君ならずして たれをたのまん

라고 유녀 자필의 문장이 적혀 있는 경우가 많다. 이 유녀의 문장에 얼마나 진정성이 있는지는 알 수 없지만 유녀가 손님인 남성에게 선물한 것일 것이다. 그 때문에 슬픔이 가득하고 어두워 보이는 여성상이 많은데, 그러한 모습으로 상대의 마음을 사로

온나가타女方의 탄생

풍기문란을 이유로 가부키 무대에서 여성이 일소되자 와카슈가 등장했다. 우콘 겐자에몬右近源左衛門은 가미가타에서 활약한 후 에도에서도 인기를 끌었는데, 온나가타의 원조라고 한다. 그림은 둘 다 겐자에몬이다. (〈무기도舞妓図〉, 『고금사장거색경백인일수古今四場居色競百人一首』)

⑨

잡으려고 했던 것이다. 오사카 여름 전투로부터 50년 후인 간분 연간(1661~73)의 일이다. 메이레키의 대화재로부터 부흥한 에도뿐 아니라 같은 시기의 각지의 유리에서도 제작되었기 때문에 간분 미인도寬文美人画라 불린다.

주목할 점은 육필인데도 같은 유녀의 그림이 복수 존재한다는 사실이다. 양산되었을 가능성은 적지만 이러한 그림은 유녀의 모습을 그리는 목판 우키요에의 선구적인 존재라 할 수 있다. 게다가 처음에는 유녀가 손님에게 보내는 선물이었을지도 모른다는 생각을 하게 된다.

그리고 같은 즈음, 미남이 춤을 추는 모습을 그린 미남도美男図도 등장한다. 이는 온나카부키가 금지된 1629년간에이 6 이후, 와카슈카부키가 전성기를 맞이할 즈음에 호응해서 일어난 현상이다. "여성인가 하고 보면 남성이다", "과거부터 미래까지 세상에 두 번 다시는 없을 겐자에몬源左衛門[37]의 모습"이라고 호평을 받았던 인기 와카슈若衆[38]인 겐자에몬이 혼자서 춤추는 모습이 호평을 얻었다. 1652년게이안 5, 와카슈카부키가 금지되어도 여전히 제작되었기 때문에 훗날 우키요에의 한 장르가 되는 야쿠샤에役者絵의 원형이라고 볼 수도 있다. 그렇다면 이역시 간과할 수 없는 현상이라 할 것이다.

교토 문화를 동경하는 에도의 호상

에도에서 가장 경기가 좋았던 것은 목면 도매점과 포목 도매점 등의 대형 상점이다. 그러나 그 절반 정도는 교토나 이세伊勢의 마쓰사카松坂, 그리고 오미近江나 오와리 등에 본점이 있는 지점이었다. 이는 에도 중기에 에도에서 조직된 도쿠미도이야十組問屋[39] 중에 에도 이외에 본점이 있는 상인들을 조사해 보면 명확히 알 수 있다. 예컨대, 목면 도매점은 전체 가부株[40] 수 44 중에서 36채는 이세와 교토에 본점이 있다

---

37 겐자에몬源左衛門, 1622~? : 초기 가부키 배우. 와카슈카부키 시대부터 온나가타女方(여성 역을 연기하는 남자배우)를 전문으로 해서 온나가타의 원조라 불린다.
38 와카슈若衆 : 남색을 파는 남성. 혹은 가부키 배우로 무대에 서는 한편, 남색을 파는 남성.
39 도쿠미도이야十組問屋 : 에도 시대, 에도에서 조직된 각종 수하受荷 도매상 조합. 에도와 오사카 사이의 해상운송의 부정과 조난에 의한 손해를 방지하기 위해서 1694년겐로쿠 7에 조직되었다. 당초에는 면점綿店·주점酒店·지점紙店·약종점 등 10조組였으나 후에 조합의 수를 늘였다.

는 사실을 알 수 있다. 게다가 지점의 대부분은 에도 최대의 번화가인 니혼바시 혼초 주변에서 영업을 하고 있었다. 말하자면, 에도 시장의 중추는 가미가타 상인과 이세 상인들에게 지배되고 있었던 셈이다.

그러한 가운데 에도에 본거지를 두고 급속하게 성장한 것이 마을의 발전에 불가결한 목재상이다. 그 가운데서도 전설적인 급성장을 이룬 기분紀文(기노쿠니야 분자에몬紀国屋文左衛門)[41]과 나라모奈良茂(나라야 모자에몬奈良屋茂左衛門)[42]와 함께 일약 이름을 올린 것이 에도 초기에 고즈케국上野国 이타하나 역참板鼻宿(군마현群馬県 안나카시安中市)에서 에도로 나와 목재상을 경영하여 일대에 거대한 부를 축적한 후유키야 기헤이지冬木屋喜平次이다. 후유키야는 1713년쇼토쿠 3에 형제가 60만 냥이나 되는 거금을 막부에 상납하는 호상으로 성장했다.

후유키야 등이 사교상 익혀야만 했던 것이 풍아의 예이다. 그 가운데서도 다도였다. 그 때문에 그들도 서원의 세계를 동경했다. 당연히 교토의 미야비를 주도하는 다와라야 소타쓰나 혼아미 고에쓰 등의 장식성이 풍부한 실내 공예와 회화에 매료되었다. 그리고 그들의 양식을 계승해서 독자적인 미적 세계를 만들어 낸 오가타 고린에게 뜨거운 시선을 보냈다.

---

40 가부株 : 에도 시대, 가부나카마株仲間의 일원이 갖는 특권.
41 기노쿠니야 분자에몬紀国屋文左衛門, ?~1734 : 에도 중기의 호상. 본성은 이가라시五十嵐. 이이紀伊 출신. 기분紀文이라 불린다. 폭풍우를 무릅쓰고 에도로 귤을 운송하기도 하고 에도의 대화재 때 목재를 독점해서 거대한 부를 축적했지만 만년에 영락했다고 한다.
42 나라야 모자에몬奈良屋茂左衛門, ?~1714 : 에도 중기의 호상. 에도 후카가와深川의 재목상. 닛코日光 도쇼궁東照宮의 개축으로 막대한 부를 축적해 기노쿠니야 분자에몬紀国屋文左衛門과 함께 에도 전기의 호상으로 언급된다. 자산을 물려받은 아들이 요시와라吉原에서 호유豪遊한 일화가 유명하다.

고린의 에도 진출과 〈겨울나무 고소데〉

오가타 고린이 그린 고소데
전통적인 기술을 구사하면서 와카와 이야기 등을 제재로 한 의장을
참신하고 대담한 구조로 선명하게 나타낸 린파琳派는 다이묘와 부
유한 조닌에게 선호되었다. (《추초문양 고소데秋草文様小袖》)

⑩

오가타 고린은 교토의 고급
포목상 가리가네야雁金屋의 차
남으로 태어나 고레토미惟富라
이름하고 통칭 이치노조市之丞
라 불렸다. 가업은 형 도사부로
藤三郎가 계승했고, 이치노조는
막대한 재산의 일부를 물려받
았지만 사치스런 생활과 여성
관계로 인해서 경제적으로 곤
궁했다.

가리가네야는 혼아미 고에쓰
와 인척 관계에 있었기 때문에
고에쓰나 다와라야 소타쓰의

작품이 집안에 전해졌으며, 부친 소켄宗謙은 고에쓰에게 배우는 등, 고
상한 취미인이었다. 이러한 환경에서 자란 이치노조는 일찍부터 도예
에 뛰어난 동생 겐잔乾山[43]을 도와서 밑그림을 담당하기 시작했다. 그
즈음부터 고린이라 호하게 되었다. 얼마 후 염직과 마키에蒔絵[44]의 의
장 고안에 재능을 발휘한 고린은 다시 화가를 목표로 해서 소타쓰의

----

43 겐잔乾山 : 본서 프롤로그의 주 141 참조.
44 마키에蒔絵 : 기물의 표면에 옻으로 문양을 그리고 금·은 등의 금속가루와 색가루를 뿌려
　　서 부착시킨 것으로 일본 특유의 옻공예.

화풍에 경사되면서 독자적인 양식미를 만들어내 두각을 나타냈다.

고린의 병풍화에는 깊은 통찰력과 참신한 의장성, 그리고 풍부한 장식성으로 묘사된 화초도 등이 있다. 거기에는 고전적인 모티브를 초월하여 보는 사람을 압도하는 박력이 있었다.

고린의 소문은 에도에도 전해져 1704년호에이 원년, 고린은 요청에 따라서 에도로 나왔다. 이후 4, 5차례나 에도와 교토를 왕복하며 그때마다 후카가와深川의 후유키야冬木屋에 몸을 맡기고 긴자銀座의 상인과 다이묘 저택에 출입하면서 그들을 위해서 제작활동을 했다. 그러나 에도에는 적응하지 못하고 몇 년 후 교토로 옮겨서 제작을 계속했다. 중요문화재인 〈겨울나무 고소데冬木小袖〉와 해외로 유출된 〈야쓰하시도 병풍八橋図屛風〉 등은 이 시기 에도에서 제작된 작품이다. 이렇게 해서 소타쓰와 고에쓰의 장식 회화의 전통은 고린에 의해서 에도에 전해졌다. 또한 겐잔도 에도로 나와서 도기 제작과 회화를 통해서 그 화풍을 전했다. 그사이에 고린은 훗날 린파琳派라 일컬어지는 장식성 풍부한 화풍을 완성시켜 큰 영향을 미치게 된다. 두 사람은 모두 에도에 적응하지 못했다.

이 두 사람의 에도 진출은 에도에 사는 다이묘와 조닌들이 에도의 독자적인 문화를 자신들의 손으로 만들어내지 못했음을 말해준다. 이는 왕조문화와 모모야마 문화의 전통을 갖고 있지 않았던 신흥도시 에도가 갖는 숙명으로, 에도의 경제력이 교토나 이세에 본거지를 둔 목면 도매상·포목 도매상인들에 좌우 되었던 사실이 이러한 부분에도 미쳤던 것이다. 이것이 겐로쿠 문화가 가미가타 조닌들의 문화라고 일컬어지는 이유이다.

소타쓰와 고린의 미의식이 에도에서 꽃피는 데는 다시 한 세기 가까운 시간이 필요했다. 미의 수호자가 존재할 뿐이었던 겐로쿠기를 거쳐서 에도에 가세이化政 문화라고 하는 새로운 문화를 만들어 낼 만한 토양의 형성을 기다려야만 했다. 사카이 호이쓰도 회화라고 하는 미의 창조자이기 때문에 고린의 미를 계승해서 에도 린파江戸琳派라고 하는 독자적인 미를 뿌리내릴 수가 있었다.

에도가 만들어 낸 우키요에

같은 즈음 에도에서는 실내를 장식하는 회화에 대한 시선과는 전혀 다른 시선으로 새로운 그림을 그려내는 화가들이 활동하기 시작했다.

격리된 유리의 세계를 묘사하는 히시카와 모로노부菱川師宣[45]를 중심으로 하는 우키요에 화가들의 움직임이다.

그들이 그린 것은 우키요에 살아가는 미인들의 그림이다. 이는 간분 미인도처럼 자신들의 모습을 그림으로 그리게 해서 사랑하는 마음을 전하는 유녀 측으로부터의 정보발신의 수단으로서가 아니라, 유리를 동경하는 고객의 심정을 헤아려 그려낸 미인화이다. 그러한 점에서 무엇보다도 필요한 것은 여성 신체의 아름다움을 전신으로 나타내는 모습으로 그 곡선미야말로 생명이다.

얼마 지나지 않아 우키요에는 판화화되었다. 우키요 세상의 미인들을 동경하는 남성 고객의 요구에 따라서 대량출판의 길이 열렸다. 이미 모로노부는 호색본好色本의 삽화를 그리고 있었으며 에혼 제작에도 참여했다.

⑫

우키요에의 원조, 히시카와 모로노부
에혼의 삽화에 지나지 않았던 우키요에를 회화로 완성시킨 것이 모로노부이다. 춘화, 명소화 등의 풍속을 묘사한 우키요에는 판화의 형태로 보급되지만 육필에 의한 것도 있다. (〈뒤돌아보는 미인도見返り美人図〉)

또한 목판인쇄 기술은 여성들의 풍요로운 자태를 훌륭하게 묘사해 내는 단계에 들어와 있었다. 따라서 한 장짜리 인쇄물로 이행하는 데 문제될 것은 없었다.

- - - - - - - - - - - - -
45 히시카와 모로노부菱川師宣, ?~1694 : 에도 전기의 우키요에 화가. 아와安房 출신. 에도로 나와서 판본의 삽화·에혼絵本을 많이 그리며 독자적인 미인화 양식을 확립했다. 또한 가부키나 요시와라吉原의 풍속 등을 육필화로 제작하여 우키요에의 개조라 칭해진다. 대표작 〈뒤돌아보는 미인〉.

단, 이 우키요에 미인화는 육필화 시대의 형식을 답습했으며 그 대부분이 전신상이다. 그리고 미인화 속의 여성들이 어디에서 어떻게 생활하고 있는가에 관심이 모아지자, 2층의 난간에 앉아 있기도 하고 시냇가의 소나무 아래 서 있기도 하는 등 배경이 그려지게 되었다.

그리고 겐로쿠기 후반이 되자, "침실의 맹장지는 요시다吉田나 히시카와가 고심할 정도의 우키요에를 즐긴다"라는 말이 있을 정도로, 우키요에를 침실의 후스마襖絵로 장식하려고 하는 움직임이 나타났다. 분명히 미인화였을 것이다. 또한 여기에 나오는 요시다란 겐로쿠기의 가미가타를 대표하는 우키요에 화가 요시다 반베에吉田半兵衛[46]라 생각된다. 그리고 침실의 맹장지나 병풍에 붙인 형태로 향수된 목판 우키요에 미인화는 춘화와 함께 비밀스런 일을 상상하는 데 불가결한 그림이 되었다고 할 수 있다.

그리고 모로노부 뒤를 이어 도리이 기요노부鳥居清信,[47] 가이게쓰도 안도懐月堂安度,[48] 오쿠무라 마사노부奧村政信,[49] 이시카와 도요노부石川豊

---

46 요시다 반베에吉田半兵衛, 생몰년 미상 : 에도 중기의 가미가타上方의 우키요에 화가. 교토 출신. 가미가타판上方版의 대중적 출판물에 삽화를 그려서 조쿄에서 호에이(1684~1711)쯤 활약했다. 특히 이하라 사이카쿠井原西鶴와의 공동작업이 주목되는데, 그의 우키요조시의 명작인 『호색오인녀』, 『호색일대녀』(1686)과 『일본영대장』(1688) 등 다채로운 풍속묘사를 제공했다. 그 밖에도 『호색훈몽도회好色訓蒙図彙』(1686), 『여용훈몽도회女用訓蒙図彙』(1687) 등의 목판 에혼木版絵本도 있다.

47 도리이 기요노부鳥居清信, 1664~1729 : 에도 중기의 우키요에 화가. 오사카 출신. 도리이파鳥居派의 시조. 부친 기요모토清元과 함께 에도로 옮겨와, 효탄아시瓢箪足(근육을 과장한 나머지 표주박처럼 잘록해진 손발)라 불리는 약동적인 묘사법을 창시해서 호방한 야쿠샤役者絵를 확립했다. 또한 미인화도 능숙했다.

48 가이게쓰도 안도懐月堂安度, 생몰년 미상 : 에도 중기의 우키요에 화가. 가이게쓰도파懐月堂派의 시조. 육필화를 전문으로 하며, 세상에서 가이게쓰도 미인懐月堂美人이라 불린, 호화로운 의상을 입고 서 있는 유녀의 미인화를 많이 그렸다. 에지마이쿠지마江島生島 사건에 연좌되어 한 때 이즈伊豆 오시마大島로 유배되기도 했다

49 오쿠무라 마사노부奧村政信, 1686~1764 : 에도 중기의 우키요에 화가. 통칭 겐파치源八. 에조

信,[50] 미야가와 조슌宮川長春,[51] 그리고 니시카와 스케노부西川祐信[52] 등 훌륭한 우키요에 화가가 연이어 등장하여 그들이 그린 농염한 미인화가 사람들을 즐겁게 했다.

게다가 목판 우키요에는 대량출판에 의해서 회화의 재미를 많은 사람들에게 전달함으로써 정보를 공유할 수 있는 상황을 만들어내기 시작했기 때문에 그려진 유녀의 평판이 보급되어 항간에서는 유녀를 비교하는 즐거움도 생겨났다.

이렇게 해서 우키요에의 평판이 높아지자, 그림의 또 다른 주제였던 야쿠샤에役者絵도 간행되어 가부키극장芝居小屋의 떠들썩함, 요시와라도吉原図, 독특한 매력의 스모에相撲絵,[53] 그리고 아동들이 약동하는 모습이 우키요에의 제재가 되어 점차로 주제를 넓혀갔다.

그리고 무엇보다도 단에丹絵, 베니에紅絵, 우루시에漆絵 등 색채도 풍부해지고 이어서 베니즈리에紅摺絵와 채색판화로까지 기술을 높였다.

....
시에草紙 도매상을 경영했다. 베니에紅絵(목판을 사용해서 그림의 윤곽을 먹으로 찍어낸 후 홍색을 주로 하여 붓으로 쓰거나 그린 것)・우루시에漆絵(안료를 섞은 옻으로 그린 그림)・베니즈리에紅摺絵(홍색과 녹색 등을 사용한 베니에) 등 초기의 우키요에 판화에 채색을 개량하는 데 공헌했다. 우키에浮き絵(원근법으로 그린 우키요에浮世絵의 한 가지)・하시라에柱絵(사원 등의 기둥에 그린 우키요에)를 고안했다.

50 이시카와 도요노부石川豊信, 1711~85 : 에도 중기의 우키요에 화가. 에도 출신. 속칭, 마고사부로孫三郎. 니시무라 시게나가西村重長에 사사했으며, 통통한 얼굴과 유연한 자태의 미인화로 독자적인 화풍을 전개했다.

51 미야가와 조슌宮川長春, 1682~1752쯤 : 에도 중기의 우키요에 화가. 미야가와파宮川派의 시조. 오와리 출신. 히시카와 모로노부・가이게쓰도 안도 등의 영향을 받아서 육필화에 전념했으며 농염한 미인화를 그렸다.

52 니시카와 스케노부西川祐信, 1671~1750 : 에도 중기의 우키요에 화가. 교토 출신. 호는 지토쿠소自得叟・분카도文華堂 등. 니시카와파西川派의 시조. 처음에는 가노파를 공부하고 다시 야마토에 화법을 터득하여 절충된 화풍을 확립했다. 육필미인화肉筆美人画에 뛰어났다. 또한 에혼絵本 작가로서 우키요조시의 삽화를 많이 그렸다.

53 스모에相撲絵 : 우키요에 판화 중에서 스모 선수의 니가오에나 대전・도효이리土俵入り(선수가 경기장에 등장하는 의식) 등 스모相撲를 제재로 한 것.

드디어 스즈키 하루노부鈴木春信[54]에 이르
러는 니시키에錦絵라고 하는 다색판화로
급격히 비약하여 그림의 주제가 더욱 확
장되는 조건이 만들어졌다. 그러한 점에서
화가의 존재감이 더욱 커졌을 뿐 아니라
판을 제작하는 사람堀師·판화를 찍는 사
람摺師의 기술적 발전도 그림의 수준을 좌
우하기에 이르렀다.

⑬

가이게쓰도 안도, 〈풍전미인도風前美人図〉
두꺼운 묵선으로 묘사된 기모노를 착용한, 활처
럼 유연한 자태의 여성. 넓은 이마에 가느다란
눈썹과 눈. 한 눈에 보아도 구별되는 화풍은 가
이게쓰도 양식이라 일컬어진다. 선명한 색채의
육필화.

. . . .
54 스즈키 하루노부鈴木春信 : 본서 프롤로그의 주 167 참조.

마음을 표현하는 회화

『본조근세화공감』

　여기에 한 장의 미타테반즈케見立番付[55]를 소개하도록 하겠다. 에도 시대의 저명한 화가들의 순위를 매긴『본조근세화공감本朝近世画工鑑』이라는 반즈케番付이다. 어느 시대의 화가인지 알 수 있도록 이름 위에 연호가 기록되어 있다. 이 반즈케를 보면 '덴포天保'라고 하는 연호가 가장 새롭기 때문에 아마도 덴포 연간(1830~44)의 말기에 간행된 것으로 보인다. 왼쪽 맨 아래에 "고귀한 신분은 생략한다"라든가 "도사土佐 · 가노狩野는 미쓰오키光起 · 단유探幽 이후를 나타냈고, 나머지도 대체로 이에 준한다"라는 설명이 있기 때문에 사카이 호이쓰와 다노무라 지쿠덴田能村竹田,[56] 와타나베 가잔渡辺崋山과 같은 무사 신분의 화가를 제외하면, 도사 미쓰오키나 가노 단유와 동시대이거나 그 이후의 저명한 화가 이름이 거의 망라되어 있다고 할 수 있다.

　흥미로운 것은 동서를 나누는 중앙 부분에 주최자勧進元인 단유와 후원자差添人인 마루야마 오쿄円山応挙[57]나 하세가와 도하쿠長谷川等伯의 제

55　미타테반즈케見立番付 : 반즈케는 스모나 가부키 등에서 순위나 번호를 나타낸 표를 말하는데 이에 빗대어 다양한 사물의 서열을 매긴 일람표가 미타테반즈케이다. 에도 시대부터 메이지 시대에 한 장짜리 인쇄물로 판매되어 서민들 사이에서 유행했다.
56　다노무라 지쿠덴田能村竹田 : 본서 1장의 주 34 참조.
57　마루야마 오쿄円山応挙, 1733~95 : 에도 중기의 화가. 마루야마파円山派의 시조. 단바丹波 출신. 통칭은 몬도主水. 처음에는 이시다 유테이石田幽汀에게 가노파의 화법을 배웠다. 훗날

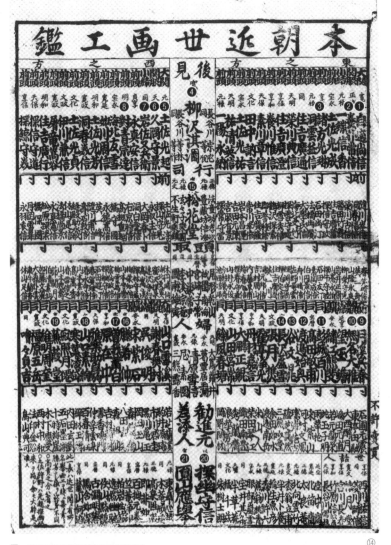

⑭

화가 반즈케 『본조근세화공감』

스모 반즈케를 모방한 반즈케를 미타테반즈케라고 한다. 이것도 그중 하나. 이러한 반즈케는 에도 중후
기인 간세이기(1789~1801) 즈음부터 나왔다. 무엇을 근거로 해서 누가, 언제, 어디에서 작성했는
지는 불분명하지만 전혀 신용할 수 없는 것은 아니다. 이 반즈케도 상당히 신빙성이 높다.

서양화의 투시도법을 공부하는 한편, 중국의 사생화를 연구해서 사실성과 일본의 전통적
인 장식화양식을 융합한 새로운 양식을 확립했다.

자들을 제외하면 간에이 삼필寬永三筆 중 한 사람인 쇼카도 쇼조松花堂昭
乘,[58] 야나기사와 기엔・기온 난카이祇園南海[59] 등의 저명한 문인, 도예
의 오가타 겐잔尾形乾山 등 유명한 인물의 이름을 기재해서 현실감을 내
려고 했다는 점이다. 그리고 오른쪽 아래 끝에 '주선자世話人'로 히시카
와 모로노부菱川師宣 등 우키요에 초창기의 화가 이름이 보인다. 이는
세속에서 유명한 화가들도 잊어서는 안 된다고 하는 변명이다.

이 반즈케는 어떤 목적으로 작성된 것일까? 가장 유력한 것은 여기에
등장하는 화가들이 그린 작품을 판단할 기준을 알기 위해서이다. 그 때
문에 유명한 화가들의 이름 위에 사망한 연호가 기록된 것일 것이다.

이 미타테반즈케에는 당시의 시대성이 반영되어 있다. 동쪽의 오제
키大関[60] 지테키自適 나오노부尚信, 가노 나오노부狩野尚信가 막부의 어용 화가
이자 단유의 동생인 것처럼, 동서의 상단에는 가노파의 화가와 조정
에도코로아즈카리絵所預[61]인 도사파의 화가들이 차지하고 있다. 사망
연호가 교화나 덴포이고 젊은 화가들의 대개는 나오노부가 선조인 고
비키초 가노木挽町狩野[62]의 어용화가들뿐이다. 두 파 모두 '어용'인 것만

---

58 쇼카도 쇼조松花堂昭乘, 1584~1639 : 에도 초기의 승려・서화가. 이즈미국和泉国 사카이 출신.
    호는 세이세이오惺々翁. 쇼카도松花堂는 만년의 호. 오토코야마男山 이와시즈미하치만궁石
    清水八幡宮 다키모토보滝本坊의 주지. 진언밀교真言密教를 수행하고 아사리阿闍梨 법인法印이
    되었다. 글씨에 뛰어나 간에이 3필 중 한 사람으로, 오이에류御家流・다이시류大師流를 배
    워 쇼카도류松花堂流를 창시했다. 또한 고담한 수묵화를 많이 그렸다.
59 기온 난카이祇園南海, 1677~1751 : 에도 중기의 한시인・문인화가. 기이紀伊 출신. 이름은 유
    瑜・세이케이正卿, 자는 하쿠교쿠伯玉. 기노시타 준안木下順庵의 문하. 기이번紀伊藩의 유관儒
    官. 중국의 원・명의 문인화풍을 공부해서 일본문인화의 개척자라 불린다. 저서『시학봉
    원詩学逢原』,『남해시결南海詩訣』등.
60 오제키大関 : 스모相撲에서 요코즈나横綱에 버금가는 지위.
61 에도코로아즈카리絵所預 : 조정이나 에도 막부의 에도코로絵所(그림을 관장했던 관청)에
    속하는 화가 중 으뜸.
62 고비키초 가노木挽町狩野 : 에도 막부의 전속화가奥絵師인 가노파 네 집안 중 하나. 가노 나오

으로도 존재가치가 있었던 것일까? 그러한 가운데 가이호 유세쓰海北友雪와 구스미 모리카게, 이와사 마타베에, 하나부사 잇초, 다와라야 소타쓰, 오가타 고린이라는 이름이 등장하는데, 그들의 그림에 대한 동경이 얼마나 강했는가를 엿보게 한다.

그리고 이 반즈케는 네 번째 단에 새롭게 오제키에서 마에가시라前頭[63]까지의 순위가 시작된다. 독특한 형식인데 이것이 이 반즈케의 상품적 특징이다.

동쪽의 오제키는 '게쓰케이 고슌月溪吳春(마쓰무라 게쓰케이松村月溪)',[64] 세키와케関脇[65]는 '아리나 다이가無名大雅(이케노 타이가池大雅)'이며, 서쪽의 오제키는 '야마구치 세쓰케이山口雪溪', 세키와케는 '샤슌謝春 부손蕪村(요사 부손与謝蕪村)'이라고 되어 있다. 사카키 햐쿠센彭城百川,[66] 다니 분초, 나가사와 로세쓰長沢蘆雪,[67] 이토 자쿠추伊藤若冲,[68] 소가 쇼하쿠曽我蕭白,[69]

. . . .
노부狩野尚信에서 시작했으며 고비키초木挽町에 정주했기 때문에 이렇게 불렸다.

63 마에가시라前頭 : 스모에서 고무스비小結의 차위次位이자 주료十両의 상위上位.

64 마쓰무라 게쓰케이松村月溪, 1752~1811 : 에도 후기의 화가·하이진. 교토 출신. 나중에는 화성画姓을 고呉, 화명画名을 슌春이라 했다. 시조파四条派의 원조. 요사 부손与謝蕪村에게 남화를 배우고 마루야마 오쿄円山応挙에게 사생화를 배웠으며 양자를 절충해서 시정이 풍부한 화조화·풍경화를 그렸다.

65 세키와케関脇 : 스모에서 오제키 다음 순위.

66 사카키 햐쿠센彭城百川, 1697~1752 : 에도 중기의 문인화가. 오와리 출신. 이름은 신엔真淵, 햐쿠센百川은 자. 호는 호슈蓬洲·핫센도八仙堂. 일본에 있어서 남화의 선구자. 서화의 감식과 하이카이俳諧에서도 활약했다.

67 나가사와 로세쓰長沢蘆雪, 1754~99 : 에도 중기의 화가. 야마시로山城 출신. 이름은 마사카쓰政勝 또는 교魚, 자는 효케이氷計. 마루야마 오쿄의 문하. 기발한 구조와 분방한 필치로 장벽화障壁画를 많이 남겼다.

68 이토 자쿠추伊藤若冲, 1716~1800 : 에도 중기의 화가. 교토 출신. 이름은 조킨汝鈞, 자는 게이와景和. 별호에 도베이안斗米庵이 있다. 가노파·고린파光琳派 및 중국의 명화를 공부해 사실적 묘사와 특이한 형태·색채감각에 의한 혁신적인 화조화를 그렸다. 특히 닭을 그린 그림이 유명하다.

69 소가 쇼하쿠曽我蕭白, 1730~81 : 에도 중기의 화가. 교토 출신. 본성은 미우라三浦, 이름은 데

그리고 기무라 겐카도木村蒹葭堂[70]의 이름도 보인
다. 그들은 모두 후원자差添人 마루야마 오쿄와 함
께 전통적인 회화의 세계를 크게 바꾸고 화단에
새로운 바람을 불러일으킨 화가들이다. 이런 독
특한 화가들의 그림도 이미 세상에서 화제가 되
어 있던 것을 말해 준다.

마음을 표현하는 화가들

『본조근세화공감』과 같은 반즈케가 시판되었
다는 사실은 화가에 관심이 많은 사람들이 상당히
존재했다는 것을 의미한다. 그리고 세상의 관심이
호레키宝暦 · 덴메이기天明期에서   분카 · 분세이기
(1751~1830)에 화단에 등장한 화가들에게도 모아
지는 것이 주목되는 부분이다. 왜냐하면 실내를
장식하는 데 장식성만 풍부하면 그만이라는 시대
가 종식을 알렸다는 사실을 의미하기 때문이다.

무사사회에 태어났다는 이유로 타고난 재능을 묻어둔 채로 평생을
보내는 것에 만족하지 않고 번주의 교체를 계기로 직책을 사임한 핫토

점묘로 묘사된 아케노 다이가의
〈고지마만진경도兒島湾真景図〉
중국의 문인화를 도입해서 대성한
것이 다이가와 요사 부손. 남화라
불리는, 색채를 배제한 그림의 화제
는 중국의 산수에서 구한 것이 많지
만 이 그림은 실경을 묘사했다.

루오暉雄. 소가 자소쿠曽我蛇足 · 조쿠안直庵의 화풍을 좋아해서 자소쿠켄蛇足軒 · 자소쿠 10
세蛇足十世이라 자칭했다. 거친 필치로 독특한 인물화를 그렸다.
70 기무라 겐카도木村蒹葭堂 : 본서 프롤로그의 주 193 참조.

리 난카쿠服部南郭[71]는 한시 삼매경에 살아가고자 하는 자신의 유토피아 세계에 빠져 있었다. 중국의 사대부와 같은 이러한 삶의 방식에 공감을 느낀 많은 무사들이 모여들었고 이를 비롯해서 본업에 종사하면서 예술적인 재능도 발휘하는 자들이 속출했다.

그러나 그들이 오랜 세월 공부해서 익힌 학문은 중국에서 이입된 학문과 문화였다. 그 중심 사상인 유학에는 시를 읽고 아름다움을 가까이 하는 것의 중요함이 역설되어 있었기 때문에 한시나 수묵화 등에 친근할 것이 인간 형성의 중요한 요소라고 배웠다. 타고난 재능을 발휘하고자 하면, 야마토에와 같은 전통적인 회화가 아니라 유학 사상에 뒷받침된 한시나 문인이라 불리는 사대부 사이에서 유행했던 남종화에 의거하는 것이 자연스러웠다. 그 때문에 중국 청대에 만들어진 남종화 서적 『개자원화전』이나 『팔종화보八種画譜』를 기본으로 하는 새로운 화풍의 그림이 문인화라 불렸다.

반즈케에 등장하는 야나기사와 기엔과 기온 난카이, 사카키 햐쿠센 등은 한학의 소양을 기초로 해서 독자적인 유토피아를 만들어 내고자 할 정도로 자아가 강한 사람들이었다. 따라서 화풍은 남종화에 의거하더라도 그들이 생각하는 이상적인 광경을 화면에 나타내는 것을 신조로 삼았다. 이는 강렬한 마음의 표현이었다. 그 이상의 광경의 대개는 유구한 자연 속에 존재하는 산수의 세계였다. 그리고 마음 그대로를 표현하는 화풍으로 살아가는 직업화가가 탄생했다. 이케노 다이가와 요사 부손이다.

....

71 핫토리 난카쿠服部南郭 : 본서 프롤로그의 주 88 참조.

⑯

사생도의 정화 〈등화도 병풍藤花図屏風〉 (우첩)
18세기 후반의 교토에는 이 그림의 작자인 마루야마 오쿄를 비롯해서 이토 자쿠추, 소가 쇼하쿠, 다이가, 부손 등 작은
마을에 개성적인 화가가 거주해서 교토 화단을 형성했다.

한편, 이러한 화풍에 위화감을 느낀 화가들이 마찬가지로 중국에서
유입된 화풍에 영향을 받아 새로운 길을 걷기 시작했다. 청이 지배하
는 중국에서는 정치비판적인 학설과 사상은 철저하게 억압되었다. 그
때문에 사물을 깊이 고찰하여 자기 만족하는 학풍이 배양되었다. 이처
럼 사물을 궁구하여 사생에 철저한 화가들이 청을 벗어나 일본으로 왔
다. 그들은 교토 우지宇治에 본거를 둔 황벽종 만푸쿠사万福寺를 근거로
해서 새로운 명청화를 전했다. 또한 서양문화의 규제가 조금 완화된
나가사키에서 양풍화의 화법도 전해졌다.

마루야마 오쿄는 청의 사생주의 화풍과 서양화의 입체적인 묘사법
이나 투시화법 등에 영향을 받으면서 오가타 고린의 장식화법도 절충
해서 독자적인 사생화의 세계를 구축해 큰 반향을 불러 일으켰다.

이후, 새로운 화풍을 종횡으로 섭취하면서 독자적인 세계를 그려내
는 독특한 화가들이 활동하는 시대에 돌입했다. 장식과 사생, 공상과

애니미즘이 혼합된 세계를 묘사하는 이토 자쿠추, 그로테스크와 유머가 교착되는 기이한 세계를 그려낸 소가 쇼하쿠, 문인화에 새로운 화풍을 가져다준 다노무라 지쿠덴과 다니 분초 등 다양한 개성이 꽃을 피웠다.

화가의 마음이 그대로 표현되는 회화가 받아들여지는 시대가 도래했다는 사실을 말해준다. 앞에 소개한 미타테반즈케의 4단 이하는 그러한 증거라 할 수 있다.

이토 자쿠추의 닭
보는 사람을 압도하는, 박물화와 같은 섬세한 묘사와 대담한 구조. 한편, 자쿠주에게는 시원스럽고 유머 감각이 넘치는 그림도 있다. 자쿠추는 그림을 그리고 싶어 40세에 가업인 청과물 도매상을 동생에게 물려줬다. (《자양화쌍계도紫陽花双鷄図》)

니시키에의 시대

핫토리 난카쿠만큼 철저하지는 않더라도 문인적인 삶의 방법이 많은 사람들에게 공감을 불러일으켜 일상생활 속에 유토피아적인 시간이 도입되었다. 이에 그림에 재능이 조금 있다고 생각하는 무사나 조닌들은 살롱을 만들어 자신들이 그린 그림을 경합하는 기회를 즐기게 되었다.

이처럼 유희하는 마음이 풍부한 동호인들이 모여서 그림달력絵暦을 서로 보이기도 하고 각자가 가져온 작품을 비평하며 경쟁하는 모임이 에도에 생겨났다. 이러한 모임은 큰달大月과 작은달小月로 일 년을 나타내는 그림달력에 빗대어서 대소회大小会라고 했다. 1765년메이와 2 3월, 유시마湯島의 회장에 모인 것은 하타모토旗本[72]와 조닌 신분의 애호가들로, 각자 가져온 기발한 그림달력을 꺼내어 '훌륭하다', '내기 하자'라며 화기애애하게 모임이 진행되었다.

그리고 우키요에 화가인 스즈키 하루노부鈴木春信의 순서가 돌아왔다. 꺼내어 보인 것이 〈소나기夕立図〉(권두화보)이었다. 전체적으로 옅은 노란색 빛을 띤 정도였지만 그때까지 본 적이 없었던 다색판화였다. 이 그림은 교센巨川이라고 하는 교카명狂歌名을 가진 오쿠보 다다노부大久保忠舒가 인솔하는 교카 모임狂歌連의 주문으로 하루노부가 그린 것이다. 그림의 구석에 에시絵師[73] · 호리시彫師[74] · 스리시摺師[75]의 이름이 소개된 것은 최초의 다색판화이기 때문일 것이다.

이 그림에는 그해의 달력이 숨어있다. 에도

일출과 범선의 그림달력 ⑱
돛에 '大', 선단에 '七, 八, 三, 正, 十一, 十二'의 문자가 보인다. 즉, 1, 3, 7, 8, 11, 12월이 한 달 30일인 큰달을 나타낸다. (《그림달력 모음장絵暦貼込帳》)

시대에 사용되었던 태음태양력太陰太陽暦에서는 태음(달)의 차고 빠짐 (모자름)에 맞춰서 달을 세우기 때문에 매년 큰달(30일) 작은달(29일)의 배열이 일치하지 않는다. 그 때문에 달력의 가장 중요한 기능 중 하나

....

72 하타모토旗本 : 에도 막부에 직속된 1만 석 이하의 무사로 쇼군을 직접 알현할 수 있다.
73 에시絵師 : 판화의 밑그림을 그리는 사람.
74 호리시彫師 : 밑그림에 맞게 목판을 조각하는 사람.
75 스리시摺師 : 종이에 판화를 찍어내는 사람.

는 그해의 달의 대소를 알리는 것이기도 했다. 이에 몇 월이 큰달인가 작은달인가 혹은 윤달인가를 알 수 있도록 만들어진 것이 대소력大小曆이다. 젊은 아가씨가 소나기 때문에 허둥지둥 빨래를 거둬들이는 광경 속에 그림달력에 필요한 조건이 모두 기입되어 있는 것이다.

그러나 유머러스하면서도 청순한 처자를 그린 다색판화는 단지 거기에서 '훌륭하다', '내기 하자' 하고 말하는 것으로 끝낼 수만은 없었다.

그림달력이라고 하는 장르이기 때문에 거기에 그려진 미인이 시정에 살아가는 여성이어도 아무런 문제는 없다. 청초하고 청결감이 있는 에로틱함이다. 익숙하게 보아온 유녀의 우키요에와는 전혀 다른 미인화이었기 때문에 당연히 화제가 되었지만 상품화는 금지되었다.

이에 하루노부는 이 화제를 자신이 그리는 우키요에에 전용해서 우키요에에 시정의 처자들을 그려서 하루노부풍이라 불리는 독자적인 미인화의 세계를 만들어냈다. 그 가운데서도 호평이었던 것은 우에노上野 이케노하타池之端 찻집의 아가씨인 가사모리 오센笠森お仙이다. 찻집에는 오센을 한 번 보려고 많은 남성들이 몰려들었다고 한다.

하루노부는 우키요에 다색판화 창시자로서 그 이름을 후세에 남기게 되었지만 사실은 그뿐만이 아니었다. 그때까지 우키요에 미인화라고 하면 우키요에 살아가는 유녀를 그리는 것이 통례였다. 하루노부는 그러한 통례를 초월해서 본격적으로 시정에 살아가는 미인들을 그리는 계기를 만들었고 그것이 많은 사람들에게 환영을 받았다.

여기에 기타가와 우타마로喜多川歌麿의 미인화가 있다. 이 미인은 에도의 시정에서 살아가는 여성이다. 상반신이 선명하게 묘사되어 있고 머리형·머리장식 그리고 기모노의 문양이 상세히 표현되어 있다. 이러한 양식을 오쿠비에大首絵라고 했다.

이 그림을 손에 들고 바라보는 여성은 무슨 생각을 했을까? 만약에 도시에서 멀리 떨어진, 예를 들어 지쿠젠筑前 하카타博多의 여성이었다면, 이것이 에도에서 최신 유행하는 패션이라고 볼 것이다. 예전의 우키요에 미인화의 유녀라면, '악소悪所'라고 하는 별세계에 살아가는 여성으로 여겨서 쳐다보지도 않았겠지만 우타마로의 미인화는 자신과 같은 시정에 살아가는 에도의 미인이다. 그렇다면 나도 흉내 내보고 싶다, 에도를 느껴보고 싶다 하는 효과를 낳았다. 이렇게 해서 우키요에 미인화의 판로는 여성의 세계로까지 확대되었다. 에도의 선물을 부탁한

⑲

**오쿠비에大首絵로 미인을 묘사한
기타가와 우타마로**

상반신을 클로즈업한 '오쿠비에'는 미인화·야쿠샤에의 정형이다. 누가 고안했는지에 관해서는 여러 설이 있는데, 서양미인화를 그린 히라가 겐나이라는 설이 유력하다. (《부채를 든 아가씨扇持つ娘》)

다면, 우타마로나 우타가와 도요쿠니의 미인화가 좋다고 생각하게 되었다.

다음은, 그 후의 하루노부의 미인화인 〈오센의 찻집おせんの茶屋〉(다음 쪽의 그림)을 보아 주시길 바란다. 배경의 찻집 풍경이 사실적으로 묘사된 것을 알 수 있을 것이다. 하루노부의 미인화의 대개는 배경 묘사가 매우 상세하다. 이것이 그때까지의 미인화와 다른 점이다.

그때까지의 우키요에 미인화의 대개는 그림의 제재가 유녀이고 장소도 요시와라의 세계에 한정되어 있었기 때문에 배경에는 거의 관심을 쏟

**미인으로 유명해진 찻집의
간판아가씨 '가사모리 오센'**
그때까지 3색 정도였던 다색판화를 니시키에라
불릴 정도로 발전시킨 스즈키 하루노부. 호화로운
미인화 외에 고전 와카와 고사에서 제재를 취한
미타테에見立て絵[76] 등의 작품을 다수 남겼다.

지 않았다. 유녀를 선전하기 위한 그림이
었기 때문에 그녀들을 부각시키면 그것
으로 충분했다.

그러나 하루노부는 미인들을 시정으
로 나오게 했다. 거기에는 다양한 광경
이 전개되어 있다. 배경을 사실적으로
묘사하지 않으면 그림의 현실미가 부족
해진다. 그때까지도 야쿠샤에는 배우들
의 연목演目에 어울리는 배경이 묘사되
어 있었지만 이는 가부키라고 하는 '허
구'의 세계일뿐이었다. 그러나 하루노부
의 미인화의 배경은 '실제'에 가깝다. 게
다가 하루노부는 이를 다색판화로 그려
낸 것이다.

이렇게 해서 배경으로서만 묘사되었
던 자연과 사회의 광경은 당시 융성했던 문인화나 이제 막 각광을 받
기 시작한 양풍화의 풍경화에 영향을 받으면서 이윽고 자립해 풍경판
화로 비약해 나갔다고 생각된다.

하루노부가 그림달력에 시정의 미인들을 묘사한 것은 우키요에의
주제와 화풍을 크게 넓히는 계기가 되었고, 그 결과, 얼마 지나지 않아
우키요에는 황금시대를 맞이하게 되었다. 니시키에錦絵라 불리게 된

....

76 미타테見立て絵: 역사적 사실이나 고사 등을 당세풍으로 비유해서 표현한 그림.

개항 풍경

개항 후의 요코하마 항구를 묘사한 것. 선체가 검은 증기선이 다수 정박하고 있다. 막부 말기에서 메이지 초기에는 이러한 '사건'을 그린 니시키에가 다수 제작되어 신문의 삽화로도 사용되었다. (우타가와 사다히데歌川貞秀, 〈요코하마 교역서양인하물운송지도横浜交易西洋人荷物運送之図〉)

다색판화의 효과는 모든 면에 미쳤다. 이제 우키요에는 유녀·야쿠샤의 세계를 넘어서 사회나 자연의 모든 세계를 표현할 수 있게 되었다. 또한 무샤에武者絵[77]에서 놀이그림, 정치비판에 이르기까지 장르가 확대되고 미로서 즐길 뿐만 아니라 가와라반이나 요미우리와 함께 막부 말기에는 정보지로서 '시국그림時局絵'이라 불리게 되었다.

그사이에 도슈사이 샤라쿠東洲斎写楽,[78] 가쓰시카 호쿠사이, 우타가와 도요쿠니, 우타가와 히로시게歌川広重, 우타가와 구니요시歌川国芳[79]

---

77 무샤에武者絵 : 역사·전설·군기물 등에 등장하는 영웅·호걸·무장과, 그들이 전투하는 장면을 그린 그림. 특히 에도 시대부터 메이지 시대에 그려진 우키요에의 양식 중 하나를 가리킬 때가 많다.

78 도슈사이 샤라쿠東洲斎写楽 : 본서 프롤로그의 주 187 참조.

79 우타가와 구니요시歌川国芳, 1797~1861 : 에도 후기의 우키요에 화가. 에도 출신. 초세 우타

등의 인재가 방대한 수의 작품을 남겼다. 그들의 작품은 상자에 수납되거나 혹은 병풍이나 맹장지에 장식되어 많은 사람들을 즐겁게 했다. 값이 저렴했기 때문이다.

우키요에의 예술적 가치가 인정받은 것은 개국 이후에 유출되어 서양에서 평가받아 자포니슴Japonisme⁸⁰이라고 하는 일본 붐을 일으키는 불씨가 된 이후의 일이었다.

호쿠사이와 히로시게

프랑스 화가들이 가장 관심을 가진 우키요에 화가는 풍경판화를 그린 가쓰시카 호쿠사이와 우타가와 히로시게일 것이다. 후기 인상파 화가인 빈센트 반 고흐는 1888년 친구 베르나르에게 보낸 편지에서 막 제작한 〈라크로의 수확〉과 〈몽마주르 부근의 풍경〉에 관해서 다음과 같이 기록했다.

이 그림은 일본풍으로는 보이지 않는다. 그러나 실제로는 내가 그린 그림 가운데 가장 일본적인 것이다. 일하는 사람의 그림자 하나, 보리밭 속을 횡단하는 작은 기차, 이것이 이 풍경 속에 있는 생활이다.

....
가와 도요쿠니初世歌川豊国에게 그림을 배우고 특히 무샤에로 명성을 얻었다. 서양풍의 풍경화와 풍자화에도 뛰어났다.
80 자포니슴Japonisme : 19세기 말 유럽을 풍미했던 일본취미.

고흐의 〈라크로의 수확풍경〉
우키요에는 막부 말기에서 메이지 초기에 걸쳐서 대량으로 외국에 유출되었다. 고흐는 우키요
에 판화를 열심히 수집해서 모사와 묘사방법을 연구했다고 한다. 호쿠사이에 대한 동경을 엿볼
수 있는 풍경화이다.

위의 편지는 미술사가인 마부치 아키코馬渕明子 씨의 연구에서 인용
한 것인데, 여기에 묘사된, 대자연에 감싸여 조화를 이루고 있는 인간
의 모습은 그야말로 호쿠사이나 히로시게의 풍경판화의 세계를 의식
한 것일 것이다.

그러나 같은 풍경판화라 하더라도 호쿠사이와 히로시게의 화풍은
상당히 다르다. 이는 호쿠사이의 대표작 〈후가쿠 삼십육경冨嶽三十六景〉
과 히로시게의 〈도카이도 오십삼차東海道五十三次〉를 비교해 보면 일목
요연하다.

〈후가쿠 삼십육경〉은 일본인이 오랫동안 신앙의 대상으로 삼아왔
던 후지산富士山을, 거리나 일터 · 바다 · 전원 등 그곳에서 생활을 영위

하는 사람들의 모습과 연결시켜 묘사한 것이다. 예외는 〈산하백우山下白雨〉와 〈개풍쾌청凱風快晴〉 이 두 장의 그림이지만, 이것도 지극히 독특한 후지의 풍경이라고 할 수 있다.

후지산을 그리는 그림에는 '후지화富士画'라는 장르가 존재할 정도로 특별한 세계가 있다. 이는 후지가 고대 이래로 일본인의 신앙의 대상으로 숭배되어 왔던 사실에서 비롯되었는데 화면의 중앙에 세 개의 봉우리를 갖는 산의 모습을 그리는 것이 보통이다. 이러한 방법이 문인화나 양풍화의 화가들에 의해서 자연스러운 모습으로 그려지게 된 후에도 호쿠사이만큼 충격적인 '후지화'는 일찍이 없었다.

호쿠사이의 '후지화'에는 자연 속에서 활기차게 일하는 사람들의 모습과 함께 작은 후지산의 모습이 그려져 있다. 이는 '후지화'에 대한 종래의 상식을 전복시켰을 뿐 아니라 추상에 가까운 표현과 예상치 못하는 구조가 보는 사람에게 놀라움과 새로운 감동을 불러일으키는 것이었다. 이때 호쿠사이는 70세를 넘은 나이였다. 즉 〈후가쿠 삼십육경〉은 호쿠사이가 우키요에뿐 아니라 야마토에·문인화·양풍화 등의 이질적인 화풍을 탐욕스럽게 흡수해서 비로소 이루어낸, 그의 작업의 집대성이라 할 수 있다.

그러나 이러한 호쿠사이의 강렬한 개성의 표출이 당시의 사람들에게 널리 받아들여졌다고는 할 수 없다. 풍경판화가 미인화나 야쿠샤에와 마찬가지로 널리 일반 사람들에게 받아들여지게 하는 역할을 담당한 것이 〈후가쿠 삼십육경〉으로부터 2년 후에 간행된, 라이벌 우타가와 히로시게의 〈도카이도 오십삼차〉였다.

이는 굉장한 인기를 불러일으켰다. 아지랑이가 가득한 미시마三島,

㉓

일본의 풍경미를 결정지은 우타가와 히로시게
이 작품이 호평을 받은 후 히로시게는 명소화 시리즈를 연이어 발표했다. 가쓰시카 호쿠사이보다 17세나 연하
이지만 호쿠사이를 라이벌로 삼았다고 한다. (《도카이도 오십삼차-쇼노》)

눈 쌓인 가메야마龜山, 비에 뿌연 쇼노庄野. 그 어느 것도 여행에 대한 동
경과, 마쓰오 바쇼에 의해서 예술적 차원으로까지 승화된 하이카이적
인 사계의 정경이 섬세한 묘사로 회화화되어 있다. 그리고 그곳에 묘
사된 사람들의 모습은, '미야宮. 아쓰타熱田'의 축제 풍경 등을 제외하면,
대개가 인생의 애환이 묻어나는 듯한 뒷모습이며 고개를 숙이고 걸어
가는 모습이다.

자연과 인간을 자신의 강렬한 개성으로 추상화하는 호쿠사이, 이를
가능하면 억제하여 일본인의 심정에 다가가려고 했던 히로시게. 두 사
람의 차이는 그 후의 작품에 더욱 선명하게 표출된다. 호쿠사이의 〈제국
폭포 유람諸国瀧廻り〉과 히로시게의 〈기소카이도 육십구차木曽海道六十九

次), 〈명소 에도 백경名所江戸百景〉에 잘 나타나 있다고 생각한다.

호쿠사이는 1849년가에이嘉永 2에 90세의 파란만장한 생애를 마쳤다. 히로시게도 1858년안세이安政 5에 사망했다. 두 사람의 죽음은 그들이 구축한 우키요에 전성시대의 종식을 의미했다.

외국인이 놀란 식자력

읽고 쓰는 것은 문화의 척도

　문화의 수준과 보급 정도를 측정하는 척도는 그 나라 사람들 대개가 정보를 공유할 수 있는 조건을 어느 정도 갖추고 있는가에 달려 있다. 그 가운데서도 문자정보가 담당하는 역할이 가장 컸던 근대 이전의 사회에서는 문자를 읽고 쓰는 능력이 정보의 전달과 이해에 큰 영향을 미쳤다. 따라서 그 나라 국민의 식자력과 식자율, 즉 어느 정도 많은 사람들이 읽고 쓸 줄 아는가에 달려 있다.

　그렇다면 에도 시대에 살았던 사람들은 어느 정도 읽고 쓰는 능력(식자력)을 갖추고 있었을까? 이 문제를 일본인이 쓴 것으로부터 판단하는 것은 자화자찬이 될 수 있기 때문에 일본이 본격적으로 국제사회에 관련되기 시작했을 즈음 일본을 방문한 외국인의 시선을 통해서 확인해 두기로 하자. 대부분의 외국인은 근대국민국가의 교육을 받은 자들로 고등교육기관에서 공부한 자도 다수 있었다.

　막부 말기 개항기에 일본을 방문한 외국인의 대부분은 명확한 목적을 가지고 일본을 찾았다. 쇄국 일본을 개국시키는 것을 사명으로 하는 사람부터 국제조약을 체결하고자 하는 사람, 장래의 무역거래를 목적으로 시장조사를 온 사람 등등, 그 목적은 다양하고, 그에 따라서 일본을 보는 시각도 달랐다. 또한 요코하마 개항 전인가 후인가에 따라서 체재하는 기간이 다르고, 공적인 입장인가 사적인 입장인가에 따라서 행동할 수 있는 범위도 달랐다. 그렇기는 하지만 그들은 귀국 후 자신의 눈으로 확인한 일본에 관한 정보를 원정기 혹은 여행기라는 이름으로 기록해서 남겼으며 때로는 출판하는 경우도 많았다.

또한 그들은 당연히 동아시아나 일본에 대한 지리·역사·문화 등에 관한 문헌을 살피고 예비지식과 왕성한 호기심을 가지고 일본에 방문했다. 당시로서는 드물었던 일본정보 중 하나였던, 네덜란드상관의 의사 엥겔베르트 캠페르Engelbert Kämpfer[1]나 필립 프란츠 폰 지볼트Philipp Franz von Siebold[2] 등의 에도 참부江戸参府[3] 기행 등이 서양에서 많이 읽혀지고 있었다.

게다가 그들이 일본에 온 경로는 거의 같았다. 아프리카의 최남단까지 남하했다가 북상해서 인도양에서 동남아시아로 가서 싱가포르에 기항했다. 즉 그들은 아프리카 원주민부터 남아시아, 동남아시아 그리고 중국의 여러 민족과 직접 교류하면서 일본에 온 것이다. 그들은 사회학이나 문화인류학의 소양에 근거해서 관찰한 아시아 여러 민족과 일본인의 생활을 비교해서 이를 기록으로 남기는 경우가 많았다.

---

1 엥겔베르트 캠페르Engelbert Kämpfer, 1651~1716 : 독일의 의학자. 1690년 네덜란드 동인도 회사의 의사로 일본에 와서 2년간 머물렀다. 일본의 역사·정치·사회·종교·지리·동식물 등에 관한 지식을 『일본지日本誌』, 『에도 참부기행江戸参府紀行』으로 엮었다.
2 필립 프란츠 폰 지볼트Philipp Franz von Siebold, 1796~1866 : 독일인 의사이자 박물학자. 1823년 네덜란드상관의 의사로 일본에 왔다. 나가사키에 나루타키주쿠鳴滝塾를 개설하고 진료와 교육을 담당해 일본의 서양의학 발전에 영향을 미쳤다. 1828년 귀국할 때 국금国禁이었던 일본의 지도 등을 반출하려고 했던 것이 발각되어 이듬해 추방되었다. 1859년 다시 일본에 와서 막부의 외교고문을 담당했다. 저서 『일본』, 『일본식물지』, 『일본동물지』 등.
3 에도 참부江戸参府 : 에도 시대, 나가사키(1609~41년에는 히라도)에 있었던 네덜란드상관장이 무역 허가에 대한 예로 에도에 올라와 쇼군을 배알해서 헌상품을 바치는 의식.

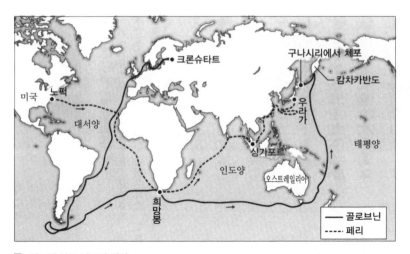

일본에 이른 경로의 차이
막부 말 개항기에 일본을 찾은 외국인과 골로브닌의 경로 차이는 일본 이외의 아시아와 아프리카 여러 민족
과 접하는 기회가 있었는지 없었는지를 의미한다.

단, 19세기 초반까지는 스스로가 원해서 일본에 상륙하려고 했던 외
국인은 아직 없었다. 따라서 이는 우연이었다. 그리고 경로도 막부 말
기에 일본을 찾은 서양인들과는 달랐다. 19세기 초반인 분카・분세이
기, 에조치의 하코다테函館와 마쓰마에松前에서 유폐당한 러시아 군인
골로브닌Golovnin[4]이 그렇다.

골로브닌은 러시아 최초의 건조선인 디아나 호號의 선장으로 임명되
어 1807년 캄차카로 군용화물을 유송하면서 지리학적 탐험을 겸하여 크
론슈타트Kronshtadt 항을 출항했다. 그리고 희망봉에서 오스트레일리아에
이른 다음, 북상해서 캄차카에 도착해 러시아 영내의 지리학적 조사를
실시했다. 그리고 1811년 미나미치시마南千島의 구나시리国後. 쿠나시르Ku-

----

4   골로브닌Golovnin, 1776~1831 : 본서 프롤로그의 주 200 참조.

골로브닌의 『일본유수기日本幽囚記』
1816년 간행 후, 세계 각국에서 소개되었고 일본에서도 1825년분세이 8에 번역되었다. 사진은 다카다야 현창관高田屋顕彰館 간행의 번역본.

nashir의 만에 정박하고 있던 중에 일본 측에 체포되어 2년 이상 유폐생활을 했다.

골로브닌은 귀국 후 체험기를 간행했다. 그 가운데 그는 일본인의 교육에 관해서 다음과 같이 언급했다.

일본의 국민교육에 관해서는, 한 나라의 국민을 전체적으로 다른 나라 국민과 비교한다면, 일본인은 전 세계에서 가장 교육이 발달한 국민이다. 일본에는 읽고 쓸 줄 모르는 사람이나 조국의 법률을 모르는 사람이 한 사람도 없다. 일본의 법률은 좀처럼 바뀌지 않지만, 그 요점은 커다란 판에 써서 마을마다 광장이나 사람들 눈에 띄기 쉬운 곳에 게시되어 있다.

골로브닌은 러시아 최고 학부 출신으로 국제경험도 풍부한 지식인이었다. 그는 해양학뿐 아니라 문학·역사 그리고 세계의 지리에도 정통해 있었으며 영국 유학 중에는 고도의 학술적 지식을 익혔으며 항해경험도 풍부했다. 마쓰마에나 하코다테에 억류 중에 일본 사정에 정통하려고 했던 것은 당연했다. 그러한 그가 "전 세계에서 가장 교육이 발달한 국민이다"라고 단언한 것은 의미심장하다.

또한 골로브닌은 러시아인과 비교하면서 러시아에는 하늘에서 별을 따올 정도의 천문학자는 있지만 3이라는 숫자도 셀 줄 모르는 사람이

천 명이나 있다, 반면에 일본에는 과학자는 없지만 국민 전체로 본다면 일본인은 유럽의 하층계급보다도 물정을 이해하는 데 우수한 능력을 몸에 익히고 있다고 보았다. 골로브닌이 유폐된 몸으로 이러한 관찰을 할 수 있었던 것은 높은 수준의 학식과 호기심, 그리고 그에게 접근해서 러시아어를 배운 네덜란드어 통역관 등과 교류한 결과일 것이다.

골로브닌의 체포는 나가사키 통역들의 귀에 들어갔다. 얼마 지나지 않아 나가사키로부터 네덜란드어 통역인 무라카미 데이스케村上貞助[5]가 마쓰마에로 파견되었다. 데이스케는 골로브닌에게 러시아어 학습을 청하고 본격적으로 교육을 받았다. 골로브닌의 기록에는 "데이스케는 러시아어 학습의 첫날부터 우수한 재능을 보였다. 그는 기억력도 뛰어나고 이해력도 발군이며 러시아 말의 발음능력도 뛰어나기 때문에 이 남자가 러시아어를 알고 있으면서 무슨 이유가 있어서 시치미를 떼고 있는 것은 아닐까 의심이 들었다"라고 쓰여 있다. 그 후로 데이스케는 놀랄 정도의 속도로 러시아어를 숙달했다고 한다.

골로브닌 사건의 최종교섭 시에 러시아 측의 일본어 통역으로 표류민 젠로쿠善六가 동석했다. 그러나 그가 활약할 순간은 거의 없었다. 왜냐하면 교섭 과정에서 쌍방의 통역은 일본 측의 수석 통역인 무라카미 데이스케가 거의 수행했기 때문이다. 데이스케는 러시아 측 대표인 리코르드가 "놀랍게도 나에게 정중한 인사를 하고 상당히 명료한 러시아어로 말하기 시작했다"고 말할 정도의 실력이었다.

---

5   무라카미 데이스케村上貞助, 1780~1846 : 오카야마현岡山県 출신. 막부의 관리로 에조치 조사를 맡았던 무라카미 시마노조村上島之允의 양자. 1811년분카8 마쓰마에에 감금된 러시아 제독 골로브닌에게 러시아어를 배우고 통역으로 활약했다.

리코르드와 동행한 젠로쿠

1814년분카 10 하코다테에 상륙한 리코르드 일행을 묘사한 『북이담北夷談』 부록. 왼쪽에서 네 번째가 젠로쿠. 1794년간세이 6에 표착한 후 19년 만에 일본에 돌아온 것이다.

　왜 이러한 차이가 생긴 것일까? 젠로쿠는 센다이번仙台藩 이시노마키石巻의 와카미야마루若宮丸의 뱃사람으로 알류샨 열도에 표착한 후 러시아 본국으로 보내어져 러시아정교의 세례를 받았다. 그 때문에 레자노프 일행이 나가사키에 내항할 때, 송환되는 일행과 헤어져서 캄차카에서 하선했다. 젠로쿠는 러시아어에 정통해서 레자노프가 나가사키에서 교섭할 때 통역으로 쓸 계획이 있었을 정도의 실력이 있었기 때문에 리코르드가 일본어 통역으로 요청한 것이었다. 그러나 러시아 최고학부 출신의 지식인으로부터 러시아어를 본격적으로 배우고 네덜란드어까지 능숙한 데이스케에게, 일상생활에서 익힌 러시아어에 숙달한 젠로쿠는 전혀 상대가 되지 않았던 것이다.

　천석선千石船의 승조원은 선장 이하 많아도 십여 명밖에 되지 않는다. 따라서 선내에서는 한 사람 한 사람이 모두 중요한 역할을 담당하게 된다. 그 때문에 읽고 쓰기·주산을 할 수 없으면 선원으로서 실격이었다. 그들은 체력만으로 살아가는 것이 아니라 어느 정도의 교육을 받고 있었지만 그래도 전문교육을 받은 통역에는 당할 수가 없었다. 그러나 러시아로의 표류민으로 귀국한 선장 다이코쿠야 고다유大黒屋光太夫[6]도, 골로브닌 사건에서 러시아 측에 체포된 선장 다카다야 가베에高田屋嘉兵衛[7]도 상당한 지식인이었기 때문에 러시아에서 존경받았다.

미국 청년이 놀란 일본인의 식자력

다음으로 일본을 찾은 것은 미국인 레널드 맥도널드Ranald MacDonald[8] 이다. 그는 캐나다에서 모피무역을 독점하고 있던 허드슨스베이사Hudson's Bay Company에서 근무하던 영국인 아치벌드 맥도널드Archibald McDonald와 미국 선주민의 족장 딸 레이븐Raven과의 사이에서 1824년 미국 서해안 포트 조지Fort George에서 태어났다. 대륙 중앙부에서 학생시절을 보내고 졸업 후에는 에리 호수Lake Erie 근처의 세인트 토마스Saint Thomas에서 은

....

6   다이코쿠야 고다유大黒屋光太夫, 1751~1828 : 에도 중기의 선장. 이세 출신. 이름은 幸太夫라고 쓰기도 한다. 1782년덴메이天明 2 쌀을 에도로 나르던 중에 폭풍을 만나 알류산 열도에 표착했다. 러시아에 10년간 체류하고 아카테리나 2세를 알현했다. 그때의 기록에『북사문략北槎聞略』이 있다.
7   다카다야 가베에高田屋嘉兵衛, 1769~1827 : 에도 후기의 해운업자. 아와지淡路 출신. 서국西国・북국北国에서 마쓰마에로 항로를 개척했으며, 막부의 이투루프 섬択捉島 개척에 참가했다. 1812년분카9 골로브닌을 감금한 것에 대한 보복으로 러시아 군함에 체포되어 이듬해 귀국했다. 이후 양국의 융화를 위해 노력했다.
8   레널드 맥도널드Ranald MacDonald, 1824~94 : 영국 지배하의 캐나다에서 태어난 메티Métis (서양인과 원주민의 혼혈) 선원이자 탐험가. 쇄국 중이었던 1848년에 미국의 포경선에서 작은 배를 타고 일본으로 밀입국해서 약 10개월간 체류했다. 나가사키에서는 일본인 통역들의 영어학습에 조력해서 일본의 첫 번째 원주민 영어교사가 되었다.

행에 근무했지만 그즈음 세계를 둘러보고 싶다는 야심이 싹트기 시작했다고 한다.

같은 시기, 그는 일본인 세 사람이 캐나다의 퀸샬로트 제도Queen Charlotte Islands에 표착해 허드슨스베이사의 교역소장 맥클라린McClarin에게 보호되어 영국 본국으로 보내어졌다가 다시 포르투갈령 마카오로 옮겨졌다는 이야기를 들었다. 그리고 미국의 상선 모리슨Morrison 호로 송환되었지만 일본으로 귀환할 수 없었다는 사실도 알고 쇄국 일본에 대한 관심을 키웠다고 한다. 그는 황금의 나라 일본으로 도항할 것을 결심하고 플리머스Plymouth의 포경선원이 되어 하와이에서 일본으로 향했다.

1848년가에이嘉永 원년 맥도널드는 표류민을 가장해서 단신으로 야기시리도燒尻島. 홋카이도北海道 하보로초羽幌町에 표착해서 리시리도利尻島를 향했는데 초소에서 붙잡혀서 마쓰마에로부터 나가사키로 보내어졌다. 이러

일본 영어의 아버지 맥도널드
레널드 맥도널드의 나가사키 체재는 약 7개월 정도였지만, 그의 역할은 매우 컸다. 사진은 귀국 후인 1853년의 것이다.

한 사이에 맥도널드는 타고난 호기심에 자극을 받아 사람들의 생활 모습, 언어 등에 관심을 가지고 나가사키로 보내어지는 배 속에서 선원들과의 교류를 통해서 "간단한 회화라면 할 수 있을 정도의 일본어를 익혔다"고 한다.

그리고 그 견문 속에서 일본인의 문화 수준을 다음과 같이 보고 있다.

일본의 모든 사람 — 최상층에서 최하층까지

모든 계급의 남, 여, 아이 — 은 종이와 붓, 먹을 휴대하고 있던지 혹은 신변 가까이에 가지고 있다. 모든 사람들이 읽고 쓰는 교육을 받고 있다. 또한 하층계급 사람이라 하더라도 쓰는 습관이 있으며, 편지에 의한 의사전달은 우리나라보다도 널리 이루어지고 있다.

라고, 골로브닌과 마찬가지로, 일본인의 식자력이 자국인 미국 국민에 뒤지지 않다는 점에 놀라고 있다.

맥도널드는 나가사키에서 유폐생활을 하는 중에 나가사키 통역들에게 영어를 가르치게 되었는데, 후에 페리가 내항했을 때 외교교섭에 영어로 대응한 네덜란드어 통역인 모리야마 에이노스케森山栄之介[9] 등을 양성했다. 그 때문에 훗날 일본영어의 아버지라고 불리게 되는데, 그는 네덜란드어 통역들의 적극적인 학습태도와 예민함에 강한 인상을 받았다.

맥도널드는 쇄국 일본에 최초로 상륙한 원어민 미국인이었다. 러시아 군인 골로브닌과 미국인 맥도널드는 훗날 일본을 방문하는 외국인들이 거치는 경로, 즉 희망봉 → 동남아시아 → 중국 → 일본으로 편성되는 경로를 밟지 않고 태평양 경로로 방일한 인물로, 자국과 일본을 대비시켰다는 점에서 공통된다. 더욱이 일본인을 매우 높게 평가하고 있다는 점도 공통된다. 아마도 두 사람이 직접 모국어를 가르친, 네덜란드어 통역들과의 교류를 통해서 얻은 일본인관이 아닌가 생각된다.

· · · · · · · · · · · · · · · ·

9 모리야마 에이노스케森山栄之介, 1820~71 : 막부 말기의 네덜란드어 통역. 1848년 표착을 위장한 선원인 레널드 맥도널드에게 영어를 배웠다. 푸티야틴, 페리 등과 교섭, 1862년분큐文久2의 다케우치 견구사절단竹内遣欧使節団으로 통역을 맡았다. 영어숙英語塾의 문인에 쓰다 센津田仙, 후쿠치 오치福地桜痴 등이 있다. 히젠 나가사키 출신.

페리가 놀란 식자력

아래에 소개하는 서양인들은 인도양 경로로 일본을 찾은 인물들이다. 그들은 통과해 온 여러 나라의 민족과 비교하면서 일본인의 문화 수준을 논하고 있다. 오늘날의 일본인들이 잘 알고 있는 저명한 인물 두 사람이 가졌던 인상을 소개해 보겠다.

우선 처음으로 소개하는 것은 근대 군사력을 배경으로 일본에 개국을 요청하여 이를 실현시킨 미국 동인도함대 사령장관인 페리이다. 그는 미일화친조약 체결 후, 요코하마와 시모다下田・하코다테에 상륙해서 민정을 시찰했다. 그때의 인상에 다음과 같은 문장이 있다.

페리가 본 일본 ②
1855년안세이 2에 귀국한 페리의 귀국서는 전 3권에 이른다. 『페리 제독 일본 원정기ペルリ提督日本遠征記』는 그중 제1권을 번역한 것이다.

시모다에서도 하코다테에서도 인쇄소는 보이지 않았지만 상점에서 서적은 볼 수 있었다. 이러한 서적은 일반적으로 초보적 성질의 염가의 것이든가 통속적인 이야기책 혹은 소설책으로, 분명히 큰 수요가 있는 것이었다. 사람들이 일반적으로 읽는 법을 배우고 견문을 얻는 것에 열심이기 때문이다. 교육은 제국의 곳곳에 보급되어 있으며, 또한 일본 여성은 중국의 여성과는 달리 남성과 마찬가지로 지식이 진보해 있고 여성 특유의 예능에도 숙달되어 있을 뿐 아니라 일본 고유의 문학에 능통해 있는 경우도 종종 있는 일이다.

페리가 일본을 향했을 때, 일본의 역사와 민족성 등을 시볼트 문고 등을 통해 학습해서 상당한 예비지식을 가지고 있었다. 그리고 일본인 사이에서 교육이 보급되었고 그 결과 시모다나 하코다테와 같은 항만 도시에도 서점이 존재하고 염가의 통속적인 서적이 즐비하다는 사실에 주목했다. 아마도 예상 이상의 것이었으리라.

그리고 중요한 것은 페리가 여성의 식자력이 높은 점에 주목하고 '일본 고유의 문학'에 정통한 여성이 종종 있다고 기록하고 있다는 점이다. 이는 '시작하는 말'에서 소개한 『겐지 이야기』 등을 소재로 한 통속본, 예컨대 류테이 다네히코의 『가짜 무라사키 시골 겐지』로부터 파생된, 보다 통속적인 소설류를 가리킨 것일 것이다.

다른 한 사람은 트로이의 유적 발굴을 비롯한 에게 문명의 소개자로 유명한 독일인 하인리히 슐리만Heinrich Schliemann[10]이다. 그는 1865년 6월 중국탐험 후에 일본에 방문해서 개항 후의 요코하마·에도·하치오지八王子 주변을 둘러보았다. 그때의 기록 『일본중국여행기』에 다음과 같은 문장이 있다.

일본에 호의적인 슐리만
슐리만은 세계일주 여행의 도중에 중국과 일본을 방문했다. 중국에는 비판적인 평가를 한 데 반해서 일본에는 호의적이었다.

또한 일본의 교육은 유럽의 가장 문명화된 국민과 마찬가지로 잘 보급되어 있다. 이는 아시아

10 하인리히 슐리만Heinrich Schliemann, 1822~90 : 독일의 고고학자. 호메로스의 시를 역사적 사실로 믿었으며 트로이의 유적을 발견했다. 또한 미케네Mikenes·티린스Tiryns를 발굴해서 에게 문명의 존재를 밝혀냈다. 저서에는 『트로이』, 『티린스』 외에 자서전 『고대로의 열정』이 있다.

의 다른 모든 민족이, 중국인들조차도, 전혀 무학 중에 그들의 부인들을 방치해 두고 있는 것과는 대조적이다. 그렇기 때문에 일본에는 적어도 일본문자와 중국문자로 구성되어 있는 자국어를 읽고 쓸 줄 모르는 남녀는 없다.

슐리만은 일본인의 식자력이 높은 점과 그 보급 정도가 서양과 비슷하며 교육이 전 국민에 미치고 있다고 보고 있다.

페리와 슐리만에 공통되는 것은 아시아 여러 민족 특히 중국여성과 비교해서 일본여성의 식자력이 높다는 점에 주목하고 있다는 사실이다. 사실 이 점은 막부 말기에 일본을 찾은 많은 외국인들의 일본견문기에 공통적으로 나타나는 견해이다.

일본의 여성관을 재고하다

막부 말기에 일본을 찾은 서양인들은 왜 일본 여성의 식자력이 높다는 점에 주목한 것일까? 그것이 한 나라에 있어서 여성의 사회적 지위를 가늠하는 척도가 된다고 판단했기 때문이다.

서양인들은 여성이 사회적 활동과 지식을 확장할 때 식자력이 여성의 사회적·경제적인 활동에 유리하게 작용한다는 사실을 숙지하고 있었다. 따라서 모친은 자기 자식에게 식자력을 익히게 하려고 교육에 주력한다고 보고 있었다. 즉, 그들은 자신의 모친을 통해서 근대국가의 발전에 필요한 교육의 보급에는 이러한 능력을 가지는 여성의 역할이 지극히 중요하다는 사실을 경험적으로 배웠던 것이다.

사실 서양인의 대개가 일본의 여성들은 남성의 다양한 억압 아래에 놓여 있으며 그 사회적 제약에 고통하고 있는 존재라는 사실을 알면서도 1860년에 일본을 방문한 프로이센 농상무성의 관리 헤르만 마론 Hermann Maron처럼

(일본의) 여성의 사회적 지위는 소박하고 분명하며 자연스러운 것이다. 그녀들은 노예가 아니며 다른 아시아인이 여성을 경멸하는 것과 같은, 단순한 물적인 번식용기가 아니다.

라고도 보고 있었다. 마론은 아시아 여러 민족에 널리 존재했던 일부다처제하의 여성도 아니고 서양의 여성과 같은 존재도 아닌, 단혼소가족제가 기본인 일본의 가족제도 속에서 차지하는 여성의 사회적 지위의 정도를 간파하고 있었다. 더욱이 남편의 상담 상대도, 일의 협력자도 될 수 있는 여성은 남편의 배려와 대우를 받았고 외부의 공격으로부터도 강력하게 보호받았다고 보았는데, 자립하는 인간으로서는 학문이 너무 얕고 사랑받는 아내로서는 너무 배운 존재라고 자리매김했다.

센고쿠 시대 말기에 일본에 온 포르투갈의 예수회 선교사 조안 로드리게스João Rodriguez[11]가 본국인 포르투갈에 써서 보낸 일본문화에 관한 기록에서 그는 과거제도하에 있는 중국에서의 문자학습열에 반해서 일본의 경우에는 일반대중에게는 그 필요성이 없고 정치가 문자보다

----

11 조안 로드리게스João Rodriguez, 1561~1634 : 예수회 선교사. 포르투갈인. 1577년에 방일해 일본어를 배워서 통역으로 활약했다. 도요토미 히데요시, 도쿠가와 이에야스의 후의를 얻어 일찍부터 교회 측의 대변인으로 활약했다. 그리스도교가 금지된 후에도 허가를 받고 오랫동안 체재하다가 1613년 마카오로 갔다가 그곳에서 사망했다.

에도로 들어가는 프로이센 사절

조약 체결 교섭을 위해서 일본을 방문한 프로이센 사절단의 일원인 마론은 일본과 중국의 견생산 현지를 조사했다.

③

도 오로지 무기에 의존하고 있었기 때문에 일본인은 생활에 불편이 없는 정도밖에 학습하려고 하지 않는다고 역설한 바 있다.

그러던 것이 약 이백수십 년 후에 일본을 찾은 서양인들은 전혀 반대의 판단을 하고 있지 않은가! 이 정도로 읽고 쓸 줄 아는 민족은 아시아에 없으며 서양 나라들과 비슷하다고 단언하고 있다.

어릴 때부터 읽고 쓰기 · 주판

병농분리가 문자사회를 만들다

유아기에 읽고 쓰기를 배우는 것은 독학으로는 곤란하다. 누군가에게 배워야만 한다. 가마쿠라 · 무로마치 시대의 무사사회에서는 부모가 가르치기보다도 전문적인 교육시설에 입문하게 해서 공부하게 하는 것이 적절하다고 여겨졌다. 부모가 여가시간에 자기 자식을 가르칠 수 있을 정도로 교육은 쉬운 것이 아니며, 부모의 약한 마음이 도리어 교육에 지장될까 싶어서였을 것이다. 그 때문인지 가마쿠라 · 무로마치 시대의 무사 집안에는 독자적인 교육시설이 없고 사원에 들여보내 승려에게 배우게 하는 것이 일반적이었다.

무라에서도 자치적인 움직임이 생겨나자 문자에 의한 정보전달의 필요성이 높아지기 시작했다. 1555년경 에치젠국越前国 에라우라江良浦, 후쿠이현福井県 쓰루가시敦賀市에서는 그 필요성을 느끼고 여행하는 승려에게 주택을 제공해서 정주를 부탁하며 습자 교습을 청한 사례가 있다. 마찬가지의 요망에 부응하기 위해서 무라를 순회하는 습자교사가 생기면서 점차로 읽고 쓸 수 있는 농민이 증가했다.

병농분리를 실행한 오다 노부나가織田信長가 당시의 무라비토村人의 식자력이 높다는 점을 헤아려 병농분리책을 단행했는지 어떤지는 알수 없다. 단, 오와리국尾張国에서는 1661~73년경에도 마을을 순회하는

'책 읽고 가르쳐 주는 사람'의 존재가 확인될 정도이므로 센고쿠 시대에는 이미 출현된 현상이라고 생각해도 좋을 것이다. 왜냐하면 병농분리 때에 물리적으로 분리된 성하와 무라와의 의사소통은 문서에 의한 것이 최선이어서, 적어도 무라에 남겨진 무라비토 중 누군가는 읽고 쓸 줄 알아야만 하기 때문이다. 병농분리는 일정한 문화수준을 전제로 성립된 정치 시스템이라고 할 수 있다.

반복되지만, 병농분리는 성하와 촌락 사이의 문서 왕복에 의해서 비로소 기능한다. 에도 시대는 문서가 전국적으로 널리 보급된 시기이다. 무라의 행정은 모두 무라비토에게 위임되어 연공의 징수도 부역의 징발도 영주로부터 관리를 명받은 무라야쿠닌村役人의 책임으로 집행되었다. 이를 촌청제村請制라고 한다. 이는 본 전집 제10권 『도쿠가와의 국가 디자인』 제3장 '무라 만들기의 여러 모습' 가운데 저자인 미즈모토 구니히코水本邦彦 씨가 소개하고 있는, 무라 측이 낸 소장류가 무라야쿠닌에 의해서 인정받은 사실로부터도 증명된다.

'무라에는 농가뿐'인 촌청제에서는 영주로부터의 지시는 모두 문서로 이루어지므로 무라야쿠닌이 되는 데는 '문필에 어두워서는 안 된다'는 조건을 통과해야만 했다. 그리고 "어느 정도 준재의 부교奉行[12] · 다이칸代官[13]이라도 수많은 농민을 일일이 지도할 수 없으므로 나누시가 없으면 무라가 다스려질 수 없다"고 할 정도로 무라에서는 무라야쿠닌의 존재가 촌정을 좌우하게 된다. 그 때문에 그들은 항상 "자신은 검소하게 하고 항

---

12 부교奉行 : 에도 막부의 직명. 지샤寺社 · 마치町 · 간조勘定의 3부교를 비롯해서 중앙과 지방에 수십 부교를 설치했다.
13 다이칸代官 : 막부 · 번의 직할지의 행정과 치안을 담당한 지방관.

상 산업을 지키며 안으로는 대비를 철저히 한다. 또한 남의 물건을 탐하는 마음을 없애고 나보다 아래인 자를 사랑하고 효용을 중요히 여기고 관官을 잘 섬기며 규정에 빈틈없이 해야 한다"라는 점을 마음에 새기는 것을 이상으로 여겼다.

왜냐하면, 무라야쿠닌 가운데 '무라에서 겨눌 자가 없는' 지위를 이용해서 촌정을 마음대로 하는 자가 나왔기 때문이다.

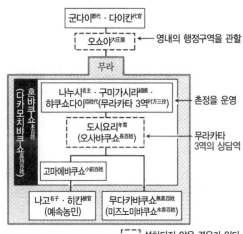

군다이郡代 · 다이칸代官
오쇼야大庄屋 ← 영내의 행정구역을 관할
무라
혼뱌쿠쇼本百姓 / 다카모치뱌쿠쇼高持百姓
나누시名主 · 구미가시라組頭 · 햐쿠쇼다이百姓代(무라카타 3역村方三役) ← 촌정을 운영
도시요리年寄 (오사뱌쿠쇼長百姓) ← 무라카타 3역의 상담역
고마에뱌쿠쇼小前百姓
나고名子 · 히칸被官 (예속농민)
무다카뱌쿠쇼無高百姓 (미즈노미뱌쿠쇼水呑百姓)

┌┄┐ 설치되지 않은 경우가 있다
└┄┘

무라에 의한 자치 시스템
병농분리에 의해서 무라에는 무사가 없어졌다. 촌정의 운영에는 무라카타 3역村方三役[14]이라 불리는 무라야쿠닌이 맡았다. 무라야쿠닌과 무라비토의 주도권 싸움도 빈발했다.

그러나 무라에는 무라야쿠닌 이외에도 문필에 밝은 무라비토가 몇 명씩 있었다. 그들은 무라야쿠닌들의 수의적인 촌정을 간파할 수 있는 역량을 겸비하고 있었기 때문에 무라야쿠닌들의 부정 등을 파악해 기소했다. 무라 내의 이러한 분쟁을 무라카타 소동村方騷動[15]이라고 하는데, 의외로 에도 시대 초기부터 촌정의 주도권을 둘러싼 분쟁이 각지에서 발생했다. 무라야쿠닌의 부정을 간파하고 무라비토의 생활을 지키기 위해서라도 읽고 쓸 줄 아는 것이 얼마나 중요한가를 말해준다.

....

14 무라카타 3역村方三役 : 에도 시대, 군다이郡代(에도 막부의 직명. 간조부교勘定奉行에 속하고 막부직할지의 행정을 맡았다) · 다이칸의 지배하에서 무라 내부의 민정을 담당했다. 나누시 · 구미가시라組頭 · 햐쿠쇼다이百姓代의 총칭.

15 무라카타 소동村方騷動 : 에도 중기부터 후기에 걸쳐서 각지에서 빈발한 농민의 촌정 개혁 운동. 무라야쿠닌에 의한 연공 계산의 부정과, 지위를 이용한 사욕 등을 규탄하여 영주에게 고소했다.

무라에는 반드시 데라코야를

　무라비토가 읽고 쓸 줄 아는 능력을 가질 필요성을 절감하게 되는 것은 자신의 농업경영을 유지하고 발전시키기 위해서는 '조금은 경제 감각'을 가지는 것이 중요하다고 인식하게 된 후이다. 밭의 연공을 납부할 때도, 잡곡을 팔아 돈으로 바꿀 때도, 비료를 구입할 때도 다소의 '경제 감각'이 필요하며 식자력·주산 능력이 있어야 행세할 수가 있었다.

　또한, 생산성이 높은 작물의 이름이나 재배기술을 알고자 하면 미야자키 야스사다宮崎安貞[16]의 『농업전서農業全書』를 비롯해서 지역성이 강한 농업서적에 이르기까지 책을 읽어야만 한다.

　즉, 농민경영이 성립되기 위해서는 "신분에 부합되도록 습자를 익히게 하고 주산을 배우게 해서 경작을 맡게" 하는 것이 중요했다. 이에에도 초기의 촌락에는

　　학교라고 하는 것은 없지만 곳곳에 사원이 많고 마을마다 신사불각의 벌이가 없는 곳은 없다. 그러한 곳의 농민들의 자녀는 반드시 모여서 습자를 공부한다.

라고 유자인 야마가 소코山鹿素行가 언급한 바와 같이, 사청제寺請制의 전개에 의해서 어느 무라에도 존재하게 된 사원이나, 무라비토의 우부스나가미産土神[17]인 신사에 종교인들이 정주하기 시작하자, 그들은 무

16　미야자키 야스사다宮崎安貞, 1623~97 : 본서 프롤로그의 주 140 참조.
17　우부스나가미産土神 : 본서 프롤로그의 주 54 참조.

210　일본 대중문화의 원형

라 내 유일한 지식인으로서 무라비토로부터 요청이 있으면 선생이 되어 무라의 아이들에게 읽고 쓰기를 가르치게 된다.

단, 이 경우의 교육은 "단순히 오라이往来[18]의 문장을 쓰고 일기장을 적는 정도로, 세교치도를 돕거나 풍속을 바로잡는 기반이 되는 것은 아니다"라고 했듯이, 오로지 일상생활에 도움이 되는 실용주의에 철저한 문자 학습이었다. 불심에 관해서는 가르치지 않는다. 그 때문에 교재는 『정훈 오라이庭訓往来』[19] 등이 중심이었다. 아마도 이것이 말사末寺의 승려들의 교양과 무라비토가 기대하는 교육 요구의 수준이 일치하는 지점이었을 것이다.

이렇게 해서 데라코야라 불리게 된 초등교육시설은 무라에 없어서는 안 되는 존재가 되었다. 만약 폐지되기라도 한다면 당장 커다란 사회문제가 되었다.

예컨대, 오카야마번은 명군 이케다 미쓰마사池田光政[20] 대에 사원을 대거 신직청神職請으로 바꾸었기 때문에 승려의 환속이 진행되었다. 그 때문에 무라 내에는 얼마 지나지 않아 '선생과 승려가 적어'져 선생이 없어지고 데라코야도 폐쇄되어 버렸다. 그 결과, 영내에서는 '읽고 쓰기와 주산 또는 인륜의 모범을 청할 만한 방법도 없다'고 기록되어 있

----

18 오라이往来 : 편지.
19 『정훈 오라이庭訓往来』: 무로마치 시대의 오라이물往来物. 1권. 겐에玄恵가 지었다고 전해지기도 하지만 미상. 오에이応永 연간(1394~1428)쯤 성립 추정. 1년 매월마다의 소식문消息文을 모은 초급자용 서간문 예문집. 의한문체擬漢文体로 쓰여졌고, 무사·서민의 생활상 필요한 용어를 망라했다. 에도 시대에는 데라코야寺子屋의 교과서로 널리 사용되었다.
20 이케다 미쓰마사池田光政, 1609~82 : 비젠備前 오카야마岡山 번주. 번정 개혁에 구마자와 반잔熊沢蕃山을 등용했다. 시즈타니 학교閑谷黌를 창건했으며, 유교를 중시하고 신전 개발·식산흥업에 노력했다.

듯이, 읽고 쓰기도 배우지 못하고 인간으로서의 도리를 알 기회도 빼앗겨 버린 것이다. 오카야마번은 매우 난처해졌다. 왜냐하면, "나이가 들면 모두 공직을 맡게 되는데 그렇게 되면 읽고 쓰기와 주산을 못하고는 감당할 수가 없다"고 가까운 장래에 무라야쿠닌이 되어야 할 사람들이 읽고 쓰기 · 주산을 못하면 어떻게 되는가, 아마도 민정은 마비 상태에 빠지게 될 것이라고 걱정했기 때문이다.

이에 오카야마번은 영내 5, 6무라에 하나씩, 전 영내에 123개소의 번영藩營 향중습자소鄕中手習所를 설치해서 반의무제로 무라야쿠닌 양성을 담당하게 했다. 습자소의 스승에는 영내의 지주 · 무라야쿠닌 · 신관 · 의사 · 로닌 등 무라에 살고 있는 지식인들을 동원했다.

그러나 오카야마번은 읽고 쓰기와 주산을 못하면 불편하다고 하면서도 '원숭이와 같은 농민의 자녀'를 가르쳐도 고마움을 모를 것이라고 영민 교육 요구를 비하하며 재정난을 구실로 경비부담을 억제했기 때문에 개설 후 5, 6년 지나서 쇠퇴하기 시작했다. 그리고 미쓰마사 은퇴 후 얼마 지나지 않아 다음 대인 쓰나마사綱政에 의해서 하나만 남고 전부 폐쇄되고 말았다.

유일하게 남은 향중습자소는 미쓰마사가 '산수청한독서강학山水淸閑讀書講學'의 최적지로 선택한 와케군和気郡 시즈타

시즈타니 학교 강당
시즈타니 학교는 1670년간분 10의 창건으로, 강당(국보)은 1701년 겐로쿠 14에 완성되었다. 끝에 1과 6이 붙는 날에 강석이 실시되었다.

④

니閑谷. 비젠시備前市에 설치된 시즈타니 학교閑谷学校이다. 이후, 시즈타니 학교는 민간의 자녀들을 교육하는 향학으로 정비되어 메이지 때 폐번치현廃藩置県[21]이 실시될 때까지 존속했다.

전문직 선생의 등장

오카야마번의 향중습자소 설치 문제는 무라에 있어서 읽고 쓰는 교육이 얼마나 중요했는가를 증명해 준다. 그리고 소농민 경영이 자연스러워진 겐로쿠기(1688~1704)에 들어서자, 무라에 적당한 선생이 없다면 "책을 읽을 수 있는 확실한 사람을 초빙해서 서로 도와서 어린 아이들에게 우선 주산을 배우게 하고 지혜를 생기게 하는 문장 등을 읽게 해야 한다"고 농서 『백성전기百姓伝記』에 기록되고 있는 것처럼, 무라비토가 자금을 출자해서 읽고 쓸 줄 아는 사람을 불러들여서까지 아이들을 교육시키려고 하는 정도가 되었다. 이는 사원의 승려만이 선생이 되는 것이 아니라 교육 능력이 있는 자라면 선생으로 습자소를 개설할 수 있다고 하는 움직임이 무라에도 생겨난 것을 말해 주고 있다.

이에 승려 외에 가록家禄[22]이 끊긴 로닌浪人이나 의사, 학문을 익힌 농민 등이 습자 선생이 되어 등장하기 시작했다. 무라에도 교육으로

----

21 폐번치현廃藩置県 : 1871년 메이지 4, 메이지 정부가 중앙집권화를 꾀하기 위해서 전국 261번을 폐하고 부현府県을 둔 것. 먼저 전국 3부 302현을 두었다가 같은 해 말에 3부 72현으로 재편성되었다.
22 가록家禄 : 주군이 그의 가신인 무사에게 주는 봉록俸禄. 집안에 대해서 지급되었고 에도 시대에는 세습화되었다. 고록자高禄者는 영지를 받았고, 보통 무사는 미곡米穀으로 받았다.

생활이 성립되는 전문직이 탄생한 것이다.

그러나 이러한 선생들의 대부분은 개인 경영으로 당대로 끝나는 경우가 많았다. 그 때문에 학교 경영의 기록 등이 남아 있는 경우는 극히 드물어서 그들의 업적은 역사에 묻혀 버린 채 이제까지 그 존재를 확인하기 어려운 상황이다.

그런데 근세교육사 연구자인 다카하시 사토시高橋敏 씨가 새로운 조사방법을 확립했다. 다카하시 씨는 제자들이 돌아가신 은사의 유덕을 찬양하는 기념비를 사원의 경내나 길거리에 건립하는 에도 시대의 풍습에 주목했다. 비석의 토대 부분에 '筆子中'라 새겨진 것이 많기 때문에 후데코즈카筆子塚라고 불리는데, 이 기념비를 조사하면 습자 선생의 존재를 증명할 수 있다는 것을 입증했다.

이 방법으로 지바현千葉県 전역을 조사한 가와사키 기쿠오川崎喜久男 씨의 작업을 살펴보면, 그 유효성을 이해할 수 있을 것이다. 그것이 다음의

후데코즈카筆子塚를 통해서 알 수 있는 것 후데코즈카의 존재는 각 지에서 확인할 수 있는 데, 석비의 뒤에 건립에 협력한 후데코筆子의 성 명이 새겨진 경우가 많다. 이를 통해서 후데코 의 남녀 비율과 출신지를 알 수가 있다. 사진은 가나가와현神奈川県 히라즈카시平塚市에 있는 후데코즈카.

표와 지도이다. 가와사키 씨는 비 오는 날에도 바람 부는 날에도 자전거를 타고 지바현의 사원들을 다녔다고 한다. 지바현(가즈사上総·시모우사下総·아와安房)에는 총 3,310곳에 이르는 후데코즈카가 존재하는데 이를 지도로 만들어 그 지역차를 확인했다고 한다. 개발이 진행되기도 하고 반대로 과소화해서 폐사되어 버린 촌락의 사원도

사망연대	선생 수	승려 선생 · 비승려 선생	비율 %
1650년 이전	3	(3 : 0)	100 : 0
1651~1660	0	(0 : 0)	0 : 0
1661~1670	8	(8 : 0)	100 : 0
1671~1680	8	(8 : 0)	100 : 0
1681~1690	18	(16 : 2)	89 : 11
1691~1700	23	(23 : 0)	100 : 0
1701~1710	30	(29 : 1)	97 : 3
1711~1720	29	(28 : 1)	97 : 3
1721~1730	51	(43 : 8)	84 : 16
1731~1740	58	(56 : 2)	97 : 3
1741~1750	70	(67 : 3)	96 : 4
1751~1760	65	(61 : 4)	94 : 6
1761~1770	68	(64 : 4)	94 : 6
1771~1780	75	(64 : 11)	85 : 15
1781~1790	92	(72 : 20)	78 : 22
1791~1800	105	(83 : 22)	79 : 21
1801~1810	134	(102 : 32)	76 : 24
1811~1820	155	(101 : 54)	65 : 35
1821~1830	200	(114 : 86)	57 : 43
1831~1840	205	(106 : 99)	52 : 48
1841~1850	241	(99 : 142)	41 : 59
1851~1860	276	(103 : 173)	37 : 63
1861~1870	299	(102 : 197)	34 : 66
1871~1880	285	(88 : 197)	30 : 70
1881~1890	265	(61 : 204)	23 : 77
1891~1900	213	(52 : 161)	24 : 76
1901년 이후	167	(28 : 139)	17 : 83
사망연도 불명	164	(84 : 80)	51 : 49
합계	3,310	1,666 : 1,644	50.3 : 49.7

* 가와사키 기쿠오川崎喜久男, 『후데코즈카와 민중교육의 세계筆子塚と民衆教育の世界』로부터 작성.

다수 존재한다. 이러한 점을 고려하면 더 많은 수가 될 것이다.

즉, 에도 시대 가즈사 · 시모우사 · 아와 삼국에는 3,300명에 이르는 선생이 존재하고 그 수에 가까운 데라코야가 개설되어 있다는 사실이 확인되었다. 데라코야는 19세기에 들어서 급속하게 증가하여 선생은 점차로 승려 이외의 지식인들이 다수를 차지하게 되었다는 사실을 확인할 수 있다.

같은 조사를 실시한 다른 현의 예에서도 이러한 경향이 확인되었다. 예컨대, 가나가와현(사가미相模, 무사시武蔵 3군(쓰즈키都筑 · 다치바나橘樹 · 구라키久良岐))을 조사한 다카다 미노루高田稔 씨에 의하면, 선생의 수는 1,431

명, 데라코의 수는 1,186의 존재가 확인되었으며, 19세기에 들어 급증하였고 선생의 신분과 직분도 다양화되었다.

한편, 공부를 배우는 아이들이 기뻐하며 습자를 배우러 선생이 있는 곳까지 갔었던 것은 아니다. 읽고 쓰는 것을 배우는 중요함을 인식할 수 있는 나이가 아니라 노는 데 여념이 없었기 때문이다. 가나仮名부터 배운다고 해도 쉬운 일이 아니었다. 히라가나平仮名라고 해도 'あ'에는 安・阿, 'い'에는 以・意 등 총 300 정도의 가나문자를 익혀야만 했으며 장시간 얌전히 있어야 하기 때문에 견디기가 힘들다. 학습을 싫어한다는 점에서는 일반 농가의 자녀도 부농의 자녀도 그다지 다르지 않았다. 그렇기 때문에 부농의 집안 가훈에는 '산필算筆은 모든 사람의 첫 번째 배움이다' 하며 읽고 쓰기・주산을 습득하는 것이 집안 번성의 근본이라는 점이 꼭 덧붙여져 있다. 부모에 대해서는

자녀를 교육하는 것은 차가운 눈 속에서 보리의 싹이 자라나는 것과 이치가 다르지 않다. 5, 6세부터 버릇없이 굴게 하지 말고, 8, 9세부터 슬슬 급히 익혀야 할 예능부터 가르치며, 15, 6세부터 가업을 대강 알게 하고 커갈수록 이를 맡겨서 장려해야 한다. 잠시라도 자유로운 움직임을 금해서 가르쳐 이끌어야 한다. 이는 집안을 부흥하게 한다고 할 수 있다.

라고 가가국加賀国 다이쇼지번大聖寺藩의 도무라十村[23](오쇼야大圧屋)[24]였던

....

23 도무라十村 : 에도 시대, 가가번加賀藩에 놓인 지방지배 조직으로 그 수장. 다른 번의 오쇼야大圧屋에 해당된다.

24 오쇼야大圧屋 : 에도 시대, 지방행정을 담당한 무라야쿠닌 중 하나. 다이칸代官 또는 고오리부교郡奉行(에도 시대, 번의 직명)의 아래서 수십 무라의 쇼야圧屋를 지배해서 법규의 전달,

종이가 새까맣게 될 때까지 글자 연습

1824년분세이 7의 서문이 있는 『동유보부초童喩宝富草』에 그려진, 데라코야의 풍경. 종이가 새까맣게 될 때까지 아이들이 열심히 글씨 연습을 하고 있는 모습을 확인할 수 있다.

⑤

가노 고시로狩野小四郎가 1709년 『농사유서農事遺書』에 기록한 바와 같이, 한창 놀기 좋아하는 5, 6세 때부터 버릇없이 굴게 하지 말고 가르치는 것이 중요하다고 역설하고 있다.

그러한 점에서 에도 후기의 신슈 촌락에서도 부모의 마음은 마찬가지였다. 하이진 고바야시 잇사의 구에는 태어난 고향의 겨울 모습을 읊은 것이 많은데 그 가운데 다음과 같은 구가 있다.

첫눈이구나

이로하니호헤 하며

배우는 소리   1818년

初雪やいろはにほへと習う声   文化 15

....

연공 배당, 소송의 조정 등을 맡았다.

게으름 피다가

이로하니호헤 속에

지는 벚꽃   1818년

なまけるはいろはにほへと散る桜　文化 15

　　신슈의 촌락에서는 농한인 겨울철에 아이들이 공부하는 습자소가
개설되었다. 따라서 첫눈과 함께 아이들이 이로하イロハ를 외우는 큰
목소리가 한적한 마을 전체에 울려 퍼진다. 눈이 깊이 쌓였다. 일은 집
안에서밖에 할 수가 없다. 아이들이 놀러 나갈 수 없다고 생각하겠지
만 아이들에게는 눈도 놀이 대상이다. 썰매에서 눈싸움까지 놀이에 부
족함은 없다. 공부를 싫어하는 아이들은 습자 따위는 제쳐두고 한창
놀이에 정신이 없다.

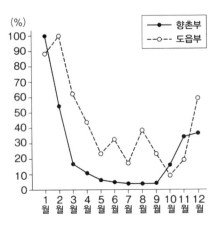

습자소(데라코야)의 학생은 겨울에 많았다
신슈信州의 향촌부郷村部와 도읍부都邑部 별로 입문자가
가장 많았던 달을 100으로 했을 때의 월별 추이이다.
입문자 수와 습자소 수는 비례한다. (『나가사키현교육
사長崎県教育史』로부터 작성)

　　봄·여름·가을은 연일 농사일 돕
기에 내몰려 놀 짬이 없다. 그러한 점
에서 겨울이 마음 편하다. 결국 올겨
울도 이로하를 외우지 못한 채, 봄을
맞이하고 말았다. 그리고 농번기에 들
면 귀중한 노동력으로 쓰인다. 선생이
농민일 경우에 습자소는 폐쇄되어 버
리기 때문에 올해는 꼭 벚꽃이 지기
전에 이로하를 외워라 하고 어머니가
걱정한다. 어머니의 그러한 심경을 대
변한 구이다. 아이는 얼마 지나지 않

아 연계봉공^{年季奉公}[25]을 하러 나갈 나이가 된다. 그렇기 때문에 어머니는 초조하기만하다.

이로하를 읽고 쓸 줄 알면 된다

데라코야나 습자소에서는 어떠한 것을 가르쳤을까? 일본교육사 연구의 선학인 이시카와 겐^{石川謙} 씨가 데라코야 학습의 과정을 무쓰국^{陸奧国} 모리오카번^{盛岡藩}의 어느 데라코야를 예로 해서

이로하^{いろは} → 숫자 → 한자 → 단어 → 단구·단문 → 일용문장 → 지리 관계 오라이·산업관계 오라이

라고 도식화하고, 기본적으로 "이름 첫 자와 에도호가쿠^{江戸方角},[26] 마을 이름과 장사에 필요한 오라이로 충분하다"고 언급한 데서 알 수 있듯이, 편지를 쓸 수 있고 생활에 불편이 없을 정도의 읽고 쓰기·주산을 배우면 그걸로 충분하다는 것인데 막부 말기까지 어느 데라코야에도 적용되는 교육내용이었다고 한다.

그러나 감성이 풍부한 어린 나이에 무엇이든지 주입하려고 하는 것은 어느 시대의 부모도 마찬가지인 것 같다. 읽고 쓰기·주산에 더해

---

25 연계봉공^{年季奉公} : 기한을 정해두고 남의 집에 고용되어 그 가사·가업에 종사하는 것.
26 에도호가쿠^{江戸方角} : 에도성을 중심으로 해서 12방위^{十二方位}에 해당되는 곳의 에도 명소나 구적^{旧跡}을 방각별로 간결하게 정리한 소책자. 이 책자는 아동의 습자본이며 에도의 지리를 익히기 위한 지리 교과서의 역할을 하기도 했다.

교과서를 많이 저술한 가이바라 에키켄

『화속동자훈』은 1710년호에이 7의 저서. 본래는 부모를 대상으로 한 교훈서로 '일본 최초의 체계적인 교육론'이라고 지적되는데 아이들의 읽고 쓰기 교본으로도 이용되었다.

서 농민이나 조닌의 본분, 덕육과 예절까지 가르치고자 하는 풍조가 생겨나기 시작했다. 이렇게 해서 가이바라 에키켄貝原益軒의 『화속동자훈和俗童子訓』과 고닌구미초五人組帳**27**의 전서前書를 습자본으로 사용해서 문학을 배우면서 겸하여 예법도 아는 교육방법이 보급되어 갔다. 여성의 교육에는 일찍부터 『여대학女大学』과 『여금천女今川』, **28** 『여식목女式目』이라는 제목의 오라이물이 등장하여 여성의 말씨와 예의범절 등 여성다움을 익히기 위한 교육이 실시되었다.

이렇게 되자, 막부와 번이 농공상 신분의 기초교육 내용에 간섭하는 것은 당연하다. 감성이 풍부한 어린 나이에 봉건적 질서를 주입하면 그 영향력이 크다고 판단했기 때문이다.

이를 간파한 것이 8대 쇼군 도쿠가와 요시무네德川吉宗**29**이다. 요시무네는 무사시국武蔵国 아다치군足立郡 시마네촌島根村(도쿄도東京都 아다치구足立区)

---

27 고닌구미초五人組帳 : 에도 시대에 다섯 집을 단위로 연대 책임을 지게 한 인보隣保 조직인 고닌구미의 구성원이 지켜야할 법규를 열거하고 무라야쿠닌과 함께 서명·날인한 장부.

28 『온나이마가와女今川』: 에도 전기의 오라이물往来物. 1권. 사와다 기치沢田きち 저술. 1687년조쿄4 간행. 삽화·가나 표기仮名書き로, 이마가와 사다요今川貞世의 '이마가와 장今川状'(도오토미이마카와遠江今川 씨의 원조라 일컬어지는 이마카와 사다요가 1412년, 양자이자 동생인 이마카와 나카아키今川仲秋에게 준 지남서)을 모방한 것. 교훈서로서뿐 아니라 여성의 습자본으로서도 사용되었다.

29 도쿠가와 요시무네德川吉宗, 1684~1751 : 에도 막부의 제8대 쇼군. 재임 1716~45. 기슈紀伊 번주인 도쿠가와 미쓰사다德川光貞의 4남. 기슈 번주에서 쇼군이 되어 막부 재정의 개혁과 막정의 강화를 위해 노력해 교호 개혁을 실시했다.

의 의사 요시다 준안吉田順庵이 고닌구미초 전서 등의 법령류를 습자본으로 사용해서 막번제적 질서를 가르쳐 효과를 올려서 칭찬받고 있다는 사실을 알고, '육유연의六諭衍義를 아이들의 습자'에 사용하도록 명했다. 명나라의 태조 홍무제洪武帝가 민중교화를 목적으로 발포한 6개조의 교훈을 해설한 『육유연의六諭衍義』를 유자儒者 무로 규소室鳩巢[30]가 다시 해설한 『육유연의대의六諭衍義大意』를 습자본으로 활용하게 한 것이다.

이후, 막부는 정치개혁을 할 때마다 교육내용에 대해서 간섭의 정도를 높였다. 그러나 이시카와 겐 씨에 의하면, 데라코야와 습자소의 개설에 막부와 번은 거의 개입하지 않았다고 한다. 다시 말해서, 개설하고 싶으면 누구나 어디서든지 열 수가 있었다. 그 대신에 막부와 번은 교육내용에는 간섭을 했는데, 자금은 전혀 원조하지 않았다. 막부를 찾은 외국인들이 놀란 일본인의 교육수준은 민간인의 열의에 의해서 높아졌다는 것이다.

근세 오라이물의 수집가이자 그 내용의 연구에 있어 제일인자인 고이즈미 요시나가小泉吉永 씨가 저술한 『'에도의 육아' 독본江戸の子育読本』을 읽으면, 당시의 교육내용의 섬세함에 놀라게 된다. 육아에서 오락, 연대별 교육법까지 저술한 오라이물이 간행되었다. 이는 성인이 읽는 육아 매뉴얼이 아닌가 생각될 정도이다.

그러나 습자소에 다닌 학생들의 대부분은 이를 배우지 않았다. 배웠다고 해도 그것은 교육과정을 마지막까지 마친 학생들에게만 한정

---

30 무로 규소室鳩巢, 1658~1734 : 에도 중기의 유학자. 에도 출신. 가가加賀 마에다前田 집안을 섬기며 번명藩命에 의해서 기노시타 준안木下順庵에게 배워 주자학을 신봉했다. 후에 아라이 하쿠세키新井白石의 추천으로 쇼군 도쿠가와 요시무네의 시강侍講이 되었다.

된다. 극히 일부이다. 히에이산比叡山 엔랴쿠사延曆寺라 하듯이, 사원에
는 산호山号[31]가 붙어 있어서 입학을 등산登山이라 하고 퇴학을 하산下山
이라고 하는데 등산도 하산도 학생의 자유의사였기 때문이다.

전술한 이시카와 씨가 나타낸 도식에 의하면, 많은 아이들은 겨우
한자단어로 끝나는 게 보통이었다. 이로하를 알면, 세상살이에서 그
다지 부자유하지 않았기 때문이다. 이러한 사실은 다음에 나타내는
『우키요도코』의 한 구절을 보아도 분명하다.

----

31 산호山号 : 사원의 이름 앞에 붙는 칭호. 본래 사원이 대개 산에 지어졌기 때문에 그 산의
이름으로 불렸지만 후에 평지의 사원에도 사용되었다.

산수와 주산 학습

시키테이 산바의 『우키요도코』 초편 하권에 다음과 같은 대화가 있다. 바빠진 이발관에 12, 3세쯤 보이는 뎃치丁稚[32]가 와서 주인이 기다릴 시간을 물었다. 안면이 있는 사이라고 보이는 이발관 주인인 빈 씨와 제자 조, 손님(단)과 대화를 시작한다.

단(손님) : 얘는 나중에 뭐가 될까? 언변이 없으니 상인으로는 적합하지 않고 손재주가 없으니 직인도 될 수 없고……. 습자를 할래?

뎃치 : 아니, 그런 걸 왜 해요? 습자 같은 거 할 죄는 짓지 않았어요.

조 : 주산 할 수 있어?

뎃치 : 주산은 2단까지만 했어요.

빈 : 바보! 2단은 시작이야. 거기서 끝난 거야?

조 : 언제부터 배웠어?

뎃치 : 오늘로 50일 정도 되는데, 머리가 아파서 제대로 외워지지 않아요. 가르치는 하치베에八兵衛 씨가 너무 때려요. 가르치는 거보다도 때리는 게 더 많아요. 2단이 시작이라 하지만 당신들은 몰라요. 그 전에 1단을 배웠어요.

빈 : 1단이라는 건 없어. 구구단이겠지.

뎃치 : 바로 그거에요! 나는 2단에서 머리가 아픈데 겐이치見一까지 배우려면 목숨이 붙어있지 않을 것 같아서 그저께 집에 들러서 어머니

32 뎃치丁稚 : 본서 프롤로그의 주 79 참조.

한테 얘기했더니 그렇게 아프면 봉공하지 말고 집에 도망오래요. 주판으로 목숨을 빼앗기면 안 되니까 이번에 배우러 갈 때 빠지고 바로 집으로 도망갈 거야.

뎃치는 봉공처에서 주산 학습을 따라갈 수 없어서 머리를 맞는 것이 아파 "주판으로 목숨을 빼앗기면 참을 수 없다"고 약한 말을 한다. 이를 들은 모친이 그렇게 싫으면 집으로 돌아오라고 동정한다. 대화는 이런 모친이 있기 때문에 아들이 잘못된다고 하는 데서 끝난다.

아마도 이 뎃치는 습자소에서 읽고 쓰기까지 배우고 봉공에 나갔을 것이다. 그렇다면, 뎃치가 습자소에서 배운 것은 숫자 읽는 법, 쓰기, 도량형의 단위(길이·폭·거리·중량·용량·금은), 시각, 연월 등 생활에 불가결한 숫자와 용어 정도로, 이를 응용하기 위해서 필요한 가감승제로는 진행하지 못했던 것이 분명하다.

습자소에서도 고학년으로 진학하면 거기까지 도달하겠지만, 커리큘럼에 주산 학습을 포함시킨 습자소는 의외로 적어서 막부 말기가 되어도 전국적으로 30% 정도밖에 없었다고 한다.

그 때문에 봉공처가 뎃치에게 계산기로서의 주판 사용법을 가르치는 것이 보통이었다. 그것도 여의치 못할 경우에는 밤에 개설되는 임시 학습소에서 배우는 자도 늘어났다. 상가 경영에서 주판은 필수 능력이었기 때문이다.

그러나 많은 뎃치들이 거기에서 막혀 버리게 된다. 시키테이 산바 자신도 혼고쿠초本石町의 서적상에서 뎃치 봉공을 했던 경험자이다. 주산 교육을 받고 잘하지 못해서 머리를 맞았을지도 모른다. 그 광경을 떠올리며 이런 대화를 소개했을 것이다.

상가의 주산 학습
에도 시대에는 교양을 비롯해서 일종의 매뉴얼북인 '조호기'가 다수 간행되었다. 주판의 학습서도 그중 하나. (『비술개찬산학 조호기』)

덴치가 "겐이치見一까지 배우려면 목숨이 붙어있지 않을 것 같"다고 나약한 말을 하는데, '겐이치'란 주판에서 두 자리 이상의 나누기를 말한다. 처음 10단으로 나누어지는 것을 '겐이치'라고 한다. 그러나 그 전에 한 자리의 2에서 9까지의 기수로 나누는 핫산八算을 공부하는데 아마도 덴치는 거기에서 이미 힘들어 했기 때문에 그야말로 '목숨이 붙어있지 않'을 거라고 생각하는 것도 당연하다.

주산 교과서의 대개는, 『비술개찬산학 조호기秘術改撰算学重宝記』(가에이 4년판)의 2단처럼, 나누기의 계산 예와 그 검산인 곱하기를 한 쌍으로 배우도록 되어 있다. 게다가 계산은 구구단이나 나누기를 할 때 '나누기 소리'라고 하는 암기를 바탕으로 한다. 예컨대, '1 나누기 2는 0.5'를 '이일천작오二一天作五'라고 소리 내면서 주판에 수를 놓는다. 그 때문에 교재에는 '팔산의 나누기 소리', '겐이치의 나누기 소리'라는 도표가 실려 있는데 그것을 기계적으로 외워서 주판알을 팅기면서 계산력을 익힌다. 그러면 점차 계산의 감이 생겨서 암산력도 생기게 된다고 한다.

주판이 중국에서 들어온 역사는 길지 않은데, 무로마치 시대라고 한다. 그때까지 사용된 '산목算木'에 의한 계산법을 대신해서 눈 깜짝 할 사이에 보급되었다. 선교사 조안 로드리게스가 엮은 『일본대문전日本大文典』에는 주판에 의한 계산방법이 소개되어 있다. 그리고 17세기 초에는 가감승제에 관해서 꽤 널리 보급되었다고 한다.

에도 초기에는 『진겁기塵劫記』 등의 화산서和算書가 간행되었고 이후 화산和算[33]이라는 독자적인 세계가 만들어졌는데, 주판의 보급이 그 근저를 지탱하고 있었던 사실은 틀림없다.

사숙에서 공부하다

막부나 여러 번은 데라코야에 다니는 것을 금하지 않았지만 오랫동안 통학하는 것을 좋아하지는 않았다. 간세이 개혁 때 간토関東의 농촌에 반포한 바와 같이 "농민은 14, 5세까지 습자·산술을 배우게 하고 일생동안 농업에 최선을 다하며 충효에 전념해야 한다" 하는 것이 막번 영주들의 이상이었다.

"시문을 짓고 고금의 서적을 박람하는 것은 사대부의 일이며 농상의 일이 아니다. 경사経史를 볼 시간도 없을 뿐더러 학문을 좀 좋아하는 이는 거만하고 풍류를 좋아하여 가업을 소홀히 한다"는 비판에서 알 수 있듯이, 학문 좋아하는 이가 나와서 가업을 소홀히 하는 자가 늘어나

---

33 화산和算 : 에도 시대에 세키 다카카즈関孝和 등에 의해서 독자적으로 발전한 일본의 전통적인 수학. 방정식과 행렬식에 상당하는 점찬술点竄術, 원주율과 원의 면적을 다루는 원리円理 등이 포함된다. 메이지 유신쯤까지 융성했다. 새로이 도입된 서양 수학을 양산洋算이라 부른 데 대해 이른다.

면, 농업 인구의 감소와 유민遊民의 증가를 초래하기 때문이다.

이에 "장기도 바둑도 좋아해도 좋지만 장기사, 바둑사가 되어서는 안 된다. 와카·하이쿠도 배워도 좋지만 하이카이시가 되어서는 안 된다"고 뭐든지 적당히 하라는 가훈이 생겨났다. 그리고 『논어』의 "공자가 말씀하시기를, 제자는 집에 들어 와서는 어버이께 효도하고, 집 밖에 나가면 몸을 삼가고 신의를 지키며 널리 대중을 사랑하되 어진 사람과 친해야 하고 여력이 있으면 학문에 힘쓴다" 가운데 '여력이 있으면 학문에 힘쓴다余力学文'라는 가르침에 따라서 본업을 소홀히 하지 말고 여력이 있다면 교양을 쌓으라고 경계하게 된 것이다.

그러나 그런 것을 아무리 경계한다 하더라도 학문이나 예술의 세계에 몰입하는 자는 적지 않았다. 그 결과, 각지에 설립된 것이 프라이비트 아카데미의 역할을 하는 사숙이다. 그때까지는 높은 수준의 학문을 공부하고자 할 경우 교토·에도, 난학蘭学[34]의 나가사키로 유학처가 정해져 있었지만, 전국 각지에 다양한 교육 목표를 가진 사숙이 생겨나면서 교육지도가 크게 달라지기 시작했다.

사숙에는 선생의 명성을 믿고 신분 구별 없이 학문을 좋아하는 청년들이 모여들었다. 또한 유학지를 선택하는 정보수단으로 예술이나 학문에 관한 신사록紳士録(「인명록」)이 『헤이안 인명록平安人名録』을 효시로 각지에서 간행되어 활용되기 시작했기 때문에 상당히 멀리서부터 온 유학생도 증가했다.

· · · · · · · · · · · · · ·

34 난학蘭学 : 에도 중기 이후, 네덜란드어를 통해서 서양의 학문·문화를 연구하는 학문. 교호 연간(1716~36) 아오키 곤요·노로 겐조野呂元丈의 난서蘭書의 번역에서 비롯되어 마에노 료타쿠·스기타 겐파쿠·오쓰키 겐타쿠 등 다수의 난학자를 배출했다. 의학·천문학·역학·병학·물리학·화학 등 자연과학 전반에 걸친다.

데라코야에 걸린 '여력학문'
스루가국駿河国 슨토군駿東郡 요시쿠보촌村義久保村(시즈오카현静岡県 오야마초小山町)의 데라코야 선생이었던 유야마湯山 집안에 남아 있는 편액. '여력학문'은 본업을 확실히 한 다음에 여러 예에 힘쓰라고 하는 경계로, 학습을 정당화하는 이론으로서도 귀히 여겨졌다.

ⓐ

다음 쪽에 소개하는 미타테반즈케見立番付는 1844년에 간행된 에도의 사숙·데라코야 선생의 '우열을 논하다'라는 제목의 안내서이다. 어느 정도 신뢰할 수 있는 정보인지 알 수 없지만, "이른바 명가를 골라 실은 까닭은 아동이 공부하고자 스승을 구하는 데 일조"하기 위함이라고 하는 간행이유에서 알 수 있듯이 이러한 학교안내서가 이미 시판되고 있었다.

사숙의 특색은 번 내에 설치된 번교藩校나 향교 등의 지역적 교육기관과는 달리, 전국 각지에서 신분의 구별 없이 유학생을 받아들인 데 있다.

사숙의 교육상 이점은 강의도 물론이거니와 번의 경계를 넘어 모여든 청년들이 신분과 세대를 의식하지 않고 학습을 통해서 각지의 다양한 정보를 서로 교환하고 진지하게 논의할 수 있는 장을 제공한 점에 있다.

그 결과, 전국적인, 경우에 따라서는 세계적인 시야를 가진 청년들이 양성되어, 귀향 후 그러한 관점에서 시대의 상황을 논하고 전달할 수 있는 자들이 생겨났다. 그러한 점에서 분고豊後 히다日田에서 태어난 히

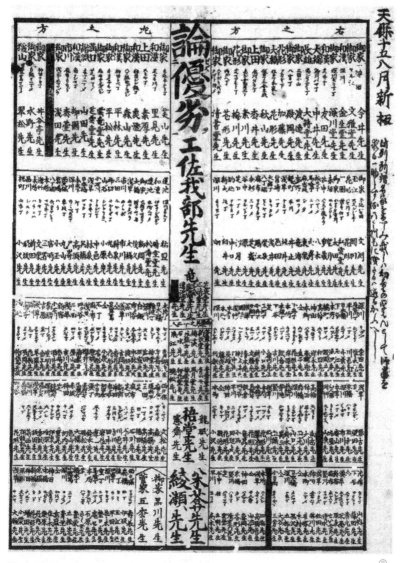

에도의 교육열을 나타내는 서류의 미타테반즈케
에도에서는 조닌 사이에 교육열이 뜨거워져 사숙·데라코야가 난립했다. 이 반즈케에는 246명이 게재되어
있는데 대개가 오이에류의 선생이다.

⑧

로세 단소広瀬淡窓[35]의 간기엔咸宜園이나 오사카 오가타 고안緒方洪庵[36]에
의한 데키주쿠適塾 등은 일본의 근대화에 큰 역할을 했다고 할 수 있다.

. . . .
35 본서 프롤로그의 주 205 참조.
36 본서 프롤로그의 주 227 참조.

교육산업의 성립

전국 통일된 문어

일본 열도는 길다. 기후도 꽤 상이하다. 정주해서 영외로 나갈 기회가 적을 경우, 한정된 범위의 사람들과만 대화를 하게 된다. 그러한 상태가 오랫동안 지속되면, 그곳에 거주하는 사람들만이 영위하는 독특한 습속이 생겨나고 그곳에 사는 사람들만이 이해할 수 있는 말이 생겨난다. 열도가 길면 구어의 차이는 크다.

에도 후기, 교토에 사는 의사 다치바나 난케이橘南谿[1]가 서국순력西国巡歴[2]을 떠났다. 그리고 사쓰마번의 영내개방정책의 기회를 이용해서 사쓰마 영내에 잠입했다. 난케이가 처음으로 당면한 문제는 언어의 벽이다. 그때의 경험을 다음과 같이 기록했다.

어느 나라라도 남자는 타국으로 나가는 경우가 많아서 대개는 말이 통하기 쉽지만, 여성은 전혀 통하지 않는다. 자신이 태어나 평생 살아온 지역의

---

1 다치바나 난케이橘南谿, 1753~1805 : 에도 중기의 의사이자 문인. 이세 출신. 본명은 미야가와 하루아키라宮川春暉. 자는 게이후惠風. 교토에서 한방의학을 공부하고 문학에도 조예가 깊었다. 전국을 편력하고 『서유기西遊記』, 『동유기東遊記』를 저술했다. 그 외에 『상한외전傷寒外伝』 등이 있다.

2 서국순력西国巡歴 : 교토를 중심으로 서쪽지방 33개소의 관음을 순배巡拝하는 것. 남녀 모두 소복 위에 오이즈리笈摺(순례시, 불전·의복·식기 등을 넣어 등에 지는 상자 때문에 의복의 등 부분이 마찰되는 것을 방지하기 위해서 입는 홑겹의 덧옷)를 입고 거기에 순례한 절의 도장을 찍는 관습이 있었다.

말일 경우에는 더욱 이상한 일이 많고 또한 이쪽에서 말하는 것도 알아듣지 못한다. 그래도 일본 내라면 어느 곳이라도 한 달 정도 머물면 서로의 말이 통하게 된다.

남성들은 다른 지방으로 나갈 기회가 많기 때문에 어느 지방을 여행해도 그 지방의 남성과는 대개 말이 통하지만 여성은 전혀 통하지 않는다. 또한 이쪽이 말하는 것도 이해하지 못하기 때문에 대화가 성립되지 않는다. 하지만 일본 국내는 어느 지역이라도 한 달 체재하고 있으면 그럭저럭 소통할 수 있게 된다는 것이다.

밖으로 나갈 기회가 극히 적은 여성에게 언어의 지역성이 강하게 나타나는 것은 정주사회가 수반하는 현상 중 하나이다. 사쓰마와 쓰가루津輕, 이 두 지역의 거주자 사이의 대화는 거의 성립되지 않는다. 그래도 서로 소통하는 데 한 달 정도 기간이면 가능하다는 것은 발음이 조금 다를 뿐인 언어가 많기 때문일 것이다.

이러한 일본 열도 사이에서 그럭저럭 의사소통이 가능했던 것은, 이미 앞서 언급한 바와 같이, 열도에 사는 사람들이 같은 서체와 문체의 문어를 사용했기 때문이다. 이는 전국의 교육시설에서 같은 서체와 문체의 문어 교육을 실시했기에 가능한 일이었다.

이러한 관심에서 각 현의 교육사를 살펴보면, 모든 지역의 데라코야에서는 거의 같은 교재를 사용했다는 사실을 알게 된다. 아무리 구어가 달라도 문어는 완전히 같았다.

주지하는 바와 같이, 서체는 '오이에류御家流'이다. 이는 문자를 쓰는 데 있어서의 유의流儀를 말하는데, 당양唐樣에 대한 화양和樣[3]의 한 유파

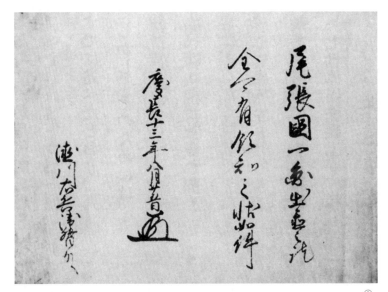

오이에류御家流의 전형적 서체

1608년게이초 13, 2대 쇼군 도쿠가와 히데타다德川秀忠가 오와리 번주 도쿠가와 요시나오義直에게 준 토지소유인정서所領安堵状이다. "尾張国一円出置之訖、全可有領知之状、如件(오와리국 일대를 내어주니, 이 모두를 영유하고 지배하는 권리가 있음이 기재한 바와 같다)"라 쓰여 있다. 막부의 유히쓰에 의해서 쓰인 전형적인 오이에류의 서체이다.

에서 생겨난 서체이다. 그 뿌리는 가마쿠라 시대 말기에 교토 쇼렌인青蓮院 17세 손엔 법친왕─七世尊円法親王[4]이 화양의 대가 세손지 유키후사世尊寺行房[5]에게 배워서 집대성한 유파로, 그 후 쇼렌인류青蓮院流라 하며 계승되었다. 그리고 그 유파로부터 도쿠가와 이에야스의 유히쓰右筆[6]

3 화양和様 : 일본 고유의 양식. 일본식. 일본류. 화풍和風. 대륙의 양식을 말하는 '당양唐様'에 대한 말.

4 17세 손엔 법친왕─七世尊円法親王, 1298~1356 : 후시미伏見 천황의 황자. 이름은 모리히코守彦. 쇼렌인몬제키青蓮院門跡(황족·귀족 등이 출가해서 거주한 특정 사원의 주지의 주지)가 되었고 나중에 천태좌주天台座主가 되었다. 글씨가 뛰어나 쇼렌인파青蓮院流를 창시했다. 저서 『입목초入木抄』.

5 세손지 유키후사世尊寺行房, ?~1337 : 가마쿠라 시대부터 남북조 시대에 걸친 공경公卿·능필가能書家·가인歌人. 세손지 집안世尊寺家 제11대 당주.

6 유히쓰右筆 : 무가武家의 직명職名. 문서·기록의 작성을 맡았다.

를 맡은 다케베 덴나이建部伝内와 그 아들 마사오키昌興가 막부에 이 서
풍을 정착시켰기 때문에 이후에는 '쇼군 어가의 서류将軍御家の書流', 줄
여서 '오이에류'라 불리게 되었다.

왜 정착했는가 하면, 쇼렌인류가 공문서의 서체로서 간결하고 일정
한 규격을 지녔기 때문에 쇼군가에 가장 적합한 서체라 여겨졌기 때문
이라고 한다. 그리고 한자와 가나仮名 혼용, 때로는 일본한문의 혼용에
의한 문체는 가마쿠라 이래의 공문서를 계승했다고 할 수 있다.

오이에류가 막부의 공식 서체·문체로 사용되기 시작한 후에 그 위
력이 커졌다. 서도사書道史의 일인자인 고마쓰 시게미小松繁美 씨의 말을
빌리면, '들판에 불이 붙은 것처럼' 눈 깜짝할 사이에 전국으로 보급되
었다. 이후 '오이에류 지남御家流指南'이라는 간판이 마을의 습자소에 걸
려 제자를 모집하는 상투어가 되었기 때문에 그 침투력은 더욱 커졌다
고 할 수 있다. 당연히 사용되는 교재는 오이에류의 서체를 가르치는
것뿐이었다.

에도 시대에도 능필가가 존재했다. 주지하는 바와 같이, 간에이 삼
필이라 불리는 에도 초기의 공가인 고노에 노부타다近衛信尹,[7] 쇼카도
쇼조松花堂昭乗,[8] 혼아미 고에쓰 등이 각각 일으킨 유파가 있었다. 그리
고 글씨 좀 잘 쓰면,

　　　우리 아들은

. . . .
7　고노에 노부타다近衛信尹, 1565~1614 : 아즈치·모모야마 시대의 공경公卿. 호는 산먀쿠인三
　　藐院. 글씨에 뛰어났는데 그 서풍은 고노에류近衛流이라 불린다. 일기 『산먀쿠인기三藐院
　　記』가 있다.
8　쇼카도 쇼조松花堂昭乗, 1584~1639 : 본서 2장의 주 58 참조.

②

쇼카도 쇼조松花堂昭乗의 서체

쇼조는 본래 교토 오토코야마 하치만궁男山八幡宮(이와시즈미하치만궁岩淸水八幡宮) 다키모토보滝本坊의 진언종 승려. 만년에 쇼카도를 운영해서 오이에류와 다이시류大師流9를 합친 산뜻한 서풍을 완성했다. 쇼조는 그림도 뛰어났다. (『장한가長恨歌』)

오이에류 흘려 써서

쇼카도라 하네

御家流息子·崩して松花堂

쇼카도이니

'다음과 같다'는

탐탁지 않다

松花堂如件にはむかず

....

9 다이시류大師流 : 고호 대사弘法大師 구카이空海를 시조로 한다고 일컬어지는 화양서도和様書道의 한 유파. 무로마치 말기에 성립되어 에도 초기쯤 다이시류라 불리게 되었다. 구카이의 글씨를 과장한 서풍書風.

라고 센류川柳로 비꼬듯이, 상가의 아들이라 하더라도 오이에류의 서체를 조금 흘려 써서 쇼카도류松花堂流다 하고 자신의 글씨를 자랑하기도 하고, 나는 '다음과 같다如件'로 끝나는 오이에류처럼 촌스러운 글은 쓰지 않는다, 쇼카도류이다 하는 자도 있었던 것으로 알 수 있듯이 서민 세계에서도 상당히 보급되어 있었다.

전국 통일된 교재

데라코야와 습자소에서 교재로 일찍부터 사용된 것은 남북조시대에 성립되었다고 일컬어지는 『정훈 오라이庭訓往来』이다. 편지글의 서식을 공부하면서 사회생활에 필요한 지식과 단어를 습득하게 하고자 하는 교재로, 무로마치 시대에는 사본으로 유포되었지만 에도 초기에는 일찍부터 판본의 형태로 전국 각지에 보급되었다.

이렇게 해서 어느 곳에서나 같은 서체와 문체를 가르칠 조건이 만들어졌다. 또한 서점은 상인을 대상으로는 『장사 오라이商売往来』, 농민을 대상으로는 『백성 오라이百姓往来』 등등 신분에 맞게 전문적 지식을 습득할 수 있는 교재를 연이어 간행해서 읽고 쓰는 학습을 하면서 정해진 직분에 관련된 지식과 마음가짐을 몸에 익히도록 했다. 그 교재가 '오라이물往来物'이라고 총칭될 정도로 방대한 수에 이르렀다.

아이들은 교재를 '데혼手本'이라고 했다. 그대로 모사하는 것이 학습의 기본이기 때문이다. 그러나 판본의 데혼은 제자筆子에게는 그림 속의 떡일 뿐이어서 입수할 수 있는 것은 선생 정도였다.

③

에도 시대에 간행된 오라이물
오라이물이란 가마쿠라 시대부터 메이지 초기에 걸쳐서 사용된 초등교과서의 총칭. 에도 시대에는 다양한
오라이물이 간행되었다. 이 가운데서 스승이 필사해서 학생들에게 나누어 주어 사용하게 했다.

　매일 산을 올라 절을 찾아오는 제자에게는 선생이 옮겨 적은 사본을
대여해서 사용하게 했다. 때로는 이를 주어서 학습의욕을 높이기도 했
다. 어느 새인가 이러한 제자관계가 관습이 되어 제자의 가정의 경제
력과 관련 없이 모든 제자에게 사본을 주게 되었다. 아무리 부유한 가
정이라도 아이들이 사용하는 교재의 대부분이 사본이라는 사실이 고
문서 조사에 의해서 뒷받침되고 있다. 그리고 뒤표지에는 '야마다 씨
후미, 이를 배우다' 등, 이를 사용해서 학습한 아이들의 이름이 작은 문
자로 기록되어 있는 경우가 많다.

　놀라운 것은 선생이 스스로 교재를 작성해서 학생들에게 나누어 주
는 데혼을 종종 발견하게 된다는 점이다. 선생은 전국적인 시야를 가
진 학생으로 교육하고 싶다고 생각하는 한편, 학생들이 앞으로 살아가

게 될 지역에 관해서도 더 많이 알고 자랑스럽게 생각하기를 바란다.

그래서 기왕 가르치는 김에 마을의 이름을 외우는『무라즈쿠시村尽くし』라는 교재는 전부 근린 마을의 이름으로 한다. 특산물의 이름도 외우게 한다. 명소·유적을 가르치는 김에 가까이 있는 명소·유적지에 가는 길을 가르친다. 지역에 고유한 이러한 교재는 선생의 창작으로 제작된 교재이다. 그리고『구니즈쿠시国尽くし』라고 하는 전국판을 가르치는 것도 잊지 않았다.

교육에 필요한 교재 제작은 산업으로 성립되었고 또한 지역에 어울리는 독자적인 교재 제작도 시작되었다. 단, 교육방법의 기본은 읽고 쓰기를 배운다는 점에 철저했다.

그러나 잊어서는 안 될 점은, 앞서 언급한 바와 같이, 교육과정 전체를 수료하는 학생들이 적었다는 점이다. 학생들은 도중에 하산을 할 수밖에 없었다. 많은 아이들은 '이로하いろは'에서 시작해서 자신의 이름과 마을 이름을 읽고 쓸 줄 아는 정도에서 절을 떠났다. 그러나 사회에 나가서 읽고 쓰기의 필요성을 실감했을 때, 그때까지의 교육 경험이 얼마나 중요한지를 실감했을 것이다. '이로하'만으로도 충분히 도움이 되었기 때문이었다.

무라에도 문방구 상인

문자사회의 발전에 불가결한 것이 있다. 바로 문방구이다. 이러한 관심에서 문방구에 관해서 종합적으로 논한 연구자가 있었던가. 문화사를 언급할 때 절대로 빠뜨려서는 안 되는 주제임에도 불구하고 이에 접근한 연구자는 거의 없다.

1817년분카文化 14 12월, 사가미국相模国 쓰쿠이현津久井県 아오야마촌青山村(가나가와현神奈川県 쓰쿠이군津久井郡 쓰쿠이마치津久井町)에서 나누시의 부정을 둘러싸고 잇키一揆[10] 비슷한 소동村方騒動이 발생했다. 그러나 잘 조사해 보니, 나누시에게 부정이 없었기 때문에 구미가시라組頭[11]인 고에몬五右衛門과 주로베에重郎兵衛는 부정을 추궁하기 위해서 자신들이 가담했던 고마에小前 측에게서 등을 돌렸다. 그 때문에 소송문제로 에도에 가 있던 중에 고마에 측으로부터 무라하치부村八分[12]로 취급되었다. 이에 고에몬과 주로베에는

> 농업이나 일용직은 물론 다양한 장사, 이발사에 이르기까지 무라 내에서 우리에게 해서는 안 되는 것을 규정해야 합니다. 이미 소아습자용 종이 · 붓 등 곤란해서…….

라고 기록하면서 그날그날의 생활뿐 아니라 아이들이 사용하는 습자용 종이와 붓도 구입하지 못 할 정도로 곤란하기 때문에 어떻게든 도와 달라고 다이칸쇼代官所[13]에 신청했다. 이는 아오야마촌에 데라코야

---

10 잇키一揆 : 에도 시대, 농민이 영주나 다이칸의 악정이나 과중한 연공에 대해서 집단으로 반항한 운동.
11 구미가시라組頭 : 에도 시대, 햐쿠쇼다이百姓代와 함께 나누시를 보좌해서 무라의 사무를 맡은 관리.
12 무라하치부村八分 : 에도 시대 이래, 촌락에서 실시된 사적 제재. 무라의 규정을 어긴 자에 대해서 촌민 전체가 합의하여 그 집과 절교하는 것.
13 다이칸쇼代官所 : 막부 · 번의 직할지의 행정과 치안을 담당하는 지방관인 다이칸이 사무

가 있고 습자용 종이와 붓을 판매하는 상인이 있었던 사실을 말한다.

분명히 아이들의 습자용 종이와 붓뿐 아니라 고에몬과 주로베에가 적은 고소장도 종이에 붓으로 쓰였으며 나누시에 부정이 있다고 일어난 고마에도 마찬가지이다. 또한 평소에 나누시가 기록하고 있는 업무장부御用留[14]와 연공출납장부年貢勘定帳, 종문개첩宗門開帳[15] 등의 장부를 비롯해서 재촌의 상인들이 기록하는 다이후쿠초大福帳[16]도 모두 종이로 되어 있으며 먹과 붓으로 기록되어 있다. 게다가 벼루로 묵을 가는 것은 불가결하다. 따라서 종이와 붓, 묵, 벼루를 판매하는 상인이 무라에 있어도 조금도 이상하지 않다.

당시 아오야마촌에는 200채 전후의 집이 있었고, 목수, 다타미야畳屋(다타미 만드는 사람), 오케야桶屋(나무로 된 들통을 만드는 사람), 곤야紺屋(염색하는 사람) 등의 직인이 30명 정도 있었다는 사실은 파악하고 있지만 어떠한 소매상이 있었는지는 알 수 없다. 이에 1843년덴포 14에 기록된, 무사시국 다치바나군의 마을 17곳(요코하마)의 '농한기상업조사장農間商渡世取調書上帳'을 보면, 어떤 농민의 집은 잡상인과 같은 장사를 하면서 다양한 생산·생활용품을 다루고 있는데, 그 가운데 하나에 '붓·먹·종이류'도 판매하고 있다는 사실이 확인된다.

이를 표로 만들면 다음과 같다. 지·필·묵을 두고 있지 않은 무라

<hr>

를 보는 관청.

14 업무장부御用留 : 에도 시대, 나누시·쇼야庄屋 등의 무라야쿠닌이 무리를 관리하는 데 필요한 문서 등을 기록한 장부. 도시에서는 마치야쿠닌町役人이 작성했다.

15 종문개첩宗門開帳 : 에도 시대, 종문개宗門改에 근거해서 작성된 장부. 동시에 호적부로서의 역할도 했다.

16 다이후쿠초大福帳 : 길상의 의미로 '大帳'에 '복福'을 더한 것. 상가의 매매장부. 단골손님 별로 거래상황을 표시한 것.

가 더 적다는 사실을 알 수 있을 것이다. 그리고 같은 해에 쓰인 쓰즈키군都築郡·다치바나군(가와사키川崎·요코하마)의 '행상인조사장出商人取調帳'에서 무라의 행상인들이 다루는 상품을 보면,

> 오다나촌大棚村
>
> 농민百姓
>
> 지·필·묵·기름·모토유이元結[17] 류
>
> 에이지로栄次郎

라고 되어 있어서 지·필·묵을 메고 무라를 돌아다니는 행상인이 있었던 사실을 알 수 있다. 아마도 종이와 붓을 다루는 상인이 없는 마을에서는 이렇게 걸어 다니는 필기용구 상인을 이용했던 것 같다.

그러나 종이는 그렇다 하더라도 붓과 먹은 가까운 지역에서 생산되지 않았다. 하물며 벼루는 산지가 극히 한정된다. 모두 직인의 고도의 기술로 만들어진 특산품이다. 그렇다면, 어디서 만들어져서 어떠한 유통경로를 거쳐 무라비토의 손에 넘겨진 것일까?

다치바나군의 무라 이름	겸업	전업
고즈쿠에小机	3	
삼마이바시三枚橋		
로카쿠바시六角橋	1	
기시노네岸之根	1	
시모스가다下菅田	4	1
하자와羽沢	3	
도리야마鳥山	1	
마메도大豆戸	1	
시노하라篠原	2	1
가미코마오카上駒岡	1	
가미시시가야上獅子ヶ谷		
시모시시가야下獅子ヶ谷		1
나카코마오카中駒岡		
시모코마오카下駒岡		1
바바馬場	1	
기타테라오北寺尾	1	
기쿠나菊名		
시모스에요시下末吉		
가미스에요시上末吉		
니시테라오西寺尾	1	
히가시테라오東寺尾	3	
오소네大曾根	1	
미나미쓰나시마南綱島		
기타쓰나시마北綱島		
24 무라	24	4

*『가나가와현사神奈川県史』로부터 작성.

무라에도 문방구상이 있었다
다치바나군의 무라의 경향은 에도의 주변의 무라와 거의 같다. 압도적으로 겸업이 많다.

· · · · · · · · · · · · · · ·
17　모토유이元結 : 머리의 상투를 묶는 끈.

유감스럽게도, 종이의 역사를 제외하면 근세의 고문서학과 교육사는 이러한 것을 고려하지 못한 채 진행되어 왔다. 다만, 서도에 관련된 사람들에 의한 예술적인 관심으로부터 비롯된 역사 연구가 존재할 뿐이다. 예컨대, 서가인 사카키 바쿠잔榊莫山 씨의 『문방사보 지·필·묵·현의 이야기文房四宝 紙·筆·墨·硯の話』를 펼쳐보면, 전 4권으로 구성된 이 책의 이야기는 중국으로 확대되어 동아시아의 문화교류의 역사가 묘사되어 있어서 상당히 흥미롭지만, 에도 시대에 관한 언급은 없다. 에도시대사 연구상의 공백 중 하나라 할 수 있다.

문방구의 유통

문방사보

지・묵・필・현 등을 문방구라 하고 이를 취급하는 상인을 문방구상 혹은 문구상이라 한다. 본래 문방이란 서재를 가리키고, 문방구란 거기에 갖추어진 도구라는 의미이다. 특히 지・묵・필・현은 예부터 '문방사보文房四宝'라 해서 중히 여겨졌다. 이 외에 문구에는 현병・필투・필가・필선・묵상・수적・완침・서진・인장의 10종이 있다.

그러나 이러한 것들이 대량으로 필요해지고 소비되게 된 것은 '문서에 의한 지배' 시대라 일컬어지는 에도 시대에 들어선 이후의 일이다. 사농공상을 불문하고 전시대와는 비교되지 않을 정도로 많은 사람들 사이에서 읽고 쓰기를 할 기회가 늘었기 때문이다.

이러한 시점에서 막부와 여러 번이 매일 사용하는 종이의 소비량을 생각해 보면, 다양한 관청에서 기록된 문서의 수와 양은 방대하다. 그러나 유감스럽게도 권력측이 지배를 위해서 연간 어느 정도의 종이를 소비했는가 등의 문제를 다룬 연구논문은 아직 접하지 못했다. 권력을 유지하기 위해서는 절대적으로 필요했는데도 불구하고 어쩐 일인지 관심이 없다.

또한 종이에 쓰는 묵과 붓은 마모된다. 벼루도 매일 사용하면 바닥이 깊어진다. 규모가 큰 상점을 경영하는 데도 사정은 같다. 장부를 어떻게 해서 조달했는지 하는 점도 잘 알려져 있지 않다.

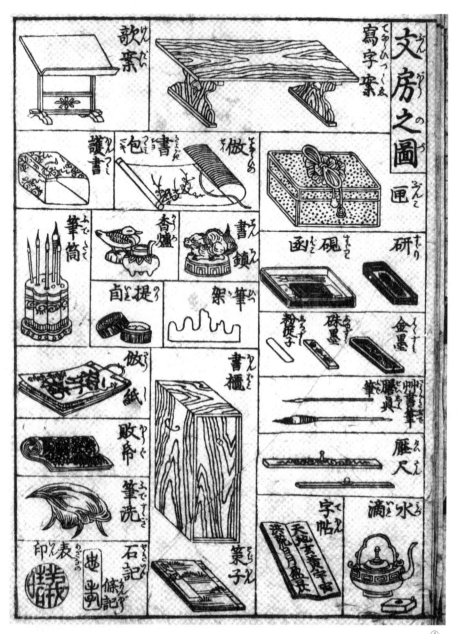

문자학습의 필수품

데라코야와 습자소에서의 필수품이 아니라 집에서 습자와 문장을 쓰는 데 필요한 문구와 서적류를 그린 것. 이것만 소유하고 있으면 충분하다. (『효경동자훈孝経童子訓』)

어쨌든 에도 시대에 들어서 사농공상을 불문하고 '문방사보'는 중요한 상품의 하나가 되었다. 따라서 전통문화의 도시인 교토는 물론이며, 일찍부터 에도에도 종이 도매상이 생겨나고 묵·필·현을 취급하는 도매상이 등장했다.

1831년덴포 2, 교토의 『쇼닌카이모노히토리안나이商人買物独案内』[18]에는 종이 도매상이 16채, 묵·필·현 도매상이 6채, 붓 도매상이 10채, 묵 도매상이 5채 소개되었다. 에도에서는 1824년분세이文政 7 판의 『에도카이모노히토리안나이江戸買物独案内』[19]에 종이 도매상 47채와 묵·필·현 도매상 54채가 소개되었다. 그리고 에도 후기에는 각각 도쿠미도이야十組問屋로 편입되어 소매상에 도매했다.

그 가운데는 '즈슈豆州 아타미熱海의 이마이 한다유今井半太夫가 만든 안피지雁皮紙 도매상 슈교쿠도聚玉堂 하이바라 센지로榛原千次郎'라든가 '명인明人이 전하여 제조, 당나라 붓 만드는 곳' 등 특수한 종이와 붓을 다루는 도매상이 있었지만, 대개는 종이뿐이 아니라 장부 등 '문방 여러 가지'를 널리 다루는 것이 보통으로 '분코도文耕堂'라든가 '도쇼도東書堂' 등 그럴싸한 상호를 갖는 도매상이 각지에 산재했다.

에도와 교토 등에서는 종이 소매상과 붓 소매상이 번성했다. 다음 그림은 1810년분카 7 간행의 『하야비키세쓰요슈早説要集』(우타가와 구니

18 『쇼닌카이모노히토리안나이商人買物独案内』: '가이모노히토리안나이買物独案内'는 에도 시대부터 메이지 전기에 간행된 상인·직인 명감名鑑이다. 타지역에 구매를 하러 가기 전에 정보를 입수할 목적으로 제작되었다. 이로하 순으로 업종별로 배열하는 형식으로 상점의 주소와 노렌暖簾(상점의 상호 등을 나타내서 점두에 걸어두는 표식)을 게재했다. 1820년분세이 3 오사카에서 간행된 『쇼닌카이모노히토리안나이』가 초기의 예이다.

19 『에도카이모노히토리안나이江戸買物独案内』: 1824년분세이 7에 오사카에서 출판된 에도 시내의 장보기와 음식 관련 상점 등 약 2,600점을 소개하는 안내책이다.

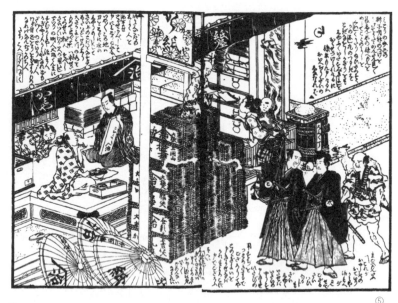

에도의 종이 가게

이 그림의 중앙에 종이를 포장한 짚이 놓여 있는데, 이것이 종이 가게의 간판이다. 왼쪽 앞에는 장부를 파는 광경이 그려져 있다. (『하야비키세쓰요슈』)

⑤

사다 그림)에 묘사된 에도의 종이 소매상의 광경이다. "호쇼지奉書紙[20] 상자를 짚으로 짠 돗자리로 말아서 매우 두꺼운 밧줄로 감아 가게 앞에 2단, 3단으로 쌓아 올린다"라고 『모리사다 만고守貞謾稿』에 기록된 그대로의 모습이다.

그리고 '삼도 모두 종이와 장부를 겸하는 자가 많다'고 하는 것처럼, 그림의 왼쪽에서는 주인이 장부를 판매하고 있다. 장부를 전문으로 하는 장부가게는 초야帳屋라고 하는데 그 간판은 첫눈에 알아볼 수 있도록

......

20 호쇼지奉書紙 : 주로 봉서奉書(주인의 뜻을 받아서 종자가 하달하는 문서)에 사용된 데서 나온 이름으로, 닥나무를 원료로 하는 화지和紙. 주름이 없고 순백의 상등품. 에치젠 호쇼越前奉書가 유명하다.

'다이후쿠초大福帳'라 쓰인 장부가 대나무에 걸려 있다. 또한 오른쪽의 그림은 교호기享保期(1716~36)의 에도의 붓 소매상 앞을 묘사한 것인데 아이가 "16문 가져왔습니다" 하자, 반도가 "습자용 붓인가?" 하고 묻는다.

붓 가게 앞
제조와 판매를 겸하고 있는 붓 가게 앞의 광경. 습자용 붓이 16문(钱四文의 4배)으로 살 수 있다는 사실을 보면 붓도 일상품 중 하나. (『이마요쇼쿠닌즈쿠시 하쿠닌잇슈今様職人尽百人一首』)

당연한 일이지만, 에도와 오사카에는 묵·필·현을 판매하는 행상이 존재했다. 멜대天秤棒의 양쪽 상자에 '화한제류和漢諸流', '묵·필·현'이라 써서 마을마다 걸어 다닌다. 게다가 에도에서는 간콘시우리還魂紙売リ라고 하는 행상도 존재했다. 간콘시란 걸러낸 종이, 요즘 말하는 재생상품으로, 아사쿠사가미浅草紙라고도 불렸다. 이를 발로 말아서 거리를 걸어 다녔다. '센주千住에서 이를 제작하고 오사카 부근은 고즈高津'에서 생산되었다고 한다. 100매에 100문의 염가로 화장실용이나 코 푸는 종이로 사용되었다.

덧붙여서, 『셋쓰 명소도회摂津名所図会』에는 아리마有馬 온천에 탕치하러온 사람이 선물로 특산품인 아리마 붓有馬筆을 붓 도매상에 사러오는 광경이 있다(본서 257쪽). 선물로 붓이 선호될 정도로 수요가 많았던 사실을 말해준다. 서도가 사카키 바쿠잔 씨에 의하면, "고보리 엔슈小

堀遠州[21]가 좋아하는 향내가 나는 붓으로 효고현兵庫県 아리마에서 생산된다. 적·백·청 등의 견사로 축을 장식한다 (…중략…) 인형붓이라고도 불"리며 선물로 매우 선호되었다고 한다.

종이는 미노지

종이는 모두 비슷하게 보이지만 고문서를 만져보면 크기나 지질이 문서의 내용에 따라서 다르다는 점을 알게 된다. 용도에 따라서 지질이 다른 것을 사용하기 때문이다.

종이에는 원료나 거르는 방법, 혼합물 등에 따라서 단지檀紙·스기하라지杉原紙·도리노코지鳥の子紙·호쇼지奉書紙·미노지美濃紙 등 다양한 종류가 있다. 그러나 생산 기술은 모두 중국과 조선에서 전해진 유록법溜漉法에 대해서 유록법流漉法이 주로, 이는 일본의 독자적인 생산법이다.

단지檀紙는 양질의 닥나무 껍질을 원료로 해서 섬유를 충분히 두들겨서 언뜻 보면 누에고치와 같은 광택과 촉감을 갖는 두꺼운 종이이다. 겐로쿠 즈음부터 마름모菱形의 주름문양皺文을 만들게 되었다. 대고大高·중고中高·소고小高의 구별이 있고, 에도 시대에는 포장지, 문서용, 표구용으로 주로 사용되었다. 비추단지備中檀紙가 유명한데, 비추국備中国 조

---

21 고보리 엔슈小堀遠州, 1579~1647 : 에도 초기의 다인·조원가. 엔슈류遠州流 다도의 원조. 오미 출신. 이름은 세이이치政一, 호는 소호宗甫·고호안孤篷庵. 도오토미노카미遠江守. 도요토미 히데요시, 도쿠가와 이에야스·히데타다秀忠를 섬기면서 사쿠지부교作事奉行(건물의 조영·수리 등의 건축공사 담당)를 맡았으며, 건축·조원에 재능을 발휘했다. 후루타 오리베古田織部에게 다도를 배우고 와카·서書·다기 감정에도 뛰어났다.

보군上房郡 히로세広瀬(오카야마현岡山県 다카하시시高梁市)의 야나이柳井 집안은
막부 말기까지 궁중과 막부에 납입하는 특권을 부여받았다.

스기하라지杉原紙는 닥나무 껍질을 원료로 한 얇고 부드러운 실용적
인 종이로, 예부터 하리마국播磨国 다카군多可郡 스기하라타니杉原谷(효고
현 다카군多可郡 가미마치加美町)에서 생산되었기 때문에 명명되었다. 고급
품은 아니지만 청정한 품격을 갖는 실용적인 종이였기 때문에 공가公
家의 애용지에서 무가의 공문서 용지가 되었고, 대량소비시대에 부합
한 다채로운 지질의 품종을 만들어내는 동시에 제법이 각지로 전파되
어 20여 국에서 유사품이 생산되기에 이르렀다.

도리노코지鳥の子紙는 안피雁皮를 원료로 한다. 촉감이 부드러워 글씨
쓰기가 쉽고 질겨서 보존성이 높은 최고급품이다. 종이의 색이 새의
알을 떠올리기 때문에 이러한 이름이 붙었다. 닥나무 껍질이나 삼지닥
나무를 혼합해서 거르는 경우도 있다. 『화한삼재도회和漢三才図会』에는
"질겨서 오랫동안 보존할 수 있기 때문에 종이의 왕이라고 할 만하다"
고 기록되어 있는데, 막령 영주들의 서적용으로 사용되었다. 에치젠
국越前国이 특산지였지만 에도 시대에는 각지에 전파되어 특히 안피를
풍부하게 구할 수 있는 따뜻한 지역에 명산지가 생겨났다.

호쇼지奉書紙는 닥나무 껍질을 원료로 한다. 촉감이 부드럽고 주름이
없으며 순백의 아름다운 종이이다. 상의上意를 받들어 하지下知하는 봉
서奉書(교서 등) 등에 사용되었기 때문에 이러한 이름이 붙었다. 두껍고
폭이 넓어서 권력을 상징하는 공인을 찍는 중요 문서의 용지로 선호되
었다. "호쇼지는 다른 지방에서도 생산되지만, 에치젠만한 것은 없다"
고 일컬어졌듯이, 지질·품목 모두 에치젠이 본고장이었지만, 에도 시

에치젠 호쇼의 생산과정
권력의 상징인 호쇼는 '다른 지방에서도 생산되지만 에치젠에 미치는 것은 없다'고 일컬어졌다. 『일본산해명물도회日本山海名物図会』에 생산공정이 소개되어 있다.

대에는 유사품이 각지에서 생산되어 우키요에 판화나 지요가미千代紙[22] 등에 대량으로 사용되었다.

미노지의 원료는 닥나무 껍질로, 지질이 강하고 두꺼워 문서를 옮겨 적거나 편지를 포장하는 종이, 맹장지 등에 적합했다. 미노국美濃国 무기군武儀郡 일대에서 생산되기 때문에 붙은 이름이다. 인접한 오미 지역 상인들의 손을 통해서 교토 등으로 보내어져 보급되었다. 서민의 세계에까지 침투된 실용적인 종이로, 종이라고 하면 바로 미노지가 연상될 정도로 일상적으로 사용되었다. 크기가 한시半紙[23]보다 조금 컸기 때문에 미노판美濃判이라고도 불렸다.

이러한 종이의 생산량이 비약적으로 증가하는 것은 에도 시대에 들어서의 일이다. 문서량의 급격한 증가, 출판문화의 발달, 교육의 보급, 쇼인즈쿠리書院造り[24]의 일반화에 의한 명장자 채용 등이 종이의 수요를 현저하게 증대시켰다. 그리고 용도에 따라서 지질과 크기의 차이가

---

22 지요가미千代紙 : 종이에 꽃문양 등 다양한 문양을 인쇄한 것.
23 한시半紙 : 세로 24～26cm, 가로 32～35cm 크기의 종이.
24 쇼인즈쿠리書院造り : 무로마치 시대에 비롯되어 모모야마 시대에 완성된 무가주택의 양식.

요구되어 이에 부응해서 다양한 종이가 시판되었다.

예컨대, 에도에서 막부의 평정소評定所에 내는 기소장은 보통 전분을 혼합해서 거른 히타치국常陸国 특산품인 니시노우치지西の内紙를 사용한다. 물에 강하기 때문일까.

고로베에는 증문지 팔리는 곳

五郞兵衛証文紙のうれる所

이라고 센류로 읊었듯이, 소송 때문에 참부할 때 숙박하는 공사숙公事宿[25]이 모여 있는 바쿠로초馬喰町에 있는 고로베에五郞兵衛라고 하는 종이상이 증문지証文紙를 취급했다. 그래서 그 가게 앞에는 언제나 소송인들로 북적거렸다.

니시노우치 달라며 울면서 찾아오네.

西の内をくんなはいと泣いて来る

그 때문에 고로베에 씨의 가게는 '종이 판매로 에치고야越後屋처럼 번성'했다고 일컬어질 정도였다. 겐로쿠기(1688~1704)에 간행된 『화한삼재도회』에는 지방의 몇몇 곳에서 수십 종의 종이가 생산되었다는 사실이 기록되어 있어 종이의 산지가 전국적으로 늘어났다는 것을 알 수 있다. 왜냐하면, 우키요에도 가부키의 반즈케番付도 모두 종이이다.

....
25 공사숙公事宿 : 에도 시대, 소송이나 재판 때문에 지방에서 에도나 오사카로 가는 사람의 숙박처. 주인은 소송인의 의뢰를 받아서 기소행위를 도와주는 것을 공인받았다.

출판문화의 발달과 비례했기 때문이다.

막번 영주는 당연히 이러한 움직임에 민감하게 반응했다. 막부는 어용지御用紙[26]로서 미노지에서부터 코 푸는 종이까지를 미노국 무기군의 무라에서 걷어 들였다. 미노 가라마쓰笠松 관청(기후현岐阜県 하시마시羽島市)과 야마가타군山県郡 미와촌三輪村(기후시岐阜市)에는 어용지 창고가 있어 조사관의 조사를 거쳐 에도로 운반되었다고 한다. 막부는 에치젠국越前国 이마다테군今立郡 고카五箇의 미타촌三田村 집안과, 비추국 히로세의 야나이 집안에 호쇼지·단지를 독점적으로 납입하게 하는 등, 오랜 전통을 갖는 종이의 산지를 제치고 최고급지를 모으고 있었다.

대개의 번은 닥나무의 재배를 장려해서 생산 증대를 꾀하고, 전매제도를 도입해서 재원의 확보를 도모했다. 이렇게 해서 하기번萩藩 야마시로山代의 한시半紙는 오사카 시장에서 최대 점유율을 자랑하게 되는 등 주로 서국의 여러 번에서 전매제도 시행에 의해서 종이의 산액은 서일본 우위로 이동되었다.

그러나 생산장려에 의한 강압적인 노동 강제와 판매 통제는 생산자로부터 반발을 불러 일으켜 종종 가미잇키紙一揆라 불리는 농민 반란이 일어났기 때문에 어쩔 수 없이 정책을 전환하게 되어 점차로 생산자의 입장이 판매에 반영되었다.

---

26 어용지御用紙 : 에도 시대, 막부나 번에 납입한 종이.

붓은 구마노

근세사회에 있어서 문서량의 현저한 증가는 종이의 수요를 늘였을 뿐 아니라 필기용구로서의 필·묵·현의 수요도 비약적으로 증가시켰다. 그 결과, 그때까지 문방사보라 불리며 일부 계층에서만 귀히 여겨지던 문구는 사람들의 생활에 불가결한 생활용품으로서 일상적으로 사용되었다. 그리고 수입품에서 국산품으로, 또한 전통적 기술을 독점한 유력사원이 있는 나라奈良에서 지방으로 산지를 확대하면서 수요에 부응하게 되었다.

붓은 모필毛筆이다. 이는 종이와 마찬가지로 다종다양하다. 모필의 재료는 짐승의 털로, 말·산양·돼지·사슴·너구리·고양이·토끼 등의 털이 사용되지만, 가장 널리 사용된 것은 마모, 산양모였으며, 그 다음으로 돈모·녹모鹿毛이다. 옻공예가 무로세 가즈미室瀬和美 씨가 저술한 『옻의 문화漆の文化』에 의하면, 마키에에서 사용하는 붓의 일종인 네지후데根朱筆는 쥐의 등에 있는 털이어야만 했다고 한다.

이처럼 용도에 따라서 털의 강약·경연硬軟·세태細太의 것을 적당하게 혼합하여 묶은 것을 대나무 축에 고정시킨다. 용도를 크게 분류하면, 서필書筆과 화필画筆로 나뉘며 거기에 화장필化粧筆이 더해진다. 다시 서체의 차이에 의해서 '대필', '소필'로 다양하게 나뉜다. "고보弘法 대사는 붓을 고르지 않는다"라는 속담과는 달리, 용도에 맞는 붓을 고르는 데 까다로울 수밖에 없었다.

붓의 산지는 나라였다. 붓 제작의 기술자가 남도 7대사南都七大寺[27]의 어필사御筆師로 번영해서 무로마치 시대 이후에는 여러 다이묘의 어용

필사御用筆師가 되었다. 그리고 에도 시대에는 붓 상점이 생겨나서 널리 나라 붓을 판매하게 되었다. 그 가운데서도 제묵製墨으로 유명한 고바이엔古梅園은 붓의 생산에도 가담해서 겐로쿠기에는 벌써 오사카에 출점을 했으며, 겐린도玄林堂, 규쿄도鳩居堂 등의 문구상도 생겨나서 우수한 붓을 생산해 판매하게 되었다.

또한 비슷한 시기에 붓을 만드는 재료 중 하나인 전죽箭竹이 많이 생산되는 셋쓰국攝津国 아리마(고베시)에 붓을 생산하는 산지가 생겨나서 온천에 온 기념선물로 아리마 붓이 유명해졌다는 사실은 앞서 언급한 바와 같다. 에도 후기에는 "습자용 붓을 비롯해서 일기용·해서용·대문자용의 붓이 여러 지방으로 팔려나갔다"고 기록된 바와 같이 다양한 붓을 생산해서 전국으로도 판매하게 되었다.

막부와 번은 당연히 어용필사를 두고 수요를 충당했다. 붓의 최대 소비지는 거대도시 에도였다. 그 때문에 주로 앉아서 작업을 하는 붓 제작이 막부의 고게닌과 로닌들 사이에서 부업으로 이루어졌는데 그 가운데는 우수한 붓을 제작해서 유명해진 사람도 나왔다. 또한 가신의 부업으로 우산 제작 외에 붓 제작을 장려하는 번도 있었다.

그리고 객지에 나가 돈벌이를 하고 돌아오면서 붓과 먹을 구입해서 행상을 하고 그 제법을 공부해서 농한기의 부업으로 붓 제작을 시작한 지역이 생겨났다. 아키국安芸国 아키군安芸郡 구마노촌熊野村(히로시마현広島県 아키군安芸郡 구마노마치熊野町)이 이에 해당된다. 구마노촌은 산에 둘러싸인 작은 마을이었다. 그 때문에 젊은이들은 기슈紀州까지 일을 하러

----

27 남도 7대사南都七大寺 : 나라에 있는 7개의 큰 절. 도다이사東大寺·고후쿠사興福寺·간고사元興寺·다이안사大安寺·야쿠시사藥師寺·사이다이사西大寺·호류사法隆寺.

나갔는데, 돌아오는 길에 나라에서 붓과 먹을 구입해서 가까운 데서
행상을 했다. 1846년고카弘化 3 마을의 젊은이가 히로시마에서 번의 어
용필사에게 제법을 배워 돌아왔다. 그들은 행상의 경험을 판로개척으
로 활용해서 시코쿠四国・규슈로 진출해서 생산량을 확대했다. 그리고
근대에 들어서 학제学制가 발포되면서 모필의 수요가 비약적으로 높아
졌기 때문에 구마노 붓熊野筆은 전국을 제패하게 되었다.

묵은 야마토의 고바이엔

묵은 붓과는 달랐다. 묵의 생산은 고도 나라가 독점했다. 묵에는 송
진의 그을음으로 만드는 송연묵松煙墨과 식물의 종유種油(주로 채종유菜種

油)의 그을음으로 만드는 유연묵油煙墨이 있는데, 이 두 가지가 묵의 세계를 이분했다. 에도 시대, 나라에서 생산된 묵의 대부분은 유연묵이며 근소하게 송연묵이 제작되는 정도였는데 모두가 나라 묵奈良墨이라 불렸다.

앞서 언급한 사카키 바쿠잔 씨에 의하면, 유연묵과 송연묵의 차이는 먹을 갈은 면을 보면 한눈에 알 수 있다고 한다. "유연묵의 단면은 상당히 아름다운 광택이 있는데 송연묵은 거의 광택을 반사하지 않고 탁하기 때문이다." 그러나 "이처럼 단면이 탁한 송연묵을 사용해서 선지宣紙[28]나 화선지畫仙紙에 글씨를 쓰거나 그림을 그리면, 먹의 색은 은은하게 맑게 비추니 신기하다"고 일컬어졌다. 유연묵은 광택이, 송연묵은 맑은 것이 장점인 셈이다.

유연묵은 사원의 등불의 그을음을 취해서 아교에 풀어서 만든 것에서 비롯되었다고 한다. 그 제법이 사원의 쇠퇴와 함께 마치로 옮겨져서 에도 초기에는 나라의 마치의 중심부에는 10여 명의 묵 제조판매자墨屋가 존재했고 겐로쿠기가 되면 38채에 이르렀다.

그러한 가운데 조정과 막부에 먹을 납입하는 어용묵사도 있었는데 18세기에 두각을 나타낸 것이 이미 소개한 마쓰이松井 씨의 고바이엔古梅園이다. 그 가운데서도 6대 당주當主 겐타이元泰가 먹의 연구와 개량에 노력하고 오사카를 비롯해서 에도와 교토에도 출점해서 고바이엔을 번성시켜 이즈미노조和泉掾라는 관명을 받고 만년에는『고바이엔 묵보古梅園墨譜』,『고바이엔 묵담古梅園墨談』을 저술하는 등 제묵사상에 큰 적

----
28 선지宣紙 : 서화書畫에 쓰는 중국의 종이. 중국 선성宣城에서 생산되어 이름이 유래되었다.

나라 고바이엔의 제묵 광경
『고바이엔 묵담』에는 유연묵·송연묵 제조의 전 과정이 소개되어 있다. 그림은 유연묵을 생산하는 장면. 취유연取油煙 →절매節煤 →전교煎膠 →조묵造墨 →회체灰替 →수치修治 →외식外飾의 공정을 거쳐 완성. 그림은 조묵까지의 공정이다.

족을 남겼다.

그러나 나라 먹의 생산은 에도 후기에 들어서 정체된다. 일설에는 송연묵이 기슈를 비롯한 각지에서 생산되었기 때문이라고 하는데, 그 이유는 확실하지 않다. 그러나 분카·분세이기(1804~30)에 들어 다시 융성해져 묵 제조판매자는 55명에 이르고 삼도에 출점한 묵가게의 수도 늘어났다. 아마도 분카·분세이기의 문화와 교육의 눈부신 발전이 수요를 한꺼번에 증대시켜 생산량의 부활에 이어졌을 것이다.

단, 나라의 먹 생산량을 전하는 사료는 현재 발견되지 않았다. 1872년메이지 5의 연간 제묵량이 821,716정挺이었기 때문에 막부 말기에도 거의 이에 가까운 것이라고 생각된다.

벼루는 단계

먹을 가는 벼루에 관해서도 살펴보자. 하지만 벼루의 생산에 관한 역사적인 연구는 매우 적어서 개관하는 정도에 머물 수밖에 없다.

헤이안 시대 이전의 일본에서는 도연陶硯(도기제陶器製)이 많이 사용되었다. 일본에 석연石硯이 보급되는 것은 가마쿠라 시대 이후의 일인데, 압도적으로 중국으로부터의 수입품(당연唐硯)이 사용되었던 것 같다. 특히 무로마치 시대에는 쇼인즈쿠리의 보급으로 서원의 도코노마床の間와 지가이다나違い棚29에 문구가 장식되었는데 당물唐物 상완의 풍조도 있어서 한층 당현唐硯이 귀히 여겨졌다. 단, 벼루에 자석紫石이라 쓰여 있을 뿐이며 그 이름은 알 수 없다.

중국산 벼루는 오대명석이 유명하다. 단계연端渓硯・흡주연歙州硯・홍사연紅糸硯・조하록석연洮河緑石硯・송화강록석연松花江緑石硯이다. 그 가운데서도 단계연은 널리 세상에 알려져 일본으로도 수입되었을 것이라고 한다.

에도 시대에 들어서 문서주의의 시대가 되자, 붓과 먹의 소비량이 격증하면서 벼루도 또한 수요가 증가되었다. 이에 국내에서도 관심이 높아져 벼루에 적합한 명석의 발굴이 성행하게 되었다. 간세이기(1789~1801)에 교토 세키키소石希聰의 편집으로 간행된 『화한연보和漢研譜』 1권에는 전국에서 37종의 연석이 소개되어 있는데, 아카마석赤間石(야마구치현山口県), 아마하타석雨端石(야마나시현山梨県), 겐쇼석玄昌石(미야기현宮城県),

---

29 지가이다나違い棚: 고토노마의 옆에 있는 일종의 장식선반으로, 선반의 높이를 다르게 해서 차이를 낸 것.

와카타석若田石(나가사키현長崎
県 쓰시마対馬), 도사석土佐石(고
치현高知県), 다카시마석高島石
(사가현滋賀県), 호라이지석鳳來
寺石(아이치현愛知県), 류케이석竜
渓石(나가노현長野県) 등이 유명
하다.

그중에서도 아카마석은 일
명 '자금석紫金石'이라고도 불

리는데 일본벼루和硯 중에는 최고의 재료라고 한다. 또한 아마하타석은
가이국甲斐国 고마군巨摩郡 가지카와鰍沢(야마나시현山梨県 고마군巨摩郡 가지카
자와초鰍沢町) 부근에서 산출되는 돌로 만들어진 벼루이다. 아마하타에는
예부터 아메미야 세이켄雨宮静軒이라 하는 벼루 제조자가 있었는데 대대
로 세습해서 벼루를 만들었다고 한다. 또한 겐쇼석은 '오카치석雄勝石'이
라고도 하는데, 센다이번仙台藩이 대대로 세습고용한 벼루 제조자에게
이 돌로 벼루를 만들게 해서 쇼군에게 헌상해 유명해졌다.

그러나 사카키 바쿠잔 씨는 아무리 좋게 평가한다고 해도 일본산 벼
루는 중국산에 비해서 열등하다고 한다. 따라서 벼루를 판단하는 기준
은 아무래도 중국산을 기본으로 하게 된다. 중국풍으로 만들어진 아카
마 벼루를 종종 단계현으로 착오하는 경우도 있었다고 하는데 그것도
선입관을 가지고 보았기 때문일 것이다.

벼루도 일상생활에 불가결한 것이 되었다. 그러나 조금 사용하면
마모가 심한 붓이나 먹과는 달리 내구성이 있다. 일생 동안 소유하기

도 하고 자자손손 전해질 정도로 소중히 여겨지는 경우가 많았다. 그 때문에 미술적 문양의 조각을 장식한 것이 많이 제작되었다. 즉, 실용으로 사용되면서 감상으로도 우수한 벼루가 제작되어 형태와 장식에 많이 신경을 썼다. 그리고 그러한 벼루에 언제부턴가 다양한 명칭이 붙게 되었다.

게다가 쇼인즈쿠리가 보급되면서 문서함과 함께 벼루상자硯箱에도 신경을 쓰게 되어 마키에를 장식한 장식성이 풍부한 벼루상자가 많이 만들어졌다. 이는 사람들의 벼루와 붓, 먹에 대한 애착을 나타내는 표현의 하나이다.

오쓰 주판과 반슈 주판

문방사보와 함께 빠뜨릴 수 없는 문구에 계산기구인 주판이 있다. 당연히 주산 학습의 보급과 경제 발전과 함께 수요가 증가했다. 그렇다면, 어디에서 만들어져 어떻게 판매되었던 것일까?

1638년간에이 15에 쓰이고 1645년쇼호正保 2에 간행된 하이론서俳論書[30] 『게후키구사毛吹草』의 셋쓰와 히젠의 항목에는 '주판+露盤'이 소개되어 있어 히젠국 나가사키에서 주판의 생산이 시작되었던 것을 확인할 수 있다.

그 후, 문헌에는 교토안내서 『요슈후시雍州府志』(1684년조쿄 원년 간행)와

----

30 하이론서俳論書: 하이카이俳諧 · 하이쿠의 본질과 이념, 방법, 규칙, 어휘 등에 관해 논한 책.

『니혼 가노코日本鹿子』(1691년겐로쿠 4 간행)에 '오쓰大津 주판'이라는 이름이 등장한다. '오쓰 주판'은 에도 초기부터 메이지 초기까지 가장 많이 보급되었던 주판이다. 이어서 '반슈播州 주판', '히로시마 주판', '운슈雲州 주판'이라는 이름이 유명해졌는데, 그 외에도 각지에서 주판의 생산이 시작되었다. 이는 수용의 증대와 함께 그 공급지가 확대되었던 사실을 의미한다.

그중에서도 오미국近江国 오쓰의 가타오카 쇼베에片岡圧兵衛라는 자가 에도 초기에 나가사키 부교長崎奉行[31]를 수행해서 나가사키로 갈 때, 중국인에게 주판의 견본을 얻어서 제법을 배워 돌아왔다고 한다. 그 후, 다양한 연구를 거쳐서 일본인에게 적합한 개량품을 제작해서 막부에 헌납해 칭찬을 받고 막부 간조쇼勘定所[32]의 어용상인御用商人[33]으로 이름을 올려 '오쓰 주판'의 판로를 넓혔다고 한다.

⑦

오쓰 주판(뒷면)
오미국 오쓰는 일본에서 가장 일찍 주판이 제작된 지역이다. 직인들이 제작한 주판은 높은 평가를 얻어서 막부 말기까지 그 명성을 떨쳤다.

----

31 나가사키 부교長崎奉行 : 에도 막부의 직명. 엔고쿠 부교遠国奉行(에도 시대, 막부 직할의 요지에 배치한 부교의 총칭) 중 하나. 로주에 속하며 나가사키의 민정·무역·선박 등의 관리, 여러 외국의 동정動静 감시 및 해방海防 등을 맡았다.

32 간조쇼勘定所 : 에도 막부의 관청. 간조부교勘定奉行를 장관으로 해서 막부 재정의 운영과 막령幕領의 조세·징수·소송 등을 주요임무로 했다.

33 어용상인御用商人 : 근세, 막부·번이 필요한 상품을 조달할 수 있는 특권을 얻은 상인.

가타오카 집안은 주판의 뒷면에 '오쓰大津 이치리즈카—里塚 앞 쇼베에庄兵衛의 출점出店 교토 산조三条 다카쿠라히가시高倉東'라는 종이를 붙여서 '쇼베에'라는 이름으로 품질을 보증했다. 많은 제자들도 또한 '오쓰 분기점 이치리즈카—里塚 앞 주판제작자 미노아美濃屋 리베에理兵衛'라는 문장을 새겨서 스승의 기술을 전승했다는 사실을 자랑스럽게 여겼다. 제자들의 이름이 들어간 이러한 주판이 각지에 남아 있어 그 융성했던 모습을 엿볼 수 있다.

'오쓰 주판'은 21선, 25선, 27선부터 37선이 가장 많이 남아 있다. 가름대의 재질은 대나무이고 구슬의 재질은 다양한데 주로 황양목·구골나무·매화나무가 많이 사용되었다. 틀은 가시나무·감나무·흑단黑檀·자단紫檀이 사용되었는데, 일상적으로 사용되는 주판에는 밑판이 없는 경우가 보통이다.

'오쓰 주판'의 제법을 배워서 농촌의 가내공업으로 삼아 하리마播磨 오노小野(효고현兵庫県 오노시小野市) 지방에서 생산이 시작되어 유명해진 것이 '반슈 주판'이다. 유명한 주판 제조기술자가 생산한 것이 아니라 무명의 직인들에 의한 산물이었기 때문에 제작자의 이름이 들어가지 않는 것이 특징이다.

그 후, 에도 후기에 히로시마에 걸출한 주판 제조기술자 시오야 고하치塩屋小八가 나와서 아키국 각지에 제법을 보급시키고 우수한 공인을 배출해서 '히로시마 주판', '게이슈芸州 주판'이라 불리는 산지가 생겨났다. 뿐만 아니라, 시오야 고하치에게 심취했던 이즈모국出雲国 니타군仁多郡 가메다케촌亀嵩村(시마네현島根県 니타군仁多郡 오쿠이즈모초出雲町)에 사는 무라카미 기치고로村上吉五郎가 그 제법기술을 개량해서 무라의 수공업으로 뿌리내리게 한 것이 '운슈 주판'의 시작이다.

　모두가 지역성이 강한 재료를 사용한 무라의 수공업에서 출발해서 오쓰 주판에 근접할 정도의 생산량을 자랑하게 되었다. 이러한 교육, 경제의 발달에 의한 수요 증가를 예견한 선견은 구마노 붓과 아울러 간과해서는 안 되는 교육산업의 하나였을 것이다.

　필기는 절대로 문방이나 관청, 습자소의 책상 위에서만 하는 것이 아니다. 상인은 선 채로 거래를 하고 주판을 사용해서 장부도 기재한다. 천석선의 선장은 배 안에서 장부를 적었다. 검지하는 관리檢地役人는 논밭을 측량할 때, 들판에서 메모하지 않으면 안 된다. 여행을 떠나면 종종 일기를 쓰고 편지를 쓰게 되는데 이 모든 것이 책상 위에서 이루어지지 않는다. 야타테[34]라고 하는 필기도구를 사용하고 특별히 제작된 작은 장부가 이용된다. 이러한 문구가 보편화된 것도 에도 시대이다.

34　야타테 : 본서 시작하는 말의 주 48 참조.

제 5 장

지와 미를
보급하다

출판기업의 성립

서적상은 전통문화의 도시인 교토에서부터 시작되었다

지知의 보급에는 같은 정보를 많은 사람들이 공유하는 것이 불가결하다. 이는 인쇄가 대중적인 성격을 갖고서야 비로소 가능해진다. 다시 말해서, 한 장의 종이이던지 책자이던지 간에 대량으로 간행되어 많은 사람들의 손에 건네질 필요가 있다.

그러한 점에서 서양 여러 나라와의 접촉과, 도요토미 히데요시가 조선 출병했을 때 약탈해 온 동활자와 인쇄기의 도입은 커다란 전환이 되었다. 얼마 지나지 않아서 식자, 목활자木活字(식자판植字版·일자판一字版)의 기술이 개발되고, 고요제이 천황파後陽成帝派가 게이초판慶長版을, 도쿠가와 이에야스가 후시미판伏見版(목제활자)과 스루가판駿河版(동제활자)이라 불리는 간행물을 세상에 내놓았다.

또한, 난젠사南禅寺 등의 교토 고잔판五山版, 가나 고전仮名古典의 개판改版에 정력을 쏟은 마치슈町衆[1] 혼아미 고에쓰本阿弥光悦[2] 등의 이른바 사가본嵯峨本, 나가사키에서 그리스도교 포교용의 기리시탄판이 연이어 간행되어 활자판 시대를 맞이하게 되었다.

1 　마치슈町衆 : 중세 후기의 교토에서 마치구미町組를 만들어 자치적인 생활을 영위하는 상공업자를 주로 한 사람들. 기온마쓰리祇園祭(본서 8장의 주 42 참조)를 주도하고 노能·차茶 등의 서민문화의 담당자가 되었다.
2 　혼아미 고에쓰本阿弥光悦 : 본서 시작하는 말의 주 29 참조.

①

이에야스가 제작케 한 후시미판伏見版 **목제활자**
이에야스는 교토 후시미의 엔코사円光寺에서 승려 겐키쓰元佶에게 명해서 10만개의 목활자를 만들게 했다. 이 활자를 이용해서 제작된 출판물이 후시미판이라 불린다.

　　그러나 이들은 발행부수가 적고, 기리시탄판은 그리스도교에 대한 탄압에 의해서 단절되었다. 스루가판 등도 이에야스의 사후에는 사업이 계속되지 못했다. 다만 호사가들의 완상용이나 무사와 귀족·승려·의사·호상 등의 좁은 인간관계 사이에서 유포되었을 뿐이었다.

　　그런데 『게이초 견문집』 권4 '아이들이 널리 습자를 배우는 것'에 기록되어 있듯이, 오사카 전투 이후 귀천을 불문하고 학문과 문예를 비롯해서 지에 대한 관심이 한층 높아지기 시작하자, 이에 부응하는 움직임이 나타났다. 인쇄에 의한 지의 보급이다. 처음에 관심을 높인 것이 교토의 호상들이었다. 지에 대한 관심이 한층 높아지자 이에 부응하는 움직임이 교토에서 나타났다.

이러한 사람들의 기대에 부응해서 개판 활동을 업으로 하는 모노노 혼야物之本屋, 줄여서 '혼야本屋'가 탄생했다. '사물의 근본物之本', 즉 진리·원리를 탐구하는 것을 다루는 장사라는 의미이다. 그 때문에 학술·사상·종교 관계 등 사물의 본질과 데혼手本으로 사용되는 출판물의 간행을 주로 했다.

그러나 활자인쇄는 방대한 수의 활자를 필요로 하는 데다가 후리가나振り仮名[3]나 삽화 등을 넣은 지면 구성이 곤란한 약점이 있었다. 그래서 활자인쇄물의 삽화 등으로 이미 사용되고 있었던 판목조각板木彫刻에 의한 정판인쇄整版印刷, 즉 목판인쇄가 간에이 초기부터 본격화되었다. 이렇게 해서, 완성된 품질은 다소 떨어지지만 가격이 싸고 자유로운 지면 구성이 가능한 목판인쇄로 크게 기울어지게 되었다.

그리고 가나조시仮名草子[4]를 비롯해서 크고 작은 삽화를 자유롭게 삽입할 수 있는 에이리본絵入り本 등, 다양한 편집을 가능하게 했던 점이 독자층을 크게 확대하는 계기가 되어 기업으로 성립될 수 있는 조건을 만족시켰다. 이렇게 해서 작가·화공·목판을 만드는 사람彫師·판을 종이에 찍는 사람摺師·제본하는 사람経師屋 등을 총괄해서 기획·제작·판매하는 서적상書物屋(출판기업)의 본격적인 성립을 촉진하게 되었다.

출판업은 문화의 중심지였던 교토에서 개업하는 경우가 압도적으로 많았다. 근세문학 연구자인 이노우에 다카아키井上隆明 씨의 노작

---

3 후리가나振り仮名 : 한자의 읽는 방법을 나타내기 위해서 한자 옆에 작게 써놓은 가나.
4 가나조시仮名草子 : 에도 초기의 소설류의 호칭. 부녀와 아동용으로 평이한 가나문仮名文으로 쓰인, 계몽·오락을 주로 한 것이 많다. 무로마치 시대의 오토기조시御伽草子의 전통을 계승한 한편, 우키요조시浮世草子의 선구적 위치에 있다. 대표작『우라미노스케恨之介』, 『잇큐 이야기一休咄』 등.

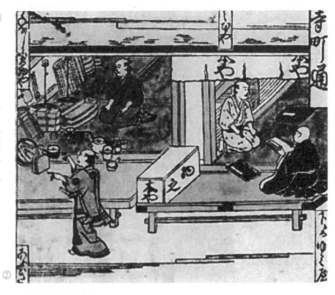

『교스즈메京雀』에 그려진 서적상

1665년간분5, 교토 거리의 안내서로 간행된 『교스즈메』에 묘사된 데라마치도오리寺町通り5의 서적상. 점포의 구조와 손님인 승려와의 대화 등 실경에 근거한다고 여겨지는 상황이 묘사되어 있다.

『근세서적상총람近世書林版元総覧』에 의하면, 1598년게이초 3에서 1703년 겐로쿠 16까지의 105년 사이에 창업한 서적상은 전국에서 1,171곳인데, 그중 교토가 701곳으로 전체의 약 60%를 차지했다.

1678년엔포 6 간행된 『미야코스즈메都雀』와 1685년조쿄 2 간행된 『교하부타에京羽二重』에 의하면 교토의 출판업은 ① 物之本屋(서적), ② 唐本屋(수입본), ③ 書本屋(사본), ④ 浄瑠璃屋脚本屋(각본), ⑤ 板木屋(판기 제작), ⑥ 古本屋(고본)가 존재했는데, 출판과 판매의 분업화가 진행되어 있었다는 사실을 확인할 수 있다.

그 가운데서도 교토의 '모노노혼야'는, 근세서적사를 연구하는 후지자네 구미코藤貫久美子 씨가 분석한 이즈모지 집안出雲寺家6처럼, 막부와

5　데라마치 거리寺町通り : 교토 시가지에 남북으로 위치한 도로. 북쪽의 구라마구치 거리鞍馬口通り에서 남쪽의 고조 거리五条通り에 이른다. 전 길이 약 4.6km.

사원, 특정 학파 등과 특별한 관계를 가진 경영을 발전시켰기 때문에 그들이 소장한 판목板木의 대다수는 막부 관련의 서적과 종교서, 한적漢籍, 일본의 고전 등이 차지했다.

출판업의 중심이 오사카로 옮겨지다

에도 시대 전 시기에 걸쳐서 전국에서 개업한 출판업자의 수는 6천을 넘는다고 한다. 그러나 정치와 경제력에서 교토가 부진하고 대신해서 쇼군이 있는 에도와 천하의 부엌인 오사카가 번영하기 시작하자, 거기에 문화와 정보를 전달하기 위한 서적업의 창업이 급속하게 증가했다.

앞서 언급한 이노우에 다카아키 씨의 조사에 의하면, 1704년부터 1788년 사이에 출판업의 중심은 교토에서 오사카로 이동하고 에도에서의 활동이 한층 활발해졌다.

어째서 이러한 현상이 일어났을까? 교토의 '모노노혼야', 예컨대 이즈모지 집안이 막부와 사원 등의 비호하에서 하야시 라잔·가호鵞峰 부자가 엮은 『본조통감本朝通鑑』을 개판하는 등 폐쇄적인 출판활동에 시종하고 새로운 문화의 태동을 읽어내지 못했기 때문이다.

겐로쿠기(1688~1704)에 들어서자, 오사카가 전국 시장의 중심적인 지위를 확립하고 조닌층이 경제 활동의 주역으로 부상했다. 그때까지

....

6   이즈모지 집안出雲寺家 : 에도 시대의 서적상. 쇼하쿠도松柏堂라고도 한다. 메이레키 연간 (1655~58), 교토 이마데가와 거리今出川通에 창업했다. 초대初代 이즈미노조和泉掾는 하야시 라잔의 친척으로 대대로 막부의 어용御用을 맡았다.

교토에 눌려 있던 오사카의 서적산업도 신흥 조닌의 심정을 대변하는 듯한 새로운 형식의 문예 '우키요조시'를 간행하여 인기를 불러 모아 개업 수가 증가했다.

태두한 조닌들이 서민들 사이에 읽고 쓰기·주산을 더욱 보급시켰으며 서민이 그 식자력을 이용해서 문화를 향수하고자 하는 것은 당연했다. 그러나 수입된 한적을 화본和本으로 바꾸어 판매해도 서민에게는 여전히 어려웠다. 독자가 서적상에게 요구한 것은 지적인 흥미보다도 생활에 직결해서 이용할 수 있는 매뉴얼이나 호색물, 상인 도덕에 관련된 출판물이었다.

일상의 예의작법을 설명한 조호기
1801년교와 원년 간행된 『동학 호초기童学重宝記』에는 '훌륭한 사람을 만나면, 두 손이 발등에 닿도록 인사를 하라', '훌륭한 사람 앞에서는 부채를 사용해서는 안 된다' 등 일상생활에서의 예의작법이 그림과 함께 이해되기 쉽도록 설명되어 있다.

이렇게 해서 오사카의 신흥 출판업은 일상생활에 필요한 노하우를 다룬 '조호기重宝記'류나 이하라 사이카쿠의 『호색일대남好色一代男』을 비롯한 우키요조시의 출판에 주력해서 딱딱한 '모노노혼' 제작에서부터 벗어나 독자로서 서민이 요구하는 다양한 책의 대량판매라고 하는 새로운 시대의 도래를 가져왔다.

1702년겐로쿠 15에 간행된 『겐로쿠 태평기元禄太平記』에 교토와 오사카의 서적상이 나눈 대화가 소개되어 있다. 교토의 서적상이 최근에는 딱딱한 책은 팔리지 않고 팔리는 것은 호색본이나 조호기류라고 하자, 오사카의 서적상이 정말 그렇다, 오사카는 이미 『가내 조호기家内重宝記』가 간행된 이후로는 그러한 종류의 책이 '많이 간행된다'고 하는 대화이다. 이 대화에 나타나는 그대로, 오사카에서는 호색본과 조호기가 폭발적인 인기를 끌었다.

1688년의 『히마치 조호기日待調法記』 이후 연이어 조호기류의 간행이 이어지고, 또한 사이카쿠의 호색본과 조닌물町人物[7]을 중심으로 하는 우키요조시, 지카마쓰 조루리본近松浄瑠璃本(정본正本), 하이카이의 융성에 따른 하이쇼俳書와 구집句集, 그리고 '천하의 부엌'의 완성에 의한 오사카 조닌의 지위 향상과 가산 유지를 위한 유학적인 교훈물에서 경제적인 지식을 얻는 서적에 이르기까지 실로 다양한 내용의 책이 연이어 간행되어 문화시장을 활성화했다.

서적업의 분업화

이 과정에서 서적상은 취급하는 책의 내용이 전문화되어 가면서 각각 중간적인 조직이 생겨났다고 한다. 이노우에 다카아키 씨는 전출의 저서에서 ① 서사書肆(화각본和刻本·학술서), ② 서림書林(수필·에혼絵本), ③ 소시야草紙屋(에조시絵草紙·판화·스리모노摺物), ④ 혼야本屋(고본古本·세책본), ⑤ 쇼혼야正本屋(예능의 사보詞譜·대본)로 구별되었다고 한다.

서사와 서림의 구별은 그다지 분명히 구별되지 않았던 듯 하며 직접

----

7   조닌물町人物: 우키요조시 중에 주로 조닌의 경제생활의 실태를 묘사한 것.

적으로 '소시야草紙屋', '쇼혼야正本屋'라 하지 않고 '서방書房'이나 '서점書店', '서포書舖'라고 하는 경우가 많았던 듯 하다.

판권자가 어디인지 하는 것은 책의 가장 마지막에 있는 '판권장奧付'을 보면 알 수 있다. '판권장'에는 반드시 '교토 서사書肆 ◯◯당'이라던 가 '동도서림東都書林 ◯◯'이라는 식으로 판권자의 소재지와 이름이 기록되어 있다. 그러나 요즘과는 달리 두 개, 세 개 혹은 네 개의 복수의 판권자가 기록되어 있는 '판권장'이 발견되는 경우가 있다. 초기의 교토에서는 2사 이상의 공동출자로 판목을 제작하는 경우에 이러한 형태를 취했다고 한다. 요즘 말하는 조인트 벤처의 선구자인데 이를 '아이한相板'이라고 했다.

이 경우에 상대가 임의로 인쇄하는 것을 방지하기 위해서 판목을 나누어 갖는 경우가 많았기 때문이다. 이러한 점에 주의해서 이하라 사이카쿠의 책의 '판권장'을 살펴보면, 1686년 간행된『본조이십불효本朝二十不孝』부터 조금 다르다는 사실을 확인할 수 있다.

다시 말해서, 1682년 간행된『호색일대남』의 '판권장'에 있는 판권자는 아라토야 마고베에粗砥屋孫兵衛 단 한 사람이다. 2년 후 1684년에 간행된 에도판江戸版에서도 가와사키 시치로베에川崎七郎兵衛뿐이다. 그후, 연이어 출판된『사이카쿠 제국 이야기西鶴諸国ばなし』,『호색오인녀好色五人女』,『호색일대녀好色一代女』도 모두 한 사람이다. 그런데『본조이십불효』에 이르러서는 판권자가 지구사 고베에千種五兵衛(오사카), 이케다 사부로에몬池田三郎右衛門(오사카), 요로즈야 세이베에萬谷清兵衛(에도), 이렇게 3명의 이름이 병기되어 있다.

이래, 사이카쿠물은 두세 작품을 제외하면 모두 '아이한'으로 되어

있다. 게다가 오사카의 판권자와 교토 혹은 에도, 때로는 삼도의 판권자에 의한 '아이한'으로 되어 있다. 『에도의 책방江戸の本屋さん』의 저자인 곤타 요조今田洋三 씨는 이러한 차이가 공동출자방식에 의한 간행이 아니라, 에도와 오사카로 판매확대를 위한 제휴라고 한다. 사이카쿠의 작품은 이러한 새로운 판매확대방식이 채택됨으로써 삼도 동시발매가 가능해져 많은 독자를 획득했던 것이다.

에도 시대에 오사카를 판권자로 하는 출판물에 관해서는, 1723년에 오사카서적상조합大阪書物屋仲間이 결성된 이후의 것은 '출판신청서開板御願與控書'가

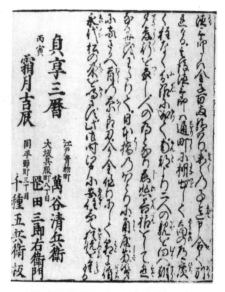

에도와 오사카의 판권자가 병기된 판권장
이하라 사이카쿠의 판권장을 발행연대 순서로 되짚어 보면, 이 『본조이십불효』부터 책의 출자를 기록한 판권장에 에도, 오사카, 교토가 함께 병기되었다고 한다. 판로를 확대해서 에도 혹은 삼도에서 동시 발매되었기 때문이라고 생각된다.

남겨져 있어서 『교호 이래 오사카 출판서적목록享保以後大阪出版書籍目録』이라는 이름으로 현재 간행되고 있기 때문에 이를 통해서 오사카 출판물의 특색을 파악할 수가 있다. 그 후에도 조호기와 세쓰요집節用集, 습자용 교본, 교훈물 등 일용적인 실용서와 교양서가 얼마나 많은지 놀랄 정도이다.

그러나 그렇다고 해서 겐로쿠기의 출판이 완전히 오사카로 이동했던 것은 아니다. 전통문화의 중심지인 교토에서도 신흥 출판업자가 출현해서 지적 교양서와 새로운 취향을 구사한 우키요조시 등의 간행으

로 새로운 활력을 되찾았다.

예컨대, 일본의 사물을 중국의 학술서를 모방해서 편집한, 겐로쿠의 3대백과사전이라 불리는『본초강목本草綱目』,『본조식감本朝食鑑』,『화한삼재도회』등의 연구성과는 모두가 교토의 서적상에서 간행된 것이다.

또한 가이바라 에키켄의『화한명수和漢名数』등의 교양서와 도덕적 교훈서『화속동자훈』,『야마토 속훈大和俗訓』, 에키켄이 중개해서 간행된 미야자키 야스사다의『농업전서』등을 출판해서 숨통을 튀게 된 류시켄타자에몬柳枝軒多左衛門과, 호색성과 생활감이 풍부한 서민 대상의 우키요조시를 연이어 간행해서 이를 하치몬지야본八文字屋本이라고 불리게 할 정도의 인기를 불러일으킨 하치몬지야 하치자에몬八文字屋八左衛門[8]은 에이리쿄겐본絵入り狂言本,[9] 야쿠샤 평판기役者評判記[10]로 더욱 이름을 높여서 겐로쿠 시대를 대표하는 출판업자로 성장했다.

---

8 하치몬지야 하치자에몬八文字屋八左衛門, ?~1745 : 에도 중기의 우키요조시 작가 · 서사書肆 · 판권자. 교토 출신. 본성은 안도安藤. 작자 에지마 기세키江島其磧, 화가 니시카와 스케노부西川祐信와 결속해서 하치몬지야본八文字屋本을 창시했다.

9 에이리쿄겐본絵入り狂言本 : 가부키의 줄거리를 삽화와 함께 나타낸 판본으로 겐로쿠기(1688~1704)부터 시작되어 약 50년간 활발히 간행되었다.

10 야쿠샤 평판기役者評判記 : 가부키 배우의 용모와 기예를 평하여 순위를 매긴 서적류. 에도시대부터 메이지 초기에 걸쳐서 교토 · 오사카 · 에도의 삼도를 중심으로 간행되었다. 겐로쿠기쯤부터 삼도별로 3분책分冊이 매년 1월과 3월, 연2회 간행되는 것이 원칙이었다.

삼도서적상조합의 시대

막부의 출판 통제

쇼군이 있는 에도의 서적업은 어땠을까? 에도는 사농공상의 신분과 그 주변에서 살아가는 사람 등 방대한 인구를 가지게 되었다. 단기이기는 하지만 참근교대로 출부하는 지방무사가 체재하기도 하고 연계 봉공年季奉公으로 주변 지역에서 유입되는 지방인이 더해져서 당시 세계 유수의 거대도시로 성장하고 있었다. 그 때문에 다양한 신분과 직업에 맞추어 서적의 요구도 다양하고 간행수도 증가일로였다.

그러나 에도 초기에 학문적인 '모노노혼 物之本'과 교양서는 오로지 교토의 출판업자가 교토에서 인쇄한 것을 에도로 운반해 자신들의 출점에서 취급했다. 1660년대에 그러한 출점이 급속하게 늘어나기 시작해서 에도에서 깃발을 올린 출판업자들은 오락성이 풍부한 에혼이나 오래된 조루리본, 오토기조시, 가나조시 등을 간행하는 자가 많았다. 그러한 가운데 화제가 된 것은 히시카와 모로노부의 춘화본이 엔포延宝 연간(1673~81)에 간행된 정도일 것이다.

간행이 증가되는 가나조시
가나조시는 17세기 초부터 말 즈음에 가나로 저술된 작품. 그 때문에 메이지 중기부터 이렇게 불리게 되었다. 이 그림은 가나조시 『우키요 이야기浮世物語』의 삽화 중 하나.

막부는 지의 보급을 가져오는 서적이 많은 사람들에게 큰 영향을 미친다는 사실을 잘 알고 있었다. 때로는 막부를 지탱하는 정치사상을 비판하기도 하고 중대한 정치적 사건을 그럴싸하게 보도하거나 야유하는 라쿠쇼가 나오면 즉시 인기를 끌었기 때문에 막부는 쉴 새 없이 주시하고 있었다. 또한 달력처럼 민간에서 맘대로 만들어져 유포되면 곤란한 것도 있었다. 쇼군이 있는 지역에서 그런 출판물이 횡행해서는 번에 체면이 서지 않는다.

1680년엔포 8에 등장한 5대 쇼군 도쿠가와 쓰나요시德川綱吉[11]는 학문을 좋아해서 유학사상에 근거한 정치를 실현하고자 충격적인 정책을 내놓으며 헐거워지기 시작한 막번제를 재정비했다. 그 때문에 많은 다이묘와 하타모토旗本가 개역改易[12]·감봉을 당하기도 하고 작은 부정을 이유로 다이칸이 다수 면직되기도 했다. 이 정치를 훗날의 사람들은 덴나의 치天和の治라 이름하며 칭찬했지만 일종의 공포정치였다. 비판이 일어나는 것도 당연했다. 그것이 출판에 의해서 항간에 유포되는 것을 경계해서인지 쓰나요시 대에 이르러 출판물에 대한 감시가 한층 엄격해지고 통제가 강화되었다.

그러나 쓰나요시는 심복인 다이로 홋타 마사토시堀田正俊[13]가 에도성

---

11 도쿠가와 쓰나요시德川綱吉, 1646~1709 : 에도 막부의 5대 쇼군. 재임 1680~1709. 이에미쓰家光의 4남. 재위 초기에는 홋타 마사토시堀田正俊를 등용해서 문치정치를 펼치고자 노력했지만, 마사토시 사망 후 야나기사와 요시야스柳沢吉保를 중용해서 동물살생금지령을 발해 빈축을 샀다. 또한 화폐 개주에 의해서 정치적 혼란을 초래했다.

12 개역改易 : 에도 시대, 무사의 신분을 평민으로 떨어뜨리고 영지와 가옥 등의 재산을 몰수하던 형벌.

13 홋타 마사토시堀田正俊, 1634~84 : 에도 전기의 정치가. 시모우사下総 고가古河 번주. 쇼군 도쿠가와 쓰네요시 옹립에 공을 세워 다이로가 되었지만, 에도성에서 와카도시요리若年寄(로주에 다음가는 에도 막부의 중직)인 이나바 마사야스稲葉正休에게 살해되었다.

안에서 살해된 후 자의적인 정치로 정책을 크게 전환하여 동물살생금지령生類憐れみの令 등의 악법을 발령했다. 그리고 인간보다 개나 고양이를 소중히 할 뿐 아니라 이를 모든 생물에 확대할 정도였기 때문에 이 법령에 대한 비판과 비난에 관한 출판물에도 혹독한 탄압을 가했다.

그 가운데서도 1693년겐로쿠 6, 에도에서 유포된 『우마노모노이이馬のものいひ』라는 팸플릿은 쇼군과 막각, 오오쿠大奥[14]의 여관女官으로 의인화한 말·개·여우·솔개·비둘기 등이 모여서 각각이 사람들을 비웃는 내용인데 이에 막부는 노여워했다. 관리에게 조사를 받은 에도의 조닌은 무려 35만 명에 이른다. 심지어 처지가 어려운 로닌 쓰쿠시 소노에몬筑紫園右衛門을 체포해서 거리에서 참수형에 처했다. 곤타 요조今田洋三 씨는 『우마노모노이이』의 실물은 확인되지 않았다고 한다. 상당히 혹독한 탐색에 의해서 회수되었을 거라고 짐작된다.

이러한 것이 에도의 출판업자를 위축시킨 것은 당연했다. 가미가타에서 우키요조시가 유행했던 즈음, 겐로쿠기의 에도에서의 출판사정은 정치비판을 하면 순식간에 처형되는 상황이었다.

그 때문인지 쓰나요시의 사망과 동시에 "도쿠가와 씨 초대 이래 호에이 5년까지 사이에 이때처럼 라쿠쇼가 많은 적은 일찍이 없다. 얼마나 인민이 분노했는지를 상상하는 데 충분하다"고 『에도 시대 라쿠쇼 유취江戸時代落書類聚』의 편자인 야노 다카노리矢野隆敎 씨가 놀랄 정도로 비판의 목소리가 높아졌다. 이는 '호에이 라쿠쇼宝永落書'로 정리될 정도로 다수에 이르는데, 그 수는 악정의 권화와 에도 조닌들로부터 맹

----

14 오오쿠大奥 : 에도성 내에서 쇼군의 정실과 측실이 거주한 곳. 쇼군을 제외하고 남성 출입 금지.

렬히 비판을 받은 막부 덴포 개혁의 중심인물인 로주 미즈노 다다쿠니 水野忠邦[15]의 경우에 비견될 정도였다.

그러나 겐로쿠 시대가 끝나자, 막부는 다른 각도에서 출판에 대한 감시를 강화하기 시작했다. 이는 『소네자키 신주曾根崎心中』 등 실제 사건을 소재로 한 지카마쓰 몬자에몬近松門左衛門의 '신주물心中物[16]이 인기를 모아 '지카마쓰 씨 작품에서처럼' 죽고 싶다고 생각할 정도로 영향력을 갖기 시작한 데 위기감을 가졌기 때문이다. 막부는 실제로 있었던 일을 시나리오로 만들어서는 안 된다는 입장에서 닌교조루리人形浄瑠璃[17]의 '정본' 판행과 에조시에 대한 통제를 강화하기 시작했다.

교호享保 개혁은 에도 시대의 출판업에 있어 일대 전환점이 되었다. 막부는 우선 업자에 대해서 서적상조합을 조직하도록 명했다. 그리고 그들에게 당시의 출판 상황을 상세하게 조사하도록 해서 그 조사보고(『서물외제목록장면書物外題目録帳面』)를 바탕으로 1722년교와 7에 마치부교町奉行[18]가 정치·풍속 모두에 걸친 본격적인 출판통제령을 내렸다.

....

15 미즈노 다다쿠니水野忠邦, 1794~1851 : 에도 후기의 다이묘. 가라쓰唐津 번주였지만, 하마마쓰浜松 번주로 전봉転封. 오사카조다이大坂城代·교토쇼시다이京都所司代 등을 거쳐 로주가 되었다. 쇼군 도쿠가와 이에요시徳川家慶의 신임을 받아 덴포 개혁을 단행했지만 반대자가 많아서 실각했다.

16 신주물心中物 : 조루리·가부키 등의 계통으로, 사랑하는 남녀가 합의하에 함께 자살하는 신주心中를 소재로 한 것. 1683년덴나天和3에 오사카에서 발생한 정사情死 사건을 가부키화한 것에서 비롯되었다고 한다.

17 닌교조루리人形浄瑠璃 : 일본의 고유한 인형극 중 하나. 샤미센三味線 반주의 조루리浄瑠璃에 맞추어 인형을 조정하는 인형극. 게이초 연간(1596~1615)쯤 발생. 조쿄 연간(1684~88) 지카마쓰 몬자에몬近松門左衛門과 다유太夫(흥행주)인 다케모토 기다유竹本義太夫가 제휴해서 성공을 거둔 후, 주로 기다유부시義太夫節에 의해서 이루어졌다. 교토와 오사카를 중심으로 성했으며 가부키에도 큰 영향을 미쳤다.

18 마치부교町奉行 : 에도 막부의 직명. 지샤부교寺社奉行·간조부교勘定奉行와 함께 3부교三奉行 중 하나. 로주에 속하며, 에도 마치카타町方의 행정·사법·경찰 등 민정 전반을 담당했다.

소네자키신주고조반즈케゜
根崎心中口上番付

오사카 소네자키에서 실제로 발생한 신주 사건을 소재로 해서 닌교조루리에 세와조루리世話浄瑠璃의 장르를 개척한 지카마쓰 몬자에몬. 관객은 지카마쓰의 신주물에 매료되어 신주를 동경해서 신주가 유행하기에 이르렀다. 새롭게 발생된 신주는 다시 지카마쓰에 의해서 작품화되었다. (세가와 조쿄瀬川如皐, 『모운고아지牟芸古雅志』)

③

　요컨대, ① 막부의 입장에서 좋지 않은 것이나 제대로 되지 않은 것을 쓰면 어떤 책이라도 처분한다. ② 호색본은 절판한다. ③ 다이묘의 선조 등 과거를 쓰는 것을 금한다. ④ 모든 출판물의 판권장에 작가명·판권자의 실명을 기재한다. ⑤ 도쿠가와 이에야스를 비롯해서 도쿠가와 가문, 막부에 관한 것은 일체 써서는 안 된다는 내용이다.

삼도서적상조합의 성립과 출판 통제

　막부는 간행예정인 책이 출판통제령을 준수하는지 어떤지 삼도에 조직된 서적상조합의 행사에 의해서 판단하게 했다. 즉, 자기규제에 의한 검열방식을 채택한 것이다. 이는 이미 교호 개혁과 동시에 조직화된 교토서적상조합을 모델로 한 것이었다. 서적상조합은 출판내용을 자기규제하면서 동시에 중판重版(같은 책을 간행하는 행위)과 유판類版 (내용을 조금 바꾸기만 한 간행) 등을 금지했다. 그 결과 자신이 간행한 책의 판권(장판藏版) 소유가 인정되었다.

이렇게 해서 해적판의 횡행을 단속하게 되었는데, 검역 관계상, 조합이 간행하는 책의 판매행위는 삼도 각각의 지역에 한정했기 때문에 다른 지역의 업자는 자유롭게 직접 판매할 수가 없었다. 그 때문에 전국에서 판매하고자 하면, 삼도서적상조합의 '아이한'이라는 방법에 의해야만 했다. 그러한 이유도 있어서 삼도의 서적상조합은 정보교환 등 상호교류와 결속이 점차 강화되었다. 그리고 삼도 이외의 서적상이 간행하는 출판물을 규제하고 '아이한'을 강제하거나 판권을 사기도 해서 지방의 서적상은 전국적인 전개를 하기 어려워졌다.

서적상은 에도로

에도의 서적상조합

앞서 소개한 이노우에 다카아키 씨의 조사에 의하면, 1789년에서 1868년까지의 80년간의 서적상 창업 수는 전국적으로 2,322에 이른다. 그중 약 40%에 해당되는 917이 에도에서 탄생되었다. 교토의 감소가 현저하고 이어서 오사카가 감소했는데, 주목되는 것은 지방출판의 흥성이다. 특히 그때까지 서고동저였던 지방출판업자의 창업이 미카와 三河 동쪽에서 크게 늘어났다는 점이다.

이렇게 해서 에도가 문화의 중심이 되면서 에도의 서적업도 크게 흥성했다. 겐로쿠기(1688~1704)부터 에도에서 창업하는 경우가 점차로 늘어나기는 했지만 교호 개혁으로 서적상조합이 조직될 즈음에는 도오리초 組通町組(현재의 니혼바시 1번지 동쪽 부근)와 나카도오리조中通組(무로마치室町 3번지에서 교바시京橋까지의 중앙 거리 부근), 그리고 그 후 나카도오리조에서 분리되어 미나미조南組가 조직될 정도가 되었다. 서적상은 1804년분카 원년에는 도오리초조 22, 나카도오리조 9, 미나미조 20, 총 51채가 존재했다.

그러나 서적상은 이뿐이 아니었다. 이제까지 살핀 것은 서사·서림, 그 주변의 수필류 등을 취급하는 '모노노혼야物之本屋'들이다. 에도에는 그 밖에도 이른바 지혼야地本屋가 다수 존재했으며 그들도 조합을 조직하고 있었다.

에도지혼江戸地本이라 불리는 서적상은 샤레본과 기뵤시, 우키요에, 분
카·분세이기의 곳케이본[19]과 닌조본,[20] 요미혼読本 등, 에도지혼이라든
가 아즈마니시키에東錦絵[21]라 불리는 지역색이 풍부한 출판물을 다루는
서적상이다. 1853년가에이嘉永 6의 '도매상 재흥조사諸問屋再興調'에는 154명
의 이름이 게재되어 있다. 사실은 그 밖에 판목도매상板木屋問屋이 있었
다는 점도 잊어서는 안 된다. 그들도 종종 출판에 관련했기 때문이다.

에도의 서적업 가운데 가장 주목되는 것은 미나미조의 스하라야須原
屋 그룹이다. 그 가운데서도 『해체신서解体新書』와 그 내용의 견본인 『해
체약도解体約図』를 간행한 스하라야 이치베에須原屋市兵衛일 것이다. 모리

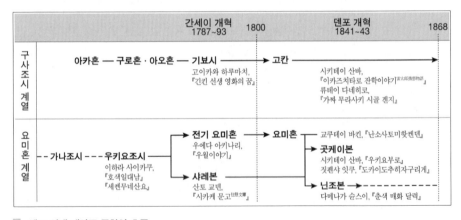

에도 시대 게사쿠 문학의 흐름
게사쿠란 유희로 저술된 이야기라는 의미로, 점차 서민을 대상으로 한 문예의 총칭이 되었다. 도표는 그림이 중심인 구사조
시와 문장이 중심인 요미혼으로 나누어 정리한 것이다. 시키테이 산바처럼 기뵤시·샤레본·요미혼·고칸·곳케이본 등의
장르를 넘어서 다재다능하게 활약한 작가도 있었다.

....

19 곳케이본 : 본서 2장의 주 16 참조.
20 닌조본 : 본서 시작하는 말의 주 52 참조.
21 아즈마니시키에東錦絵 : 가미가타上方의 니시키에錦絵에 대해서 에도에서 간행된 니시키에
    를 말한다.

시마 주료森島中良[22]의 『홍모잡화紅毛雑話』, 우다가와 겐즈이宇田川玄随[23]의 『서설내과찬요西説内科撰要』 등의 간행으로 대표되는, 세계를 향한 시선, 다케베 세이안建部清庵[24]의 『민간비황록民間備荒録』에 나타나는 사회의 움직임을 보는 시선, 그리고 히라가 겐나이平賀源内[25]의 『물류품척』 등 특산물 생산으로 기울어지는 산업동향을 파악한 박물서의 간행 등, 시대를 앞선 진지한 자세는 감탄할 만하다.

그리고 또 하나는 다름이 아니라 영화로 제작되기도 했던 지혼야 쓰타야 주자부로蔦屋重三郎[26](줄여서 쓰타주蔦重)이

④

오다노 나오타케小田野直武**가 그린 『해체신서』**
1774년에 간행된 일본 최초의 본격적인 서양해부서 번역서. 부록 『해체약도』도 포함해서 삽화는 히라가 겐나이가 스기타 겐파쿠에게 추천한 아키타번秋田藩의 난화가 오다노 나오타케가 담당했다.

다. 에도지혼과 우키요에 등 지역색이 풍부한 에도 문예와 회화를 시

22　모리시마 주료森島中良, 1754~1808 : 에도 후기의 교카시狂歌師・게사쿠사戯作者. 자는 호산甫粲, 통칭은 만조万蔵. 난의 4대 가쓰라가와 호슈四代桂川甫周의 동생. 난학을 좋아해서 히라가 겐나이에 사사. 요미혼・기뵤시・교카의 작가로 활약했다. 저서 『시골 가부키田舎芝居』, 『종부이래기従夫以来記』

23　우다가와 겐즈이宇田川玄随, 1755~97 : 에도 중기의 난학자. 에도 출신. 쓰야마津山 번의. 호는 가이엔槐園. 네덜란드 내과서 『서설내과찬요』를 번역하고 난학의 발전에 진력했다.

24　다케베 세이안建部清庵, 1712~82 : 에도 중기의 의사. 무쓰陸奥 센다이번仙台藩의 나가이 주테쓰松井寿哲에 사사. 에도에서 네덜란드 외과를 공부해서 무쓰 이치노세키번一関藩(이와테현岩手県) 번의가 되었다. 스기타 겐파쿠杉田玄白와 난방蘭方에 관해서 서신으로 의견을 나누었는데 그 왕복서신은 『오란다 의사문답和蘭医事問答』이라는 이름으로 1795년에 간행되었다. 저서 『민간비황록』.

25　히라가 겐나이平賀源内, 1728~80 : 본서 프롤로그의 주 166 참조.

26　쓰타야 주자부로蔦屋重三郎, 1750~97 : 본서 프롤로그의 주 186 참조.

대를 대표하는 문예 그리고 에도의 특산물로까지 이끌어낸 인물이다.

쓰타주는 에도 일류의 문인과 화공을 동원해서 덴메이기(1781~89)의 에도 문화의 이키粹[27]를 출판 세계 속에서 개화시킨, 화려한 문화연출자로서 도슈사이 샤라쿠나 기타가와 우타마로를 세상에 내놓고 아즈마니시키에를 예술로 확립시켰다.

또한 시대의 흐름을 역행하고자 했던 간세이 개혁의 정책에는 기묘시를 무기로 삼아 저항해서 로주 마쓰다이라 사다노부에 의해서 탄압을 받았지만 그 엄격한 출판통제하에서 쓰타주의 데다이였던 교쿠테이 바킨과 식객이었던 짓펜샤 잇쿠 등, 가세이 문화를 주도하는 작가들이 성장했다. 가세이 문화의 주역으로 비약한 작가를 육성한 것도 쓰타주였다.

가세이 문화를 만들어낸 지혼야

가세이 문화를 연출한 것은 에도의 지혼야이다. 간세이 개혁으로 쓰타야 주자부로와 같은 창의력이 풍부한 서적상은 억압을 받았지만 그들은 개혁의 풍속통제를 역으로 해서 새로운 문예와 회화를 만들어 낸 것이다.

다시 말해서, 개혁에서는 교훈물, 무가물 등의 출판이 장려되었는데 그 무가물장려책을 기본으로 탄생된 것이 요미혼이며, 일편단심으로

---

27 이키粹 : 본서 프롤로그의 주 32 참조.

남성에 대한 정조를 지키는 여성의 마음을 묘사한 닌조본은 신분질서의 통제강화를 추구하는 개혁의 취지를 역으로 한 이야기였다. 또한 서민의 일상생활을 소재로 해서 통제와 무관한 듯 감시의 눈을 피했는데, 서민의 삶을 해학적으로 묘사해서 웃음을 이끌어낸 것이 곳케이본이다.

그 가운데서도 짓펜샤 잇쿠의 『도카이도추히자구리게』는 전국판이 되어 롱셀러가 되었는데 이는 지혼야의 아이디어에 의해서 이루어졌다. 이야기는 여행의 즐거움을 철저하게 추구한 오락작품으로, 이러한 에도지혼을 판권자인 에이유도무라타야栄邑堂村田屋가 제5편 상하 간행 이후에 도오리아부라초通油町의 쓰루야 기에몬鶴屋喜右衛門과 혼고코초本石町의 니시무라 겐로쿠西村源六와 손잡은 후 오사카 서적상인 가와라야 다스케河内屋太助에게 '아이한'을 제안해서 오사카의 서적상조합에 의해서 가미가타에서도 직판할 수 있도록 허가를 받은 것이다. 이로써 『도카이도추히자구리게』는 판로 확대에 성공했다.

또한 쓰루야는 류테이 다네히코와 우키요에 화가 우타가와 구니사다를 콤비로 해서 고칸 『가짜 무라사키 시골 겐지』를 세상에 내놓아 크게 호평을 얻은 지혼야이다. 이 역시 기뵤시의 맥락에 있는 성인용 에혼이었다.

곳케이본과 닌조본 등 서민을 대상으로 하는 서적에는 모든 한자에 후리가나를 달았고 고칸＝에조시의 문장 대부분은 히라가나로 쓰여 있다. 이처럼 한자에 후리가나를 다는 방식은 에도 초기부터 가나조시 등 서민을 대상으로 한 서적에 종종 채용되었는데, 그러한 전통을 더욱 철저하게 한 것이 분카·분세이기의 게사쿠본이다.

이미 소개한 바와 같이, 데라코야에서 읽고 쓰기를 배울 때 히라가나를 읽을 수 있으면 사회에 나가서 어떻게든 살아갈 수 있다고 한 것은 바로 이를 말한다. 서민이 읽는 책에는 한자에 후리가나가 달려 있던지 문장의 대부분이 가나로 쓰여 있어 조금만 글자를 읽을 수 있다면 누구나 친숙할 수 있도록 되어 있는 것이다.

게다가 일하면서 짬짬이 읽는 고칸＝에조시 등의 책은 품에 넣고 휴대해 다닐 수 있도록 작다. 이를 소본小本이라고 한다. 또한 곳케이본과 닌조본 등 실내에서 누워 읽기도 하는 책은 소본보다 커서 중본中本이라고 했다. 교쿠테이 바킨의 괴기장편물 등 한자가 많고 줄거리가 복잡한 요미혼은 크기가 더 커서 대본大本이라고 했다.

중본인 『도카이도추히자구리게』도 대본인 『난소사토미핫켄덴南総里見八犬伝』도 읽기가 중심이기 때문에 '요미혼'이라는 장르에 속하지만, 삽화가 들어가기 때문에 에이리요미혼絵入り読本이라고도 일컬어진다.

당시 서적의 광고에는 서명 외에 서적의 크기가 쓰여 있는 경우가 많다. 책의 크기로부터 책의 성격과 내용을 알 수 있기 때문이다. 덧붙여 말하자면, 휴대용 지도 등은 오리혼折本이라고 해서 접을 수 있도록 한 것이 많았다. 이 명칭은 지금도 계승되고 있다.

이러한 통속본은 어떤 책이라도 표지에 '신춘초열新春初兌'이라는 글자가 크게 인쇄되어 있다. 문자 그대로 신춘에 간행되는 것이 관례였기 때문이다. 화려한 표지로 신춘을 장식하여 독자의 관심을 끌기 위한 것이다.

『도카이도추히자구리게』의 주인공인 야지로베에弥次郎兵衛와 기타하치喜多八가 에도를 떠난 후 다시 돌아오는 데 21년이 걸린 것도 그 때

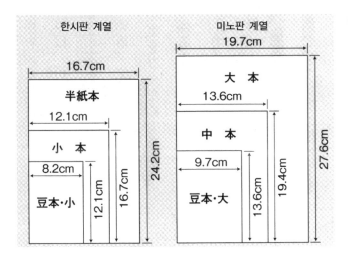

한시판 계열 / 미노판 계열

19.7cm

半紙本 16.7cm / 12.1cm / 24.2cm

大　本 13.6cm / 27.6cm

小　本 8.2cm / 16.7cm / 12.1cm

中　本 9.7cm / 19.4cm / 13.6cm

豆本·小 / 豆本·大

책 크기와 종이 계열의 관계

에도 시대의 책은 내용에 따라서 책의 크기가 달라진다. 그 때문에 반대로 책의 크기로부터 책의 내용을 알 수가 있다. (네기시 시게오根岸茂夫, 『에도 판본해독대자전江戸版本解読大字典』)

문이다. 매년 신춘에 1권밖에 간행되지 않아서 오사카에서 곤피라상金毘羅さん, 아키安芸 미야지마宮島, 그리고 기소 가도木曾街道,[28] 젠코사 가도善光寺街道[29]를 돌아보면 21년 걸려도 이상한 것은 아니다.

그러한 점에서는 시키테이 산바의 『우키요부로』도 다메나가 슌스이의 '매화달력' 시리즈도 다네히코의 『가짜 무라사키 시골 겐지』도 모두 마찬가지였다. 독자는 목을 길게 늘어뜨리고 눈이 빠지도록 봄을 기다렸다. 그러나 요즘의 신춘호와 마찬가지로 독자의 마음을 생각해서 전년의 섣달그믐에는 발매되었다.

. . . .

28 기소 가도木曾街道 : 나카센도中山道의, 도리이 고개鳥居峠 부근에서 마고메 고개馬籠峠에 이르는 사이를 말한다.

29 젠코사 가도善光寺街道 : 게이한京阪이나 에도에서 젠코사善光寺 참배하러 가는 길.

세책상이 서적상과 독자를 연결하다

세책상이 독자층을 넓히고 출판에도 개입

출판이 대중화된다고 해도 책값이 비싼 것은 어느 시대나 마찬가지여서 서민에게는 그림 속의 떡이다. 특히 교쿠테이 바킨의 요미혼 등은 처음부터 발행부수가 적어서 고가였기 때문에 간단히 입수할 수가 없었다. 예컨대, 요미혼을 대표하는 『난소사토미핫켄덴』 등 바킨의 작품 중에 발행부수가 천 부를 넘는 것은 없었다. 몇 권의 책을 합한 질帙은 현재의 가격으로 만 엔 이상이나 했다.

하지만 바킨의 요미혼은 당시의 사람들에게 매우 친숙했다. 어째서였을까? 그 이유 중 하나는 간행하자마자 바로 가부키로 상연되었기 때문이며, 다른 하나는 고가의 책을 구입해서 빌려주는 상인, 즉 세책상이 이를 구입해서 독자에게 빌려주어서 독자가 늘어났기 때문이다. 1808년 에도에는 656채의 세책상이 있었는데, 덴포 연간(1830~44)에는 800채로 증가했다고 한다.

세책상은 점포를 가지고 장사를 하는 경우는 적었다. 주인과 뎃치가 책을 보자기에 싸서 등에 지고 단골손님을 찾아가는 경우가 많았다. 세책상 하나가 170~

그림 속의 세책상
19세기 초, 에도 니혼바시의 번영상을 묘사한 그림에 등장하는 세책상. 책은 고가였기 때문에 세책상에게 빌려서 교양을 익혔다. 인기 있는 책을 빌리려고 기다리는 사람이 많았다. (《희대승람》)

180명의 단골손님을 가지고 있었다고 곤다 요조 씨가 지적했다. 에도에서만 13만을 넘는 단골손님이 있었던 셈이다.

그렇다면, 어떠한 책을 독자에게 제공했을까?

세책상이 중국과 일본을 짊어지고 오네.
貸本屋唐と日本を背負てくる

세책상은 글 모르는 이에게 빌려주는 책도 가지고 있네.
貸本屋無筆にかすも持っている

세책상 무엇을 보였는지 얻어맞네.
貸本屋なにを見せたか胴突かれ

라고 센류로 읊었듯이, 빌려주는 책도 손님에 따라서 다양해서 딱딱한 화한和漢 서적에서부터 시작해서 읽고 쓰기를 할 수 없는 독자에게는 에혼을 빌려주고, 때로는 과부에게 외설적인 책을 보여줘서 혼나는 경우도 있었던 모양이다.

다메나가 슌스이의 닌조본『춘색 후카가와의 정원春色辰巳園』에는 이런 장면이 묘사되어 있다.

세책을 짊어진 젊은이는 사쿠라가와桜川의 간키치甚吉이다.
베이 : 간키치 씨, 오랜만이네요. 신간이 있으면 빌릴까 싶은데…….
간키치 : 고맙습니다.

하고 짐을 내려놓으며

이러한 대화로부터 장사가 시작된다. 그리고 재빨리 『정조부인팔현지貞操婦人八賢誌』라는 에이리요미혼을 꺼내서 "이 책이 요즘 인기 있는 신간입니다" 하고 권하면, 여성고객은 작가의 이름을 물으며 "이 교쿤테이狂訓亭라는 작가는 어쩐지 마음에 들지 않아. 소마히토楚満人라는 이름을 사용했을 때부터 읽었지만 재미있는 건 별로 없어" 하며 작가를 비판하지만 세책상의 감언이설에 넘어가 어느새 책을 빌리게 되는 장면이다. 세책상은 대여한 책과 작가의 평판을 듣고 판권자에 전한다.

한편, 세책상은 책을 살 수 없는 계층을 대상으로 했기 때문에 요즘 말하는 대여비가 얼마인지 궁금하다. 대여비는 세책상이 순회하는 기간에 따라서 제각각이다. 막부 말기의 에도에서는 15일이 보통으로, "명소류는 1권에 30문, 수필류는 대체로 24문, 에혼류는 10문" 정도가 시가였다. 오사카는 에도보다 조금 저렴했다고 한다.

세책상은 종종 보자기 속에 금서의 사본을 숨겨 막정 비판과 해외정보를 유포해서 체포되기도 했는데 이는 꼭 읽어보고 싶다는 독자의 요청이 있었기 때문이다. 독자와의 유대가 강했던 증거이다.

그러나 이러한 점이 세책상의 강점이기도 했다. 독자의 독서경향을 잘 파악하고 있기 때문에 때로는 세책상이 출판에 개입할 정도가 되었다. 그러한 역량은 "판권자는 생가이고, 읽어주는 독자는 사위이며, 세책상은 중매쟁이"라고 샤레본 작가인 산토 교덴이 말할 정도였다. 즉, 서적상은 세책상의 의향을 무시해서 맘대로 출판할 수 없는 상황이 만들어지기 시작한 것이다.

세책상은 삼도 외에 각지의 조카마치와 번화가에 거의 존재했다. 특히 아타미熱海와 기노사키城崎 온천 등 커다란 탕치장의 고객은 큰 손님이었다. 장기체류하는 탕치객들은 세책을 읽으며 시간을 보냈다.

우리가 무라의 고문서를 조사할 때 그 집의 장서를 접하는 경우가 종종 있는데, 책의 표지 안쪽에 종종 "낙서 등을 금합니다" 하고 기록하고 상호를 찍은 인감이 발견된다. 이 책은 세책을 읽은 독자가 꼭 갖고 싶어져서 구매한 것임이 분명하다.

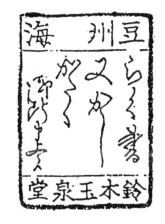

세책상의 장서인[蔵書印]
빌린 책에 낙서를 금하는 이즈국 아타미에 있었던 세책상의 장서인. 그 정도로 낙서 등이 많았다는 증거이다.

오와리 나고야의 다이소

세책상 가운데 가장 큰 규모를 자랑한 것은 나고야의 오노야소하치大野屋惣八(다이소大惣)일 것이다. 메이지 중기까지 이어진 다이소는 장서 수 21,000여 점으로 도카이도를 통과하는 문인묵객의 살롱으로 유명했다. 다이소는 출판업에도 종사했는데 어려운 책은 나고야 문인들에게 의뢰해서 읽기 쉽게 고쳐 대여하는 등 독자 중심의 경영방침을 관철했다.

다이소는 요미혼 작자인 교쿠테이 바킨이 교토로 여행가는 도중에 들리는 등 에도에서도 유명했을 정도로 장서 수를 자랑했다. 메이지의 문호인 쓰보우치 쇼요坪內逍遙도 이용자 중 한 사람이었는데, 1879년 점주의 죽음으로 곧 폐업하고 말았다.

그 장서 21,000여 점의 내용은 현재 와세다 대학 도서관에 『오노야 소베에 장서목록大野屋惣兵衛藏書目録』이라는 이름으로 소장되어 있어 이를 통해서 파악할 수 있다. 폐업 후 장서의 처분은 우여곡절을 거쳐서 최종적으로는 도쿄제국도서관(현재의 국립국회도서관), 도쿄제국대학도서관, 교토제국대학도서관에 소장되어 있다. 제국도서관은 분류항목에 따라서 분산소장했다. 도쿄제국대학도서관은 1923년의 간토 대지진으로 소실되었다. 교토제국대학도서관만이 다이소본大惣本으로 일괄관리해서 그 위용을 현재에 전하고 있는데 일부는 『다이소본희서집성大惣本稀書集成』 전17권·별권1로 간행되었다.

세책상 다이소의 장서인
전국 제일의 규모를 자랑했던 오와리 나고야의 세책상인 다이소의 장서인. 오와리의 무라에는 다이소 장서인이 있는 서적이 지금도 발견된다.

그렇다면, 나고야에 어째서 이렇게 거대 세책상이 탄생했던 것일까? 나고야는 학문을 좋아했던 초대 번주인 도쿠가와 요시나오의 영향도 있어서 그 후의 번주도 대대로 문화정책에 주력했다. 도쿠가와 이에야스의 장서는 그의 사후 어삼가御三家[30]에게 분할되었는데, 요시나오는 성내에 '어문고'를 만들어 그 장서를 철저하게 보관했다. 또한 요시나오는 일본의 고대에 관심을 갖고 연구를 장려해서 '나고야 고대학'이라 불리는 학통의 원조가 되었다.

---

30 어삼가御三家 : 도쿠가와 이에야스의 아홉 번째 아들인 요시나오義直를 선조로 하는 오와리尾張 집안, 열 번째 아들인 요리노부頼宣를 선조로 하는 기이紀伊 집안, 열한 번째 아들인 요리후사頼房를 선조로 하는 미토水戸 집안을 말한다.

당연히 훌륭한 고대학자가 탄생했는데 그들의 연구성과를 출판하고자 했지만 잘 진척되지 않았다. 왜냐하면, 나고야의 서적상 대개는 교토의 출점이든가 혹은 교토에서 일을 배워와 나고야에서 개업하는 경우가 많아서 교토 쪽 업계의 압력 때문에 자유롭게 출판할 수 없었기 때문이다. 그래서 교토의 서적상과의 '아이한'으로 간행할 수밖에 없었다. 이는 가나자와나 센다이의 경우에도 마찬가지여서 지역에서 출판자본이 성장하는 데 큰 장애가 되었다.

삼도서적상조합의 통제력은 막강했다. 독자적으로 간행하려고 해도 즉시 유본이라면서 출판허가를 내리지 않았다. 그렇기 때문에 어쩔 수 없이 '아이한'으로 하지 않을 수 없었으며, 때로는 판권을 양도해서 간행하는 굴욕을 맛보는 경우도 있었다. 어삼가 오와리번의 독자적인 출판일 경우에도 형식적으로 삼도서적상조합의 검열을 받아야만 할 정도였다.

에도 후기, 나고야에는 에이라쿠야 도시로永楽屋東四郎라고 하는 기개 있는 서적상이 나와서 오와리서적상조합의 결성을 번에 신청했다. 창립한 번교 메이린도明倫堂[31]에서 연이어 연구성과가 나오기 시작했기 때문에 오와리번도 그 공판을 기대하고 있었으므로 결성을 허가했다. 이러한 움직임을 당시의 나고야 문인은

비부尾府는 본래 서림이 적은데 명공(9대 무네치카宗睦)이 메이린도를 설립할 즈음부터 문사가 활발해져서 서림이 많아졌다. 그 전에는 개판금제였

. . . .

31 메이린도明倫堂 : 에도 시대의 번교藩校. 여러 번에 동명의 번교가 있는데, 오와리번과 가가번의 것이 유명하다.

지만 명공 즈음부터 개판허가가 되어

라고 인정할 정도로, 번주의 결단으로 긍정적인 상황이 만들어져 희망을 가졌다. 그러나 그렇게 단순하지는 않았다. 이미 간행된 모토오리 노리나가의 『고사기전古事記伝』이 표적이 되어 교토・오사카서적상조합으로부터 판매가 금지되자 이후 오와리의 서적상의 출판물이 연이어 판매금지 조치를 받게 되었다.

결국 삼도서적상조합에 타협하지 않을 수 없었다. 오와리의 서적상은 '아이한'에 의한 전국판매 방법을 선택했다. 에이라쿠야는 가쓰시카 호쿠사이의 『호쿠사이 만화』 간행으로 유명한데, 그러한 에이라쿠야조차도 에도에서 개업하는 것밖에는 독자적인 출판을 개척할 길이 없었다. 게다가 간행까지는 30년 가까운 세월을 필요로 했다.

지방도시에 서적상이 탄생해도 전국판으로 만든 것은 자본력이 있는 삼도의 서적상과의 '아이한'밖에 없어서 벌이는 많지 않다. 자본력이 없기 때문에 출판한다 하더라도 망하고 만다. 그것이 반복되었다. 나고야에는 최성기인 분카・분세이기에 30채 정도의 서적상이 생겨났지만 그 후 반감했다. 가나자와에도 몇 채에 지나지 않았다. 서적의 유통도 맘대로 할 수 없었다.

한편, 각지의 조카마치에서는 학문과 문화에 대한 열의가 높아지기만 했다. 그래서 유력한 무사와 조닌들은 삼도에서 출판된 책을 구입해서 장서 수를 자랑하기 시작했다. 살 수 없으면 빌려서 옮겨 적는다. 이렇게 해서 어느 조카마치나 무라에도 엄청난 장서 수를 자랑하는 집이 탄생했다.

그렇다면 책을 구입할 수 없는 사람들의 문화에 대한 갈망에 부응하기 위해서는 어떻게 했을까? 이야말로 지방 세책상의 사명이다. 가능한 많은 책을, 그리고 다종다양한 책을 구입해서 대여했다. 오노야 소하치는 장삿속을 배제하고 세책상을 시작했다. 그 때문에 당초에는 대여료를 받지 않았다. 이렇게 해서 나고야의 문화인과 조닌의 요망에 부응하던 중에 어느새 거대화되어 버렸다. 다이소는 삼도서적상조합의 통제가 만들어낸 존재였다고 할 수 있다.

지를 보급하는 지방의 서적상과 무라의 장서가

에도 시대 초기에는 순회하는 서적상이 각지를 돌면서 마치와 무라의 독자의 기대에 부응했다. 행상의 책장수가 "책이요 책. 요즘 유행하는 호색본 읽어 보지 않겠습니까!" 하며 손님을 부른다고 한다. 그러나 각지의 조카마치 등에 상설의 점포를 갖는 서적상이 개점하게 되자 순회하는 서적상은 점차로 줄어들었다.

다음 그림은 『도카이도추히자구리게』의 대성공을 거둔 짓펜샤 잇쿠가 이번에는 미치노쿠みちのく의 농민을 주인공으로 해서 거의 같은 코스를 걸어가게 한 고칸 『금짚신金草鞋』의 집필을 위해서 취재여행을 떠났을 때에 신세를 진 신슈信州 마쓰모토松本에서 서적상을 운영하는 다카미야高見屋 앞의 광경이다.

지금도 마쓰모토 시내에서 영업을 하고 있는 다카미야는 일기와 경영장부를 남기고 있는 흔치 않은 서점이다. 점포 앞의 간판을 보면 서점

마쓰모토 시내에 지금도 남아 있는 다카미야의 풍경
1820년 간행된 『금짚신』에 묘사된 서적상 다카미야. 책 외에도 벼루, 묵, 종이 등의 문방구, 부채까지도 취급했던 사실을 간판을 통해서 알 수 있다.

명을 게이린도慶林堂라 하고 '화한서물'이라는 서적판매 외에 '연·묵·지 등등'이라 해서 서점과 문방구점을 겸했다는 사실을 알 수 있다.

다카미야의 문서를 조사·분석한 에도 문학 연구자인 스즈키 도시유키鈴木俊幸 씨에 의하면, 다카미야는 그 밖에 책의 출판과 세책상도 겸업했다고 한다. 삼도의 서적상에서도 서적 이외의 상품을 취급하는 것이 일반적이기 때문에 지방 조카마치의 서적상이 지의 종합상사와 같은 영업을 하는 것은 당연했다.

문제는 거래망의 크기에 있다. 다카미야는 1808년, 교토·오사카·에도·나고야에 있는 당시 일류의 서적상과 직접 거래를 하고 또한 이다飯田·다카토高遠 등 같은 지역 내의 조카마치와 에치고越後 이토이가와糸魚川의 서적상과도 거래를 하고 있었다.

같은 해의 재고목록에는 '유서지류儒書之類', '시작물詩作物', '의서지부醫書之部', '가서歌書', '소시물草紙物', '소본형 사전류小本形字引類' 등과, '대본세쓰요류大本節用類', '에혼류絵本類' 등으로 나누어 실로 다양한 서명이 기록되어 있다. 유학서와 의서, 그리고 화학서和学書부터 실용적인 책, 오락작품까지 다카미야는 독자의 다양한 요망에 부응하는 서적류를 갖추려고 노력했다는 사실을 읽어낼 수가 있다.

이처럼 적극적인 서적상이 근처에 있다면 문제는 없다. 통신판매라도 이용하면 읽고 싶은 책을 구할 수가 있다. 그러나 가난한 생활을 하는 자에게는 여유가 없다. 그러한 농민이라도 데라코야에서 읽고 쓰기를 배웠다. 에도에 봉공하러 나갔을 때 세책상에게 빌린 책을 품속에 품어두었다가 시간이 나면 탐독했다. 무라로 돌아가면 볼 수 없다. 그럴 때면 전에 농사일을 도와주러 무라야쿠닌의 집에 갔을 때 정원에서 책을 말리던 광경을 떠올린다.

분명히 과거에 사분士分이었던 계보를 갖는 무라야쿠닌의 집에서는 일찍부터 서적에 친숙한 경향이 있어서 한적이나 일본의 고전을 수집해서 이를 대대로 소중하게 계승해 왔다. 그 때문에 전국 각지의 이러한 집에는 장서목록이 남아 있어서 어떠한 서적이 소장되었는가를 알수 있다.

이는 자신의 집안의 품격을 뒷받침하기 위한 장서라는 성격에서 당연히 한적이 대개를 차지하고, 이어서 일본의 고전문학, 그리고 하이카이, 요쿄쿠謠曲, 다도茶の湯, 꽃꽂이 텍스트, 그리고 농서, 의학서 등 상당한 수에 이르는 것이 종종 있다.

하지만 통속적인 서적은 거의 소장되지 않았다. 집안의 체면 때문이겠지만 그렇다고 해서 짓펜샤 잇쿠의 베스트셀러인 『도카이도추히자구리게』를 읽지 않은 것은 아니다. 애독했다 하더라도 여성들이 읽는 그런 책은 장서목록의 대상에서 제외되어 부인의 방에 놓였다가 어느 샌가 버려졌을 것이다.

장서목록이 남아 있는 무라의 장서가의 문서 가운데 마침 서적의 대출장부가 뒤섞여 있는 경우가 있다. 무라비토에게 장서를 빌려 주었을 때의 장부였다. 이 장부는 에도 후기에 접어들어 다수의 장서를 소유한 부농 중에 무라비토에게 빌려주는 집이 나타나기 시작했다는 사실을 말해준다.

읽고 쓰기의 보급에 따라서 무라비토 가운데서도 책에 관심을 갖는 자가 나왔다. 그러나 세책상도 없고 구입할 경제력도 없다. 그래서 무라의 장서가가 무라비토의 기대에 부응해서 빌려주게 되었을 것이다. 그리고 때로는 무라비토가 요청하는 책을 구입해서까지 빌려주게 되었다.

이러한 사실을 처음으로 세상에 내놓은 것은 사이타마 현립 역사와 민속 박물관에 근무했던 하세가와 히로시長谷川宏 씨와 근세문화사연구자인 고바야시 후미오小林文夫 씨이다. 그리고 무사시국 하라군幡羅郡 나카나라촌中奈良村(사이타마현埼玉県 구마가야시熊谷市)의 노나카野中 집안의 사례를 통해서 놀랄 만한 사실이 밝혀졌다.

노나카 집안도 상당한 장서가였다. 그 장서는 서원·무가·여행자 등 다양한 경로를 이용해서 수집했다고 한다. 순회하는 세책상에게서 구입한 것도 있지만 주목할 만한 것은 장서의 대부분을 차지하는 것이

	서적											문서		계
	오라이	교훈	실록	요미혼	가부키	종교	기근	신앙	기행	한적	무가	개혁	기타	
나누시	3	1	12	4			4		2		2	7	61	96
나누시에 준하는 자		2			1		1		1	2		2	5	14
고마에	2	5	14	9	3	1	1	10	1			2		48
절	4	4	6		3	1	3			1		1	10	33
합계	9	12	32	13	7	2	9	10	4	3	2	12	76	191

* 신앙의 항목에는 부적守り札 등의 판목·단포湯婆(물주머니)의 대출도 포함된다. 분세이 개혁조합 무라 관계의 문서·교유서도 포함된다. (「근세 후기 '장서가'의 사회적 기능에 관해서」로부터 작성)

노나카 집안 장서의 대출 경향
책을 빌리는 사람은 무라의 보통 농민이 많고, 빌린 책은 실록물과 요미혼으로 아마도 통속적인 게사쿠일 것이다.

취미·오락관계이고 그 다음으로 실용·교양서적이라는 점이다.

위의 표를 살펴보자. 이는 노나가 집안에 남겨진 『만서적출입장万書籍出入留』이라는 서적대여장부를 근거로 해서 고바야시 씨가 작성한 것인데, 서적 중에 가장 대여수가 많은 것이 실록물이며 그 다음은 요미혼류라는 사실을 알 수 있다. 빌리는 사람은 근린의 무라야쿠닌과 고마에라 불리는 보통 농민이다.

그리고 더욱 중요한 것은 노나카 집안이 관심을 갖고 수집하였으며 동시에 주변 무라의 무라야쿠닌들이 빌려달라는 요청이 있었던 서적류에 1837년덴포 8에 발생한 오시오 헤이하치로大塩平八郎의 난[32]에 관련된 서적이 있다는 점이다. 게다가 사건 발생 직후부터 대출의 빈도가 높아졌다는 사실을 통해서 지방의 무라야쿠닌들이 오시오의 난에 얼마나 강한 충격을 받았는지를 판단할 수 있을 것이다. 고바야시 씨의 분석 후, 비슷한 움직임이 각지에서 발생했다는 사실이 소개된 바 있다.

32 오시오 헤이하치로大塩平八郎의 난 : 본서 프롤로그의 주 224 참조.

	거주지	인명	대출일자	서명
	下奈良	吉田市右衛門(名主)	1837.9.17	大阪騷動書祀8
	奈良新田	高橋喜右衛門(名主)	1837.5.10	大阪大塩一件來狀寫し
	村內	政右衛門(名主)	1837.4.14	大阪大塩一件記
	弥藤五	地藏堂御隱居	1837.4.10	大阪大火·子供敎訓雜談夢物語·2
	弥藤五	地藏堂御隱居	1837.4.10	敎訓雜談·大阪大火夢物語·3
	弥藤五	ご隱居樣	1837.9.12	大阪新談·1
	村內	嘉兵衛	1838.4.22	大阪大火夢物語
	長慶寺	御隱居(寺)	1838.4.07	大阪大火百姓鑑
	長慶寺	御隱居(寺)	1838.4.07	大阪大火百姓鑑
대출	河原明戶	戶右衛門(名主)	1838.1.25	大阪亂防記
	下奈良	弥七郎(名主)	1837.5.06	大阪にて聞書
	下石原	松屋定八	1837.3.12	大阪來狀
	代村	文吉(小前)	1837.5.11	大阪亂防一件書
	村內	友次郎(小前)	1838.5.05	大阪亂防一書
	村內	南光院御隱居(寺)	1837.4.10	大塩氏捨狀

* 『만서적출입장』으로부터 작성.

오시오의 난에 대한 정보의 전달
오시오 헤이하치로의 난은 커다란 충격을 주었는데, 본격적인 정보가 들어오는 것은 난 후 6개월인 1837년 8월에 들어선 후라는 사실을 알 수 있다.

에도 후기에는 지금의 공공도서관 역할을 하는 시설이 탄생하기 시작했다는 사실을 말해준다. 이미 지적 정보를 널리 공유할 수 있는 조건이 만들어지고 있었던 것이다.

제　6　장

먹다, 입다

평화로운 세상의 식문화

밥 먹자

쌀나라의
조조키치上上吉[1]의
무더움이네   1819년
米国の上上吉の暑さかな   文政 2

　이 하이쿠는 고바야시 잇사가 1819년분세이文政 2 6월에 읊은 것이다. 잇사의 『팔번일기八番日記』(1819~20)에는 5월 중순 즈음부터 6월 말까지 연일 '맑음', '맑음', '맑음'이라고 기록되어 있다. 그리고 6월 마지막 날에 '타향 7일, 재암在庵 23일, 비 1일, 맑음 29일'이라 기록되어 있다. 이 사이에 아마도 굉장히 무더운 날이 계속되었던 것 같다. 드디어

아아, 덥구나
쓸데없이 입을 여는
바보스런 까마귀   1819년
ああ暑し何に口明くばか烏   文政 2

....
1　조조키치上上吉 : 가부키의 배우의 등급을 평가한 야쿠샤 평판기役者評判記에서 사용되는 최상.

라고 까마귀한테 화풀이할 정도였다. 그러나 잇사는 이러한 무더위를 꾹 참았다. 왜냐하면 이러한 더위야말로 벼농사에 중요하기 때문에 쌀 나라에는 그야말로 '조조키치上上吉'의 더위였다.

그리고 풍작이 확실해지면

곡물가격이

뚝뚝 떨어지는

더위로구나   1826년

殻値段どかどか下るあつさかな 文政 9

하며 쌀 가격을 걱정했다.

잇사가 벼의 생산에 이렇게 강한 관심을 갖는 것은 어째서일까? 그 것은 풍작이 아니면 쌀 가격을 내리려고 하는 우치고와시打ちこわし[2]가 반드시 어딘가의 마을에서 발생하기 때문이었다.

삼도를 비롯해서 전국의 조카마치 등에서 생활하는 도시생활자 모 두가 매일 쌀을 주식으로 한다. 쇼군에서부터 우라나가야裏長屋[3]에 거 주하는 사람에 이르기까지 모두 마찬가지이다.

그래서 쇼군과 다이묘를 제외하면 쌀 가격이 매우 걱정되었다. 풍 작이기를 기원한다. 가난한 농민 출신으로 에도의 우라나가야에서 생 활한 경험이 있는 잇사에게는 남의 일이 아니었던 것이다.

· · · · · · · · · · · · · ·

2　우치고와시打ちこわし : 에도 중기 이후, 흉작이나 매점 등으로 생활난에 빠진 민중이 집단 으로 미곡도매상·고리대금업자·주류상 등의 호상을 습격해서 가옥 등을 파괴하고 쌀·은 등을 빼앗는 것.

3　우라나가야裏長屋 : 본서 프롤로그의 주 28 참조.

우치고와시의 요구는 쌀값 인하

에도 후기부터 막부 말기에 걸쳐서 에도와 오사카에서 우치고와시가 빈발했다. 참가자는 쌀값 인하 요구에 응하지 않는 미곡상의 자산을 파괴해서 응징했다. 쌀값이 생명을 좌우했다는 방증이다.(《막부 말기 에도 시중소동도幕末江戸市中騒動図》)

  오늘날 우리들의 생활에도 식사 준비가 끝났으니 식사하러 오라고 할 때 '식사야' 하고 말하기보다는 '밥이야'라고 하는 것이 일반적이다. 그만큼 우리에게 식사의 중심은 쌀이라는 것을 의미한다. 쌀에 '어御'가 붙어 '어반御飯'이라고 할 정도로 귀중한 것이라고 배우며 한 톨도 남기지 말라고 귀 따갑게 들었다.

  쌀만 먹는 나라

  에도 시대는 갑자기 불어난 방대한 소비인구를 수용해야만 하는 상황을 만들어냈다. 삼도를 비롯해서 전국 각지에 생긴 조카마치, 그리고 금은광산의 개발이 급격한 속도로 진행된 결과로 출현된 '산간의 교토'라 불리는 광산마을에는 하루 세 끼 모두 식사 재료를 구입해서 생활하는 비농업민이 정착했다. 그들의 식사 중심은 다름 아닌 쌀이었다.

왜냐하면 쌀 이외에 그 방대한 소비인구를 감당할 곡물이 달리 없었기 때문이다. 보리나 조, 피稗의 생산량으로는 전혀 문제가 해결되지 않는다. 이러한 상황은 다음과 같은 역사적 조건의 결과이다.

고대 율령제 이래로 생산의 중심은 벼농사이며 그것이 과세의 대상이었다. 구분전口分田, 대전문大田文[4]이라고 하는 용어에 나타나듯이, 밭은 직접 과세의 대상이 되지 않고 생산물에 대한 과세에 그쳤다. 태합검지太閤檢地[5]에 의해서 비로소 본격적으로 밭의 생산고에 직접 과세가 이루어지기까지 오로지 논에서 생산된 작물이 전 생산량 가운데 큰 비중을 차지했다.

그리고 도요토미 정권도 쌀 생산고 = 석고石高[6]를 기준으로 한 국가를 성립시켰다. 도쿠가와 막부는 석고제를 그대로 계승해 쌀 중심의 경제구조를 만들어냈다. 즉, 쌀 가격이 경제 움직임을 가리는 지표가 되었던 것이다.

쌀은 주식이며 그것을 먹기 위해서는 반찬이 부수된다. 이러한 식생활로 인해서 식사를 '밥'이라 하게 되었다. 그리고 밥 외에 '일즙일채一汁一菜', '이즙이채二汁二菜'라는 말이 생겨났다. 여기에서 말하는 '채'란 '반찬惣菜'의 '菜'를 의미하며 반찬을 말한다. 일반 가정에서는 우선 주식인 밥을 짓는 것에서 시작해서 이어 반찬을 요리하는 것이 자연스러운 순서이다.

. . . .

4 대전문大田文 : 가마쿠라 시대, 각국 마다 전지田地의 면적과 영유領有 관계 등을 기록한 토지 대장. 아와지淡路 · 와카사若狹 · 다지마但馬 · 히타치常陸 등의 문서가 현존한다.

5 태합검지太閤檢地 : 도요토미 히데요시가 실시한 전국적인 검지檢地. 1582년 개시. 이에 의해서 장원제莊園制하의 소유관계가 정리되어 근세 봉건제도의 기초가 확립되었다.

6 석고石高 : 근세 일본에서 석石이라는 단위를 이용하여 토지의 생산성을 나타낸 수치를 말한다. 이에 의거하여 토지에 대한 과세가 이루어졌고, 여기에서 파생되어 다이묘와 하타모토의 영지 면적을 나타내는 말이 되었다.

단, 에도에서는 아침에 밥을
짓고 낮에는 찬밥을 먹고 저녁
으로는 자즈케茶漬け[7]를 먹는데,
교토와 오사카에서는 점심에 밥
을 짓고 저녁과 아침에는 찬밥
을 먹었다고 한다.

식용 쌀은 정미되어 백미라
고 한다. 현미에 비하면 굉장
히 맛있다. 그러나 이렇게 새하
얀 밥을 365일 먹으면 무서운
병에 걸린다. 에도나 오사카 등
에서 주로 발생한 도시형 습관
병인 각기병을 말한다. 그래도

②

쌀알에는 인간의 생명이 깃들어 있다
에도 후기의 사상가 안도 쇼에키安藤昌益[8]는 육식을 부정하고 쌀
이 인간의 식료라는 사실을 주장하면서 쌀알에 우주도 인간도 깃
들어 있다는 사실을 도해로 설명했다.(『통도진전統道真伝』)

에돗코는 백미를 좋아한다. 백미밖에는 먹지 않았다.

대부분의 무라비토는 각기병에 걸리지 않았다. 왜냐하면 농민들의
대부분은 쌀을 거의 먹지 못했기 때문이다. 생산량의 절반은 연공으로
내야했고 나머지도 대부분 판매해서 생활비로 충당했다. 조금 남겨둔
쌀은 특별한 날을 위해서 비축해 둔다. 보통 때는 쌀에 보리를 넣은 보
리밥이나 야채를 대량으로 넣은 죽을 먹고 지냈다.

----

7 자즈케茶漬け : 밥에 차나 국물을 말아 먹는 것.
8 안도 쇼에키安藤昌益 : 본서 프롤로그의 주 163 참조.

다양한 요리법

쌀을 크게 분류하면 점도가 없는 멥쌀과 점도가 강한 찹쌀로 나뉜다. 멥쌀로 가마에서 밥을 지어 먹는 것이 보통이지만, 찬밥을 맛있게 먹거나 병으로 식욕이 없을 때, 경사가 있을 때, 조금 특별하게 먹고 싶을 때는 조스이雑炊[9]나 죽, 혹은 야채·어패류·닭고기 등을 섞어서 짓는 별식을 먹었다.

에도 후기에 간행된 전문서『명반부류名飯部類』에는 일상의 밥 짓는 방법부터 조스이 20종, 죽 10종, 별식밥変わり飯 87종, 스시鮨 33종을 만드는 방법이 소개되어 있다. 이 외에 찹쌀을 쪄서 만드는 지에밥強飯, 팥밥赤飯은 주로 경사 때나 불사에 제공된다.

전국 각지에서 농민이 생산한 쌀의 대부분은 연공미로 막부나 번이 가져간다. 그리고 그 쌀의 대부분은 가이마이廻米라 불리며 천하의 부엌인 오사카나 에도에서 판매되어 영주들의 수입원이 된다. 그 때문에 매년 안정적이면서 대량으로 오사카로 들어오는 쌀이 브랜드화되었다. 에도 시대에는 비교적 흉작이 적은 지역의 쌀, 예컨대 히고미肥後米·히젠미肥前米나 주고쿠미中国米 등이 오사카의 도지마 쌀시장堂島米市場에서 인기가 있어 쌀 가격을 정하는 기준이 되었다.

이렇게 해서 쌀은 막부나 번의 재정, 그리고 무사와 도시에 사는 사람들의 생활을 좌우하는 최대의 식품이 되었다. 게다가 막부와 번은 쌀을 대체할 수 있는 주식용 농작물을 생산하는 것은 생각치도 못했

. . . .
9　조스이雑炊 : 밥에 어패류나 야채 등을 넣어 끓여서 간장이나 된장으로 조미한 죽.

다. 고작 구황용으로 고구마 생산 등을 장려한 것에 지나지 않았고 오로지 신전개발에 의해서 경작지를 넓혀 쌀의 증산에 주력했다.

외식산업의 번영

식문화는 소비하는 쪽에서 발달한다. 어떻게 조리해서 어떤 맛있는 음식으로 만들까 하는 문제가 언제나 요구되기 때문이다. 가장 소비량이 많은 에도나 오사카의 상황을 살펴보는 것이 가장 이해하기 쉬울 것이다. 무라와의 격차는 벌어지기만 했다.

에도의 아침은 일찍부터 움직이기 시작한다. 오전 5시~7시경에 종이 울리면 우라나가야에 사는 조닌 안주인은 식사 준비를 시작한다. 그에 맞추듯이 두부장사가 소리를 내며 두부를 팔러 다닌다. 이어서

낫토와 재첩 장수에 아
침잠 깨네
納豆と蜆に朝寝おこさ
れる

라는 센류처럼, '낫토, 낫토'
하는 낫토 장수의 목소리

아침 식사 전에 팔러 다니는 낫토 장수
에도의 마치는 아침식사 반찬으로 손질이 필요 없는 낫토와, 된장국의 내용물인 재첩장수의 소리로 날이 밝는다. 멜대의 양 끝에 물건을 넣어 걸어 다니며 판매했다. (『에도마치나카요와타리슈江戶町中世渡集』)

식사는 개인별 상차림

식사는 각자의 상에서 먹는 것이 일반적이다. 가족의 경우에는 뚜껑이 달린 상자 속에 식기가 들어 있어서 뚜껑을 상으로 하는 하코젠箱膳(왼쪽)을 사용하고, 손님은 상 아래에 다리가 달린 료아시젠两足膳(오른쪽)을 사용했다.

와, 된장국味噌汁에 넣을 재첩 행상의 큰 목소리로 이제 일어나야 하는 직인들이 잠을 깨고 아직 졸린 눈으로 세수하러 나오는 그런 재밌는 광경이 떠오른다.

직인의 하코젠箱膳[10]에 올려놓은 아침밥은 두부나 재첩을 넣은 된장, 절임 외에 꼬치요리, 낫토, 야채 졸임 등 중에 일품이나 이품이 고작이다. 웬만한 상인 가족의 아침 식사도 각각의 하코젠에 놓인 반찬 수가 이보다 조금 많은 정도이다.

점심식사는 아침식사 남은 것을 이용해서 해결한다. 저녁식사도 소박하다. 그래도 생선회, 구이, 야채와 생선을 넣은 조림, 무침, 초무침 등 중에서 일품 정도가 상에 더해진다.

니혼바시 등에 점포를 낸 큰 상점은 남성사회이다. 거기에다 참근교대로 홀로 부임한 무사의 수를 더하면, 에도는 남성 과잉의 불균형한 인구구성을 이루고 있었다. 홀로 생활하는 남성의 식사는 '반찬 한가지 어느 것이나 4문文'이라는 문구의 포장마차나 나가야 입구까지 음식을 팔러 오는 행상에게서 구입해서 배를 채운다.

....

10 하코젠箱膳 : 평소에는 식기를 넣어두고 식사 때에는 덮개를 상으로 사용하는 상자.

⑥

4문으로 식사를 해결한다

포장마차에 늘어선 음식은 전부 4문이다. 자기가 좋아하는 것을 선택해서 먹는다. 4문은 음식과 일용품의 최저가격이다. (구와 가타 게이사이鍬形蕙斎, 『긴세이쇼쿠닌즈쿠시에고토바近世職人尽絵詞』)

　　가벼운 음식거리라면 마을을 돌아다니는 행상에게서 구입한다. 잇사도 그러한 혜택을 받은 사람 중 하나로,

　　　　핫초보리八丁堀 가난한 마을에서 봄을 맞이하다

　　　　우리집에는

　　　　정월초하루에도

　　　　조니雑煮[11] 장수　　　　　　　　1817년

　　　　我が庵は元日も来る雑煮売り　　文化一一四

. . . .

11　조니雑煮 : 떡을 넣어 만든 국의 일종. 지방에 따라서 내용물이 다양하고 주로 정월에 먹는다.

라고 읊었듯이, 정월초하루에 이런 가난한 거주지에도 행상이 조니를 팔러 오니 에도는 굉장한 곳이라고 감사하면서 홀로 맞이하는 정월을 축하한다.

이처럼 '그날그날의 생활'이라 불리는 가난한 우라나가야의 다나가리店借가 시타마치下町[12]인 혼조本所나 후카가와深川의 입구 대부분을 차지했다. 그 수는 엄청났다. 에도 전체로는 아마도 30만호 정도의 수에 이를 것이다. 단, 이러한 가난한 조닌이라도

조닌 중 가난한 사람은 날마다 일한 만큼의 임금을 당일 즉시 받는데 특히 부실한 밥은 먹지 않고 쌀밥을 먹는다. 옛날에는 사농공상도 세끼를 먹을 수 있으면 만족했지만, 요즘 번화가에서는 주거 및 식사가 사치스러워져서 설령 가난한 사람이라 하더라도 꼭 맛난 식사를 먹게 되었다. 지방에서 세끼를 부실하게 먹는 것과는 너무나 차이가 있다. 이것이 자기 고향에서 먹는 좋은 식사보다 나으니, 벽지나 먼 지방보다 세상을 더 쉽게 살아갈 수 있다는 사실을 그들은 알고 있다. 그 때문에 그렇게 많이 몰려드는 것이다.

라고 『세사견문록世事見聞錄』의 저자 부요 은사武陽隱士가 지적한 바와 같이, 임금은 싸도 밥은 먹을 수 있었다. 태어난 고향의 마을에서 삼식을 할 수 없었던 것을 생각하면 얼마나 행복한지. 사람들이 맛있는 것을 먹는 것이 당연한 일이 되어 있지 않은가 하고 비판받을 정도이므로 분명히 대흉작의 해가 아니라면 그럭저럭 하루 삼식을 할 수 있었다.

---

12 시타마치下町 : 본서 프롤로그의 주 36 참조.

'그날그날의 생활'을 하는 우라나가야의 주민들은 매일 밥을 먹고 계절마다 옷도 갈아입는다. 그 소비량은 무시할 수 없다. 그 수는 에도의 경제를 움직인다. 이에 착안한 것이 가부나카마株仲間에 들어갈 수 없는 에도의 소상인들이다. 값싸고 품질이 괜찮은 상품을 다루며 그들에게 판매했는데 그러한 장사가 꽤 수익성이 높았다.

상품 가운데 잘 팔리는 것은 매일 소비하는 식료품과 의료였다. 1805년分카 2의 니혼바시 혼초의 모습을 묘사했다고 일컬어지는 〈회대승람〉을 보면 일목요연하다. 큰길가에 개점한 것은 대개가 야채상이며, 행상이 가지고 다니는 것도 야채이다. 또한 니혼바시의 주변에서는 강가에서 방금 가져온 신선한 생선이 판매되었다. 에도마에江戸前[13]의 생선이다.

이러한 광경은 어느 번화가에서도 볼 수 있었으며 간다神田의 농산물시장이나 니혼바시의 어시장에는 근린의 산지나 어장에서 제철의 야채나 어류가 운반되어 왔다. 야채나 생선은 가정에서만 소모되는 것은 아니었다. 에도에 처음 나타나기 시작한 외식산업에 대량으로 들어갔다.

에도가 남성사회였으며 일이 매우 바빠서 집에 돌아가지 못하고 조금 여유가 생기면 맛있는 것을 먹고 싶다는 등의 다양한 이유로, 에돗코는 밖에서 식사하는 기회가 늘어났다. 그리고 또 하나, 에돗코가 외식을 해야만 하는, 에도 고유의 이유가 있었다. 대화재였다.

에도에서는 크고 작은 화재가 빈발했는데, 화재를 당한 난민들의 식

---

13 에도마에江戸前 : 에도 앞의 바다라는 뜻으로, 에도의 근해. 특히 시바芝・시나가와品川 부근의 바다를 가리킨다. 에도만江戸灣(도쿄만東京灣)에서 잡힌 신선한 어류.

니혼바시 혼초에서 신선한 식사를

© Museum für Asiatische Kunst, Staatliche Museen zu Berlin
Former collection of Hans-Joachim and Inge Kuster, gift of Manfred Bohms. Inv.Nr.2002-17

니혼바시 혼초는 에도 조닌마치의 중심. 야채가게 앞에서 당당하게 개점하고 있는 것은 야채장수. 가까운 무라에서 운반되었기 때문에 신선하다. (《희대승람》)

사가 당장에 문제가 되었다. 화재의 피해를 면한 친척에게라도 몸을 피하지 않는 한, 외식을 하지 않을 수 없기 때문에 재건의 과정에서 외식산업이 생겨났다.

요리집의 증가

1806년 에도 시내의 중심부를 전소한 대화재(병인丙寅 대화재) 후, 재해를 당한 조닌들이 당장 급한 불을 끄기 위해서 시작한 것이 음식장사였다. 이때 막부도 자금을 원조했기 때문에 음식물 장사는 급격히 증가했다. 게다가 몇 년이 지나도 음식장사를 그만두지 않았기 때문에 에도는 게사쿠 작가 오타 난포大田南畝가 "다섯 걸음마다 일루一樓, 열 걸

음마다 일각―閣, 모두 음식장사 아닌 것이 없다"고 말했을 정도의 상황
이었다.

그러면 어느 정도의 외식산업이 에도에 존재했을까? 막부는 1799년
간세이 11에 조사한 결과에 의하면, 업종은 다음과 같다.

- 대형음식점料理大茶屋
- 소형음식점同小茶屋
- 각종 조림 장사煮売屋
- 선술집居酒屋
- 나라차[14] 가게奈良茶屋
- 자즈케 가게茶漬屋
- 덴가쿠[15] 가게田楽屋
- 콩조림가게煮豆屋
- 식초가게酢屋
- 장어구이집蒲焼屋
- 단팥죽가게汁粉団子屋
- 고급과자점上菓子屋
- 쌀과자점餅菓子屋おこし類
- 엿장수飴屋
- 계란장수玉子屋
- 과일가게水菓子屋
- 메밀국수(건조면) 장수蕎麦切売り
- 우동가게うどん屋
- 손메밀국수가게手打ち蕎麦屋

또한 1804년의 조사에 의해서 에도 전체에 6,165곳의 음식장사가 존
재했던 사실이 파악되었다. 그러던 것이 대화재 후인 1810년에는 7,663
곳까지 증가되었으니 오타 난포가 말한 것은 과장이 아니었다. 게다가
막부 말기에는 "국수가게, 술집 등을 비롯해서 이름난 스시 가게, 덴푸
라 가게 등을 세어 보면 한 마을의 절반 정도가 음식장사이다"라고 했
을 정도의 상황이 되었다.

거의 같은 시기에 에도의 외식산업 순위를 매긴 「에도의 꽃 명물상

....
14 나라차奈良茶 : 차를 우려낸 물에 콩·밤 등을 넣어 소금을 가미해서 지은 밥. 본래 나라奈良
의 도다이사東大寺·고후쿠사興福寺 등지에서 비롯된 데서 명명되었다.
15 덴가쿠田楽 : 두부 등에 된장을 발라서 구운 요리.

인 평판江戸の華名物商人評判」의 동서 상단·2단은 대개가 요리집 이름이 차지하고 있다. 그리고 3단은 국수가게·식초가게·자즈케 가게·장어구이집 등이 등장한다.

이러한 외식산업의 대개는 국수가게처럼 이동식 포장마차나 행상으로 시작해서 점차 고정적인 점포를 가지고 노렌暖簾[16]을 걸어놓게 되었지만, 그렇다고 해서 포장마차가 줄어든 것은 아니었다. 왜냐하면, 포장마차는 번화가에 없어서는 안 되는 존재였기 때문이다.

매일매일 일만 해서 우울하고, 무슨 일만 있으면 반토番頭에게 혼나서 화가 난다. 집에서는 시어머니한테 구박만 받는다. 그렇지 않다 하더라도 어떻게 해서든지 기분을 전환해서 우울함을 떨쳐버리고 싶다. 그런 사람들이 수두룩했다. 그들이 외출하는 곳은 평소의 구속에서 해방되는 비일상의 세계였다. 그렇기 때문에 거기에는 다양한 욕만을 채워주는 무언가가 있어야만 했다. 게다가 눈앞에서 금방 만족시켜 주지 않으면 만족되지 않는다.

가장 강한 욕망은 식욕이다. 다음 쪽에 소개한 우타가와 히로시게歌川広重의 〈동도명소 다카나와 이십육일 달맞이 유흥도東都名所高輪廿六夜待遊興之図〉를 살펴보자. 모여든 조닌 남녀를 맞이하는 것은 대개가 포장마차의 음식장사이다. 식욕을 돋우는 냄새를 풍기는 포장마차는 각지에서 개최되는 제례나 연중행사의 백미였다.

· · · · · · · · · · · · · · · ·
16 노렌暖簾 : 상가商家에서 야고屋号·상점명 등을 나타내서 처마 밑이나 가게 입구에 걸어두는 천.

에도의 번화가
7월 항례의 시바芝 다카나와高輪의 26일 달맞이二十六夜待ち**17**의 광경. 임시 장터에 늘어선 것은 음식점뿐이다. 에도 후기에 유행한 음식에 서민이 몰려들었다. (우타가와 히로시게, 〈동도명소 다카나와 이십육일 달맞이 유흥도東都名所高輪廿六夜待遊興之図〉)

'화식'의 완성

요리찻집의 탄생은 음식의 종류를 증가시키고 맛있게 하는 데 크게 공헌했다. 이는 가족이 매일 먹는 반찬이나 맛이 아닌, 전문 요리사가 만들어낸 식재료와 식욕을 돋우는 장식 등으로 손님을 대접했기 때문이다. 이런 요리로는 장어의 가바야키蒲焼**18**나 스시처럼 패스트푸드도 있으며, 다도의 가이세키懷石**19**와 무사사회에서의 향응 등으로 준비된

. . . .

17 26일 달맞이二十六夜待ち : 에도 시대, 음력 정월과 7월의 26일 밤에 달이 뜨는 것을 기다려 합장하는 것. 달빛 속에 아미타弥陀・관음観音・세지勢至의 삼존三尊이 나타난다고 해서 특히 에도의 다카나와高輪에서 시나가와品川 부근에 걸쳐 행해졌다.

18 가바야키蒲焼 : 뱀장어・갯장어・붕장어・미꾸라지 등을 뼈를 갈라내서 적당한 크기로 잘라 꼬치를 끼워서 한 번 구운 다음 찌고 여기에 다시 양념장을 발라 구운 요리. 간사이関西에서는 찌지 않은 채 굽는다.

19 가이세키懷石 : 다도에서 차를 내놓기 전에 내는 간단한 음식.

세련된 요리도 있었다. 그러나 맛을 결정짓는 것은 무엇보다도 요리사의 솜씨에 있었다. 그리고 솜씨 좋은 요리사일수록 가장 까다롭게 여기는 것이 훌륭한 식재료의 확보이다.

일본에서는 고대에 육식 습관이 없어지고 그 후 소 등을 사육하는 목축업을 하지 않았다. 따라서 소고기 등이 식탁에 오르지 않고 유제품도 이용되지 않았다. 이는 에도 시대에도 계승되었기 때문에 식용 육류라고 하면 닭고기를 가리키고 계란이 식용에 이용되는 정도였다. 그렇기 때문에 어패류는 영양분이 풍부한 식재료로 중시되었다.

그러나 신선함이 결정적으로 중요한 어패류는 냉장설비가 없는 에도 시대에는 신선도를 유지하는 데 고심했다. 그런 점에서 해변에 가까운 에도나 오사카가 유리했다. 사가미相模·무사시武蔵·시모우사下総·가즈사上総·아와安房에 둘러싸인 바다는 '내해内海'라 불렸다. 에도만이라 불리게 된 것은 막부 말기 후의 일이다. 『부코 산물지武江産物志』에 의하면, '내해'가 전면에 펼쳐지는 에도마에에서 포획된 생선은 도미·농어·숭어·가자미 등 40종 이상이며, 거기에 패류·새우 등이 더해져 상당히 풍부했다.

하지만 '내해'에 면한 마을 전체가 어업에 종사할 수 있었던 것은 아니다. 어업에만 종사하는 84마을에만 주어진 권리로, 어획된 생선은 '오시오쿠리부네押送り船'라는 노·돛 병용의 고속선으로 에도로 운반되었다.

인구 증가와 함께 야채류 재배도 활발해졌다. 에도 근교에는 신선함이 생명인 소채류蔬菜類와 비교적 오래 보존할 수 있는 뿌리야채류의 특산지가 생겨났는데 그중에는 고마쓰나小松菜[20]나 네리마다이콘練馬大根[21]처럼 산지명이 붙은 야채류가 에돗코의 식탁을 풍요롭게 했다.

이렇게 해서 어시장이나 농산물시장에 모인 식재료는 엄격한 직인 정신職人気質[22]을 가진 중개인의 평가를 거쳐서 최상품이 요리집으로 보내진다. 그 식재료를 어떻게 요리하는가는 요리사의 솜씨에 달려있지만, 온실재배도 냉장설비도 없는 시대의 식재료에는 제철이 있어서 사계절 각각의 음식이 식탁을 장식하고 계절의 변화를 맛볼 수 있는 것도 요리집 식사의 별미이다. 또한 오

신선함이 생명인 야채는 근교에서 조달
인구 증가는 식료품의 소비 증가를 의미한다. 그러나 신선도가 생명인 야채류는 멀리서 옮길 수가 없다. 그래서 에도 근교에 다양한 야채 산지가 생겨났다. (오자와 에미코小沢詠美子, 『에도의 경제사정お江戸の経済時情』으로부터 작성)

래 보존할 수 없는 어패류는 예부터 건어물, 절임, 그리고 가마보코蒲鉾[23] 등의 네리모노練り物,[24] 쓰쿠다니佃煮[25]로 가공해서 에도로 운반되어 한층 더 식탁을 풍요롭게 했다.

어떠한 그릇에 담을까 하고 요리사는 또 다시 깊이 생각해야만 한

20　고마쓰나小松菜 : 유채油菜의 변종. 야채로 재배되어 잎을 국・절임・무침 등에 이용한다. 에도 시대의 산지 중 하나인 에도가와구江戸川区 고마쓰가와小松川에서 명칭이 비롯되었다.
21　네리마다이콘練馬大根 : 무의 한 품종. 전체적으로 두껍고 길이는 60cm 정도 된다. 도쿄도 네리마구練馬区 동남부에서 생산된다.
22　직인 정신職人気質 : 직인 특유의 기질. 자신의 기능에 자부심을 갖고 만족할 수 있을 때까지 정성스럽게 일을 하는 성실함.
23　가마보코蒲鉾 : 흰살 생선을 갈아서 조미료를 넣어 주무른 다음 찌거나 불에 그을려 만든 식품.
24　네리모노練り物 : 생선살을 갈아서 반죽한 다음 가열해서 굳힌 식품. 어묵. 가마보코・한펜 등이 속한다.
25　쓰쿠다니佃煮 : 작은 생선・조개류・해조 등에 간장, 미린 등을 넣어서 졸인 식품. 본래 에도 쓰쿠다지마佃島에서 만들어졌기 때문에 비롯된 이름이다.

다. 이렇게 해서 식기와 술잔에 대한 관심이 한층 높아져서 비젠肥前 아리타有田나 교토 기요미즈清水 외에 오와리 세토瀨戶에서 대량생산된 자기가 '세토물瀨戶物'이라는 이름으로 시판되어 아름다운 색으로 꾸민 자기 접시와 다완이 요리를 돋보이게 했다. 게다가 각각의 상에 여러 종류의 요리를 올려놓기 위해서 요리에 어울리는 다양한 형태의 그릇이 고안되어 맛을 더했다. 또한 요리가 다수 준비될 경우에는 혼젠本膳[26] 외에 니노젠二の膳,[27] 산노젠三の膳[28] 등 상의 수를 늘였기 때문에 이러한 용어가 요리의 호화로움을 경쟁하는 대명사가 되었다.

또한 센고쿠 시대까지 식기의 대부분을 차지했던 칠기는 점차로 도자기로 바뀌었다. 식문화사 연구자인 하라다 노부오原田信男 씨가 편집한 『에도의 요리와 식생활江戶の料理と食生活』의 권두화에 오다 노부나가 도쿠가와 이에야스를 향응했을 때의 요리와, 겐로쿠 문화를 대표하는 이하라 사이카쿠의 작품에 묘사된, 상인들의 상차림에 나오는 요리가 재현되어 있다.

둘 다 혼젠 외에 니노젠, 산노젠으로 이어지는 호화로운 것인데, 그 식기에 눈을 돌려보면, 센고쿠 시대와 에도 시대의 차이가 분명하다. 이에야스에게 올려진 요리의 식기 대부분이 칠기였던 데 반해서, 사이카쿠 시대에 들어서면 접시는 모두 도자기로 바뀌었다. 출전이 된 '덴쇼 10년 아즈치 식단天正十年安土御献立'과 『사이카쿠후미호구西鶴文反故』의 '이번 19일의 호화식단'에는 어떠한 식기에 담았는가 하는 것까지는 기

---

26 혼젠本膳 : 일본요리의 정식 상차림으로, 니노젠二の膳·산노젠三の膳 등에 대해서 주가 되는 상. 밥·국·생채·조림·야채 절임을 올려 손님의 정면에 놓는다.
27 니노젠二の膳 : 정식의 일본요리에서 혼젠에 수반되는 두 번째 상차림.
28 산노젠三の膳 : 니노젠에 더해지는 상차림.

록되어 있지 않다. 식단의 요리를 통해 추측해서 재현한 것인데, 그래도 상당히 사실에 가까운 것이라고 생각된다.

칠기는 따뜻함이 맛을 유지하는 조림이나 국과 밥상 등에 한정되는데 촉감이 부드럽고 도자기에는 나타낼 수 없는 마키에를 장식해서 호화로운 분위기를 연출하는 식기로 선호되었다. 노토能登의 와지마輪島나 가가加賀의 야마나가山中, 에치젠越前, 무쓰陸奧 아이즈会津 등의 특산지 외에 각지에 산지가 생겨나서 시중에 풍부했다.

이렇게 해서 눈으로 즐기며 계절을 음미하면서 먹는, 현재 '화식和食'이라 불리는 식사의 원형이 거의 완성되었다. 이는 에도에서 요리집이 가장 많았던 분카·분세이기(1804~30) 즈음일 것이다. 그리고 이것이 요리집이라는 외식산업에 그치지 않고 사람들의 생활 속에도 급속하게 정착되어 갔다.

왜냐하면, 분세이기에 들어 간세이 개혁의 풍속 감시가 완화되었을 뿐 아니라 고갈되기 시작한 막부의 금고를 번번이 화폐개주에 의해서 채우고자 하는 재정정책의 결과, 대량의 금은화가 시중에 나돌아서 무라의 농민들도 윤택해졌기 때문이다. 이렇게 해서 부를 축적한 부농과 지주가 각지의 무라에 출현했는데 그들의 집에서는 관혼상제에 에도의 요리집에 뒤지지 않는 요리가 준비되고 무라의 회합이나 제사일 등의 행사 요리도 점차로 풍요롭게 되었다.

이러한 때, 에도와 근처의 조카마치에서 요리를 주문하거나 일부러 요리사를 초빙해서 요리를 만들게 하는 집도 있었다. 또한 에도에서 봉공하면서 익힌 기술로 지방의 성하에 '에도마에'라는 문자가 염색된 노렌을 내걸고 인기를 모으는 요리집도 나타났다.

식생활의 혁명 – 간장·청주·다시의 보급

요리사의 솜씨는 무엇보다도 양념에 달려 있다. 생것을 그대로 하거나 볶음, 구이 그렇지 않으면 찜 등의 요리법에서 식재료의 맛과 풍미를 살리면서 새로운 맛을 창조하는 것이 요리사의 능력이다. 그리고 이를 위해서 빠뜨릴 수 없는 것이 조미료이다.

아래의 그림은 센고쿠 시대 무사의 상차림을 그린 것이다. 잘 보면, 왼쪽 위에 '매실 장아찌', 오른쪽 위에 '전복포', 왼쪽 아래에 '소금', 오른쪽 끝에 '해파리', 오른쪽 아래에 '식초', 그리고 아무 것도 쓰이지 않은 그릇과 젓가락 한 쌍이 그려져 있다. 이것이 밥그릇인 것 같다. 그 밖에 된장이 실린 경우가 많다.

말린 매실에 전복을 얇게 썰어 말린 전복포, 소금에 절인 해파리가 요리이며, 소금과 식초가 조미료이다. 전복포와 해파리에 이미 간이 들어 있기 때문에 작은 그릇에 담긴 식초와 소금으로 맛을 보충했을 것이다. 이는 반찬에는 거의 조미가 되어 있지 않다는 사실을 말해준다. 양념을 했더라도 생채나 무침 정도였다.

여기에는 간장이라는 조미료가 없다. 사실은 에도 시대와 그 이전과의 큰 차이는 간장과 청주의 유무에 있다. 이 두 가지가 본격적으로 요

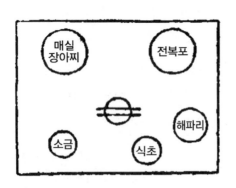

센고쿠 시대 무사의 상차림
센고쿠 시대까지는 액체조미료인 간장과 단맛을 내는 청주가 없었기 때문에 음식에는 간이 들어 있지 않고 따로 소금과 식초, 된장을 담아 상에 올려서 간을 냈다. (『세속립요집世俗立要集』으로부터 작성)

326 일본 대중문화의 원형

간장의 산지는 간토로
간장이 조미료로 본격
적으로 사용되기 시작
하자, 소비량이 급증했
다. 이에 간토 지방에도
양조업 지대가 형성되
었다.

⑨

리에 사용되기 시작한 것이 에도 시대였다. 둘 다 액체조미료라는 점
이 중요한데, 냄비에서 졸임 요리를 할 때 간장과 청주를 넣어서 맛을
낼 수가 있고 이에 담근 식재료를 조리할 수 있게 되어서 상차림을 한
층 풍요롭게 할 수 있었다. 또한 그때까지 조미료의 주역 중 하나였던
식초와 함께 넣음으로써 다양한 맛을 낼 수 있게 되었다. 센류에

신국의 풍미, 무엇인가 하면 삼바이즈三盃酢[29]

神国の風味をとへば三盃酢

라는 구가 있다. 간장·청주를 넣은 조미료의 맛이 '신국의 풍미'라고
절찬했다.

또한 에도 후기에 간행된 요리서 『신센호초테이新撰包丁梯』에

....
29　삼바이즈三盃酢 : 식초·간장·미린을 같은 비율로 섞은 조미료.

간장·식초·된장 이 3품은 맨 처음 골라야 하는 재료로, 이 3품의 좋고 나쁨에 의해서 맛있고 진귀한 음식도 망가질 수 있다는 마음가짐으로 잘 골라야 한다.

라고 쓰인 것처럼, 그때까지의 조미료였던 식초·된장에 더해서 어떻게 간장을 사용하는가 하는 것이 요리의 맛을 좌우하게 된 것이다.

생선회, 스시, 히야얏코冷奴,[30] 메밀국수·우동, 가바야키 등은 간장 없이는 먹을 수 없으며 만들 수도 없다. 간장이 있어서 비로소 만들어진 요리도 있다. 그러나 그런 간장이 조미료로서 일반 가정에서 본격적으로 사용되기 시작한 것은 1804~30년 이후의 일이다.

이렇게 해서 그때까지 기이국紀伊国 유아사湯浅나 하리마국播磨国 다쓰노竜野 등 가미가타에서 들여온 간장에 대신해서 에도에서 대량생산이 시작되었다. 특히 원료인 대두와 밀의 운송, 무거운 액체인 간장의 출하를 용이하게 하기 위해서 운반이 편리한 하천 유역인 노다野田(에도천江戸川)나 조시銚子(도네천利根川) 등에 간장산업이 흥성했다.

다음 쪽의 지도는 에도 후기의 간토 간장 양조집안의 반즈케에 등장하는 양조집안의 소재지를 지도로 나타낸 것이다. 에도를 둘러싼 대부분의 하천 유역에서 간장이 양조되었다는 사실을 알 수 있다. 그 정도로 수요가 많았다는 점을 말해준다.

청주도 중요한 조미료이다. 설탕이 귀중품이었던 시기에 단맛과 약한 점성을 내는 조미료로 사용된 것이었는데, 냄새가 남는 탁주로는 풍미가

––––––––––––
30 히야얏코冷奴 : 날두부를 차게 해서 양념장을 친 음식.

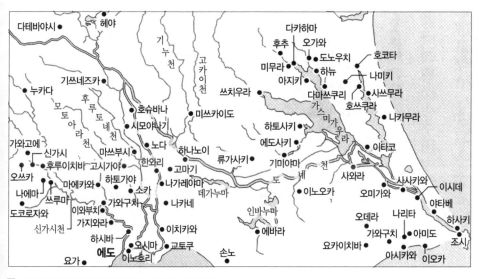

에도 근교에서의 제조로 에도의 소비를 충당하다

간장은 무겁고 그 원료도 무겁기 때문에 에도 근교의 하천 연안과 항구에는 다수의 산지가 생겨나서 오대역선五大力船[31]으로 사가미산相模産의 원료가 운반되었다. (『간장의 표시醬油のしるし』로부터 작성)

떨어지기 때문에 주로 청주가 사용되었다. 그 소비량은 간장에 비해서 떨어지지만 무시할 수 없는 양이었다. 청주가 본격적으로 양조되는 것도 에도 시대에 들어서의 일인데, 가장 맛있는 청주는 가미가타의 이케다池田 · 이타미伊丹 · 나다灘 등에서 양조된 것으로 대량으로 에도로 운송되었다. 이러한 가미가타의 술에 마지막까지 간토의 술은 상대할 수 없었기 때문에 간토에는 간장과 같은 양조업지대는 탄생하지 못했다.

그리고 현재 조미료로 사용되고 있는 미린味醂은 에도 시대에는 여성의 음료였다. 조미료로 사용되기 시작한 것은 막부 말기 이후이다.

또한 잊어서는 안 되는 것이 다시出汁이다. 가다랑어포, 다시마, 건

──────────

31 오대역선五大力船 : 에도 시대, 주로 간토関東 · 도호쿠東北에서 비교적 근거리의 해운에 사용된 백석 내지 3백 석의 화물선. 중형 회선.

어물 등이 만들어내는 부드러운 맛이 먹는 즐거움을 한층 풍요롭게 했기 때문이다. 그 가운데서도 에도에서는 가다랑어포가 선호되었고 간사이에서는 다시마가 선호되었다.

이는 에도판과 오사카판의 제국산물 반즈케諸国産物番付를 비교하면 분명하다. 에도판(「대일본산물 스모大日本産物相撲」)에서는 동쪽의 오제키大関가 '이즈伊豆 하치조지마八丈島', 이어서 세키와케関脇가 '도사土佐 가다랑어포', 서쪽의 오제키는 '에치젠越前 하부타에羽二重', 세키와케에 '무쓰陸奥 마쓰마에松前 다시마'이다. 이에 반해서 1840년에 간행된 오사카판 「제국산물 대스모諸国産物大数望」는 동쪽의 오제키가 '무쓰 마쓰마에 다시마'이고 도사의 가다랑어포는 보이지 않는다.

가다랑어포는 물론 가다랑어의 어획량이 많은 도사와 기이, 사쓰마薩摩 등에서 생산되었다. 그 가운데서도 도사의 가다랑어포가 최상이었다.

그리고 또 하나 잊어서는 안 되는 식재료에 향미료와 향신료가 있다. 처음에는 과실초를 만드는 원재료로 재배되었던 유자와 스다치すだち[32]・가보스かぼす[33] 등이 그 향기와 산미로 요리의 풍미를 더하기 위해서 곁들여졌다. 또한 산초山椒의 잎과 과실이 갖는 향기와 매운 맛이 향미료로 환영받고 16세기에 들어온 고추도 깨・산초 등을 가늘게 빻아서 섞은 시치미토가라시七味唐辛子[34]의 형태로 우동과 메밀국수에 없어서는 안 되는 향신료로 식생활 속에 정착되어 갔다.

....

32 스다치すだち : 유자와 비슷하지만 과실이 작다. 과즙은 신맛이 강하고 독특한 향기가 있다. 식용으로 도쿠시마현德島県에서 재배되며 아직 초록색일 때 수확한다.
33 가보스かぼす : 유자의 일종. 과육의 산미가 강해서 식초로 사용된다. 오이타현大分県의 특산품.
34 시치미토가라시七味唐辛子 : 향신료의 하나. 고추・깨・진피・산초・대마의 열매 등 일곱 가지를 섞은 것.

전통적인 조미료인 식초와 된장의 특산화

고래의 조미료인 식초와 된장은 에도 시대, 어디에서 양조되어 소비되었을까? 초에 관해서는 의식동원医食同源을 추구했던 히토미 히쓰다이人見必大가 겐로쿠기(1688~1704)에 저술한 『본조식감本朝食鑑』에

> 예부터 이즈미초和泉酢를 상품으로 여긴다. 지금도 활발히 제조해서 사방에 선물하거나 도시에서 판매하고 있지만 3년 이상 된 것이 가장 좋다. 색은 짙은 술과 같고 맛은 달며 매우 시다. 근년에는 소슈相州 나카하라中原의 나루세成瀬 씨가 만든 것이 제일로, 슨슈駿州의 요시와라吉原 센토쿠사善德寺에서 만든 것, 같은 지역의 다나카田中에서 만든 것이 이에 버금간다. 이상의 세 곳에서 만들어진 초는 모두가 센슈泉州의 제조법에 근거해서 이에 여러 가지로 고안을 더한 것이다.

라 기록된 바와 같이, 식초는 본래 자가제自家製였지만 판매용으로는 이즈미초가 가장 맛있다. 겐로쿠기에는 소슈의 나카하라에서 양조된 나루세초成瀬酢가 제일이며, 이어서 슨슈의 젠토쿠사와 다나카에서 만들어진 식초가 좋다고 한다. 왜 이즈미초와 나루세초가 맛있을까?

앞서 소개한 바와 같이, 센고쿠 시대까지 식초에 반찬을 직접 찍어서 먹었기 때문에 식초 그 자체가 맛있어야 맛있는 식사를 할 수 있었다. 당연히 맛있는 식초는 장원영주였던 귀족과 사원의 장원 내에서 양조되어 헌상되었다. 그러한 가운데 고야산高野山의 장원 내였던 이즈미국에서 양조되었던 상질의 식초가 장원제의 붕괴와 함께 세상에도 판매되어 이

근년 발견된 나루세초 양조 항아리
도쿠가와 이에야스의 식사에 사용되는 식초 양조용 항아리로, 최근 발견되었다. 오와리의 도코나메야키常滑焼로 센고쿠 시대에 생산된 것. 항아리를 땅 속에 파묻어 양조했다.

즈미초라는 이름으로 유명해졌다. 이즈미초는 쌀로 만든 식초이다.

대어소大御所[35] 도쿠가와 이에야스는 슨푸駿府(시즈오카시静岡市)에 성을 지어서 그곳을 도요토미 집안을 멸망시키는 전략거점으로 삼아 에도와 슨푸 간을 왕복했다. 그 즈음은 아직 도카이도東海道의 역참이 정비되지 않았기 때문에 슨슈 젠토쿠사(시즈오카현静岡県 후지시富士市)와 소슈 나카하라(가나가와현 히라즈카시平塚市), 후지사와藤沢, 무슈武州 가나가와神奈川, 고스키小杉(가와사키시)에 어전御殿을 마련해서 숙박시설로 삼았다. 그 가운데서도 나카하라 어전을 이에야스는 자주 이용해서 숙박했기 때문에 당연히 식사가 준비되었다.

이에야스도 요리를 식초에 묻혀서 먹었을 것이다. 당시 최고의 이즈미초 제법을 도입해서 어전을 지키는 다이칸인 나루세 씨에 의해서 양조되어 상에 올려졌다. 이것이 나루세초 또는 나카하라초中原酢의 시작이다. 젠토쿠사에도 전해지며 유명해졌다. 나카하라초는 그 후 막부의 어용초御用酢로 나카하라 가도中原街道[36]를 이용해서 에도성으로 운반되

. . . .

35 대어소大御所 : 쇼군의 은거소隱居所. 혹은 은거한 쇼군의 존칭. 에도 시대에는 특히 도쿠가와 이에야스 · 이에나리家斉를 말한다.
36 나카하라 가도中原街道 : 도쿄도 시나가와구品川区에서 가나가와현神奈川県 히라즈카시平塚市로 이르는 가도. 에도 시대에는 도라노몬虎の門에서 나카하라시모주쿠中原下宿까지의 협가도脇街道에서 오이소 역참大磯宿에서 도카이도와 합류했다.

었기 때문에 나카하라 가도는 별명 어초가도御酢街道라고도 불렸다.

그러나 에도 후기에 나카하라초의 상납이 중단되었다. 가장 큰 이유는 보다 양질의 식초가 각지에서 생산되었기 때문이다. 『신센호초테이』에 의하면, 효고兵庫의 기타카제초北風酢가 대두하고 또 기슈紀州 고카와초粉河酢 등도 유명해지기 시작했다는 사실을 알 수 있다.

한 번의 요리에서 조금밖에 소비하지 않는 식초가 왜 판매용으로 대량생산되었는가 하면 이는 다양한 요리에 초가 조금이라도 사용되었기 때문이며 또 다른 사용법으로 대량소비 되었기 때문이다.

의복을 채색하는 문양이 유젠조메友禅染[37]의 등장에 의해서 한층 섬세하고 우미한 표현이 가능해짐으로써 그때까지의 홀치기염色絞り染め이나 자수, 누이하쿠縫箔[38] 등에 대신해서 염색의 비중이 보다 커졌기 때문이다. 염색된 문양을 직물에 정착시키기 위해서 사용되는 것이 초였다. 초에는 정착제인 초산이 30% 전후로 포함되어 있다.

그 때문에 유젠조메의 발상지에서는 "대체로 초는 식용으로 사용되는 양은 적고 교토 등의 염색집에서 사용하는 양이 연중 얼마나 되는지 모른다"(『반킨스기와

식초의 대부분은 염료의 정착제로 사용되었다
염색 직인들이 염색하는 광경이다. 왼쪽 끝에 있는 통에 식초가 들어 있다. 염색에 사용되는 식초의 소비량은 조미료로 사용되는 양에 비교할 수 없을 정도의 대량이었다. (『풍속화보風俗画報』)

37　유젠조메友禅染 : 본서 2장의 주 9 참조.
38　누이하쿠縫箔 : 자수와 금은박을 병용해서 직물에 문양을 만드는 기법.

이부쿠로万金産業袋』)고 하는 현상이 나타나고, 『일본산해명물도회日本山海
名物図会』에도 "초도 식용의 비중은 적고, 홍분紅粉·다시마·염색 등에
사용되는 양이 엄청나다"고 기록되어 있듯이, 생산량의 대부분이 염색
의 정착제나 다시마를 부드럽게 하기 위해서 소비되었다. 염색용으로
사용되는 초는 투명하고 순도가 높은 미초米酢이어야만 했다.

그러한 가운데 쌀밥에 초를 사용하는 니기리즈시握り鮨[39]가 등장해
서 폭발적인 인기상품이 되었다. 그 때문에 초의 수요가 갑자기 늘어
나서 가격 상승으로 이어졌다. 이에 니기리즈시용으로 저렴한 식초인
가스즈粕酢[40]가 주목을 받게 되었다.

가스즈의 원료는 8% 정도의 주정분을 포함하는 술지게미이다. 쓸
데도 없어서 방치되어 있던 술지게미에 주목한 것이 오와리 반다半田
(아이치현愛知県 반다시半田市)의 술장사 나카노 마타자에몬中野(中埜)又左衛門
이었다. 에도로 나와서 시장조사를 한 마타자에몬이 미초에 비해서 단
맛이 강하고 독특한 향이 특징인 가스즈를 에도에 판매했다. 붉은 기
를 띠었기 때문에 '빨간 초'라고도 불렸는데, 니기리즈시용으로 급속
하게 수요가 늘어났다. 이것이 미쓰칸ミツカン[41] 초의 시작이다.

. . . .

39 니기리즈시握り鮨 : 한 입에 들어갈 정도의 크기로 작게 뭉친 초밥에 신선한 어패류를 올린
스시鮨.
40 가스즈粕酢 : 술지게미를 원료로 한 양조 식초.
41 미쓰칸ミツカン : 정식사명 '주식회사 미쓰칸'. 식료품 제조업. 1804년분카 원년 술지게미를
원료로 한 식초 양조로 창업했다. 1923년다이쇼大正 12 주식회사. 본사는 아이치현 한다시半
田市 나카무라초中村町. 미쓰칸 그룹 본사 자회사의 식품회사. 양조초의 시장점유율 1위.
그 밖에도 미린 등의 조미료와 낫토 등의 식품을 개발·판매한다.

에도의 빨간 된장

대두를 주원료로 하고 쌀 또는 보리·대두의 누룩과 소금을 섞어 발효시키는 된장味噌에는 쌀된장·보리된장·콩된장이 있는데 대개가 쌀된장으로 자가제였다. 된장은 적갈색을 띠는 빨간 된장赤味噌과, 누룩의 양이 많고 단맛이 강한 황백색을 띠는 흰 된장白味噌으로 나뉜다. 각지에서 만들어진 빨간 된장이 에도에서 소비되었기 때문에 에돗코는 이를 시골 된장이라 불렀고 지방에서는 에도 된장이라 부르게 되었다.

『본조식감』에 "(된장국은) 우리나라에서 매일 먹는 국이다"라고 기록된 바와 같이, 된장은 일상의 식사에 빠뜨릴 수 없는 조미료이다. 분명히 된장국을 비롯해서 무침·조림·절임·찌게·두부요리 등 폭넓게 사용되었다. 그 가운데서도 식재료를 장기보존하기 위해서 고안된 된장절임은 상차림을 화려하게 하는 반찬 중 하나였기 때문에 지방색이 풍부한 음식으로 현재에 이르고 있다.

또한 된장과 다른 조미료나 향신료를 합한 산초된장·생강된장·참깨된장 등도 선호되었고 겐로쿠기에는 부식물로 먹는 긴잔지 된장金山寺(径山寺)味噌처럼 나메미소嘗味噌[42]도 상에 자주 오르게 되었다.

왜 이렇게 된장에 다양한 조리법이 생겨났는가 하면, 사실은 간장이 본격적으로 보급되는 것은 분카·분세이기(1804~30)로, 그때까지는 된장으로 맛을 내는 것이 조리에서 가장 큰 비중을 차지했기 때문이다.

이렇게 해서 된장은 에도를 비롯한 각지의 도시인구 증대와 함께 양

----

42 나메미소嘗味噌 : 채소·생선·고기 등을 넣어 반찬용으로 만든 일본 된장.

조업 중 하나로 성립되었다. 그러나 청년기부터 마시기 시작하는 술과는 달리, 어릴 때부터 친숙했던 된장 맛은 '어머니 요리'처럼 고향을 떠나서도 잊을 수가 없어서 그 맛에 계속 집착한다. 이에 에도에는 미카와三河의 핫초 된장八丁味噌 등등 전국 각지에서 모인 무사와 조닌 출신지의 수만큼이나 향토색 풍부한 된장이 들어왔다.

그러한 가운데 두 가지 된장이 에돗코의 인기를 끌게 되었다. 하나는 센다이번仙台藩 에도번저에서 제조·판매한 센다이 된장仙台味噌, 또하나는 에도 단맛된장甘味噌이었다. 센다이 된장은 농후한 맛과 깊은 향을 갖는 짠맛의 빨간 된장으로 에도의 서민들에게 선호되었다. 한편, 에도의 단맛된장은 쌀누룩을 많이 사용한 고급 된장으로 주로 요리집 등에서 사용되었는데 에돗코는 그 단맛을 동경했다.

덧붙여서 말하자면, 오늘날에는 된장이라고 하면 신슈 된장信州味噌을 떠올리지만 에도 시대의 요리서에 이 이름은 거의 나오지 않는다. 이는 근대에 들어서 제사업製糸業이 주로 신슈信州 스와諏訪 지방에서 발달해서 다수의 여공을 숙박시켰던 데서 비롯되었다. 공장 주변에는 그들이 매일 아침 먹는 된장국용 된장을 대량생산하는 양조시설이 설비되어 수요에 부응했다. 그러던 것이 수출용 생사의 격감으로 공장이 폐쇄되면서 여공들도 흩어지고 양조시설도 무용지물이 되어 버렸다.

그 후, 고도경제성장기에 들어서자 방대한 수의 촌락생활자가 도시로 이주했다. 어제까지 자급자족하던 농촌 사람들이 된장의 소비자가 되었다. 이를 계기로 해서 신슈 스와 지방의 기업가는 잠자고 있던 대량생산 설비를 재가동시켰다. 그리고 신슈 된장이라는 브랜드명으로 슈퍼마켓 등에 제공해서 최고의 점유율을 차지하기에 이르렀다. 농후

한 에도 된장 계통의 된장에 비해서 여공들이 몇 그릇이나 더 먹을 수 있었던 산뜻한 맛이 새로운 도회인의 취향에 맞았기 때문일 것이다.

술 없이는 못 살아

술은 간즈쿠리로

술 없이 보면 벚꽃도 갓파河童⁴³의 방귀

酒なくて見ればさくらも河童の屁

라는 센류가 있다. 술이 없으면 만개한 벚꽃도 그냥 꽃일 뿐이다. 술은
어떤 때라도 필수이다. 축주祝酒, 홧술自棄酒 등 일본어에는 술에 관련된
말이 많다. 기쁜 날이나 슬픈 날이나 희로애락에 관계없이 술을 마셨
기 때문이다. 몸에 나쁘다는 것은 알고 있지만 그만 둘 수 없는 것이 술
이다. 그런 점은 지금도 다르지 않다. 그렇기 때문에 양조의 역사는 식
문화사에서 절대로 무시할 수 없는 주제이다.

　지금 청주라 불리는 일본주가 사람들의 생활 속에 뿌리를 내리는 것
은 에도 시대에 들어선 후의 일이다. 그때까지는 호사로운 생활이 당
연했던 나라·교토의 사원과 귀족, 쇼군이나 슈고 다이묘守護大名⁴⁴의
세계에서 자령自領의 장원 내에서 양조된 술맛을 서로 경쟁하며 맛있
는 술 제조술이 발달했다. 양조기술은 탁주에서 청주로의 과도기에 이

43　갓파河童 : 수륙水陸 양생両生하는 상상의 동물.
44　슈고 다이묘守護大名 : 무로마치 시대, 부임지에서 세력을 키워 영국領国 지배를 진행했던
　　슈고. 관료의 성격이 강한 가마쿠라 시대의 슈고와는 구별된다.

르러 있었다고 할 수 있다. 그 대표가 '남도 모로하쿠南都諸白'[45]라 불리는 술이다. 나라의 사원 승방에서 만들어진 양조법에 의해서 생산된 청주이다.

모로하쿠란 원료가 되는 주미酒米와 누룩미麹米를 정백해서 양조한 술을 말한다. 덧붙여 말하자면, 그중 한쪽만을 정백한 술을 '가타하쿠片白'라고 한다. 정미해서 쌀겨를 제거하면 양질의 술이 만들어지지만, 단지 그것만으로는 청주라고 할 수 없다.

전국戦国 쟁란은 장원제의 붕괴를 가져왔다. 영주였던 공가나 사원의 경영기반은 약해지고 그들로부터 풍요로움을 빼앗았다. 그 결과, 승방 내에서 발달해온 양조기술이 확산되어 각지에서 맛있는 술맛을 아는 사람들이 증가했다.

그러나 누룩균으로 전분을 당화하기 위해서는 높은 온도(30~32℃)가 불가결하기 때문에 당시에는 청주의 제조가 여름철에 이루어졌다. 하지만 누룩균 뿐만이 아니라 잡균도 번식하기 때문에 신맛이 나거나 냄새나는 술이 만들어지는 결점도 있었다.

이러한 문제를 해결하기 위해서는 술에 바람직하지 않은 잡균의 번식을 억제하는 양조법을 고안해야만 했다. 그중 하나가 주정酒精 생산의 마지막 단계에서 잿물을 가해서 액체 내의 잡균과 부유하는 불순물을 제거하는 방법으로, 이로써 투명한 청주가 탄생되었다. 잿물에는 누룩균의 증식을 촉진하는 영양제 효용과, 누룩균의 포자 착생을 방지

---

45 남도 모로하쿠南都諸白 : 모로하쿠諸白는 주미와 누룩미 모두 정백미를 사용해서 만든 상등의 술이다. 헤이안 중기부터 무로마치 말기에 걸쳐서 최고급 일본술로 명성이 높았던, 나라(남도南都)의 사원에서 모로하쿠로 만들어진 승방주僧坊酒의 총칭.

해서 산성화합물을 중화하는 효용이 있다고 한다.

또 하나가 잡균의 번식이 둔해지는 시기에 천천히 시간을 들여 양성해서 순수한 술을 만드는 이른바 '간즈쿠리寒づくり'⁴⁶였다. 최종단계에서 60℃ 전후의 저온에서 가열해서 유해한 잡균을 제거함과 동시에 활성을 유지하는 효소의 활동을 둔화시켜 맛을 유지하고자 하는 제법이다.

"술은 오로지 간즈쿠리로 제조한다"고 『반킨스기와이부쿠로万金産業袋』에 기록되어 있듯이 그 후 에도 시대의 술 제조는 간즈쿠리가 주류가 되지만, 막부 말기까지 잿물을 이용해서 양조하는 지역이 없어진 것은 아니었다.

이타미의 모로하쿠, 나다의 기잇폰

맛있는 술을 제조하기 위해서는 무엇보다도 주미와 누룩미 모두를 정미하는 모로하쿠가 기본이다. 그러나 그것도 정미율로 맛이 좌우된다. 정미의 비율이 높을수록 맛있는 술이 만들어진다. 왜냐하면 쌀에 포함된 단백질과 지방분이 제거되어 당도가 높은 부분만으로 양조하기 때문이다.

그런데, 술 제조에는 막대한 양의 쌀이 소비된다. 막부와 번이 주조량을 제한하기도 하고 장려하기도 해서 쌀값을 조절하는 데 사용할 정도로 다량이다. 게다가 인력으로 방아를 돌리는 방식의 정미가 주류였기

----

46 간즈쿠리寒づくり : 일본술을 제조하는 방법 중 하나로, 기온이 낮은 겨울철에 제조하는 것을 말한다.

때문에 막대한 시간과 인건비가 필요했다.

많은 인력을 필요로 하는 디딜방아로 정미된 쌀을 확보함으로써 비로소 첫 번째 조건이 달성된다. 그다음, 양질의 물을 확보하고 온장고이자 냉장고이기도 한 술창고를 건설하면 '간즈쿠리'에 필요한 조건을 갖춘다. 또한, 양조와 저장용의 거대한

많은 인력이 필요한 디딜방아
'단조丹醸'라 불린 술의 생산지인 이타미에서의 양조공정 일부. 실내에서 8명이 동시에 발로 밟아서 정미한다. 이로써 정미도가 높은 양조미를 대량 확보할 수 있었다. (『셋쓰 명소도회』)

통桶과 복잡한 공정에서 사용되는 도구류, 운송용 술통樽을 조달하고, 이들을 충분히 활용해 맛있는 술을 양조할 수 있는 훌륭한 기술자를 고용한다. 이것만으로도 어려운 일이지만 여기에 또 무거운 원재료와 제품의 유송에 필요한 작은 배와 운송선廻船도 확보해야 했다. 이 모든 조건을 충족한 다음 비로소 본격적인 술 제조 지역이 탄생되는 것이다.

이러한 자본투자에 견딜 수 있는 경제력과 아울러 운송수단을 확보할 수 있는 지역성이 인구 100만의 대도시인 에도의 방대한 소비량에 부응할 수 있는 산지가 된다. 이러한 조건을 갖춘 지역은 오사카에 가까운 셋쓰摂津의 오사카만 연안을 제외하고는 없었다. 그 조건을 만족시키는 지역이 이케다池田・이타미伊丹이다.

특히 이타미산은 '이타미모로하쿠伊丹諸白'라는 이름으로 에도에서 호평을 얻어 인기가 있었다. 당연히 쇼군에 헌상되는 어선주御膳酒도

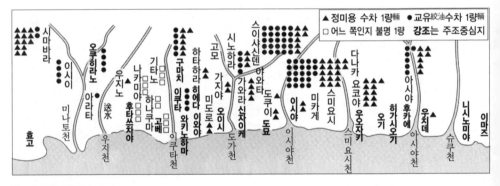

나다의 물레방아 배치
니시노미야西宮와 효고兵庫 사이를 흐르는 슈쿠천夙川 이외 6개의 하천 유역에는 다수의 물레방아가 설치되어 있었다. 이러한 자본력이 술의 질에 반영되었다. (『니시노마야시사西宮市史』로부터 작성)

이타미모로하쿠였으며, '우키요浮世'의 세계인 유리遊里에 적합한 맛있는 술이기도 했다. 이러한 술은 가미가타에서 들여왔기 때문에 '구다리자케下り酒'이라 불리며 맛있는 술의 대명사가 되었다.

그 결과,

대체로 에도에는 본고장에서 제조되는 술이 전혀 없다. 지금 번화한 에도, 한 없이 넓은 그곳에서 주야로 사용되는 술의 대개는 모두 이타미・도미다富田 혹은 이케다의 구다리자케이다.

라고 『반킨스기와이부쿠로』에 언급된 바와 같이, 겐로쿠기(1688~1704)에는 가미가타주上方酒의 독점상태가 되었다.

그러나 에도 중기가 되어 이타미와 이케다를 대체하는 새로운 양조업지역이 그 주변에 출현했다. 셋쓰의 나다摂津灘이다. 나다의 주조업자가 급성장한 요인은 물레방아에 의해서 대량의 정백미가 공급될 수 있는 조건을 확보한 데 있다. 이에 의해서 나다는 맛있는 술 제조를 위한 첫 번째 조건을 갖추었을 뿐 아니라 주미·누룩미를 3할 정도씩 정미하고 나머지 7할의 쌀로 양조했기 때문에 냄새가 없고 단맛과 풍미가 있는 청주의 양조에 성공했다.

게다가 물레방아 덕분에 정미장소인 방앗간이 술창고에서 철거되었기 때문에 제조에 넓은 면적을 확보할 수 있게 되어, 술통 등 주조용구의 대형화가 가능해져서 술의 양산화가 한층 촉진되었다.

이것이 에도에 운반되면 '나다의 기잇폰生一本'이라는 이름으로 불렸는데 크게 인기를 모았다. 그 후, 이타미도 이케다도 이를 모방했기 때문에 방대한 양의 맛있는 술이 가미가타에서 에도로 유입되어 술 시장을 석권하게 되었다. 그러나 고가였기 때문에 서민에게는 그림의 떡이었다. 그 평판은

겐비시술을 무덤에 뿌려주고 싶은 술친구

剣菱を墓へかけたき呑み仲間

라고 읊은 센류가 있을 정도로 인기가 있었다. 한 번이라도 좋으니까 그 유명한 술, 겐비시剣菱[47]를 마셔보고 싶다고 늘상 입버릇처럼 말하던 술친구가 죽었다. 하지만 비싸서 나도 아직 살 수가 없다. 사실은 자네의 무덤에 한 잔 뿌리고 나머지는 내가 마시고 싶지만 그것도 여의치 않아서 유감이다 하는 에돗코의 탄식이다. 당시에 겐비시는 가미가타를 대표

----

47 겐비시剣菱 : 효고현兵庫県 이타미伊丹에서 생산되는 술의 상품명. 에도 시대에는 쇼군의 어선주御膳酒이 되기도 했다.

모두가 꿈꾸는 명주 겐비시
에돗코에게 평판이 좋은 술은 오토코야마 · 만간지 · 겐비시였다.
그중에서도 겐비시는 오와리 등에서 생산된 모조품이 유통될 정도
였다. (우타가와 구니요시, 〈아데스가타 16여선艶姿十六女仙〉)

하는 술로 에도에서는 유명했다.

하지만 오사카와 에도는 거리가 멀었다. 게다가 히가키 회선菱垣廻船으로도 다루 회선樽廻船으로도 구마노 나다熊野灘[48]와 엔슈 나다遠州灘[49]의 2대 난소難所를 무사히 지나는 것은 쉽지 않았다. 여기에서 난선難船이 발생하기라도 하면 막대한 피해를 입고 공급이 부족해지기 쉽다.

그래서 오사카와 에도의 중간에 또 하나의 양조업지대가 생겨났다. 이세의 바다 연안지역으로, 특히 오와리국 지타知多 반도의 한다半田와 가메자키亀崎(아이치현 한다시)의 주변에서 에도 소비용 술 제조가 활발해졌다. 술맛은 이케다 · 이타미와 나다에 미치지 못했지만 그에 버금가는 시장점유율을 차지하게 되었다. 오사카와 에도 중간에 위치하기 때문에 에돗코가 오와리의 술을 '주고쿠주中国酒'라 부를 정도의 평판을 얻었지만 오와리산의 상표로 판매되는 경우는 적었고, '겐비시'나 '하쿠쓰루白鶴' 등의 가짜상표로 에도나 미카와三河로 판매되는 경우가 많았다.

---

48 구마노 나다熊野灘 : 와카야마현和歌山県의 시오노미사키潮岬에서 미에현三重県의 다이오자키大王崎에 이르는 해역. 항해의 난소.
49 엔슈 나다遠州灘 : 시즈오카현静岡県 오마에자키御前崎에서 아이치현愛知県 이라고미사키伊良湖岬까지에 이르는 앞바다 일대. 파도가 험한 지역.

간토고멘조슈 제조의 좌절

에도에는 매년 몇십만 석의 술이 들어온다. 그리고 이에 대한 금은이 가미가타에 지불된다. 천하의 부엌인 오사카는 이로써 윤택해진다. 간세이 개혁을 주도한 로주슈자老中首座 마쓰다이라 사다노부松平定信[50]는 "서국에서 에도로 들어오는 술이 얼마나 되는지 모른다. 그 때문에 동쪽에서 서쪽으로 간 금은이 얼마나 되는지 모른다"고 하면서 이러한 상태를 시정하지 않으면 가미가타 우위의 경제구조를 바꿀 수 없다고 판단했다. 어떻게 하면 좋을까. 그렇다, 가미가타에서 유입되는 양을 줄이고 그 대신 간토에서 맛있는 술을 만들면 된다고 판단했다. 그리고 즉시 실행에 옮긴 것이 '간토고멘조슈関東御免上酒[51]의 양조이다.

표와 지도에 나타낸 바와 같이, 에도에 가까운 간토의 각지에서 11채의 주류상이 지명되어 '구다리자케'에 뒤지지 않는 양조업이 시작되었다. 주조 제한과는 별개로, 막부가 쌀을 대여하는 보호정책하에 매년 약 14,000석을 양조해서 에도의 정해진 판매소에서 판매하기 때문에 에돗코의 기대는 커지기만 했다.

판매일 당일, 니혼바시 혼시고가네초本銀町의 기노쿠니야 고헤에紀国屋五兵衛의 데다이手代[52] 히데노스케秀之助는 고멘조슈의 판매권을 얻어 '기요스미亀代住'라는 상표로 판매했다. 1승升 116문文으로, 에도 지마와리자케地廻り酒[53]보다는 조금 비쌌지만

----

50 마쓰다이라 사다노부松平定信 : 본서 프롤로그의 주 19 참조.
51 간토고멘조슈関東御免上酒 : 에도 막부의 감독하에 간토의 상인과 농민이 만든 간토의 술. 에도 막부는 구다리자케에 뒤지지 않는 품질로 만드는 것을 목표로 했다.
52 데다이手代 : 상가商家의 고용인으로, 뎃치丁稚와 반토番頭의 중간 지위에 있는 자.

유시마湯島 부근에서 온 구매자가 끊이지 않아서 도시마야의 백주白酒를 판매할 때처럼 손님이 가게 가득했다.

라고 할 정도로 굉장히 인기가 있었다. 구입해서 마신 사람들 사이에서는 계속 이 가격에 판다면 잘 팔릴 거라고 할 정도의 평판이었다. 게다가 그 영향으로 "만간지滿願寺·겐비시 등의 명주까지도 가격이 내려가야 한다"는 말이 나올 정도였으며, 실제로 가격이 하락했기 때문에 에도의 술꾼들은 모든 게 "사다노부 님越中樣의 덕분이다" 하며 기뻐했다고 한다.

그러나 얼마 후 "새로운 술의 평판이 매우 좋지 않다"고 해서 인기가 급락했다. 왜냐하면, "냄새가 나고 너무 달아서 치밀어 오르고 배가 아프며 아무리 마셔도 조금도 취하지 않고 소변만 마렵다"고 평가가 혹독했기 때문이다. 지마와리자케보다 "싸고 맛있지 않으면 술 제조를 허가해 준 의미가 없다"고 비난을 받기에 이르렀다. 심지어 이케다나 이타미의 술을 에도에서 판매하지 않으려는 정책의 일환이라면 용서할 수 없다고 비난의 화살이 사다노부한테까지 미쳤다.

그러면 왜 이렇게 달고 냄새나는 술밖에 양조할 수 없었을까? 고멘조슈 제조 인가를 받은 무사시국武蔵国 하라군幡羅郡 시모나라촌下奈良村(사이타마현埼玉県 구마가야시熊谷市)의 요시다 이치자에몬吉田市左衛門 집안의 양조 기록을 보면, 천석의 쌀로 술을 만들 때 현미를 정미하는 정도는 '1할 6푼 6리'라고 되어 있다. 8할 3푼 4리나 남은 쌀로 술을 만들면 냄새나고 달기만 한 술밖에는 만들어지지 않는다. 당시의 간토의 지마와

----

53 지마와리자케地廻り酒 : 에도 시대, 간토 8주에서 제조된 술.

	주조소 소재지	주조인	주조미양 ( )는 빌린 쌀, 단위는 석石	술 생산고(단위는 석石), 20통의 가격
①	武藏國幡羅群下奈良村 (埼玉縣熊谷市下奈良)	吉田市左衛門	1,000	−, 13냥
②	−	−	1,300	−, 13냥
③	武藏國橘樹郡神奈川宿 (横浜市神奈川區青木町)	五郎兵衛	1,100 (500)	上酒 500, 13냥 上々酒 500, 14냥 極上酒 50, 16냥
④	武藏國豊嶋郡下赤塚村 (東京都板橋區下赤塚町)	辰次郎	1,100 (500)	−
⑤	−	−	1,200 (750)	上酒 800, 13냥 劍菱造極上酒 200, 15냥 滿願寺造極上酒 200, 16냥
⑥	武藏國多摩郡是政村 (東京都府中市是政)	五郎右衛門	1,200 (700)	上酒 700, 13냥
⑦	下總國葛飾郡八幡村 (千葉縣市川市八幡)	喜左衛門	1,000 (300)	上酒 900, 13냥 極上酒 100, 14냥
⑧	下總國葛飾郡根本村 (千葉縣松戶市)	四郎右衛門	1,000 (500)	上酒 900, 13냥 極上酒 100, 15냥
⑨	下總國葛飾郡 (千葉縣流山市)	平八	2,000 (1,000)	上酒 800, − 極上酒 200, 15냥
⑩	武藏國二合半領番匠免村 (埼玉縣三郷市)	清左衛門	2,000 (1,000)	−
⑪	下總國相馬郡台宿村 (茨城縣取手市)	五郎兵衛	1,000 (400)	上酒 900, 13냥 極上酒 100, 15냥
		합계	13,900 (5,650)	⑤의 겐비시劍菱・만간지滿願寺 제조는 가미가타의 명주라는 이름으로 판매

간토고멘조슈의 양조점

* −는 기록 없음. ②, ⑤는 시마오시마마치下大嶋町(도쿄도東京都 고토구江東区)의 도쿠스케德助나 나가시야마촌流山村(지바현千葉県 나가레야마시流山市)의 주자에몬十左衛門. (요시다 하지메吉田元, 『에도의 술江戸の酒』로부터 작성)

리자케의 정미도가 1할 정도였기 때문에 그다지 차이가 없다.

요시다 집안은 앞으로도 노력해서 "가미가타의 고급술인 겐비시·만간지 등에도 뒤지지 않는 최고의 술"을 만들겠다고 막부에 계속 원조를 요청했지만 디딜방아로 작업하는 정미에만 의존해서 정미도를 높이는 것은 매우 어려운 일이라는 사실을 인정하지 않을 수 없었다.

가미가타 술의 에도 시장 독점

에도 부근에서 맛있는 술 제조가 시작되었을 즈음, 오와리의 주조업자도 간토 지마와리자케의 주류상도 곤혹스러운 사태에 직면했다. 간세이 개혁의 일환으로 실시된 농촌부흥정책이 성공해서 쌀의 생산량이 회복된 결과, 쌀값이 하락한 것이다. 이는 연공미를 팔아서 재원으로 삼는 막부·번·무사의 생활을 직격했다. '시작하는 말'에서 소개한 바 있는『햐쿠닌잇슈』의 혼카도리本歌取り[54]

봄이 지나고
여름이 찾아오면
쌀값도 자꾸
내려가기만 하니
골치 아프네.

. . . .
54 혼카도리本歌取り : 본서 시작하는 말의 주 47 참조.

에 나타나는 대로, 곤란한 무사들이 속출했다. 왜냐하면 쌀값에 맞추어 물가도 하락한다면 문제가 없겠지만 물가는 내려가기는커녕 상승했기 때문이다.

이에 대해서 막부는 다양한 대책을 내놓았지만 물가 하락을 막을 수는 없었다. 1806년, 드디어 '주조 자유제조령酒造勝手造り令'을 전국에 발포해서 누구든지 쌀을 소비해서 술을 만들 수 있도록 하여 쌀값을 올리려고 마지막 카드를 꺼냈다. 게다가 어디에 판매하는지도 자유였다.

에도 시대에도 술은 누구라도 자유롭게 만들 수 있는 것은 아니었다. 주조주酒造株(면허)를 얻은 자만이 지정된 양조량에 필요한 쌀의 양(주조미고酒造米高)의 제한 내에서 양조할 수가 있었다. 막부와 번은 주조주에 따라서 일정한 명가금冥加金[55]을 거둬들이는 것이 일반적이었다.

누구나 자유롭게 만들 수 있게 되면서 가장 기뻐한 것은 가미가타의 주조업자였다. 그때까지 에도로 보내는 양이 제한되어 휴업상태에 있던 시설을 풀가동시켰다. 판로는 당연히 거대도시 에도이다. 이후로 매년 백만 통의 술이 에도로 들어오게 되었다. 게다가 종래보다 가격도 저렴해졌다. 그 결과,

> 에도 지역은 요즘 특별히 호화로워져서 오로지 가미가타의 술만 수요가 많아지고 주고쿠에서 생산된 술은 팔리지 않았다. 에도에서 자연히 가격이 떨어지고 주류상도 점점 손해가 많아져 해마다 폐업하거나 망하는 자가 많아졌다.

....
[55] 명가금冥加金 : 에도 시대의 잡세의 하나. 상공업자 등이 영업면허와 이권을 얻은 대가로 이익의 일부를 막부나 영주에게 납부하는 것.

라고 오와리의 주류상이 탄식할 정도로 타지역에서 에도로 판매하기 위한 술을 만들고 있었던 주조업자의 경영을 압박했다.

백만 통의 술은 어떻게 되었을까? 미우라三浦 반도 우라가浦賀의 역사를 기록한『우라가 사적고浦賀事跡考』에 "술도 10태駄[56] 7, 8냥両[57] 정도하는 오슈와 산슈三州의 술을 이용했던 곳이 지금은 이타미·이케다도 마음에 차지 않고 나다주灘酒로 대체되어 오슈와 산슈의 술을 마시는 자는 없다"고 기록되어 있듯이, 에도의 부근에서는 그때까지는 오와리와 미카와의 술을 마셨지만 이제는 이타미와 이케다의 술로도 만족되지 않고 오로지 나다의 기잇폰만 마신다는 것이다. 에돗코도 그 주변의 사람들도 사치를 누리게 된 것이다.

신주와 탁주

에돗코를 가장 설레게 하는 때는 늦가을에 가미가타에서 '아라바시리新走り'라 불리는 신주新酒가 에도로 들어오는 시기일 것이다. 『동도세시기東都歳時記』에 "전에는 9월에 배가 들어왔지만, 근년에는 점차 늦어져서 10월경이 되었고 지금은 정월 혹은 2월 초에 들어온다"고 기록된 것처럼, '간즈쿠리'법은 개량에 의해서 해마다 늦어졌다. 그 광경은

....

56 태駄 : 말 한 마리에 싣는 화물의 양을 1태駄로 했다. 에도 시대에는 35관貫(약 135kg)을 정량으로 삼았다.
57 냥両 : 에도 시대의 통화단위. 금1량은 게이초 고반慶長小判 1장(4.75몬메匁, 약 17.8g)으로, 그 1/4를 부分, 부分의 1/4를 슈朱로 했다.

신주가 에도로 들어오는 날은 축제분위기
술은 신주가 가장 맛있다. 그렇기 때문에 가미가타에서 구다리자케가 들어오는 날은 떠들썩하다. 다루 회선樽廻船에서 작은 배로 옮겨져 신가와, 니호리로 들어올 때 술 도매상은 앞을 다투어 기세를 올린다. (《신주번주선입진번영도新酒番酒船入津繁栄図》)

　　신주를 실은 배가 에도로 보내져 시나가와品川에 도착하여 쾌속선으로

　　운송선 도매상에 보고하면, 도매상이 작은 배를 보내서 앞 다투어 이를 옮

　　겨 싣는다. 신가와新川, 니호리新堀의 주류도매업자가 각자의 해안가에 쌓아

　　올리기도 하고 다른 쪽으로 운송되기도 해서

라고 기록되었듯이, 그야말로 에도 번영의 상징이었다.

　하지만 에돗코의 대부분은 고가의 '구다리자케'를 마실 수는 없었

다. 그들이 평소 마신 것은 탁주이다.

나카구미中汲み는

탁하지만 좋구나

스미다가와

中汲みはよし濁るともすみだがわ

라는 구가 있다. 이 구는 1733년에 간행된『메이부쓰카노코名物かのこ』라
는 구집에 실린 것인데, 에도에서 가장 오래되고 큰 양조업자이자 소매
업자로 아사쿠사浅草 나미키초並木町에서 장사를 하는 야마야 한자부로
山屋半三郎 집안의 명주 '나카구미 스미다가와'를 높이 평가한 구이다. 이
런 구도 있다.

새술 따르고

다시 평가하누나

스미다가와

新酒酌みて又見直すや隅田川

라고 하는 걸 보면 신주는 특히 맛있었던 모양이다.

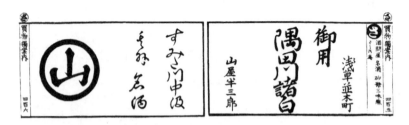

▌탁주라도 야마야는 특별하다
▌야마야는 에도에서도 유명한 양조업자였는데, '스미다가와' 라는 상표로 판매했다.

'나카구미中組み'란 탁주를 말한다. 그러나 야마야山屋의 탁주는 술 마신 후에 뒷끝이 나쁜 지마와리자케보다는 훨씬 나았던 것 같다. 에도 후기에 간행된 『에도카이모노히토리안나이江戸買物独案内』의 야마야 광고에는 "어용 스미다가와 모로하쿠"와 함께 "스미다가와 나카구미"가 실려 있는데 후자로 호평을 얻은 상점이다.

사정은 어디서나 마찬가지였다. 에도 중기까지의 오와리 나고야의 주변에서는 "출점한 점포의 술도 제 고장에서 생산된 술뿐으로 동쪽으로 갈수록 모로하쿠는 없다"고 할 정도였다. 변두리로 나가면 청주를 놓아둔 상점은 없었다.

탁주란, 본래 교쿠테이 바킨曲亭馬琴이 『증보 하이카이 세시기간초增補俳諧歳時記栞草』에서 "료醪는 일본명和名 모로미毛呂美로, 요즘 탁주라고 하는 것이다"라고 정의한 바와 같이, 술지게미를 거르지 않은 술을 말하는데 '나카구미'는 그러한 탁주는 아니다. 양조의 마지막단계에서, 만들어진 주정酒精을 대량으로 포함한 료를 술자루에 넣어 짜서 술지게미를 분리하기 위해 술통에 방치해 두면 술통 속은 맑고 투명한 상층부분(청주)과 술지게미인 침전물로 분리된다.

하지만 술지게미가 전부 침전되지는 않는다. 어쩔 수 없이 중간층에는 술지게미를 다소 포함하는 탁한 층이 만들어진다. 시판되는 탁주는 이 부분을 말한다. 청주를 퍼낸 다음의 술이기 때문에 '나카구미'라 불리게 된 것이다. 바킨이 말한 대로, "나카구미는 반청반탁半清半濁을 말한다." 그렇기 때문에 탁주라고는 하지만 청주에 가까운 것으로 보통 상온에서 마신다.

덧붙이자면, 술을 살 때는 소매점으로 가서 돗쿠리德利로 양을 달아

구입한다. 대부분의 단골손님은 우란분盂蘭盆[58]이나 연말에 정산을 하기 때문에 '가요이通'라고 하는 장부를 가지고 간다.

간자케는 계절 한정

추워지면 요즘에도 간자케爛酒[59]가 선호되는데, 간자케는 예부터 마시는 기간이 한정되어 있었다. 에도 초기의 『이세 로쿠로 자에몬 조사다노리 기록伊勢六郎左衛門尉貞順記』에 "간자케는 9월 9일부터 이듬해 3월 3일까지이다"라고 기록되어 있는 바와 같이, 중양절부터 이듬해 음력 3월 초사흘날, 즉 상사上巳의 절구(桃の節句)까지 마시는 방법으로, 이를 그만두는 날을 '와카레비別火'라고 할 정도로 계절감이 풍부한 방법이었다.

왜 이 기간에만 술을 데워 마실까? 바킨은 『세시기』의 '온주溫酒' 항에서 "9월 9일은 한온寒溫의 경계이다. 이 온주를 마시면 병을 얻지 않는다"고 하는 설을 소개했다.

사실은 탁주를 데워도 그다지 맛있지 않다. 탁주를 데워서 파는 포장마차가 없지는 않지만, 데워서 마시기에는 청주가 좋다. 따라서 서민들 사이에 간자케를 마시는 풍습이 보급되는 것은 에도 후기에 청주를 마실 수 있게 된 후의 일이다. 덴포기天保期(1830~44)가 되어 "요즘은

....

58 우란분盂蘭盆 : 선조의 영혼을 맞이해서 공양하는 행사. 일반적으로는 7월 13일부터 15일 사이에 행해지지만 지역에 따라서 음력 7월 혹은 8월 13일부터 15일에 행해지기도 한다.
59 간자케爛酒 : 데워서 따뜻하게 마시는 일본술.

술도 사계절 모두 데워서 마신다"고 그즈음의 수필 『산요 잡기三養雜記』에 기록되어 있듯이, 계절감이 약해지기 시작하면서 일반적으로 보급된 것이다.

한편, '爛'이라는 문자에는 어떠한 의미가 있을까? 『산요 잡기』에 의하면 爛이란 냉冷과 열熱 사이로 데운다고 되어 있다. 爛酒, 즉 간자케란 적당히 따뜻한 술을 말하는 것이다.

다만, 간자케는 상온에서 술을 마시는 경우와는 달리 도구가 필요하다. 처음에는 동이나 철로 된 것이 사용되었지만, 그 후 "제1은 금은기, 제2는 도기, 제3은 석기錫器이다"라고 일컬어지듯이, 데우는 용기가 무엇으로 되어 있는지가 중시되었다. 그리고 '지로리ちろり'라 불리는 금속제의 용기로 데우는 것이 보급되었다.

그러나 청주를 직접 불에 데우기보다는 따뜻한 물이 들어 있는 용기에 돗쿠리를 넣어 데우는 유칸湯爛 특유의 부드러운 따뜻함이 선호되기 시작하면서 상온용의 짤막한 돗쿠리를 대신해서 길이가 긴 유칸용 돗쿠리가 이용되었다.

술을 데워서 마시게 되자, 술잔은 도자기가 사용되었고 그 가운데서도 싸고 청결감이 있는 오와리 세토의 제품인 '세토물'이 상당한 시장점유율을 차지하게 되었다.

그리고 당연한 일이겠지만 계절에

술은 간자케가 좋다
간자케에는 특별히 제작한 도구가 필요했는데 직접 데우는 '지로리'(오른쪽)보다 유칸으로 간접적으로 데우는 술이 인기를 모으자 술 전체가 데워지기 쉬운 돗쿠리가 보급되었다.(『모리사다 만고』)

맞는 술안주가 증가했다.

　이제까지 에도라고 하는 거대도시를 석권했던 가미가타의 양조를 중심으로 이야기를 진행해 왔는데, 각각의 지역에는 거기서 살아가는 사람들의 수요에 부응하는 술이 무수히 존재했었다는 사실을 간과해서는 안 된다. 그 가운데는 지역의 명주로 호평을 받았던 술도 존재했는데, 오와리 오노大野, 빈고備後 도모노우라鞆の浦의 호메이슈保命酒 등과 같이 약주로 유명해진 술도 만들어졌다.

마에서 목면으로

『목면 이전』과 『신 목면 이전』

> 옷을 만들 천도 없어서 내가 13세 때 손으로 만든 자주닭개비露草 염색의 가타비라帷子 하나 밖에 없었다. 그 가타비라를 17세까지 입었더니 무릎이 나와서 힘들었다. 하다못해 무릎이 가려질 정도의 가타비라 하나는 갖고 싶었다.

이 문장은 '프롤로그'에서 소개한 『오아무 이야기』의 한 구절이다. 오안이 살았던 시대는 센고쿠 말기부터 에도 전기라고 하는 격동의 시대였다. 간분 연간(1661~73)에 80세로 사망했다고 되어 있기 때문에 세키가하라 전투는 그가 13세에서 15세 즈음의 사태였던 셈이다. 그가 13세였을 때 착용한, 자주닭개비 꽃으로 염색한 가타비라帷子를 17세까지 5년간 입었다고 한다.

가타비라는 견이나 마로 제작된 홑겹의 고소데小袖로, 주로 여름에서 가을에 걸쳐 착용하는 것이었다. 사계절 내내 착용했던 오안의 가타비라는 아마도 마로 제작된 것이었다고 생각되기 때문에 겨울에는 매우 추웠을 테고, 한참 뛰어놀 아이가 5년이나 착용했다면 굉장히 튼튼한 마직물이라 할지라도 무릎 부분이 닳아서 찢어져 버렸을 것이다.

『오아무 이야기』의 문장에 주목한 것이 『신 목면 이전新·木綿以前の

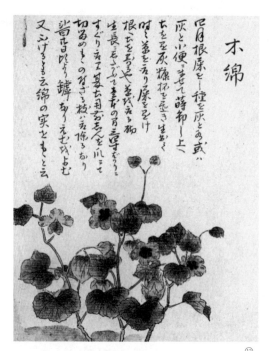

事』을 저술한 일본중세사 연구자인 나가하라 게이지永原慶二 씨이다. 나가하라 씨는 에도 초기의 한 소녀의 독백에서 센고쿠 시대까지의 의복이 마직물이며 조잡한 것이었다고 생각하고 에도 시대와의 차이를 강조하고 싶었을 것이다.

나가하라 씨의 저서는 제목 그대로 야나기다 구니오柳田国男[60] 씨의 저서『목면 이전木綿以前の事』을 의식한 것이다. 에도 시대는 목면의 시대라고 하는 야나기다 씨의 견해를, 전후 축적된 일본경제사 연구성과를

시대를 구분짓는 목면의 재배
촉감과 보온성이 좋고 염색이 잘되는 목면. 가격도 싸고 파종 후 반년이면 한 필의 직물이 만들어지기 때문에 경제적 효율성이 높다. 에도 시대는 목면의 시대였다. (《민가검로도民家検労図》) ⑬

바탕으로 해서 목면의 보급이 가져다준 사회의 경제적인 풍요로움과 함께 구체적으로 소개함으로써 새로운 에도 시대의 모습을 묘사한 저작이다.

왜 의복의 직물이 역사를 바꿀 정도의 힘을 가졌던 것일까? 이는 의료가 음식과 더불어 사람이 생명을 유지하는 데 빠뜨릴 수 없는 소재이기 때문이다. 사람은 나체로 살아갈 수가 없다. 신체를 다른 압력과 접촉

---

60 야나기다 구니오柳田国男, 1875~1962 : 민속학자. 효고 출신. 귀족원貴族院 서기관장書記官長을 퇴관 후,『아사히朝日신문』에 입사. 일본 전국을 여행하며 민속·전승을 조사하여 일본 민속학 확립에 전념했다. 문화훈장 수장受章. 저서『도노 이야기遠野物語』,『석신문답石神問答』,『민간전승론民間伝承論』,『해상의 길海上の道』등 다수.

으로부터 지키기 위해서, 체온을 조절하기 위해서 의복이 담당하는 역할이 크다. 게다가 활동성과 장식성도 직물에 영향을 받는다.

직물은 마와 목면 등의 식물성 섬유, 누에나 양모 따위의 동물성 섬유, 때로는 모피까지 다양하지만, 한란의 차와 생활환경의 차이, 내구성 등으로 그 이용법에서 의복의 형태까지 지극히 지역성이 강하고 민족성이 풍부하다.

게다가 몸에 직접 닿는 것과 그 위에 두르는 것은 감촉이 다르고 섬유가 가벼운지 무거운지의 차이도 신체에 영향을 준다.

화이트칼라나 블루칼라라는 말

⑭

유카타浴衣61와 수건의 재료는 목면
간다神田 곤야초紺屋町에는 염색집이 47채 있다. 에도 전체의 약 10%가 밀집해 있는 것이다. 왼쪽에 걸려 있는 것이 유카타용 직물이며 오른쪽이 수선용 직물이다. 전부 남염藍染.(우타가와 히로시게,〈명소 에도 백경名所江戸百景〉)

이 있듯이, 의복의 역사는 자신의 취향뿐 아니라 노동의 질과 신분에 따라서 시대와 함께 변화하면서 기본적으로는 기동성과 경쾌감을 추구해서 오늘날에 이른다. 게다가 거기에 색채 및 문양 등 모드가 부수되기 때문에 복잡해진다.

일본에서는 에도 시대 이전, 헤이안·가마쿠라·무로마치·센고쿠

· · · · · · · · · · · · · · ·

61 유카타浴衣: 목면으로 만든 홑겹 기모노. 목욕 후나 여름철에 착용한다.

시대까지 서민이 착용했던 의복의 직물 대개가 저마였다. 그러던 것이 에도 시대에 들어서 목면으로 바뀌어 급속해 보급되었다. 야나기다 씨는 그 격변의 이유를 섬유의 성질 차이에서 구해서 에도 시대의 생활의 풍요로움을 증명했다. 그렇다면 마와 목면은 어디가 어떻게 다를까?

야나기다 씨는 마는 물론이고 상류계급이 착용하는 견과 비교해서도 일하는 서민 남녀에게 목면이 촉감과 색상 등 조금도 떨어지지 않는다고 한다. 게다가 야나기다 씨는 목면이 보통 사람들의 피부를 민감하게 하고, 그러한 피부의 감촉이 마음에 바로 나타나서 희로애락의 표현을 풍부하게 함으로써 서민의 생활 감각을 크게 바꾸었다고 한다.

확실히 에도 시대는 막부와 여러 번이 목면 착용을 장려했기 때문에 목면 생산이 증대되었고 착용이 급속하게 보급된 시대이다. 그러나 막부와 번이 서민에게 목면을 장려한 이유는 촉감이 좋다든가 착색이 풍부하다든가 하는 것 때문이 아니었다. 가장 큰 이유는 나가하라 씨가 지적한 바와 같이 목면 생산의 경제적 효율성이 높기 때문이며 대량생산과 거기에서 비롯되는 가격의 저렴함 때문이다. 즉, 서민 의료로서 적합하다고 판단했기 때문이다. 그리고 무사신분은 견, 농공상은 목면으로 신분 격차의 상징화를 목적으로 했기 때문이다.

목면의 시대

에도 시대에 들어서 남녀 모두 일상생활 속에서 착용하는 기모노는 쓰쓰소데筒袖[62]가 개량되어 작은 소매가 달린 고소데가 표의表衣로 일반화되었다. 이는 수납성과 기동성을 겸비했기 때문일 것이다.

고소데가 평상복이 되자, 목면은 튼튼하고 촉감이 좋으며 흡수성이 높고 유연성이 풍부하며 다양한 착색이 가능하기 때문에 홑옷에도 솜옷 등에도 자유롭게 사용할 수 있는 섬유로 사용되기 시작했다. 또한 다비足袋[63]와 이불, 해운용 돛에까지 사용되어 견이나 마와는 비교도 할 수 없을 정도로 이용가치가 높았다. 게다가 무엇보다도 대량생산에 의해서 가격을 낮출 수 있고 스스로도 간단하게 생산할 수가 있어 입수가 용이했다. 마가 목면보다 뛰어난 점은 강도가 뛰어나고 오염이 잘 안 된다는 점 정도이다.

그렇다면, 마와 비교해서 어느 정도 경제적 효율성이 높았을까? 마의 품종 가운데 섬유로 사용되는 것은 저마라 불리는 품종이다. 매우 가늘고 섬세하기 때문에 섬유로 이용되었지만 꺾이기 쉽다는 결점도 있었다. 그 때문에 건조시킨 줄기의 껍질에서 섬유를 취해서 한 가닥의 긴 실로 자는 공정에 많은 시간이 소요되었다. 그리고 직물로 짜는 작업도 주의를 기울여야만 하기 때문에 재배에서 완성까지 한 필의 직물을 생산하는 데 1년 이상의 시간이 필요했다.

나가하라 게이지 씨는 저마의 시대의 여성들은 저마로 실을 자아 이를 짜서 한 필의 직물로 만드는 데 막대한 시간을 뺏겨서, 가족들의 약간의 의료를 만드는 것만으로도 거의 쉴 틈이 없이 작업을 해야 했다고 한다. 그 때문에 가마쿠라·무로마치 시대의 농민 여성들은 경작에

----

62 쓰쓰소데筒袖 : 일본 전통옷에서 소맷자락이 없는 통형筒形의 소매. 여기서는 그러한 소매의 기모노를 말한다.
63 다비足袋 : 일본의 전통 복장에 신는 말襪.

종사할 시간적 여유가 없었을 것이라고 추측했다.

이에 반해서 목면은 실을 만드는 데도, 직물을 짜는 데도 확실히 효율적이었다. 여성들은 가족의 의료를 확보하기 위해서 1년의 대부분을 소비하지 않아도 되었고 경작에 종사할 수 있는 시간이 확보되었다고 한다.

목면은 일본열도에 재래종이 없기 때문에 고대에 표착민이 처음으로 종자를 가져왔다든가 무로마치 시대에 조선과 명에서 수입되었다든가 다양한 학설이 있지만, 명확한 것은 센고쿠 시대에 군사용(군복)으로 용도가 보급되어 에도 시대에 들어서 서민의료로 폭발적으로 보급되었다는 사실이다. 중요한 것은 저마가 자가소비용을 제외하고 주로 공납품으로 유통되었던 데 반해서 목면은 산지가 기나이·도카이·서국西國 지방에 집중되어 일찍부터 상품화되어 보급된 점에 있다.

그리고 염색이 용이한 점 때문에 흰 목면은 사농공상의 속옷으로, 줄무늬 목면은 조닌들의 겉옷으로 정착되었으며, 얼마 후 다양한 문양의 직물이 생산되고 각지에 특산물이 만들어지면서 대규모의 상품시장을 형성하게 되었다.

단, 신제품을 구입할 수 있는 것은 상층의 조닌과 부농에 한정되었다. 일반 조닌과 농민, 그리고 생산에 적합하지 않은 한랭지에 사는 사람들의 대개는 자기 집에서 직물을 짜든가 그렇지 않으면 헌옷을 구입해서 소비하는 것이 일반적이었다. 기나이에는 헌옷 전문의 도매상이 생겨나서 도호쿠東北 지방으로 대량 판매해 이익을 거둘 정도였다고 한다.

그렇다면, 농민과 조닌들은 평상시에 정말로 목면을 입고 지냈을까? 이러한 문제는 너무나도 일상적인 것이기 때문에 기록에 남아 있지 않아 파악하기가 어렵다. 그래서 이를 알아보기 위해서 1830년에 신슈信州 우에다上田 번령潘領 야기사와촌八木沢村(나가노시長野市 우에다시上田市)의 구미가시라組頭[64]의 집에서 발생된 도난사건의 도난품을 살펴보기로 하자. 이 시대, 도둑이 일반 민가에 침입해서 훔치는 물품의 대부분은 의류이다. 의류는 훔쳐도 범행이 들통나기 어렵고 판매

목면은 헌옷이라도 잘 팔린다
공급부족 상태의 목면은 헌옷이라도 수요가 높아서 헌옷가게가 생겨날 정도로 대량으로 유통되었다. (구와기타 게이사이鍬形蕙斎,〈긴세이쇼쿠닌즈쿠시에고토바近世職人尽絵詞〉)

하기 쉬운 데다가 가격도 괜찮았기 때문이었을 것이다.

야기사와촌 구미가시라의 집도 도난당한 물건의 대부분은 의류였다. 남성용 솜옷·홑옷·겹옷·하오리羽織·갓파合羽[65]·주반襦袢[66] 등인데, 그 모두가 목면 의료로 색은 감색과 엷은 노랑의 줄무늬가 있는 수수한 것뿐이다. 이 구미가시라의 집에서는 이러한 목면을 전부 신제품으로 구입했는지 여부는 분명하지 않다. 그러나 목면 의료를 착용했던 사실은 분명하다.

고문서를 조사할 때면 '시마초縞帳'라고 하는 두꺼운 장부에 접하는 경우가 종종 있다. 이는 다양한 줄무늬의 목면 조각을 장부에 붙인 것인데 어떠한 직물을 짤 때 참고로 이용되었다. 고문서를 소장하는 무

---

64 구미가시라組頭 : 본서 4장의 주 11 참조.
65 갓파合羽 : 우천 시 외출할 때 착용하는 외투 중 하나.
66 주반襦袢 : 일본 전통옷에 착용하는 속옷. 홑겹의 짧은 상의.

라야쿠닌의 집에도 직기를 가지고 있어 집안 여성들이 직물을 짜고 이를 가족이 착용했다는 사실을 말해준다.

이러한 면직물업의 거대시장을 막부가 가만히 보고 있을 리가 없었다. 목면이 집하되어 소비자의 손에 이르기까지 강력한 통제력이 작용해서 산지를 억압하는 조직이 성립되어 있었다. 에도의 오덴마초 목면도매상조합大伝馬町木綿問屋仲間에 목면 판매의 독점권을 부여했다. 특산지인 이세만伊勢湾 연안 지역의 목면은 현지의 중간도매상買次問屋의 손에 의해서 이세 측의 시라코白子 항에 집하된 다음, 거기에서 에도로 보내졌는데, 나중에 오덴마초 목면도매상조합에 대항해서 시라코조白子組 등도 유송을 맡게 되면서 지방의 목면 도매상의 힘이 강해져 통제력이 약해졌다. 그러자 이번에는 번이 영국 내에서 생산된 목면을 국산화하는 등 다른 형태로 통제를 강화하게 되었다.

국산 생사와 특산의 견직물

촉감, 광택, 색감 등 모든 면에서 우수한 견은 사람들이 선망하는 의료였다. 또한 보온성이 낮은 마에 반해서 보온성이 우수하기 때문에 견은 중요한 의료였다.

견도 고대 이래로 생산되었지만 생산량이 적어서 신분적으로 제한된 일부 계층의 전유물이었다. 국내에서의 생산량은 에도 시대에 들어서도 상층 신분의 수요를 충당할 수가 없었다. 그래서 수입에 의존함으로써 수요의 대부분을 충당하게 되었다.

에도 초기의 무역에서 최대의 수입품은 생사와 견이었다. 그 양이 방대했는데 대가로 지불된 것은 당시 일본 특산의 금은이었다. 다지마但馬의 이쿠노生野 은산을 비롯해서 이와미岩見 은산, 사도佐渡 금산 등 전국 곳곳에서 채굴이 진행되었고 각지에 '산간의 교토'라 불리는 광산마을이 탄생되어 활기를 띠었다. 황금의 나라 지팡구 Zipangu[67]는 골드러쉬, 실버러쉬로 들끓었다.

중국선을 통해서 일본에서 유출된 은은 1648∼67년게이안 원년∼간분 7까지의 19년간에 무려 265,374관(금으로 4,423,000냥)에 이르고, 네덜란드선을 통해서 1641

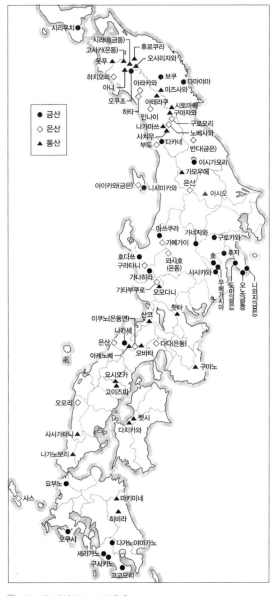

주요한 광산(16∼19세기)
고바타 아쓰시小葉田淳, 『일본광산사의 연구日本鉱山史の研究』로부터 작성

----

67 지팡구Zipangu : 마르코 폴로Marco Polo가 『동방견문록』에서 일본을 지칭한 것으로 유럽에서 널리 사용되었다. '日本'의 중국식 발음에 따른 것이다.

년에서 1667년간에이 18~간분 7까지의 사이에 일본에서 유출된 은은 그사이, 6년간의 불명분을 제외하더라도, 486,457kg(129,722관)에 이른다.

또한 네덜란드에 대해서는 1668년간분 8부터 금의 수출만을 허가했기 때문에 그 후에는 오반大判[68] · 고반小判[69]이 그대로 유출되었는데, 네덜란드 동인도회사의 근거지인 버테이비아(자카르타)에서는 고반이 '쿠반'이라 불리며 유통화폐로서 그대로 사용되었다고 한다.

이에 반해서 나가사키의 네덜란드상관이 일본에 가져온 것의 대부분은 생사와 견직물로, 1672년간분 12에 수입총액은 은으로 환산해서 약 8,309관 중 88%(약 7,343관)를 차지했다. 중국선과 네덜란드선을 통해서 유입된 생사와 견은 중국산과 베트남산이었다.

얼마 후, 일본열도의 금은산은 고갈되기 시작해서 많은 '산간의 교토'는 유령도시로 바뀌었다. 그 대신에 수출품으로 주목된 것이 동과, 외국에서 이마리伊万里라는 이름으로 유명해진 아리타야키有田焼,[70] 사쓰마산 장뇌였다.

왜 이렇게까지 생사와 견을 원했던 것일까? 그것은 견을 소유하는 것, 그리고 착용하는 것이야말로 쇼군, 다이묘, 무사들에게 정치적인 지위가 되어 있었기 때문이며, 그들과 교류하는 호상과 우키요의 유녀들에게도 그 경제력과 아름다움을 표현하는 최고의 의료였기 때문이

....

68 오반大判 : 아즈치모모야마 · 에도 시대의 대형 금화.

69 고반小判 : 에도 시대의 금화金貨. 타원형으로 한 장을 1냥兩으로 했다. 막부에서 발행한 표준화폐로 게이초 고반慶長小判 · 겐로쿠 고반元禄小判 · 쇼토쿠 고반正德小判 · 덴포 고반天保小判 · 만엔 고반万延小判 등이 있다.

70 아리타야키有田焼 : 사가현佐賀県 아리타有田 지방에서 생산되는 자기. 1616년 조선에서 온 도래인渡来人 이참평李参平이 창시했다. 이마리 항伊万里港에서 출하되었기 때문에 이마리 야키伊万里焼라고도 불린다.

다. 고급수입견사는 그야말로 '백사白糸'라 불리기에 적합한 광택을 띠는 것으로 그 배분(사할부糸割符)[71]에 막부가 관련되었던 것은 당연한 일이었다.

따라서 그들이 착용한 의복은 시간이 지나면서 매우 호화로워졌다. 또한 에도의 모드에는 직물·홀치기염색·자수·누이하쿠縫箔 등이 조합되어 화려한 문양이 가해진 표의로서 고소데나 예복으로서의 우치카케打掛[72] 등이 등장했다. 그리고 이러한 호화로운 직물을 생산할 수 있는 것은 역사와 전통이 있는 교토 니시진西陣[73]밖에 없었다.

그러나 얼마 후 금은으로 생사와 견직물을 수입할 수 없는 상황이 되었다. 이제 자국 내에서 생사를 증산하는 방법을 취할 수밖에 없어지자, 막부는 1713년쇼토쿠 3, 전국에 생사·면생산의 장려책을 내놓았다. 이에 호응해서 주로 목면생산에 적합하지 않은 한랭한 지역에서 양잠업이 시작되어 생사업이 활발해졌다. 그 결과, 시나노信濃, 고즈케上野, 무쓰陸奥의 시노부信夫·다테군伊達郡 지방을 비롯해서 각지의 산지 주변에 직물업이 탄생하여 급성장하기 시작했다.

고즈케국上野国(조슈上州) 기류桐生, 시모쓰케국 아시카가足利 등에서는 니시진의 기술을 도입해서 우수한 견직물을 생산할 수 있게 되었다. 그뿐 아니라 누에와 풀솜에서 실을 자아서 꼬임을 가한 실로 직조한

---

71 사할부糸割符 : 에도 시대, 생사를 수입하는 특정 상인에게 부여한 특권. 또는 이 권리를 나타내는 문서. 1604년게이초9 사카이·교토·나가사키 그리고 나중에 에도·오사카가 더해져 다섯 지역의 상인에게 부여되었다.
72 우치카케打掛 : 고소데 위에 걸치는 고소데. 근세 무가여성의 예복. 상가에서도 예복으로 착용하는 경우가 있었으며, 현대에는 혼례의상으로 이용된다.
73 니시진西陣 : 니시진 직물西陣織의 약자. 교토 니시진西陣에서 산출되는 직물의 총칭. 주로 비단錦, 수자繻子, 금란金襴, 단자緞子 등의 고급 견직물을 말한다.

평직의 튼튼한 명주 생산이 생사산지의 주변에 확장되어 특산지가 만들어졌다. 또한 단고국丹後国 요사군与謝郡 등에서는 가늘게 주름을 만든 지리멘縮緬[74]이 명산이 되는 등 지방성이 풍부한 견직물이 전국에서 탄생되기 시작했다. 이렇게 해서 견직물은 에도 후기에 들어 촌락에서도 드디어 서민이 가까이 할 수 있게 되었다.

고즈케국 세타군勢多郡 하라노고촌原野郷村의 농민 후나즈 덴지베에船津伝次兵衛의 1833년덴포 4 회계장부(『가재세시기家財歳時記』)를 조사한 근세 교육사연구자 다카하시 사토시高橋敏 씨는 이 시기 이후에 구입한 의료로 에치고치지미越後縮み, 시로치지미白縮み, 야나가와 명주柳川紬, 고쿠라오비小倉帯가 있다는 사실에 주목해서 아마도 성장용으로 구입했을 것이라고 추측했는데 지리멘·명주·고쿠라오비는 틀림없이 견직물이다. 상당한 금액을 지불했기 때문에 약간의 사치였겠지만 초석식 집에 거주하여 다타미를 깐 사랑방에 도코노마床の間를 갖게 된 생활이 일반화되기 시작한 이 시기에는 어느 농가에서도 볼 수 있는 현상이었을 것이다.

견직물의 보급과 함께 염색에 관한 관심도 높아졌다. 후나즈 집안도 종종 염색점에 의료를 보내서 상당한 금액을 지불했다. 견직물은 오염되기 쉽지만 고급품이다. 아름다움을 유지하기 위해서는 염색점에 의뢰할 수밖에 없기 때문이다. 유젠조메友禅染의 보급이 아름다운 문양을 만들어 내기 때문에 신경을 쓰는 것은 당연했다.

---

74 지리멘縮緬 : 표면에 가는 주름이 있는 견직물. 종사에 꼬임이 없는 생사, 횡사에 꼬임이 강한 생사를 사용해서 평직으로 짠 다음, 소다를 섞은 비눗물로 끓여서 줄여 정련한 것.

유젠조메는 색채·문양 모두 다양한 모드를 자재롭게 염색할 수 있다는 점에서 획기적인, 염색법의 혁명이었다. 그리고 색채 가운데서도 가장 화려한 주색朱色 염료로 잇꽃이 주목되어 데와국出羽国 무라야마군村山郡이 산지로 일약 각광을 받게 되었다. 또한 견과 목면에 필요한 염색으로서 쪽이 증산되었는데 그 가운데도 아와람阿波藍이 특산품으로 알려지게 되었다.

기모노에 경쾌한 느낌을 주는 유젠조메
유젠조메는 밑그림의 윤곽을 그리는 데 찹쌀풀(이토메노리糸目糊)을 사용해서 염료가 번지는 것을 막는 기법을 사용한다. 이 기법에 의해서 화려한 문양도 자유롭게 그릴 수 있게 되었다.

여름의 청량 의료 지지미

일본의 여름은 굉장히 무덥다. 그렇기 때문에 일본의 가옥은 남쪽이 넓게 확장되어 서늘한 바람이 들어올 수 있도록 여름철에 맞추어져 있다. 겨울은 방한시설을 마련하면 그럭저럭 견딜 수가 있다고 생각했던 것 같다.

도시의 가옥은 빈틈없이 밀집해서 지어진다. 그 때문에 서늘한 바

람이 들어올 가능성은 극히 낮다. 에도도 후카가와深川 주변의 우라나
가야에 살면

> 서늘한 바람
> 굽이굽이 돌아서
> 들어오누나.
> 涼風の曲がりくねつてきたりけり

라고 고바야시 잇사가 읊은 것처럼, 자신의 방에 이를 때는 이미 뜨거운
바람이 되어 있다. 이러한 환경의 도시민이 가능한 한 서늘한 생활을 하
고 싶어 하는 마음을 헤아려 생산된 것이 여름의 의료인 지지미縮み이다.

지지미의 원료는 저마이다. 목면의 보급으로 쇠퇴한 저마는 철저한
개량을 통해서 에도 중기에는 가장 청량감을 느끼는 의료로 재생되었
다. 그리고 에치고치지미越後縮み, 에치고조후越後上布[75]라는 이름으로
에돗코에게 호평을 얻었고 가미가타에서도 주목을 받게 되었다.

그러나 지지미의 생산에는 여러 가지 곤란한 점이 수반되었다. 우
선, 저마를 같은 길이로 만드는 작업苧燒에서 시작해서 줄기의 껍질을
벗겨 청저青苧 제작, 그 청저에서 가는 실을 얻어내서 실로 만드는 작업
苧績, 아름다운 문양을 내기 위해서 실에 염색을 가하는 작업絣くくり.[76]

---

75 에치고조후越後上布 : 에치고越後의 오지야小千谷 · 도카마치十日町 등을 중심으로 생산되는
상등 마직물. 손가락으로 잣은 실로 직물을 짜서 눈에 쬐어 표백한다. 이 기술은 중요무
형문화재이다.
76 가스리쿠구리絣くくり를 말한다. 명주실 다발에 염색할 때, 문양이 될 부분만을 미리 실로
엮어서 염료가 침투하지 못하도록 하는 기법. 실 다발에 직접 염색해서 문양을 내는 기법
에 비해서 수공이 많이 든다.

이 모두가 매우 단조롭고 시간이 드는 작업이다. 또한 재와 쌀뜨물로 끓여 정련한 실이라도 습기가 없으면 끊어진다. 그 때문에 깊은 눈에 둘러싸인 방에서 직기를 움직여 완성된 직포를 유연하게 하기 위해서 증기에 쏘이고 발로 밟기를 한 다음에 눈 위에서 햇볕을 쪼이는 등 상상을 초월하는 생산 공정을 거친 후에 드디어 완성된다.

지지미의 문양은 인내의 결정
마는 염색이 잘 안 된다. 꼬임을 강하게 준 실을 횡사로 해서 직조해 문양을 만들어낸다. 눈 위에서 눈빛을 쪼이면雪晒し 더욱 문양이 선명해진다.

이렇게 해서 통풍이 잘되는 청량감 있는 지지미가 시중에 나오게 되는 것이다. 이를 눈의 생활지 『호쿠에쓰 설보北越雪譜』의 저자 스즈키 보쿠시는 "눈 속에서 실을 만들고 눈 속에서 직물을 짜고 눈이 쌓인 물에 헹궈서 눈 위에 말린다. 눈 있어야 지지미가 있다. 에치고치지미는 눈과 사람과 기력이 반씩 더해져 명산품이라 불리니, 우오누마군魚沼郡의 눈은 지지미의 부모라 할 것이다"라고 찬미했다.

또한 일본의 여름밤은 무덥기 때문에 잠을 이룰 수가 없다. 창문을 열어두면 모기가 몰려든다. 이렇게 해서 고안된 모기장도 저마가 원료이다. 오미가 산지이며 오미 상인의 손에 의해서 전국으로 보급되었다.

가오미세 흥행

가오미세顔見世[1]다

서둘러 이불 개는

히가시야마   부손

顔見せや布団をまくる東山   蕪村

가오미세다

사람들 머리가

방해되누나   잇사

顔見せや人の天窓が邪魔になる 一茶

위의 두 구는 요사 부손与謝蕪村과 고바야시 잇사小林一茶가 삼도의 연
중행사로 되어 있는, 가부키의 가오미세 쿄겐 첫 날의 기분을 읊은 것
이다. 시풍의 차이가 잘 나타나는 구이다.

부손은 교토에서 가오미세의 아침을 맞이했다. 기다리고 기다리던

----

1   가오미세顔見世 : 가부키 극장의 연중행사 중 하나로, 에도 시대에는 매년 11월에 한해의
    공연을 위해서 새롭게 구성된 배우 멤버에 의한 첫 번째 공연을 말한다. 가부키에서 1년
    중 가장 중요한 행사.

가오미세의 아침이 왔다. 시조가와라四条河原에 가까운 히가시야마東山 부근에 머물러 있다가 늦잠을 자서 난리법석을 피우며 맞이하는 히가시야마의 모습을 읊은 것이라고 한다.

가오미세다

잠옷을 벗어야하는

연인의 품속　　　　　　　　부손

顔見せや夜着を離るるいもがもと　蕪村

이라며 연인과 함께 한 후 헤어지기 싫지만 가오미세의 아침이라며 깨우는 소리에 잠옷을 갈아입고 미련을 남기며 가버리는, 그런 마음을 읊은 구이다.

두 구 모두 연인과 헤어지기 싫은 마음과 가오미세에 대한 기대가 뒤얽혀서 1년에 한 번이니까 하며 뛰어나가는 남성의 심정을 넌지시 표현하고 있다.

한편, 잇사의 구에서는 그러한 풍치도 시정도 느낄 수 없다. 아마 틀림없이 잇사도 늦잠을 자고 허둥지둥 서둘러 가부키극장芝居小屋으로 뛰었을 것이다. 들어가 보니 엄청나게 혼잡해서 앞에 서 있는 손님의 머리 때문에 아무 것도 보이지 않는다. 가오미세 첫 날의 에돗코의 흥분만이 느껴질 뿐이다.

에도에는 에도 삼좌江戸三座[2]라 불리는 세 개의 가부키극장이 있었

2　에도 삼좌江戸三座 : 에도 시대 중기부터 후기에 걸쳐서 에도 마치부교쇼江戸町奉行所에 의해서 가부키 흥행을 허가받은 가부키 극장. 관허 삼좌官許三座, 공허 삼좌公許三座 혹은 삼좌三

다. 사카이초堺町의 나카무라좌中村座, 후키야초葺屋町의 이치무라좌市村座, 고비키초木挽町의 모리타좌森田座이다. 삼좌 각각이 새롭게 계약한 배우들을 무대에서 소개하는 행사가 가오미세이다. 내가 좋아하는 배우가 올 한 해 동안 이 무대에서 공연하는구나 하는 기대감에 부풀어 올라서 굳이 부손이나 잇사가 아니라 하더라도 그 날을 학수고대했을 것이다.

가오미세의 분주함은 10월 25일 즈음부터 시작해

에도 삼좌 중 하나인 나카무라좌의 극장 내 광경
'대입大入'이라는 막이 걸려 있는 가운데 신춘항례의 연목인 『소가의 대면曾我の対面』이 공연되는 모습. 무대를 바라보고 왼쪽에는 하나미치가 마련되어 있다. (우타기와 도요쿠니, 〈나카무라좌내외도中村座内外の図〉)

서 개시 전날에 본격화된다. 가부키극장의 남쪽에 있는 찻집의 지붕에 다양한 조화가 장식되어 있고 팬들이 보내온 막·술·쌀·숯·간장 등이 산더미처럼 쌓인다. 술통은 모두가 겐비시·오토코야마男山·만간지 등 이타미·나다의 명품뿐이다. 또한 전날에 찻집에 배포된 '가부키 배역 순위표新狂言役割番付'가 판매되기 시작하면 에돗코들은 경쟁

座라고도 한다. 에도에는 당초 수많은 가부키 극장이 있었지만, 점차 정리되어 사좌가 되었다가 최종적으로는 삼좌가 되었다.

이라도 하듯이 사들인다. 가부키극장의 입구에는 극장에 소속된 배우의 간판과 연목演目이 장식되고 그 아래서는 '가오미세 배우소개顔見世新役者付'라고 하는 인쇄물이 판매된다.

삼좌에는 팬들이 계속 몰려와서 한밤중까지 전야제가 펼쳐진다. 날이 바뀌어 11월 1일. 자정이 되면 극장에서 나와서 자기가 지지하는 배우의 집 앞에 모여든다. 배우의 집에서는 이번 공연에 입을 의상을 빠짐없이 장식하고 촛대를 늘어세워 신주神酒·가가미모치鏡餠[3]를 바치고 술과 안주로 손님을 대접한다. 그리고 흥행이 대성공하기를 바라는 기원으로 데지메手締め[4]가 행해진다. 오전 1~3시 즈음, 극장에서 첫 번째 북이 울리면 손님들이 몰려들어 금방 만원이 된다.

따라서 11월 1일은 가부키에 있어서의 정월초하루로, 가오미세 흥행은 12일 즈음까지 이어진다. 이렇게 해서 새로운 배우들에 의해서 이듬해 9월 9일의 센슈라쿠千秋樂[5]까지 가부키가 공연된다. 그리고 9월 12일에는 벌써 다음 가오미세를 위한 준비모임이 시작되고, 10월 13일에는 교체되는 배우의 인쇄물이 판매되어 에돗코의 가오미세에 대한 기대를 높인다.

가부키의 연중행사를 에돗코들은 모두 알고 있었다. 가부키로 한 해를 보낸다고 해도 좋을 정도로 가부키에 관심을 갖지 않는 날이 없었기 때문이다. 그러한 사실을 스스로 인식하고 자기 자신을 시바이쓰芝居通[6]

3 　가가미모치鏡餠 : 거울처럼 둥글고 납작하게 만든 떡을 대소 2개 겹쳐서 정월에 신불神仏에 공양하거나 경사스런 날의 축하물.
4 　데지메手締め : 사건의 결착과 소망의 성취 등을 축하하며 관계자들이 모여서 박자를 맞추어 손뼉을 치는 것.
5 　센슈라쿠千秋樂 : 가부키·스모 등의 흥행 마지막 날.

②

화려한 가오미세 흥행
곳케이본『가부키 훈몽도휘』에 묘사된 가오미세 풍경. 게사쿠 작가 시키테이 산바가 가부키를 잘 모르는 사람들을 위해서 가부키에 관련된 사항을 세부까지 자세하게 분류정리하고 그림을 더해서 알기 쉽게 해설했다.

로 상업화한 것이 게사쿠 작가 시키테이 산바이다. 이는 그가 저술한 『가부키 훈몽도휘歌舞伎訓蒙図彙』를 읽으면 납득이 갈 것이다. 산바는 가부키에 관해서 대단히 박식했는데, 그러한 에돗코가 에도 곳곳에 있었다.

가부키

그러면 가부키는 왜 이렇게까지 삼도에서 생활하는 사람들을 흥분시켰던 것일까?

우선 무엇보다도 가부키가 종합예술이었기 때문이다. 가부키극장 전속의 대표작가立作者가 쓰는 줄거리와 표현, 배경음악으로서의 샤미

6 시바이쓰芝居通 : 시바이, 즉 가부키에 정통한 사람.

센三味線의 음색, 효과음인 효시기拍子木와 다이코太鼓, 배경으로서의 풍경, 배우의 의상과 화장, 그리고 배우의 연기력에 의해서 가부키는 비로소 연극으로 성립된다. 즉, 문예·음악·회화·의복·염색·미용과 복식, 무대와 하나미치花道를 갖는 극장건축 등 당시의 문화를 총동원한 무대예술이었기 때문이다.

게다가 무대와 객석을 종단하는 하나미치를 설치해서 관객과 배우의 사이를 보다 가깝게 하여 박력 있는 최고의 연기와 세련된 움직임으로 다가오니 관객은 흥분하지 않을 수 없었다. 가부키극장 안은 서민에게 우키요 그 자체였던 것이다. 하나미치는 관객이 배우에게 '꽃'을 선물하는 시설에서 비롯되었다고 한다.

일본의 오랜 역사 속에서 이렇게 호사스러운 문화가 있었는가. 무엇보다도 막대한 자본력이 없이는 성립될 수 없다. 따라서 기업화해서 비로소 실현될 수 있는 문화라고도 할 수 있다. 그러나 가부키극장이 화재로 종종 유실되고 배우의 급료가 상승하면 극장주座元가 자금난에 빠져 어쩔 수 없이 교체되는 경우도 적지 않다. 하지만 반드시 후계자가 출현한다. 가부키에는 그러한 마법이 있었다. 그야말로 오랜 평화로운 세상이 아니라면 생겨날 수 없는, 전형적인 문화적 산물이라고 해도 좋을 것이다.

다음으로, 가부키는 허구 그 자체이기 때문이다. 현실의 사회질서와 규범을 역전시키기도 하고 때로는 완전히 무시하거나 부정하기조차 한다. 아무렇지도 않게 강간을 하기도 하고 사람을 죽이기도 한다. 배신도 당당하게 연기한다. 그 반대도 있다. 신분질서에 고통받고 의리를 위해서라면 자식의 목을 바쳐서라도 의를 관철한다. 이러한 자기희생의 비극이 동정을 불러일으킨다. 또한 때로는 유계幽界와도 연결되어 하늘을

날아다닌다. 회전무대, 공중타기
宙乗り 등 게렌ケレン[7] 기술을 도입해
서 가공의 세계와의 왕래를 가능
하게 하고 어떤 기발한 이야기라도
대응할 수 있게 되었기 때문이다.

　관객은 물론 그러한 것이 연기
라는 것도 전부 알고 있지만 왠지
모르게 빠져들어 버린다. 모든 사
람이 신분제의 질서에 구속되어
살아간다. 그러한 생활 속에서 뭔
가 불만을 쌓아가고 때로는 '저 자
식 죽여 버리고 싶다'고 생각될 정
도의 충동을 느끼기도 하지만, 이
성으로 조절한다. 이러한 기분을
대변해 주듯이 무대에서는 악을
단절해 준다. 한 번이라도 좋으니

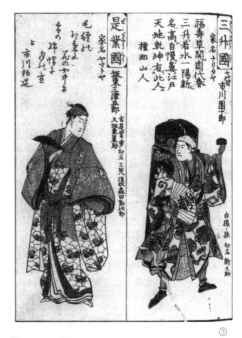

③

만국의 인물에 비유한 가부키 배우의 니가오에
당시 인기 배우 47명의 니가오에似顔絵를 인기절정의 화가인
우타가와 도요쿠니에게 그리게 해서 다색으로 간행한 시키테
이 산바의 해설서. 오른쪽은 7대 이치카와 단주로, 왼쪽은 반
도 미쓰고로. (『가부키 훈몽도휘』)

까 무사에게 "이 가난뱅이 무사貧乏侍야!"라고 큰소리를 쳐보고 싶기도 하
지만 그 결말을 알고 있기 때문에 그도 여의치 않다. 하지만 무대에서는
무사를 향해서 "무슨 일만 있으면 힘자랑으로 알통을 드러내는 저 둔한
얼굴 좀 보라고" 하며 당당하게 말해준다.

　또한 의리 때문에 괴로워하는 자신의 심경을 그대로 연기해 주는 무

7　게렌ケレン : 가부키와 닌교조루리에서 시각 본위의 기발함을 노린 연출.

대에 공감해서 눈물을 흘린다. 다시 말해서, 무대에서 연기하고 있는 배우는 자신의 우울을 떨치고 마음을 위로해 주는 대변자인 것이다.

그리고 그러한 허구를 훌륭하게 연기해 주는 배우에 대해서 동경하는 마음이 생겨난다. 미남이고 힘도 세며 사회의 부정과 부조리에 대항하는 당당한 다치마와리立ち回り,[8] 반대로 미울 정도로 강한 악을 연기하면서도 박력만점의 미에見得[9]를 보여주는 멋진 모습에 기분이 고조된다. 한편, 한 마디도 하지 않지만 앉아 있는 것만으로 위엄을 풍기는 존재감에 압도되기도 한다. 온나가타女方라면, 여성도 반해버릴 정도의 모습과 어려움을 참아내며 사랑하는 남성을 위해서라면 내 몸도 아끼지 않는 애달프고 슬픈 심경표현에 마음이 흔들린다.

이렇게 되면, 가부키를 보러 가는 것이 아니라 연기하는 배우를 보러 가는 것이 주안이 된다. 몇 번이나 가서 줄거리를 다 외우고 좋아하는 배우의 대사도 외워버린다. 그리고 명장면에서 "기다렸습니다, 나리코마야成駒屋"[10] 하고 추임새를 넣어보고 싶어지기도 한다. 배우와 관객이 일체가 되어 가부키를 고조시킨다.

가부키는 닌교조루리와 달리 인생을 연기하기 때문에 열광적인 팬이 등장한다. 그런 배우가 연기하는 무대는 일상적으로 폐쇄된 세계에서 살아가는 여성에게 별세계이며 우키요 그 자체였다. 그렇기 때문에 가부키 구경에서 돌아오면

....

8 다치마와리立ち回り : 가부키에서 연기하는 격투장면.
9 미에見得 : 가부키 특유의 연기. 감정과 동작의 정점을 강조하기 위해서 취하는 한순간 정지자세.
10 나리코마야成駒屋 : 가부키 배우 나카무라 우타에몬中村歌右衛門, 나카무라 시칸中村芝翫, 나카무라 간지로中村鴈治郎 등의 야고屋号. 초세 우타에몬初世歌右衛門이 4세 이치카와 단주로4世市川団十郎에게 선물로 받은 장기말将棋の駒 문양에 나리타야成田屋의 '成'을 결합한 것.

가부키 보고 사오일 시끄러운 방안

芝居見て四五日奧のやかましき

라고 센류에서 비꼬는 듯한 심경이 된다. 방금 보고 온 배우의 몸짓과 유행하는 최근 이야기를 계속 떠들어서 배우 평판이 온 집안의 화제를 독점하기에 이른다. 그 흥분이 4, 5일이나 계속된다.

그래서 『세간견문록世間見聞録』의 저자는

지금 도회 부녀자들의 즐거움은 가부키에만 집중되고 좋아하는 마음은 배우에만 있어서 부녀자들의 마음이 떠나지 않는다. 따라서 지금의 가부키는 세상의 흉내를 내는 것이 아니라 가부키가 근본이 되어 세상이 가부키의 흉내를 내게 되었다.

고 했다. 가부키는 여성들의 우키요 그 자체로, '세상이 가부키의 흉내를 내'는 역전현상이 일어난다고 걱정하는 것이다.

이렇게 되면 인기배우는 부르는 게 값이다. 특히 가부키가 전성기를 맞은 분카·분세이기(1804~30)에는 걸출한 명배우들이 사망해 배우가 부족한 이유도 있고 해서 이치카와 단주로市川団十郎[11]나 마쓰모토 고시로松本幸四郎,[12] 반도 미쓰고로坂東三津五郎,[13] 이와이 한시로岩井半四郎[14] 등

....

11 이치카와 단주로市川団十郎, 1791~1859 : 7대. 가부키 배우. 야고는 에도 가부키를 대표하는 명문으로 아라고토荒事(가부키에서 무사나 귀신 등의 거침을 과장해서 연기하는 것)의 종가宗家인 나리타야成田屋. 에도 출신. 가부키에 노能를 도입하는 등 혁신을 꾀했다. 가부키 18번歌舞伎十八番을 선정했다.
12 5대 마쓰모토 고시로五代目松本幸四郎, 1764~1838 : 에도 출신. 삼도 제일의 명배우라 불렸다. 악역을 특기로 하며 사실적인 새로운 연출에 의해서 기제와물生世話物을 창시했다.

1794년 [ ]는 개혁에 의한 감액 후의 급료			1815년 「役者給金付」에 근거함			1827년 「三都役者給金并位定」에 근거함		
兩	兩	代	兩		代	兩		代
900[500]	瀬川菊之丞	(3)	1,100	中村歌右衛門	(3) ━▶	1,400	中村歌右衛門	(3)
900[500]	岩井半四郎	(4)	1,000	松本幸四郎	(5)	1,300	坂東三津五郎	(3)
800[500]	澤村宗十郎	(3)	1,000	坂東三津五郎	(3)	1,200	松本幸四郎	(5)
700[300]	松本幸四郎	(4)	1,000	岩井半四郎	(5)	1,200	片岡仁左衛門	(7)
700[300]	市川団十郎	(6)	1,000	助高屋高助	(2)	1,000	市川蝦十郎	(初)
700[500]	市川門之助	(2)	1,000	市川団十郎	(7) ━▶	1,000	市川団十郎	(7)
700[400]	中山富三郎	(初)	1,000	嵐吉三郎	(2) ━▶	1,000	岩井半四郎	(5)
600[500]	市川八百藏	(3)	900	澤村田之助	(2)	1,000	嵐小六	(4)
550[400]	市川高麗藏	(3)	900	市川市藏	(初)	980	尾上菊五郎	(3)
520[480]	坂東彦三郎	(3)	900	尾上松助	(3) ━▶	950	關三十郎	(2)
500[370]	小佐川常世	(2)	850	關三十郎	(2) ━▶	950	中村富十郎	(2)
500[380]	守田勘弥	(8)	800	中村富十郎	(2)	920	市川団藏	(5)
400[370]	尾上松助	(初)	800	淺尾勇次郎	(不詳)	920	坂東壽太郎	(初)
350[330]	岩井半五郎	(3)	800	叶珉子	(初)	900	澤村田太郎	(初)
350[270]	瀬河富三郎	(2)	800	市川団之助	(3)	900	嵐五三郎	(4)
300[200]	市川男女藏	(初)━▶	800	市川男女藏	(初)	880	淺野額十郎	(3)
300[180]	岩井喜代太郎	(3)	750	澤村四郎五郎	(2)	880	嵐橘三郎	(3)
300[200]	大谷廣次	(3)	750	藤川友吉	(2)	870	中村歌六	(初)
300[180]	姉川市松	(3)				850	瀬川菊之丞	(5)

① 인명의 다음에 오는 ( )는 추정 대수.
② 인명은 일부 대중적인 명칭으로 바꾸었다.
③ '給金付'는 일종의 순위표로, 정확한 사료는 아니지만 대략의 경향을 나타내므로 여기에서 다루었다.
④ 1827년의 내용에는 가미가타의 배우도 일부 포함되어 있는 것으로 보인다.
* 모리야 다카시守屋毅, 『근세예능흥행사의 연구近世芸能興行史の研究』로부터 작성.

천 냥 배우의 등장

천 냥 배우가 실제로 존재했다. 나카무라 우타에몬은 최고인 1,400냥을 연봉으로 받았는데, 지금의 돈으로 환산하면 약 1억 1천만 엔이다.

의 연봉이 일금 천 냥을 넘는 등 세상에서 말하는 천 냥 배우가 연이어 탄생하기 시작했다.

. . . .

13 반도 미쓰고로坂東三津五郎, 1775~1831 : 3세. 에도 출신. 가세이기化政期의 에도 가부키江戸歌舞伎를 대표하는 명배우. 3세 나카무라 우타에몬과 인기를 경쟁하며 반도류坂東流의 기초를 구축했다.
14 이와이 한시로岩井半四郎, 1776~1847 : 가부키 배우. 야고는 야마토야大和屋. 5세. 온나가타의 명배우로 독부毒婦를 장기로 했다.

기제와카부키

오쿠니오도리의 열광에서 비롯되어 와카슈카부키, 야로카부키野郎歌舞伎를 거쳐서 가부키가 서민의 것이 된 것은 조닌들이 생활하는 세계가 무대에서 재현되어 거기에서 생활하는 조닌들이 주인공이 되는 공연종목이 인기를 끌게 되었을 때였을 것이다. 다시 말해서, 당시의 조닌 사회의 실상이 그대로 극화될 때이다. 가부키 용어로 말하면, 단순한 '세와쿄겐世話狂言'이 아니라, 거기에 '生'이라든가 '真'이라는 글자를 앞에 붙여 '기제와쿄겐生世話狂言', '마제와쿄겐真世話狂言'이라 불리는 연목이 상연되기 시작할 때이다.

에도의 여름은 더위가 맹렬하다. 가부키극장은 사우나실처럼 된다. 일류 배우들은 탕치나 사사 참배를 이유로 에도를 떠나 공연여행을 나선다. 게다가 지방에서 흥행에 성공하면 좀처럼 에도로 돌아오지 않는다. 그 때문에 여름 공연은 남아 있는 이류, 삼류 배우가 싸구려 공연을 하는 것이 보통이었다. 일류 배우가 나오지 않기 때문에 '무인 가부키無人芝居'라고 일컬어지고 객석도 듬성듬성했다.

그러한 전열을 깨고자 하는 가부키극장 전속의 대표작가가 나왔다. 모리타좌森田座가 휴업 중이었기 때문에 히카에야구라控櫓[15]인 가와라자키좌河原崎座 전속의 대표작가로 이름은 가쓰 효조勝俵蔵라고 한다. 훗날의 4대 쓰루야 난보쿠四代目鶴屋南北[16]이다. 고생을 많이 한 효조는 남

---

15 히카에야구라控櫓 : 에도 시대, 에도에서 공허公許의 가부키고야인 에도 삼좌의 극장주의 경영이 파종해서 휴업했을 경우, 그 흥행권을 대행한 가부키극장의 극장주. 미야코좌都座, 기리좌桐座, 가와라자키좌河原崎座, 다마가와좌玉川座가 있었다.

16 4대 쓰루야 난보쿠四代目鶴屋南北, 1755～1829 : 본서 프롤로그의 주 39 참조.

량의 시기일 뿐 아니라 우란분 시기이기도 했기 때문에 비명에 이 세상을 떠난 사람을 주인공으로 해서 무대에서 그들의 얼을 기리는 마음도 있었던 듯하다. 에도에 남아 있는 배우는 자가시라座頭[17]인 오노에 마쓰스케尾上松助[18]와, 온나가타로는 나카야마 도미사부로中山富三郎[19]뿐이었다. 1804년분카 원년, 온나가타가 점점 사라지게 된 점을 고려해서 효조가 저술한 것이 『덴지쿠토쿠베에이코쿠바나시天竺德兵衛韓噺』이다.

천축天竺(인도)에 갔다가 5년 후에 돌아온 도쿠베에이德兵衛를, 요사한 둔갑술을 구사하는 반역자로 상정한 시대물로, 기발하고 변화가 풍부한 장치와 믿기지 않을 정도의 하야가와리早替ゎり[20]로 호평을 얻어 3개월간의 장기 흥행을 해서 여름 공연의 상식을 전복시킨 것이다. 마쓰스케의 하야가와리는 그리스도교도의 사법邪法을 사용한 것이 아닌가 하고 막부의 마치부교町奉行 배하의 밀정으로부터 보고를 받아 부교쇼에서 현장검사를 했다고 전해질 정도였다.

효조는 이 작품으로 명성을 공고히 했다. 57세가 된 1811년분카 8의 가오미세에서 4대 쓰루야 난보쿠를 습명襲名[21]한 후 75세로 세상을 떠

. . . .

17 자가시라座頭 : 연극·연예演芸 등 일좌一座의 우두머리. 좌장座長. 특히 가부키에서는 일좌의 우두머리이자 대표배우를 말한다.

18 오노에 마쓰스케尾上松助, 1744~1815 : 오사카 출신. 초세 오노우에 기쿠고로初世尾上菊五郎의 제자. 악역에 뛰어났으며, 쓰루야 난보쿠와 콤비를 맺어 괴담극怪談劇을 연기해서 호평을 얻었다.

19 나카야마 도미사부로中山富三郎, 1760~1819 : 에도 중후기의 가부키 배우. 야고는 오미야近江屋. 처음에는 4대 마쓰모토 고시로4代松本幸四郎의 제자가 되었다. 오사카에서 활약하고 1780년에 에도로 나와 온나가타가 된다.

20 하야가와리早替ゎり : 가부키에서 배우 한 명이 동일장면에서 재빨리 모습을 바꾸어 2역 이상을 연기하는 것.

21 습명襲名 : 고전예능이나 전통적인 특수 기술을 요하는 분야에서 선조나 부모, 스승 등의 이름을 계승하는 것.

④

5대 한시로에 써준 난보쿠의 『사쿠라히메아즈마분쇼』

기제와물을 장기로 해서 에도 삼좌에서 온나가타로 군림한 5대 이와이 한시로에게 쓰루야 난보쿠는 『사쿠라히메아즈마분쇼』를 비롯해서 『오소메의 7역お染の七役』, 『스미다가와하나고쇼조메隅田川花御所染』 등의 교겐을 써주었다. 오른쪽이 이와이 한시로, 중앙이 4대 쓰루야 난보쿠. (『에이리네혼²²오소메히사마쓰우키나노요미우리繪入根本於染久松色読販』)

나기까지 100편 이상의 교겐을 저술했는데, 그가 성공한 것은 가부키의 연중행사 가운데 가장 가볍게 취급되었던 여름공연으로 히트를 했기 때문이다.

그 후, 실화에 근거한 『사쿠라히메아즈마분쇼桜姫東文章』에서 어느 공가 여식이 전락하는 모습을 묘사해서 호평을 얻고 가부키극장 전속의 대표작가로서의 지위를 다져서 대난보쿠大南北라고 존경을 받았다. 그리고 71세에 세상에 내놓은 것이 『도카이도 요쓰야 괴담東海道四谷怪談』이다.

. . . .

22 에이리네혼繪入根本 : 가부키의 각본을 인쇄·간행한 것.

난보쿠의 대표작『도카이도 요쓰야 괴담』은 1825년분세이文政 8 7월 26일과 27일에 초연되었다. 공연 첫 날의 연목 중 첫 번째가『가나데혼추신구라仮名手本忠臣蔵』이고 두 번째로『도카이도 요쓰야 괴담』의 전반부분이 연기되었으며, 이튿날에는 나머지 후반이 상연되었다. 연목 두 개가 모두 주신구라의 세계이고 충신과 역신, 겉과 속 양면의 삶을 보이고자 하는 취향이다.

그 때문에 주인공 가운데 엔야 판관 집안塩冶判官家의 로닌인 다미야 이에본民谷伊右衛門은 역신의 본보기를 보여준다. 이처럼 불의를 저지른 자가 얼마나 비참한 삶을 강요받았는지, 위로 올라가려고 하면 할수록 악의 길밖에는 방법이 없고 그런 자들과 같이 지내면 유령이라도 되지 않는 한 구제받을 수 없는 운명을 짊어지게 된다. 한 번 불의를 범하면 협박자와 살인귀가 동거하는 듯한 뒷골목 인생을 살 수밖에 없다고 하는 설정에 실감을 느낀다. 게다가 하급관리나 가난한 가신들이 거주하는 음침한 로닌 거리인 요쓰야四谷 기타마치北町를 연상시키는 제목도 현실미를 더하는 데 충분했다.

계속해서 난보쿠는『가미카케테산고다이세쓰盟三五大切』를 세상에 내놓았다. 이에몬伊右衛門과 오이와お岩가 살았던 공간을 기본으로 해서 애욕을 위해서 불의를 저지른 이가 자멸해 가는 모습을 묘사해서 큰 호평을 받았지만 만년의 난보쿠는 유령을 무서워하지 않고 그 정체를 간파하여 과감하게 살아가는 인간 세계까지도 묘사해냈다.

이 잔혹하고 처참한 무대는 대부분이 초라하고 음침한 우라나가야와 거리였다. 그야말로 보통의 서민이 지내는 기제와의 세계 그 자체였다. 그렇기 때문에 난보쿠의 세계에서 약동하는 것은 여성의 모습이다. 사회의 실상을 묘사하면, 당연한 일이겠지만, 평소 얌전해 보이는 여성이라도 생사에 관련되면 가슴이 서늘해질 듯한 에도 사투리로 욕설을 퍼붓는다.

이러한 등장인물들의 역을 연기할 수 있는 것은 7대 이치카와 단주로七代目市川団十郎와 5대 마쓰모토 고시로五代目松本幸四郎, 3대 오노에 기쿠고로三代目尾上菊五郎[23]였으며, 이들은 모두가 개성이 풍부한 배우들이었다.

근세문학사와 연극사 연구자인 군지 마사카쓰郡司正勝 씨는 이즈음 "가부키는 드디어 유예화遊芸化되어 거리의 구경거리가 되고, 이윽고 가부키를 지탱해온 고급 관객층으로부터 외면당해 가는 운명을 밟아갈 수밖에 없는" 상황에 있었다고 한다. 그러한 때에 출현한 것이 난보쿠였다. 난보쿠에 이르러서 가부키는 서민 사회의 실상을 주제로 해서 서민 문화 그 자체가 되었다고 할 수 있다.

난보쿠가 악덕과 살인을 인정한 것은 아니다. 어쩔 수 없이 그러한 행위를 할 수밖에 없는 것으로서 묘사했다. 그러나 그 후 이러한 기제와물의 세계에서는 점차로 악이 용인되고 찬미되어 악당이 영웅시되어 갔다. 그것이 막말유신기의 가와타케 모쿠아미河竹黙阿弥가 묘사하는 시라나미물白浪物[24]의 세계이다.

---

23 3대 오노에 기쿠고로三代目尾上菊五郎, 1784~1849 : 야고는 오토와야音羽屋. 에도 출신. 초세初世의 제자인 오노에 마쓰스케의 양자. 가세이기에 활약했다. 기제와물 · 괴담을 특기로 했다.

24 시라나미물白浪物 : 도적을 주인공으로 한 가부키 · 강담講談 등의 총칭. 『시라나미 5인남白浪五人男』 등. 막부 말기에 유행했으며, 가와타케 모쿠아미河竹黙阿弥는 그 대표 작가이다.

미야치시바이의 번영

화려하게 보이는 에도의 가부키 세계이기는 하지만 삼좌의 경영이 불안정했다는 점을 앞서 언급했다. 종종 휴업하고 흥행을 대체하는 경우가 증가했다. 휴업하게 되는 최대의 원인은 빈발하는 화재와 배우의 연봉 급등이었다.

하지만 가부키의 인기는 식지 않았다. 그래서 삼좌 체제하에 불리한 입장에 놓여 있던 중소의 극장주와 흥행사가 삼좌의 경영난을 기회로 해서 삼좌의 경영을 계승했기 때문에 전술한 바와 같이 재흥은 의외로 빨랐다.

막부는 가부키 배우를 직접 감시하지 않고 극장주를 통해서 감시했는데, 인기배우를 떠나보내면 경영의 안정을 위협했기 때문에 극장주와 배우의 입장이 역전되어 버렸다. 이에 막부는 직접 개입하고자 했다. 막부의 움직임을 눈치 챈 극장주는 1828년, '삼좌영속원三座永続願'을 신청해서 배우의 횡포를 고발해 그들을 제압하고자 했지만 배우들은 어디에 가도 인기가 있었기 때문에 각지를 다니며 여행흥행이라는 형태로 돈벌이를 했다.

이러한 삼좌의 경영을 다시 압박하기 시작한 것이 제례·간진勧進[25]·가이초開帳[26] 등을 명목으로 임시로 흥행을 허가받은 미야치시바이宮地

芝居27의 번영이다. 삼좌가 에도의 변두리에 산재해 있던 데에 반해서 사사는 시내 곳곳에 있어서 언제나 참배객으로 분주했기 때문에 손님도 많았다.

특히 이치가야하치만市谷八幡,28 시바신메이芝神明,29 유시마텐진湯島天神30에서의 흥행은 굉장한 인기를 불러 모았다. 왜냐하면, 화재 등으로 휴업하고 있는 인기배우가 종종 출연해서 가까이서 싼 값으로 명배우의 연기를 즐길 수 있었기 때문이다.

이렇게 해서 가부키는 서민에게 점점 친숙한 존재가 되었다. 게다가 세상은 막부의 인플레이션정책으로 생활이 점점 화려해졌기 때문에 가부키의 인기는 높아져만 갔다. 그러한 가운데 덴포의 대기근이 발생해서 '사해곤궁四海困窮'의 상태에 빠졌다. 에도에서도 빈민구제로 구제소가 생겨날 정도의 사태가 되었지만 가부키의 인기는 거의 식지 않고 1836년 기근이 가장 심각해졌을 때 다소 감소했을 정도였다.

막부가 이러한 상태를 반길 리 없었다. 로주 미즈노 다다쿠니水野忠邦31가 실시한 덴포 개혁으로 즉시 실행에 옮겨진 것이 가부키 탄압이

....

25 간진勸進 : 당탑堂塔·불상 등의 건립·수리를 위해서 사람들에게 기부를 권하여 모금하는 것.

26 가이초開帳 : 보통 때는 닫혀 있는 즈시厨子(불상·사리舍利·경전 등을 안치해 두는 불구仏具)의 문을 특정일에 한정해 개방해서 보관하고 있던 불상이나 보물을 일반인에게 관람하게 하는 것.

27 미야지시바이宮地芝居 : 에도 시대, 임시로 허가를 받아서 사사社寺의 경내에서 흥행한 소규모의 가부키. 다양한 규제를 받아 회전무대·막 등도 금지되었다.

28 이치가야하치만市谷八幡 : 도쿄도 신주쿠구新宿区 이치가야하치만초市谷八幡町에 있는 신사.

29 시바신메이芝神明 : 도쿄도 미나토구港区 시바다이몬芝大門에 있는 신사. 제신祭神은 아마테라스스메오카미天照皇大神·도요우케노오미카미豊受大御神 등.

30 유시마텐진湯島天神 : 도쿄도 분쿄구文京区에 있는 신사. 제신은 아마노타지카라오노미코토天之手力雄命·스가와라노 미치자네菅原道真.

31 미즈노 다다쿠니水野忠邦, 1794~1851 : 본서 5장의 주 15 참조.

었다. 우선, 에도의 '大海老'라 불리며 가부키 배우 대표자役者惣代의 입장에 있었던 이치카와 에비조市川海老蔵(7대 단주로団十郎)를 '신분도 생각지 않고 사치가 극심하다'는 이유로 수갑을 채워 에도에서 추방했다. 그리고 삼좌의 극장 이전芝居所替을 명해서 강제로 아사쿠사산浅草山으로 이동시켜 사루와카초猿若町라 개칭해서 에돗코를 깜짝 놀라게 함으로써 개혁에 대한 결의를 나타냈다. 미야치시바이가 삼좌 체제를 위협하기 시작했기 때문에 일괄적으로 이전했을 때 미야치시바이를 금지하고 감시를 용이하게 했다는 설이 유력한데, 이에 에돗코는 참을 수가 없었다.

모든 무라에 무라시바이

무 휘둘러
단주로 흉내내는
아이들   잇사
大根で団十郎する子どもかな   一茶

1817년 11월, 55세가 된 고바야시 잇사는 자신의 고향인 홋코쿠 가도北国街道 가시와바라柏原 역참 부근에 사는 문인들의 집을 돌아보고 있었다. 이미 눈이 내리기 시작했지만 길거리에서 아이들이 무를 휘두르며 가부키 흉내를 내며 놀고 있는 광경을 보았다. 아마도 엊그제 즈음 무라 어딘가에서 공연된 가부키를 보러 갔다 와서 흥분한 아이들이

무를 칼 삼아 단주로 흉내를 내는 모습을 흐뭇해하며 바라보았을 것이다. 아마도 단주로 역도 칼에 맞는 역도 무라의 젊은이들 중 누군가였을 것이다.

이즈음 무라의 신사 제례에서 반드시 봉납되는 것이 가부키쿄겐歌舞伎狂言이었다. 가부키는 무라비토에게도 최대의 오락으로, 무엇보다도 그들이 동경해 마지않는 에도의 문화를 느낄 수 있다는 점이 매력이었다. 최고의 오락을 봉납하기 때문에 무라의 진수신들도, 선조도 필시 기뻐했을 것이다. 그래서 연습에도 전력을 다했다.

에도로 연계봉공年季奉公을 가거나 겨울철 농한기에 돈벌이를 가게 되면 에도 문화를 느끼고 돌아온다. 그러한 일이 두 번, 세 번 반복되면 에도의 분위기에도 익숙해지고 거리의 각지에 구경하러 나간다. 당연히 가부키극장에도 들어가 본다. 거기에 펼쳐지는 눈부시기만 한 별

세계에 문화적 충격을 받아서 귀향한다.

다음 장에서 소개하는 것은 미치노쿠みちのく에서 대참代参으로 이세 참궁伊勢参り[32]에 참배하는 무라의 젊은이들이다. 이들은 이세에서 나라, 교토, 오사카를 돌아서 사누키讃岐의 곤피라상金毘羅さん에서 아키安芸의 미야지마宮島까지 발길을 옮긴다. 교토와 오사카에서는 가부키극장에 들어가 본다. 곤피라상에도 미야지마에도 훌륭한 가부키극장이 있다. 그들도 충격을 받고 미치노쿠의 무라로 돌아갔다.

무라에 돌아가서는 자신들의 무라에서도 가부키를 공연해보자 하게 된다. 그러나 가부키에는 자금이 필요하다. 그래서 기부를 모금한다. 처음에는 모인 자금으로 여행하는 배우나 근린 예능집단을 고용해서 가부키를 상연한다. 가이시바이買い芝居라고 하는데 그래도 많은 관객이 구경하러 온다.

기분이 좋아진 젊은이들 중에서 점차 자신들만으로 상연해 보자는 주장이 나온다. 그러나 실현되기 위해서는 자금 외에도 연습 시간이 필요하다. 밭 노동은 고되기 때문에 무라에는 반드시 한 달에 며칠씩 정해진 날에 쉬게 하는 규정이 있었다. 신체적 피로를 푸는 날이다. 이 날에 연습을 하면 피곤이 가시지 않는다. 그 외에 마쓰리 준비와 가부키 연습을 위한 휴일이 있었다. 이를 활용하게 되어 처음에는 휴일에 연습을 했지만 더 숙달하고 싶기 때문에 휴일을 늘여달라는 신청을 한다. 그리고 허가를 받으면 신청휴일이 실현된다. 어느 샌가 젊은이들은 맘대로 휴일을 정해서 농작업을 소홀히 했기 때문에 문제가 발생하

....
32 이세 참궁伊勢参り : 이세 신궁伊勢神宮에 참배하는 것.

기도 했다. 문제가 심각하게 발전되면 가부키 상연을 금지하는 사태에 이르기도 했다.

그렇다면, 대본과 의상, 악기 등은 어떻게 해서 입수했을까? 자비로 준비하면 막대한 자금이 필요하기 때문에 곤란하다. 그래서 전국 각지에 무라시바이용의 도구를 빌려주는 업자가 생겨났다. 근세연극사 연구자인 모리야 다케시守屋毅 씨가 저술한『무라시바이村芝居』에는 고즈케국上野国 아카기산赤城山 기슭의 마을에서의 가부키 상연의 모습이 상세하게 소개되어

나무에 올라가 눈을 뿌리는 무라시바이
가부키극장의 한 구석에 서 있는 나무도 무라시바이에서는 소중한 배경 중 하나이다. 그 나무 위에서 종이 눈을 날려 분위기를 돋운다. (『에혼야나기다루絵本柳樽』)

있는데 이 지방에서는 가부키용 의상을 '기라綺羅'라 하고 의상을 대여해주는 업자를 '기라야'라 불렀다고 한다.

기라야는 의상뿐 아니라 도구도 대여했다. 흥미로운 점은 가부키를 상연할 때마다 의상을 빌렸던 마을이 점차로 의상을 구입하기 시작해서 결국에는 이를 다른 마을에 대여하는 사례가 소개된 점이다. 그 정도로 가부키가 각 마을에 보급되어 있었던 사실을 말해준다.

지지미의 산지로 유명한 에치고越後 도카마치十日町 후나자카船坂(도카마치시十日町市)의 오사카야大坂屋는 쇼야庄屋를 맡으면서 임업과 주조업 등의 다양한 영업을 했는데 언젠가부터 가부키 의상의 대여업도 하기 시작했다. 주문이 있으면 배우까지 조달해 주면서까지 무라시바이의

홍행을 도왔는데, 1841년덴포 12에는 에조치蝦夷地[33] 후쿠야마福山(마쓰마에松前) 조카마치에까지 배우를 보내는 출장공연을 성사시켰다. 청어잡이를 하러 각지에서 에조치로 건너가 있던 화인和人들이 기다리고 기다리던 시골 가부키에 감격했을 것이다.

백분을 바르고 에도를 느끼다

무라비토들은 어떻게 해서 무대를 확보했을까? 무대는 자신들이 만들어야만 했다. 대개는 신사의 경내 등에 무대가 만들어지고 객석은 땅바닥이지만 때로는 계단식으로 만들어서 무대가 보이기 쉽게 고안되었다. 이러한 야외무대에는 회전무대나 세리다시せり出し[34]의 장치인 나라쿠奈落[35]가 무대 아래에 설치되기도 하고 하나미치까지 갖춘 본격적인 무대를 가진 무라도 있었다. 거기에 가부키쿄겐에 대한 의욕의 차이를 느낄 수가 있을 것이다.

야외무대의 특징은 무대 전체가 좁다는 점이다. 이는 단순히 자금상의 문제가 아니다. 에도의 가부키극장처럼 넓은 공간에서는 아마추어 연기자가 도저히 연기를 할 수가 없었기 때문이다. 정면의 폭이 좁고 안쪽으로의 깊이도 얕은 무대일 경우에는 배우가 크게 보인다. 목소리도

. . . .

33 에조치蝦夷地 : 본서 프롤로그의 주 195 참조.
34 세리다시せり出し : 가부키 무대의 일부에 구멍을 내서 배우나 도구 등을 나라쿠奈落에서 무대로 올리거나 내리는 것.
35 나라쿠奈落 : 가부키 극장에서 무대나 하나미치花道의 밑부분. 지하실로 되어 있어 회전무대와 세리다시의 장치가 있고 통로가 되기도 한다.

크게 울린다. 객석에도 가깝기 때문에 미에의 장면에서 관객은 압도되어 버린다. 훌륭한 계산이다.

한 번이라도 좋으니까 무대에 서보고 싶다. 햇빛에 그을린 얼굴과 팔, 다리에 백분을 발랐을 때 무라비토는 무엇을 느꼈을까? 모리야 씨는 그들이 동경하는 에도를 느꼈다고

신사에 세워진 야외무대
무라의 제례에 관련해서 개최되는 경우가 많은 농촌의 가부키 무대는 신사의 경내나 그에 인접한 장소에 세워졌다. (고베시) ⑥

한다. 가부키야말로 에도의 꽃이었기 때문이다.

무엇을 공연했을까? 에도에서 언제나 상연되는 연목이 압도적으로 많았다. 무쓰국陸奥国 시라카와군白川郡 호자카촌宝坂村(후쿠오카현福岡県 히가시시라카와군東白川郡 야마쓰리마치矢祭町)의 한 농민이 기록한 문서에 의하면, 1764년메이와明和 원년에서 1819년분세이 2 사이에 주변의 마을에서 상연된 가부키의 제목을 보면, 〈가나데혼추신구라仮名手本忠臣蔵〉, 〈스가와라덴주테나라이카가미菅原伝授手習鑑〉 등 에도에서 인기 있는 연목들이다. 1802년교와享和 2 3월 4일의 기사에 "4일부터 시모이시이下石井에서 주신구라忠臣蔵를 공연했다. 날씨가 맑아서 4일 동안 상연했다"라고 기록되어 있다. 날씨가 좋아서 4일이나 이어서 가부키가 무사히 끝났을 것이다. 어느 정도의 사람들이 몰려들어 에도를 느낀 것일까? 무라비토의 우키요 즐거움도 에돗코와 마찬가지였다.

사실은 이러한 무라시바이 흥행은 간세이 개혁 이후 막령으로는 금

지되어 있었다. 막부는 '의류·도구 등도 준비해서 구경꾼을 모아 금전을 소비할' 뿐 아니라, 인파를 예측해서 여행 중의 상인 등이 무라에 들러 무라비토를 '유흥타약遊興惰弱'하게 해서 농업을 태만하게 하는 자가 나왔다고 보았기 때문이었다.

분카·분세이기(1804~30)에 들어서 간토토리시마리데야쿠關東取締出役[36]가 간토의 풍속 단속을 강화하자 이 금지령은 더욱 엄격해졌기 때문에, 가부키의 흥행을 강행하고자 하는 젊은이들 사이에 문제가 빈발하고 때로는 잇키一揆로 발전하는 경우조차 발생했다. 그러나 그래도 무라비토의 가부키에 대한 열정은 식지 않았다.

---

36 간토토리시마리데야쿠關東取締出役 : 에도 막부가 1805년에 창설한 직명. 간토 8주關東八州의 노숙자, 노름꾼의 횡령 등을 단속하고 치안유지의 강화를 목적으로 막부직할령·개인영지 등을 순회, 경찰의 임무가 주어졌다.

사사 참배의 여행으로

사사에 참배하다

나그네 병들어도 꿈에선 집사람 찾아 헤매네
旅に病んで夢は嚊々アを呼び廻し[1]

에도에서 이런 센류가 읊어질 정도로 모두 마쓰오 바쇼를 잘 알고
있었다. 특히 『오쿠로 가는 좁은 길おくのほそ道』의

해와 달은 백대百代의 과객이고 오고가는 세월도 나그네다. 배 위에서
인생을 떠올리며 말 위에서 노후를 맞이하는 사람은 날마다 여행하고 여행
지를 거처로 삼는다. 옛사람도 많이 여행에서 죽음을 맞이했으니 나도 언
젠가부터 조각구름의 바람 따라 유랑하고픈 마음 끊이지 않네.

라는 문장을 읽다보면, 문득 유랑하는 여행을 떠나보고 싶은 기분이
든다.
왜 그럴까? 정주화가 진행되어 매일 같은 장소나 그 주변에서 생활
하고 있다. 게다가 엄격한 신분질서와 사회적 규제 속에서 생활하고

---

1 마쓰오 바쇼의 구 '나그네 병들어도 꿈속에선 마른 들판에 있어라旅に病んで夢は枯野をかけ廻る'
에 빗댄 구.

있다. 그러한 때에 사람들은 그곳에서 벗어나고 싶어진다. 그리고 타향에 대한 관심과 법적 질서를 초월해서 자유롭게 보이는 '날마다 여행하고 여행지를 거처'로 삼아 '여행에서 죽음을 맞이'하는 유랑에 대한 동경을 한층 더했다.

그러나 한 걸음 밖으로 나가면, 거기는 이제 자령의 법령으로는 지켜주지 않는 타국이다. 그렇기 때문에 간단하게 여행을 할 수가 없었다. 주지하는 바와 같이, 장기간 무라와 마치를 떠나는 여행은 제한되어 있었지만, 신앙 행위의 일환으로서는 허용되었다. 그 때문에 여행은 당연히 사사 참배가 중심이 되었다.

다음 문장은 이하라 사이카쿠의 우키요조시 『사이카쿠 오리도메西鶴織留』[2]의 한 구절이다. 이 작품은 1694년겐로쿠 7에 간행되었는데, 그 가운데는 '각지의 사람들을 볼 수 있는 곳은 이세'라는 제목의 구절이 있다.

신풍神風과 이세궁伊勢宮만큼 고마운 것도 없다. 여러 지역에서 산해 만리를 넘어 남녀귀천을 막론하고 바라는 바가 있는 사람은 참궁하지 않는 경우가 없다. 특히 봄에는 사람 산을 이루어 꽃을 피우고 사람 태운 말이 이어진다. 각지에서 온 이세 참궁은 한 마을의 일행이 이백 삼백 명이나 출발해서 같은 오시御師[3]에 배당될 정도로, 동국東国・서국西国의 십여 국이나 찾아와서 참배자가 천오백, 이천, 삼천이나 된다. 어느 오시의 안내를 받는 경우에도 정해진 대접을 받고

• • • • • • • • • • • • • • • •
2   『사이카쿠 오리도메西鶴織留』: 우키요조시. 6권. 이하라 사이카쿠의 제2의 유고집遺稿集. 호조 단스이北条団水 편. 1694년겐로쿠 7 간행. 조닌의 경제적 성공담 등을 수록한 것.
3   오시御師: 특정 사사에서 신자를 위해서 기도하고 참배를 위한 숙박・안내를 돌보는 하급 신직神職.

이세 참궁은 봄의 풍물시
이세 신궁으로의 참배는 에도 시대에 들어 농작신으로 존숭되어 확대되었다. 농번기 전인 봄에 최고 인파를 이루었다.

겐로쿠기(1688~1704)에는 이미 이세 참궁 붐이 일고 있었던 사실을 알 수 있다.

사이카쿠가 '특히 봄에는 사람 산'이라고 기록하는 것처럼, 당시 무라비토들은 농작업이 시작되기 전의 초봄에 이세로 향했다. 게다가 집단으로 '동국·서국'의 전국 각지에서 몰려드는데, 그 수는 엄청났다. 단, 이세 신궁으로 많은 참배자가 몰려들게 된 것은 이세로 참배자를 인도하는 이세코伊勢講⁴가 충분히 기능하기 시작한 후의 일이었다.

---

4 이세코伊勢講 : 본서 프롤로그의 주 55 참조.

교토와 에도로 가보고 싶어라

당시 대개의 사람들이 꿈꾸는 타향이란 뭐니뭐니해도 전통의 도시 교토와 신흥도시 에도였다. 교토에는 이세의 오시와 같은 안내자는 필요가 없었고, 에도는 아직 미지의 매력을 갖는 신흥도시였다.

때문에 이 두 도시를 여행하기 위한 안내서인 '명소기'가 일찍부터 등장해서 여행자를 안내했다.

그 선구적인 것은 1658년메이레키明曆 4에 교토에서 간행된『교와라베京童』일 것이다.

교토 안내서의 선구『교와라베』
평생, 한 번은 교토에 가보고 싶다, 유명한 사사에 참배하고 싶지만 교토를 모른다. 이러한 고민에 도움이 되는 것이『교와라베』이다. 그러나 참배자를 대상으로 하는 안내서의 범위를 벗어나지는 못했다.

그 서문에는 "본래 나는 단바국丹波国의 우마지馬路라는 마을에서 자라서"라고 저자인 나카가와 기운中川喜雲이 스스로가 시골사람이라는 사실을 고백하여 친근감을 느끼게 한 다음, 고향에 돌아갔을 때 잘 알지도 못하면서 교토에 대해 이러쿵저러쿵 떠들기를 바라지 않기 때문에, 총명한 소년에게 교토의 시내와 시외의 신사 불각 등을 안내하게 해서 단바丹波를 비롯한 다른 지역에서 교토를 찾아온 여행자들이 활용했으면 좋겠다고 하면서 시골에 사는 독자의 심리를 자극한다. 화문和文으로 쓰인『교와라

베』에는 곳곳에 삽화가 있어서 독
자의 흥미를 자아낸다.

　다음으로 간행된 것이 1659년만지
万治 2 간행된 여행안내서 『도카이도
명소기東海道名所記』이다. 1621년겐나 7
에 출간되었다고 하는 가나조시 『지
쿠사이竹齋』[5]와 『니세 이야기仁勢物語』[6]
가 교토에서 에도로 향하는 여정코
스, 즉 그때까지의 기행 문예의 전형
적인 패턴을 답습하고 있는 데 반해
서, 이 명소안내서는 도카이도東海道[7]
를 이용해서 에도에서 교토로 올라
가는 사람을 위한 첫 번째 안내서였
다. 그러한 점에서 획기적인 책이라
고 할 수 있다.

에도에서 교토로 향하는 여정의 첫 번째 안내서
기행문의 대개가 교토에서 에도로 향하는 여정코스를 따
른다. '동도'인 에도를 기점으로 가도의 명소·구적을 보
면서 교토로 향한다. 그 첫 번째 안내서가 『도카이도 명
소기』. 하지만 『교와라베』와 마찬가지로 사사 안내였다.

　이러한 사실은 도카이도의 인프라 정비가 한층 진행되어 사람이 이동
하기 위한 조건이 정비됨으로써 에도와 교토 사이에 존재하는 사사에 여
유롭게 참배하고 구적을 돌아보면서 교토로 올라가게 된 것을 말해준다.

　그리고 사람들이 주목하는 또 하나의 표적은 거대화하고 있는 에도

5　『지쿠사이竹齋』: 가나조시. 전2권. 도미야마 도야富山道治 작. 겐나(1615~24) 말년쯤 성
　　립. 돌팔이 의사인 지쿠사이가 심복과 함께 교토에서 에도로 가는 도중을 해학적으로 묘
　　사한 이야기.
6　『니세 이야기仁勢物語』: 가나조시. 전2권. 작자 미상. 1640년간에이 17쯤 성립. 『이세 이야
　　기』를 패러디해서 당시의 세상모습·풍속을 해학적으로 묘사했다.
7　도카이도東海道: 본서 프롤로그의 주 42 참조.

였다. 그 때문에 에도에 관한 몇 가지 안내서가 일찍부터 출현했는데, 본격적으로는 1662년간분 2에 간행된 『에도 명소기江戸名所記』가 처음이다. 이 책은 아사이 료이淺井了意[8]가 저술했다고 전해지기도 한다.

에도는 개부 이래 명소화되어온 사사와 구적을 비롯해서 시가지의 대부분이 1657년의 메이레키 대화재에 의해서 소실되고 말았다. 이에 막부는 재해 방지를 중심으로 한 도시개조계획을 실행에 옮김으로써 에도의 모습을 크게 바꾸었다. 간분기(1661~73)는 새로운 도시의 모습이 나타나기 시작한 시기라고 할 수 있다. 따라서 오래된 안내서를 대신하는 『에도 명소기』가 갖는 의미는 컸다. 그러나 『에도 명소기』도 그 중심에는 사사 참배객이 상정되어 있었기 때문에 안내하는 대상은 『교와라베』의 내용과 거의 다름없었다.

한편, '명소기'의 '명소'란 어떤 의미일까? 일반적으로 '명소'라는 말에서 상상되는 것은 경치 좋은 자연, 역사적인 전통이 있는 사사, 가와나카지마川中島의 전투[9]나 세키가하라 전투 등의 옛 전쟁터 등일 것이다. 그러나 이는 '명소'를 위한 필요조건이기는 해도 충분조건은 아니다. 거기에 유명한 가인과 하이진이 가서 노래와 구를 읊은 후에 비로소 '명소'가 될 수 있었다.

당연한 일이지만, 사사 참배의 여행 이외에도 교토와 오사카, 그리고 에도로 비즈니스 여행 등 다양한 목적으로 상경해서 참부하는 여행

. . . .

8 아사이 료이淺井了意, 1612쯤~1691 : 본서 프롤로그의 주 126 참조.
9 가와나카지마川中島의 전투 : 센고쿠 말기, 가이甲斐의 다케다 신켄武田信玄과 에치고越後의 우에스기 겐신上杉謙信이 시나노信濃에 진출해서 가와나카지마에서 몇 차례에 걸쳐 격전한 전투. 그중에서도 1561년에이로쿠永祿4 9월의 전투가 유명하다. 조루리·가부키로 각색되어 있다.

자들이 늘어났다. 그러한 사람들이 교토에서 목적지를 찾는 데에『교와라베』는 거의 도움이 되지 않는다. 이러한 사람들의 기대에 부응해서 아사이 료이가 간행한 것이『교스즈메京雀』[10]였다. 1665년간분 5의 일이었다. 료이가 그 서문에서

> 마을의 이름은 시대에 따라서 변해간다. 같은 교토 사람이라도 듣지 못한 마을 이름도 있고 집도 찾기 어렵다. 하물며 시골사람이 갑자기 교토에 올라와서 사람을 찾는데, 마을 이름도 헷갈리고 집은 다 같아 보여서 방향을 잃어 사람들에게 물어보면서 동으로 서로

라고 언급한 것처럼, 교토의 마을 모습은 날마다 바뀐다. 교토에 살고 있는 사람조차 헤매게 되는 요즘이다. 하물며 타국에서 교토로 온 시골사람은 헤맬 것이다.『교스즈메』는 그러한 사람들을 위한 안내서의 성격이 강하다.

즉, 여행은 여행이어도 '비즈니스 여행'과 '유학'지를 찾아 교토에 상경하는 사람들을 위한 안내서라고 할 수 있다. 그렇기 때문에 삽화는 오로지 상점 안내가 중심이며, 간판의 문자와 그림을 통해서 장사의 내용을 식별할 수 있도록 되어 있다.

같은 목적으로 편집된 안내서가 에도에서는『에도스즈메江戸雀』, 오사카에서는『나니와스즈메難波雀』라는 이름으로 간행되어 '삼작三雀'이라 불리며 이용자들에게 크게 환영을 받았다.

---

10 교스즈메京雀 : 시정의 사정을 잘 알고 사건이나 사람에 관한 소문 등을 자주 입에 담는 교토 사람.

간행연도	서명	권	저자
1658	京童	6	中川喜雲
1658	洛陽名所集	12	山本泰順
1659	鎌倉名所記	5	中川喜雲
	澤庵和尚鎌倉記	2	不明
	南北二京靈地集	2	釋良定
	東海道名所記	6	淺井了意
1661	武藏あぶみ	2	同
1662	江戶名所記	7	同
1665	京雀	7	同
1667	本朝寺社物語	9	不明
1670	吉野山獨案內	6	謠春庵周可
1672	通念集高野山	11	一無軒道治
	有馬私雨	5	平子政長
1674	山城四季物語	6	坂田直賴
1675	南都名所集	15	太田叙親・村井道弘
	住吉相生物語	6	一無軒道治
1677	江戶雀	12	菱川師宣
1678	三都雀	5	不明
	出來齋京土産	7	不明
1679	河內名所鑑	6	三田淨久
	京師巡覽集	15	釋丈愚
	難波雀	1	水雲子
1680	難波鑑	6	一無軒道治
1681	和州旧跡幽考	20	林宗甫
	太平江戶鑑	1	不明
1684	堺鑑	3	衣笠一閑
1687	江戶鹿子	6	藤田理兵衛

* 미즈에 렌코水江連子, 「초기 에도의 안내기初期江戶の案内記」, 『에도 조닌의 연구江戶町人の研究』 제3권으로부터 작성

마지막으로, 에도 초기에 간행된 여행 안내서를 소개해 두겠다. 이렇게 수가 많은 것은 바로 평화로운 세상과 정주사회가 만들어낸 현상이라는 점도 이해해 주시기를 바란다. 그리고 표를 보면 알 수 있듯이, 명소기의 대부분은 삼도에 이어서 야마토이며, 때로는 가와치河內・이즈미국和泉国의 안내가 있는 정도이다. 교토와 에도에 대한 동경의 정도를 느낄 수 있다.

▌ 연이어 간행되는 여행안내서
아사이 료이는 『도카이도 명소기』, 『에도 명소기』, 『교스즈메』 등 실용적인 가나조시를 세상에 내놓았는데, 교토와 에도에 집중된 것은 여행희망자가 쌍방으로 집중됐기 때문일 것이다.

동경해 마지않는 유랑여행

견물유산의 여행

오로지 신앙심만을 위해서 여행을 떠나는 사람은 없을 것이다. 어떠한 해방감을 기대해서 여행을 떠난다. 사사 참배를 주로 하면서도 거기에 새로운 요소가 더해지는 것은 당연한 일이다. 1648년게이안慶安원년의 막부 공고문觸書에 있는 것처럼, 그 시점에서 이미 이세나 사가미相模 오야마大山로 참배할 여행 때, 방석을 겹깔아서 말에 타는 등 화려한 여행을 하는 사람들이 나타났다. 이 공고문을 통해서 당시의 '여행'이 이미 '소원성취'만을 목적으로 한 여행이 아니라 그야말로 '견물유산見物遊山'의 놀이기분을 겸하는 여행이 되어 있었다는 사실을 알 수 있다.

그리고 전출의 『에도 명소기』 서문에

갑자기 생각나서 "명소라 생각되는 에도 주변을 돌아봅시다. 오랫동안 여기에서 살고 있으면서도 모르는 사람이 물어보면 "거기는 가보지 못했다", "여기는 모른다" 하고 답을 하는 것도 어리석다고 할 수 있겠지요" 하니, "그건 아주 좋은 일입니다. 그러면 이야기의 소재도 되지 않겠습니까?" 한다. 해가 저물 때 두 사람은 함께 걸으며 저쪽에 있는 찻집에 들려서 술을 조금 마시며 잠시 쉬고 돌아봐야 할 행로를 정한다.

놀이기분의 에도 명소 순회
메이레키의 대화재 후 에도는 눈부신 부흥으로 크게 변했다. 이에 교토도 좋지만 에도도 좋다고 말하듯 꽃구경 등 견물유산의 기분을 나타내는 광경을 삽화로 넣어서 참배뿐 아니라 여행의 즐거움을 담았다. (『에도 명소기』)

라며 에도에 살고 있는 사람들을 향해서 우선은 여기저기 훌륭한 찻집에 들려서 술이라도 마시면서 구경하면 어떤가 하고 '견물유산'의 기분으로 명소 순회를 권했다. 1677년엔포 5에 간행된 『에도스즈메江戸雀』에도 분명히 "춘하추동의 유산견물 다만 이 때만이 아니다"라고 되어 있듯이, 여행의 목적이 크게 변용되어 있는 사실을 알 수 있다.

이는 사사 참배를 중심으로 한 명소·구적 순례의 안내서에 여행 목적의 진심이 언급된 것을 말해준다. 여행 최대의 즐거움은 타향에서의 '놀이'라고 독자에게 호소하면서 에도로 오라고 유혹하고 있는 것이다.

유랑을 동경하다

여행에는 사람의 마음을 움직이는 특별한 요소가 있다. 바로 여정旅情이다. 여행에 시정詩情이 있기 때문에 타향에 대한 마음이 고조되는 것이 사람의 마음이다. 그 때문에 비교적 일찍부터 전해지는 기행문과 여행일기 등에 관심이 많았다.

하지만 에도 시대에 살고 있었던 사람들에게 가장 큰 영향을 주는 것은 마쓰오 바쇼의『오쿠로 가는 좁은 길』일 것이다. 앞서 소개한, 시정 풍부한 도입부분을 읽고 있으면, 어느 새인가 여행을 떠나고 싶은 생각이 드는 것은 조금도 이상하지 않다.

바쇼가 아무 생각 없이 미치노쿠에 향한 것은 아니었다. '옛사람도 많이 여행에서 죽음을 맞이했'다고 언급했듯이, 바쇼는 사이교西行[11]나 무로마치 시대의 렌가시連歌師 소기宗祇[12] 등의 발자취를 쫓아 거기에서 옛사람을 접해보고 싶다는 생각으로 미치노쿠로 향한 것은 주지하는 사실이다. 바쇼는 다른 기행문에서

사이교의 와카和歌, 소기의 렌가連歌, 셋슈雪舟[13]의 그림, 리큐利休[14]의 차에 있어서 그 도道를 관통하는 것은 하나이다.

· · · · · · · · · · · · · · ·

11 사이교西行, 1118~90 : 헤이안 후기의 가인歌人·승려. 속명俗名은 사토 노리키요佐藤義清. 법명法名은 엔이円位. 북면무사北面武士(상황의 어소인 인院의 북쪽에 주둔하며 원의 경비를 담당한 무사)로서 도바인鳥羽院를 섬기다가 23세에 출가해서 초암草庵에 살았다. 또한 여러 지역을 돌아다니며 노래를 읊었다. 가집家集『산가집山家集』,『신고금집新古今集』에 94수가 실려 있다.

12 소기宗祇, 1421~1502 : 무로마치 후기의 렌가시連歌師. 성姓은 이오飯尾라고 전해진다. 별호 지넨사이自然斎·슈교쿠안種玉庵. 소제이宗砌·신케이心敬·센준專順에게 렌가連歌를 사사했다. 또한 이치조 가네라一条兼良에게 고전을, 아스카이 마사치카飛鳥井雅親에게 와카를 배우고 도 쓰네요리東常縁에게 고금전수古今伝授를 받았다. 『신찬 쓰쿠바집新撰菟玖波集』을 찬진撰進. 저서『아즈마 문답吾妻問答』,『휜초萱草』,『죽림초竹林抄』등.

13 셋슈雪舟, 1420~1506 : 본서 2장의 주 1 참조.

14 리큐利休, 1522~91 : 센노리큐千利休. 무로마치·모모야마 시대의 다인. 사카이 출신. 호는 소에키宗易. 와비차侘茶의 대성자로, 센가류千家流의 시조이다. 다도茶の湯를 다케노 조오武野紹鴎에게 배웠다. 초암풍草庵風의 다실을 완성하고 조선의 다기와 일상잡기를 다도구로 도입하고, 라쿠 다완楽茶碗의 제작·지도 등을 맡았다. 오다 노부나가·도요토미 히데요시를 섬겼으나 후에 히데요시의 명에 의해서 자살했다.

라고 말했듯이, 사이교나 소기, 셋슈, 그리고 리큐를 존경했다. 그렇기 때문에 바쇼는 사이교가 22세에 출가해서 불법 수행과 와카의 길에 전념하였고 29세에 미치노쿠로 여행했던 사실을 생각하여 미치노쿠로 가기로 했다. 1689년겐로쿠 2 3월의 일이다. 그리고 1694년 초여름에 이르러 완성시킨 것이 『오쿠로 가는 좁은 길』이다. 바쇼는 기행문을 모델로 해서

　　본래 기행의 일기라는 것은 기紀 씨[15] · 조메이長明[16] · 아부쓰니阿仏尼[17] 가 문장을 휘둘러 마음을 다한 것에서 비롯되었다. 나머지는 모두 심상이 비슷하고 그 하찮은 글을 고칠 수 없다. 하물며 생각이 짧고 재주가 없는 (나 같은) 이의 붓이 미칠 만한 것이 아니다.

라며 『도사 일기土佐日記』, 『도칸 기행東関紀行』, 『십육야일기十六夜日記』[18] 등을 거론하고 있다. 그리고 거기에는 미치지 못하지만, 정처 없이 자연

．．．．．．．．．．．．．．

15 기紀 씨 : 기노 쓰라유키紀貫之, 870쯤~945쯤. 헤이안 전기의 가인. 36가선歌仙 중 한 명. 도사노카미土佐守 등을 역임. 기노 도모노리紀友則 · 오시코우치노 미쓰네凡河内躬恒 · 미부노 다다미네壬生忠岑와 고킨슈古今集를 찬하고 가나仮名 서문을 썼다. 저서 『도사 일기土佐日記』, 가집 『쓰라유키집貫之集』 등.

16 조메이長明, 1155~1216 : 가모노 조메이長明. 가마쿠라 전기의 가인. 이름은 나가아키長明. 교토 가모下鴨 신사의 네기禰宜 집안에서 태어나 후에 샤시社司(신직神職의 으뜸)로 추천을 받았지만 이루어지지 못한 실의 속에 출가했다. 야마시로국山城国 히노日野의 산기슭에 방장암方丈庵을 짓고 은둔생활을 했다. 저서 『방장기方丈記』, 『발심집発心集』, 『무명초無名抄』 등.

17 아부쓰니阿仏尼, ?~1283 : 가마쿠라 중기의 여류가인. 다이라노 노리시게平度繁의 양녀. 출가해서 아부쓰니라 불렸다. 후에 후지와라노 다메이에藤原為家의 후처가 되어 다메스케為相 · 다메모리為守를 낳았다.

18 『십육야일기十六夜日記』 : 가마쿠라 중기의 기행. 1권. 아부쓰니阿仏尼 지음. 친아들인 후지와라노 다메스케藤原為相와 의붓아들 다메우지為氏와의 사이에 발생했던 영지領地 상속다툼 소송 때문에 1279년고안弘安 2 교토에서 가마쿠라에 내려갔을 때의 여행일기와 가마쿠라 체재 중의 기록. 교토 출발이 10월 16일이었기 때문에 붙은 이름이다.

과 사람들과 만나는 광경을 적어두는 것도 흥취가 있다고 한다. 『오쿠로 가는 좁은 길』이 그러한 고전적인 기행문의 영향을 받아 쓰였다는 사실은 분명하다.

그리고 독자는 이처럼 기행문에 대한 애정을 가슴으로 실천한 유랑여행 속에서 인간과 자연, 전통문화와의 만남에서 생겨나는 시정이

야말로 쇼풍 하이카이蕉風俳諧[19]의 진수라 여기고 여행에 매료되어 타향으로 여행을 떠나게 되었다.

이렇게 해서 바쇼의 족적을 되짚는 하이안갸俳行脚[20]는 하이진이 되기 위한 중요한 조건이 되었다. 전국의 하이진들은 어디론가 여행을 떠나면 바쇼를 흉내내서 반드시 기행문을 남겼다. 그 수가 얼마나 많은지 모른다.

그러나 유랑여행이 하이카이의 세계에 발을 내딛게 한다 할지라도 정주한 채 가직家職에 전념하는 사람에게는 그저 꿈일 뿐이었다. 유랑

---

19 쇼풍 하이카이蕉風俳諧 : 쇼풍蕉風이란 바쇼에 의해서 도입된 쇼문蕉門의 작풍을 말한다. 본서 시작하는 말의 주 27 참조.
20 하이안갸俳行脚 : 본래 행각行脚은 승려가 수행을 위해서 여러 지방을 걸어 다니는 것을 말하는데, 이에 빗대어 바쇼 등의 하이쿠와 관련된 지역을 답습하는 것을 말한다. 하이쿠안갸俳句行脚.

체험이 있는 하이진이 모여서 하이쿠 모임이 열리고 하이쿠 짓기가 펼쳐진다. 그때 정주하고 있으면서 유랑하는 마음을 가지고 모임에 참여하여 바쇼의 세계에 몸을 두고 방랑 기분에 잠긴다. 이러한 일순간의 풍아를 즐기는 사회가 각지에 탄생된 것이다. 고바야시 잇사조차도

바쇼옹의

덕분에 맛보는

초저녁 선선함   1813년

芭蕉翁の膚をかちつて夕涼み   文化10

이라며 바쇼를 칭송했다. 그러한 바쇼의 위대함을 알기 위해서는 각지에 남아 있는 바쇼총芭蕉塚을 세어보기만 해도 납득할 수 있을 것이다. 바쇼 사후 50주년, 100주년이라고 기념해서 건립된 '개구리총蛙塚', '제비꽃총すみれ塚' 등이라 불린 구비句碑가 전국 도처에 존재한다. 요사 부손과 잇사를 비할 바가 못 된다.

순례여행 붐

여행할 수 있는 것은 하이카이를 직업으로 하는 교하이業俳와 유유히 하이쿠를 읊을 수 있는 유하이遊俳[21] 정도였다. 언제나 근면하게 가

··················
21 유하이遊俳 : 본업이 있고 취미로 하이카이를 즐기는 사람.

업에 종사하고 있는 사람에게는 동경이기는 해도 이루어질 수 없는 꿈이었다. 하물며 여비도 마련할 수 없는 가난한 형편에 처한 사람에게는 오카게마이리お蔭参り[22]라도 아니라면 여행이 가능할 리 없었다.

그러한 농민은 무라의 이세코 동료로 몇 년에 한 번 이세 참궁에 대표를 보내는 '대참代参' 중 하나로 선발되었을 때 비로소 일생일대의 여행을 할 수 있는 기회를 얻게 된다. 도호쿠와 간토 지방에서 이세로 향하는 농민들은 이세 참궁이 끝나도 바로 고향에 돌아가지 않는 것이 보통이었다. 고리야쿠ご利益[23]가 있는 신불의 오후다お札[24]를 받기 위해서 유명한 사사를 돌아보는 순례여행이기도 했기 때문이다.

에도 시대의 여행 연구자인 다카하시 요이치高橋陽一 씨는 도호쿠 지방에서 이세로 향한 사람들이 기록한 76개의 여행 기록류를 자료로 해서 여행의 전 여정을 분석했는데 그 대개가 이세보다 더 서쪽을 향했다고 한다. 구마노, 야마토, 교토, 오사카, 사누키의 고토히라궁金刀比羅宮[25]에 참배하고 돌아오는 길에는 단고丹後의 아마노하시다테天橋立로 향했다. 그 가운데는 아키安芸의 미야지마宮島까지 발길을 옮긴 농민들이 상당히 있었다고 한다.

1773년안에이 2 5월 25일 무쓰국 시라카와군 호자카촌(후쿠시마현 히가

---

22 오카게마이리お蔭参り : 에도 시대, 오카게도시御蔭年(이세 신궁에서 천궁遷宮이 있었던 이듬해를 말한다. 이 해에는 특별히 은혜를 많이 받는다고 해서 참배자가 많았다)에 여러 지방의 서민이 이세 신궁에 참배하는 것.
23 고리야쿠ご利益 : 신불神仏이 인간에게 주는 은혜 혹은 행운. 영험.
24 오후다お札 : 신불의 부적. 호부護符. 신부神符.
25 고토히라궁金刀比羅宮 : 가가와현香川県 나카타도군仲多度郡 고토히라초琴平町에 있는 신사. 제신祭神은 오모노누시노카미大物主神・스토쿠崇徳 천황을 합사合祀. 해상海上 안전의 수호신으로 신앙되었다. 메이지 초기까지는 신불습합神仏習合으로 조즈산象頭山 곤피라金毘羅 대권현大権現이라 불렸다. 곤피라상.

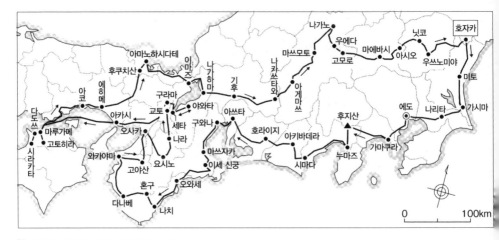

미치노쿠陸奥 농민의 이세 참궁 코스
호자카촌은 아부쿠마阿武隈 산속에 있는 작은 마을. 대참이 정해지면 여행 코스를 선정할 때 데라코야에서 배운 『구니즈쿠시』의 명소·구적이 떠올랐을 것이다. (『겐조·군조 일기源蔵·郡蔵日記』에 의해서 작성)

시시라카와군 야마츠리마치)의 농민 아들 9명이 이세 참궁의 여행을 떠났다. 그림에 나타낸 바와 같이, 85일간의 여행 코스는 이세 참궁을 마친 후 기이紀伊 반도의 연안을 남하해서 나치那智에서 구마노熊野의 본궁本宮을 참배하고 기슈紀州(와카야마和歌山) 번영藩領 다나베초田辺町로 나와서 와카야마 성하城下로 들어가 고야산高野山에 참배하고 오사카로 향했다.

구마노산잔熊野三山[26]을 참배할 때 분기점이었던 다나베초에는 이러한 코스를 밟는 참배자가 매년 10만 명 이상이나 숙박했다고 한다. 호자카촌의 농민들도 그중 하나였는데, 이는 이세로 참배하는 코스 중 하나에 지나지 않았기 때문에 다른 코스를 선택한 참배자를 고려하면 방대한 수의 사람들이 여행에 나선 셈이 된다. 참배와 관계없이 상업

⋯⋯⋯⋯⋯⋯
26 구마노산잔熊野三山 : 구마노 지역에 있는, 구마노 본궁대사熊野本宮大社·구마노하야타마 대사熊野速玉大社·구마노나치 대사熊野那智大社의 총칭.

등을 목적으로 한 여행자의 수를 더하면 더 엄청난 수가 될 것이다.

당연히, 여행 중에 병이 들거나 사망하는 사고가 급증했다. 여러 번들도 일찍부터 이러한 여난자旅難者들에 대한 구제에 대응했다. 막부도 1688년 이후 여행지에서 어려움에 처한 사람들에게는 일정한 수당을 주고 무라쓰기村継ぎ[27]로 여행자의 거주지역까지 송환하도록 명령했는데, 번에 따라서는 치료가 끝날 때까지 머물게 하여 회복 후에 돌아가게 하는 등 다양하게 대응했다.

자신의 영지에서 한 걸음 외부로 나가면 영외이며 타국이다. 여행자는 그곳의 법률에 따라야만 한다. 오랜 여행은 여러 번을 통과하게 되는데 그때마다 번의 법률에 따라서 대응이 달라진다면 여행자가 혼란스럽고 불안이 커져 불행한 사태에 직면할지도 모른다.

이에 막부는 1767년메이와 4 5가도는 물론 '협가도와 그 밖의 마을마다' 여행자가 병에 걸렸을 때는 무라쓰기에 의해서 송환한다는 종래의 규정에 더해서, 소지하고 있는 종래의 오라이테가타往来手形[28]로 여행자의 영주를 확인해서 거기에 연락해서 대응하게 한다는 법령을 내놓았다. 전국적으로 신원을 확인한 다음, 무라쓰기에 의해서 거주지로 돌려보내는 제도로 통일해서 여행자의 불안을 해소하고자 했다.

여행 중 어려움을 당한 사람들에 대한 다나베초의 대응을 상세하게 분석한 시바타 준柴田純 씨에 의하면, 오라이테가타라고 하면 관문에서 불심검문하는 이미지가 강하지만, 그뿐 아니라 여행 도중에서 불행한

---

27 무라쓰기村継ぎ : 여행자가 여행 중에 질병으로 보행이 곤란해지거나 사망했을 경우, 여행자 본인과 그의 짐을 여행자의 재소까지 무라에서 무라로 이어서 보내는 제도.

28 오라이테가타往来手形 : 에도 시대, 여행자가 소지했던 신분증명서 겸 통행허가서. 백성百姓·조닌에게는 단나사·마치야쿠닌町役人이 발행해 주었고, 번사에게는 번청藩庁이 발행했다.

일이 생겼을 때 신원 확인의 증명서로서의 역할이 큰 비중을 차지했으며, 여난자의 거주지로 연락해서 숙박지와 가족·친족의 공동에 의한 구제체제가 확립되어 보다 안전한 여행이 보장되어 있었다고 한다.

무라야쿠닌이나 단나사檀那寺[29]가 발행하는 오라이테가타가 여행지에서 만약의 사태가 발생되었을 때 신원 확인과 거주지로 연락하는 정보원으로 역할하게 되면 여행자도 안심하고 여행을 할 수 있다. 그렇기 때문에 시바타 씨는 오라이테가타가 지금의 패스포트와 같은 성격을 갖는 것이라고 한다.

오슈 시라카와군 호자카촌의 젊은이들도 당연히 오라이테가타를 휴대하고 있었을 것이다. 그들은 마침 이세 참궁을 마치고 구마노에서 다나베로 이동하는 중에 태풍의 직격을 받았다. 그 때문에 무사시국에서 온 참배자 5명이 떠내려가고 3명이 죽었다는 정보를 들었다. 이러한 때 오라이테가타가 신원 확인에 큰 도움을 주었을 것이다.

호사카촌의 젊은이들은 그 후 오사카에서 야마토大和로 들어갔다가 다시 교토를 향해서 아카시明石에서 배로 시코쿠四国로 건너가 사누키의 고토히라궁에 참배했다. 돌아오는 길은 마루가메丸亀에서 비젠備前 고지마児島에 상륙해서 히메지姫路에서 후쿠치야마福知山 성하를 거쳐 아마노하시다테天橋立를 구경한 다음 시나노信濃 젠코사善光寺(나가노시長野市)에서 시모쓰케下野 닛코日光를 거쳐 귀향했다.

이러한 순례여행 외에 시코쿠 88, 서국 33곳의 후다쇼札所[30] 순회 등 전국 각지의 영지靈地 순배 여행과 에도 부근의 오야마 참배大山詣で,[31]

. . . .
29 단나사檀那寺 : 본서 프롤로그의 주 52 참조.
30 후다쇼札所 : 순례자가 참배의 표시로 패札를 내거나 받는 곳.

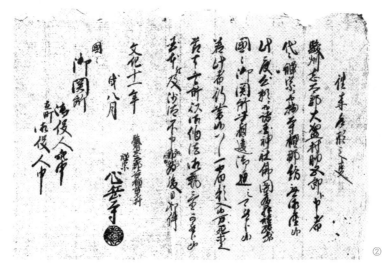

②

하루나산榛名山 순배와 같은 여행을 더하면, 많은 수의 여행자가 이동했던 셈이 된다. 오이즈리笈摺[32]를 짊어지고 삿갓을 쓰고 각반脚絆으로 다리를 보호한 채 짚신을 신고 시가를 읊으며 걷는 모습이 계절의 풍물시가 될 정도로 친근한 풍경이 되었다.

. . . .

31 오야마 참배大山詣で : 오야마大山는 가나가와현神奈川県 중부에 있는 산으로 표고 1,252m이다. 예부터 수험도장修験道場으로 알려져 있는데, 정상에 위치한, 기우祈雨의 신인 아후리 신사阿夫利神社에 흰옷차림으로 참배하는 것을 말한다.

32 오이즈리笈摺 : 본서 4장의 주 2 참조.

명소도회의 시대

『미야코 명소도회』

무라비토의 대개가 여행을 떠나 교토·오사카, 그리고 에도의 명소 구적을 둘러보게 되자, 당연히 여행을 떠나는 태도도 변화하기 시작했다. 가장 큰 변화는 여행지를 사전에 상당히 학습하고 조사한 다음에 떠나는 사람들이 늘어났다는 점일 것이다. 이렇게 되자, 교토와 에도의 모습을 잘 모르는 사람들을 대상으로 한 명소안내로는 아무도 반가워하지 않는다. 특히 한 번 가 본 경험이 있는 사람 등이 보다 설득력 있는 정보를 기대하게 되었기 때문이다.

이러한 요망에 부응한 명소안내로서 간행된 것이 1780년안에이 9 간행된 아키자토 리토秋里籬島의 『미야코 명소도회都名所図会』라는 새로운 양식의 안내서이다. '도회図会'라는 서명대로 보는 걸로도 즐길 수 있는 요소를 많이 담은 안내서라는 점에서 종래의 '명소기'류와는 상당히 다르다. 삽화의 크기와 섬세함, 그리고 해설의 상세함으로 평판이 높았다.

그 평판의 위력은 아키자토 리토가 그 후 관련한 명소도회의 수를 보면 분명하다. 일종의 아키자토 붐을 일으켰다고 표현할 수 있다. 『미야코 명소도회』 이후 간행된 도회는 무려 11종에 이른다. 『미야코 명소도회』의 인기가 아키자토 리토를 일약 스타덤에 올려 간세이기寬政期(1789~1801)에 제2의 명소안내서 붐을 만들어냈다. 이후, 이에 자극

도회명	권수	간행연도		판권자
都名所図會	6卷6冊	1780	安永9	京都 吉野屋爲八
拾遺都名所図會	2卷2冊	1790	寬政2	同
大和名所図會	1卷1冊	1791	寬政3	京都 小川多左衛門
住吉名所図會	5卷5冊	1794	寬政6	大阪 雁屋な治郎右衛門
和泉名所図會	4卷4冊	1796	寬政8	京都 吉野屋爲八
攝津名所図會	6卷12冊	1796~1800	寬政8~12	同
東海道名所図會	6卷6冊	1797	寬政9	同
伊勢名所図會	5卷6冊			大阪 塩屋忠兵衛
近江名所図會	4卷4冊			大阪 塩屋忠兵衛ほか2軒
都林泉名勝図會	5卷5冊	1799		京都 小川多左衛門
河內名所図會	6卷6冊	1801	享和元	京都 出雲路文治郎
木曾路名所図會	6卷7冊	1805	2	大阪 塩屋忠兵衛

아키자토 리토의 명소도회

명소도회 붐을 일으킨 것은 아키자토 리토였는데 이는 '도회'가 상품화되었기 때문에 당대 일류화가
의 협력이 있어서 비로소 가능했다.

받아 에도, 오와리, 아와阿波 등 여러 지역에서 '명소도회'라고 이름 붙
은 안내서가 연이어 출판되었다.

'명소도회'의 첫 번째 특징은 '그림으로 이해하는' 명소안내로 단순
화되었다는 점이다. 왜냐하면, 지리적인 실용성의 일부분은 1765년메
이와 2에 간행된 『헤이안 인물지平安人物志』를 효시로 하는 '인명록'으로
독립되어 철저하게 실용성을 제공하게 되었다. 또한 상업적 안내는
'가이모노히토리안나이買物独案内'의 형태로, 유명한 상점명을 업종에
따라서 소개하는 내용으로 독립되었기 때문이다.

두 번째 특징은 각지에서 간행된 명소도회가 리토에 의해 촉발된 명
소도회 붐에 자극을 받아 그 지역을 의식해서 상당히 대담한 편집을
시도했다는 점에 있다. 예컨대, 『에도 명소도회江戸名所図会』에 관해서 말

『에도 명소도회』의 범위는 넓다
『에도 명소도회』는 제1권을 제외하면 게재범위가 에도 근교로
확장되었다는 사실을 알 수 있다. (스즈키 아키오鈴木章生, 『에
도의 명소와 도시문화江戸の名所と都市文化』로부터 작성)

하자면, 교쿠테이 바킨曲亭馬琴이

에도라고는 하지만 무슈武州 일국의
일도 대략 기록했기 때문에 에도에 관
한 것보다도 오히려 근교에 관한 것
중에는 이제까지 듣지 못했던 가와사
키河崎의 닛타묘진新田明神, 와타리신자
에몬亘新左衛門 하야카쓰早勝의 묘 등 그
러한 류도 종종 보인다.

라고 독후감을 언급한 바와 같
이, 저자인 사이토 겟신斎藤月岑[33]
은 에도의 범위를 에도 교외까지 확장해서 이해했다.

가와구치川口(사이타마현埼玉県 가와구치시川口市)의 놋그릇과 시모우사下総
교토쿠行徳(지바현千葉県 이치카와시市川市)의 소금 생산현장까지 가보고 그
광경을 사실적으로 묘사한 것은 그곳이 다름 아닌 당시의 에돗코들의
생활권이라고 여겼기 때문이다.

에돗코들이 일상적으로 사용하는 식기며 조미료로서 없어서는 안
되는 존재가 되었던 사실을 겟신이 간과하지 않고 무사시武蔵・에도는
일체라고 파악하여 그러한 관점에서 새로운 지역관을 나타낸 것이다.

----

33 사이토 겟신斎藤月岑, 1804~78 : 본서 프롤로그의 주 223 참조.

『산해명산도회』의 등장

'도회', 즉 '그림으로 이해'하는 도설이라는 사실을 강조한 서적명은 『미야코 명소도회』가 처음이 아니다. 1713년쇼토쿠 3 간행된 도설백과사전 『왜한삼재도회략倭漢三才図会略』(통칭 『화한삼재도회和漢三才図会』 데라지마 료안寺島良安 편)이 처음이다. 데라지마는 중국 명나라의 학자 왕기王圻의 『삼재도회三才図会』를 바탕으로 해서 이를 모방했다.

이에 영향을 받아서인지 『일본산해명물도회日本山海名物図会』라는 이름의 명물안내서가 1754년호레키宝暦 4 오사카에서 작자 히라세 데쓰사이平瀬徹斎・화공 하세가와 미쓰노부長谷川光信에 의해서 간행되었다. 이는 '일본산해'라는 제목 그대로 여러 지역의 '명물'의 생산현장을 도판으로 소개하는 대담한 시도로 크게 호평을 얻었다. 그야말로 '그림으로 이해하는' 데 어울리는 현장감 풍부한 지면 구성이다.

전권에 사용된 도판은 89개에 이르며 생산되는 명물명과 생산광경이 사실적으로 묘사된 점이 특색이다. 그러한 가운데 가장 주력한 것이 금은광산의 생산과정으로 20쪽에 이르는데 산신제山神祭**34** 등의 모습도 묘사했다.

다음으로 주력한 것이 어업이다. 특히 포경에 관해서는 포획에 이르는 과정이 상세하게 묘사되었다. 다루어진 명물은 어떤 산업의 경우에도 기나이畿内 근국에 집중되어 있는데, 이는 저자와 화공의 족적이

----

34 산신제山神祭 : 산신에 대한 제사. 농민이 12월과 1월 등에 정기적으로 행하는 것과, 사냥꾼 등 산과 관련된 일에 종사하는 사람들이 일을 시작하거나 포획물을 얻었을 때 제사를 지내는 경우가 있다.

거기까지밖에 미치지 못했기 때문일 것이다.

이러한 평판에 부응해서인지 얼마 후 『일본만물산해명산도회日本万物山海名産図会』라는, 보다 상세한 명산도회의 간행이 기획되었다. 그러나 히라세의 사망 등이 있어서 간행은 크게 늦어졌다. 1799년, 이윽고 교열 기무라 겐카도木村蒹葭堂[35]·화공 나카이 란코中井藍江에 의해서 간행되어 큰 화제가 되었다.

겐카도는 오사카 문인계의 일인자였던 만큼 그 내용은 『일본산해명물도회』와는 달리 명산품의 시야를 에조치蝦夷地에서 '이국산물'에까지 크게 확장시켰을 뿐만 아니라 생산공정에까지 신경 쓴 상세한 해설과 치밀한 삽화로 화제를 불러일으켰다.

오사카 시장을 뜨겁게 했던 여러 지역 명산품의 생산공정을 소개함으로써 산지와 소비자를 가깝게 하고자 하는 기획이었다.

왜 이러한 '명산', '명물' 안내서가 간행된 것일까? 본초학의 발달과 함께 전국 각지에서 다양한 특산물의 생산이 개시되었고 이러한 상품이 '천하의 부엌'인 오사카에 집중된 후 다시 에도로 흘러들어 소비되기에 이르렀

『일본산해명물도회』의 세계
펼쳤을 때 한 면에 생산현장의 그림이 배치되어 있다. 오사카에 들어오는 여러 지방의 명산이 어떻게 생산되는지 궁금해 하는 소비자 심리에 부응하는 현장감 넘치는 삽화로 인기를 끌었다. 그림은 〈구마노 밀봉〉.

35 기무라 겐카도木村蒹葭堂, 1736~1802 : 본서 프롤로그의 주 193 참조.

다. 그러자 특산물이 점차 브랜드화되어 어디어디의 '명물'이라든가 어느 지역의 '명산'이라는 이름으로 정착되기 시작했다. 소비자가 그러한 특산물에 대해서 흥미를 갖게 된 것이다.

소비자는 이러한 것들이 어디에서 어떠한 형태로 생산되는가에 관심을 갖게 되었지만, 전국에 산재하는 생산현장에는 갈 수가 없었다. 그러한 소비자 심리를 잘 파악한 것이 '그림으로 이해하'는 것으로 마음을 만족시키는 편집방침이다. 게다가 작자 스스로가 직접 현장에 가서 본 것에 근거하기 때문에 실상에 가까운 광경이 소개되었다고 이해되어 기획은 큰 성공을 거두었다.

산업 현장에 대한 관광 차원의 관심

아키자토 리토는 새로운 '명소안내'의 제1호를 간행함에 있어서 『일본산해명물도회』라는 이름의, 도설 중심 안내서가 인기를 불러 모은 것에 자극을 받아 『미야코 명소도회』라 명명한 것이 아닐까 생각된다.

그리고 리토는 또 하나, 명물명산에 대한 관심이 높아지는 사회의 새로운 풍조를 읽어냈다. 이에 리토는 『셋쓰 명소도회』의 '범례'에

하나, 오사카 시가에 신묘·불찰이 많지 않다. 그래서 여러 사찰의 제식, 혹은 아침시장·저녁시장의 번화함, 또는 새 배의 진수, 출범·귀범 등 하구의 풍경을 그림으로 나타냈다.

오사카 번영의 상징은 출항하는 배의 수

히가키 회선菱垣廻船이 면을 에도로 보내는 광경. 구름 사이로 보이는 천석선까지 소형화물선(데마부네伝馬船)으로 화물을 운반한다. 에도에 얼마나 출항하는지 이것이 오사카의 번영을 헤아리는 척도이다. (《히가키 신선 순찰선 하구 출범지도菱垣新綿番船川口出帆之図》)

고 하면서 오사카 시가에는 신사불각이 적다고 하는 소극적인 이유에 서이기는 하지만 시장과 같은 번화한 지역, 새로운 천석선의 진수 · 준공 장면, 에도로 출항하는 배의 번화함, 여러 지역의 산물을 싣고 입항하는 배의 모습 등 오사카 번영의 상징을 새로운 명소로 소개하고자 하는 대범한 시도를 구사했다.

이는 『일본산해명물도회』에 묘사된, 여러 지역에서 생산된 '명물'이 '천하의 부엌' 오사카에 출 · 입항할 때의 활기 넘치는 광경에 초점을 맞추고자 하는 시도이다. 이렇게 해서 산지와 소비지를 연결하는 장이 새롭게 '명소'로 부각된 것이다. 즉, '견물유산'의 장소로서는 이제까지 주목되지 않았던 '세속'의 번잡한 장면이 명소로서 부각된 사실을 말해준다.

그러나 생산현장을 명소로 하기에는 '우타마쿠라歌枕',[36] 즉 그곳을 방문한 가인이나 하이진의 노래가 불가결한 조건이다. 이에 결국 1813년분카 10 오사카에서 간행된 『셋쓰 명소도회』에서는 고키五畿[37] 내의 유명한 토산품의 모든 도판에 노래와 하이쿠가 첨부되어 그 산지가 명소화되기에 이르렀다.

생산공정 구경에 대한 유혹

그 후, 『아와 명소도회阿波名所図会』, 『사누키국 명승도회讃岐国名勝図会』, 『에도 명소도회江戸名所図会』, 『오와리 명소도회尾張名所図会』 등에 특징적으로 나타나는 것은 산업과 상업의 장면을 신명소로 연이어 등장시킨 것이다. 즉, 『사누키국 명승도회』의 '범례'에 명기된 바와 같이

> 하나, 이 지역의 산물은 매우 많다. 설탕·소금·팥 등과 같은 것이 천하제일이라는 사실은 널리 세상이 아는 바이다. 이 책은 일련의 산물을 모아 기록해서 그 아래에 상세히 생산지 이름을 나타냈다. 약종 등은 일일이 언급할 여유가 없었다.

라고 일부러 항목을 만들어서 '천하제일'인 특산물의 생산현장을 소개

---

36 우타마쿠라歌枕 : 와카和歌에 많이 읊어지는 명소나 구적旧跡.

37 고키五畿 : 에도 시대, 교토 주변에 있었던 야마시로山城·야마토大和·가와치河内·이즈미和泉·셋쓰의 5개국을 이르는 명칭. 기나이畿内.

하고자 하는 의도를 분명히 나타냈다. 그러한 장소가 사누키의 '명승'에 더해진 것을 말해준다.

이러한 산업의 발달은 상품유통의 발달도 촉진하기 때문에 유통의 거점인 '시장'과 항구마을의 번성한 모습도 주목된다. 당연히 그 번잡한 장면을 묘사한 도판이 삽입됨으로써 명소의 이미지를 크게 전환시켰다.

게다가 이러한 광경은 화가 자신이 현장에 가보고 그린 것이 많다. 예컨대, 『오와리 명소도회』는 작가들이 직접 현장에 가서 직접 묘사한 경관이어서 현장감이 풍부하고 박진감이 넘친다. 그러한 의미에서 『오와리 명소도회』 후편에 게재된, 특산품인 세토물의 생산현장을 묘사한 '세토 도기 제작장'을 소개해 두겠다.

그러나 『오와리 명소도회』 후편은 오와리번의 출판 저지에 의해서 에도 시대에는 출판되지 못했다. 세상에 나온 것은 1880년메이지 13이었다. 아마도 생산현장이 너무나 사실적으로 묘사되었기 때문에 번 관계자가 생산기술의 유출을 염려했기 때문이라고 생각된다.

세토물의 생산공정, 그 하나

오와리국 세토는 오래 전부터 도기의 산지로 유명했는데, 에도 시대에는 일시적으로 쇠퇴했다. 이러한 상황을 구제한 것은 도공 가토 다미키치加藤民吉가 기술을 도입한 소메쓰케 자기染付磁器로, 이후 세토물이라는 이름으로 시장을 석권하는 데 이르렀다. 그림은 도토陶土를 배합하는 장면. (『오와리 명소도회』)

세토물의 생산공정, 그 둘

녹로轆轤를 돌려서 그릇의 모양을 만들고 유약을 바르기까지 도자기의 형성과정을 소개했다. 무명의 직인들이 열심히 일하고 있는 광경이 묘사되어 있다. 도자기 제작자의 수가 급속하게 늘어났다.

세토물의 생산공정, 그 셋

몇 개나 되는 가마에서 동시에 굽고 있는 광경. '불 때지 않은 가마 위에 뜬 봄밤의 달焚休むかまどの上や春の月 卓池', '작은 가마의 바람, 눈으로 만든 토끼 구워내네小竈かぜ雪の兎を焚て見む 竹有'라고 당시의 오와리를 대표하는 유명한 하이진 쓰루다 다쿠치鶴田卓池 등이 방문해 구를 읊어서 명소가 되었다.

산업관광 문예의 등장

산업에 관심을 갖는 여행

각지의 산업 현장이 명소로서 사람들의 관심사가 되기 시작한 것은 오랫동안 오로지 풍아의 여행을 동경해 온 사람들 가운데 경치 좋은 자연과 명소·구적을 감상하는 태도와는 달리 이를 관찰하는 자세가 생겨났다는 사실을 말해준다.

문화사 연구자인 하가 도오루芳賀徹 씨는 그러한 과학의 눈으로 여행을 즐긴 인물로서 시바 고칸司馬江漢[38]을 거론했다. 스가에 마스미菅江真澄[39]의 도호쿠東北·에조치 기행, 다치바나 난케이橘南谿[40]의 『서유기西遊記』, 『동유기東遊記』, 후루카와 고쇼켄古川古松軒[41]의 『서유잡기西遊雜記』, 『동유잡기東遊雜記』 등 자신의 발로 각지를 돌아다니며 자신의 눈으로 사람들의

......

38 시바 고칸司馬江漢, 1747~1818 : 본서 프롤로그의 주 182 참조.

39 스가에 마스미菅江真澄, 1754~1829 : 에도 후기의 국학자·여행가. 미카와三河 출신. 본명은 시라이 히데오白井秀雄. 생애의 대부분을 신슈信州·오우奥羽 지방을 여행하면서 민속학상 귀중한 자료를 다수 저술했다. 저서 『마스미 유람기真澄遊覧記』 등.

40 다치바나 난케이橘南谿, 1753~1805 : 에도 중기의 의사·문인. 이세 출신. 본명은 미야가와 하루키宮川春暉. 자는 게이후恵風. 별호는 바이센梅仙. 교토에서 한방의학을 배우고 문학에도 조예가 깊었다. 전국을 편력해서 『서유기西遊記』, 『동유기東遊記』를 저술했다. 저서 『상한외전傷寒外伝』 등.

41 후루카와 고쇼켄古川古松軒, 1726~1807 : 에도 중기의 지리학자·난의蘭医. 비추備中 출신. 이름은 마사토키正辰. 여러 지역을 여행하며 교통·풍속·물산·사적史跡 등을 조사해서 『서유잡기西遊雜記』, 『동유잡기東遊雜記』 등을 저술했다. 막부의 명으로 〈무사시 5군의 도武蔵五郡の図〉 등을 작성하기도 했다.

생활과 생산현장을 관찰해서 상세하게 기록한 저서가 나타나기 시작했다. 바야흐로 문아를 초월한 관찰의 기록이 남겨지게 되었다.

이러한 분위기는 많은 사람들에게도 전해졌다. 그래서 문아를 쫓아서 여행을 떠난 사람들의 여행일기에조차 명소·구적 순회와 아울러 명산지에까지 발길을 옮긴 기록이 나타나게 되었다.

예컨대, 사도국佐渡國 사와네沢根 항구의 선박운송업廻船問屋 하마다야浜田屋의 주인 사사이 지자에몬笹井治左衛門 슈잔秀山이 남긴 『해륙도순달일기海陸道順達日記』가 그것이다.

슈잔은 1813년분카 10 4월 19일 사도를 출발했다. 야마토, 이세에서 오사카·교토로, 교토에서 후시미伏見, 마루가메丸亀에서 곤피라상金毘羅さん으로, 다시 히로시마広島로, 아키安芸의 이쓰쿠시마厳島, 스오周防의 긴타이교錦帯橋, 무로즈미室積 항에서 배를 타고 시모노세키下関·부젠豊前 다이리大里 항으로 올라가 고쿠라小倉로, 고쿠라에서 다자이후大宰府 덴만궁天満宮을 거쳐서 지쿠젠筑前 하카타博多을 종점으로 하는 여정이었으며, 귀로는 일본해 연안의 주요항을 거쳐 사도로 돌아오는 144일간의 여행이었다.

여행의 목적은 세 가지였다. 첫 번째는 참배, 두 번째는 치료(치질 수술로 하나오카華岡 세이슈青洲의 순린켄春林軒에 갔다), 그리고 세 번째가 비즈니스였다. 그러나 사도의 해운사 연구자인 사토 도시오佐藤利夫 씨에 의하면, 144일간의 슈잔의 여행의 대부분은 사람들과의 교류를 중시한 여행이었으며 구나 노래를 즐기는 '견물유산'의 여행이었다고 한다.

그러한 가운데 슈잔은 오사카의 센바船場로 발길을 옮겼다. 예정 코스였는데, 센바 2번지에 들어서자 과연 일본 제일의 부촌은 대단하다

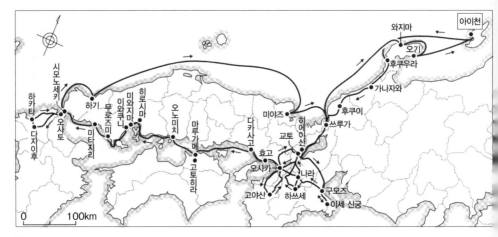

사도의 선박운송업자인 사사이 슈잔笹井秀山의 여행

4월에 사도를 출발한 슈잔은 교토와 오사카에 몇 번이나 들러서 물품구입, 가부키 구경, 참배, 기온마쓰리祇園祭[42]와 덴진마쓰리天神祭[43]
구경을 하면서 여행을 즐겼다. (사토 도시오佐藤利夫 편, 『해륙도순달일기海陸道順達日記』)

고 감탄했다. 그리고 다시 발을 옮겨서 도지마 쌀시장堂島米市場에 이르

러 그 번화함에 놀랐다. 다시 서쪽으로 가보니 큰 가옥이 늘어선 마을

로 들어섰다. 그곳이 이케다池田였다. 슈잔은

집집마다

겹겹이 쌓여 있는

술통의 술을

마시면 이케다서도

....

42 기온마쓰리祇園祭 : 7월 1~29일에 행해지는 교토시 야사카八坂 신사의 마쓰리祭. 869년에
역병퇴치를 기원해서 창 66자루를 신여神輿와 함께 신센원神泉苑(헤이안쿄平安京 다이다리
大内裏에 조영된 천황의 유람용 정원)으로 보낸 것이 시초라고 전해진다. 무로마치 시대에
는 현재의 형태를 갖추었다.

43 덴진마쓰리天神祭 : 스가와라노 미치자네菅原道真의 월명일月命日인 매월 25일에 행해지는
마쓰리였는데, 현재는 특히 7월 25일의 오사카시 기타구北区 덴만궁天満宮의 여름 마쓰리
를 말한다. 교토의 기온마쓰리와 함께 여름 최대의 마쓰리.

간베에는 취하겠지

라고, 생산지의 현장 감각을 맛보며 집마다 술통이 쌓여 있는 엄청난 광경을 보고 문득 술 좋아하는 고향친구를 떠올리며 한 수 읊은 것이다.

제니야 고헤에도 산업의 현장에 주목

가가加賀의 해상海商 제니야 고헤에錢屋五兵衛[44]도 산업 현장에 주목한 한 사람이었다. 그는 당대에 거대한 부를 축적하고 가가번 재정을 지탱하는 호상으로 성장했는데 비참한 최후를 맞은 인물이기는 했지만 단순한 상인은 아니었다. 미술품을 수집하고 노래와 하이쿠를 읊는 문아의 풍취도 이해하고 있었다. 고헤에는 가가에서는 유명한 하이진 중한 사람으로 하이고俳号를 기소亀巢라 했다.

1821년분세이文政 4 2월 16일 고헤에는 에도에서 나고야名古屋로 여행을 떠났다. 이때 고헤에가 쓴 기행문 『동순기행東巡紀行』이 남아 있다. 고헤에의 여행의 목적도 풍류, 견물유산의 여행이었다. 우선 가나자와金沢를 떠나 홋코쿠 가도北国街道에서 나카센도中山道[45]를 거쳐서 다카사키高崎에서 닛코日光를 돌아 오슈 가도奧州街道[46]로 나와서 에도에서

....

44 제니야 고헤에錢屋五兵衛, 1773~1852 : 본서 1장의 주 38 참조.

45 나카센도中山道 : 에도 시대 5가도五街道 중 하나. 에도의 니혼바시에서 다카사키高崎・시모스와下諏訪・기소다니木曾谷를 거쳐 오미의 구사쓰草津에서 도카이도와 만나 교토에 이른다.

46 오슈 가도奧州街道 : 에도 시대 5가도 중 하나. 에도 센주千住에서 시라카와白河에 이르는 가

간에이사寬永寺 주변을 산책하고 이케노하타池之端에 이르러서

이케노하타의 곳곳에 찻집이 있다. 입구 왼쪽의 두 번째 찻집에서 점심식사 및 술 한 잔을 걸치고 여성들이 따라주는 술을 마셨다. 에도의 활력, 세련된 기질이 너무나 풍성하여 그 지방 사람들의 기풍을 알 수 있었다. 흥이 나서 읊조리기를,

꽃핀 나뭇가지가 연못가 가까이 있는 이케노하타
咲花の梢は近し池の端

하며 한 바탕 웃네.

라고 에도의 풍아한 세계를 만끽하며 흥이 나서 한 구를 읊어 적어두었듯이, 전체적으로는 여행의 풍정을 즐기는 기술이 대부분이다. 하지만 이 여행의 전 행로를 보면 그것만이 다가 아니라는 사실을 알게 된다.

고헤에가 젠코사善光寺 몬젠門前을 나와서 우에다上田, 고모로小諸로 향하자 눈에 들어오는 것이 호쿠신北信 지방의 활황이었다.

우에다역 성하. 마쓰다이라 이가노카미松平伊賀守様 5만 3천 석. 거리에 집이 많고 우에다지마上田縞, 명주 등 직물 도매상이 많아 윤택한 지역이다.

. . . .
도. 그 연장의 무쓰陸奥 민마야三厩까지를 포함해서 말하는 경우도 있다.

라고 했듯이, 눈은 자연히 경제활동의 상태로 옮겨간다. 그리고 우에다지마上田縞[48] 등 명산품의 도매상 앞의 모습을 보고 활황이라 적어두고 주요한 물가에 마음이 쓰인다. 다시 발길을 이어가 시모쓰게下野 아시카가足利에서는

아시카가역 성하. 도다 오스미노카미戸田大隅守様 만천 석인 시모쓰케국下野国이다. 입구에서 배를 강을 타고 건너면 가옥이 천 채 정도 되고 시장이 있다. 고쿠라지마小倉嶋・지리멘縮緬 등의 산물로 윤택한 지역이다.

라고 한 것에서 알 수 있듯이, 관심은 이 지역의 경제활동이며 무라와 마치의 활황이다.

이러한 기행문의 현상은 사회 전체의 광경이 크게 바뀌고 있다는 사

---

47 하이가俳画 : 일본화日本画의 하나. 하이카이 고유의 소탈하고 서민적인 취향이 있는 그림으로, 주로 하이진이 그렸으며, 대개는 그림 위에 하이쿠를 기록한다.
48 우에다지마上田縞 : 에도 시대, 신슈(나가노현長野県) 우에다上田 지방에서 생산되는 명주 중에 줄무늬 직물. 줄무늬가 있는 우에다 명주上田紬.

실을 이야기 해줌과 동시에 그것을 뿌리치고 문아에 철저할 수 없는 문인의 모습도 읽어낼 수 있다.

산업관광 문예의 출현

사도의 선박운송업자인 사사이 슈잔과 제니야 고헤에의 기행문은 당시 간행되지 않았다. 이러한 분위기를 감지하고 새로운 기행문학을 만들어낸 인물이 짓펜샤 잇쿠十返舍一九[49]이다. 그것이 잇쿠의 출세작 『도카이도추히자구리게東海道中膝栗毛』이다.

초판이 간행된 것은 1802년이었다. 잇쿠는 『도카이도추히자구리게』에 어떠한 마음을 담았을까? '추히자구리게 범례道中膝栗毛凡例' 제2항에 있는, 다음 부분에 주목하고자 한다.

역마다 그 지역 고유의 승경과 산천의 수려함의 차이는 여러 사람들이 도추기記道中記[50]에 상세하기 때문에 여기서는 생략한다. 곳곳의 명물·경물 등에 관해서는 다소 해학적인 말을 더해서 적었다.

라고 기록되어 있다. 즉 종래의 명승기에 나타나는, 각 역참의 경치가 좋은 곳과 명소·구적에 관한 설명을 생략하고 오로지 '명물·경물' 등

49 짓펜샤 잇쿠十返舍一九, 1765~1831 : 본서 프롤로그의 주 23 참조.
50 도추기道中記 : 에도 시대에 저술된 여행안내서. 여정 속의 역참·명소·구적·이정里程 등을 기록했다.

을 해학적으로 소개하는 도추기를 세상에 내놓은 것이다.

여기에서 말하는 여러 사람들이 저술한 '도추기'란, 이와나미岩波 일본고전문학대계 수록된 『도카이도추히자구리게』의 주에 의하면, "『해도기海道記』, 『도칸 기행』, 『십육야일기』, 『도카이도 명소기』 등의 선행작품을 가리킨다"고 되어 있지만, 과연 그럴까? 잇쿠는 그 밖에 『도카이도 명소도회』 등에서도 상당히 큰 자극을 받았다고 생각된다.

그리고 교토에서 에도로 향하는 가도 안내인 『도카이도 명소도회』에 반해서 에도를 기점으로 해서 교토로 향하는 에돗코의 입장에서의 도추기였다는 점이 인기를 불러 모았다. 역참마다 '음식남녀'를 추구하는 두 사람(야지로베에弥次郎兵衛와 기타하치喜多八)의 여정에 역참의 명물을 관련시키는 취향이 많은 독자에게 여행의 묘미를 만끽하게 해주었을 것이다.

잇쿠의 명소·구적 배제는 철저했다. 실제로 가도에는 통행할 때에 꼭 설명해야만 하는 경치 좋은 명소·구적이 몇 군데나 있다. 하지만 그런 곳을 지날 때는 "갑자기 큰비가 내리기 시작해서 한갓파半合羽[51]를 뒤집어쓰고 갓을 푹 눌러썼기 때문에 유명한 단고노우라田子の浦, 기요미가세키清見が関의 풍경도 볼 수 없다"는 등, 갑자기 큰비가 내리기 시작했기 때문에 비에 흐려져서 보이지 않는다고 하면서 풍경에 관한 언급 없이 그냥 지나쳐 버렸다. 가도의 명물만이 눈에 띠도록 묘사되어 있는 것이다.

가장 많이 등장하는 명물은 경단과 떡이다. 여행에서는 공복감을 느

---

51 한갓파半合羽 : 비 오는 날 외출할 때 입는 외투 중 하나.

오와리에서 저술된 『고추지타쿠리게』
짓펜샤 잇쿠는 나고야를 등장시키지 않았다. 그래서 오와리의 문인들이
야지·기타를 나고야에서 지타 오노까지 걷게 한 것이 이 책이다.

끼지 않게 하는 것이 제일이기 때문이다. 그 다음은 여성이다. 이것이 남성의 여행의 묘미였기 때문에 오락작품으로서 굉장한 인기를 모았다.

야지로베에와 기타하치가 에도로 돌아가는 데 21년이란 세월이 걸렸다는 점은 앞서 이미 언급했다. 그 사이에 『도카이도추히자구리게』에 자극받은 지역판이 출현했다. 특히 잇쿠가 조사여행으로 들러 그 지방의 문인들과 깊이 교류한 지역에서는 『도카이도추히자구리게』를 모방한 지역판이 다수 간행되었다. 오와리가 그렇다. 『고추지타쿠리게郷中知多栗毛』 등 제목만 보아도 그 영향력을 느낄 수 있는 것이 출현했다.

이러한 작품에 공통된 점은 잇쿠가 생략한 명소·구적을 부활시키고 아울러 명물도 소개하는 혼합형이라는 점이다.

그러나 오와리 문사들은 단지 잇쿠의 작품에만 영향을 받은 것은 아니다. 예컨대, 야지弥次와 기타喜多가 아쓰타熱田를 나올 때 이런 대화가 있다.

주인 : 내일은 배를 타십니까? 사야佐屋[52]로 돌아가십니까?

기타 : 여기에서 배로 갑니다.

이 대화에 야지가 끼어들어 자신은 자주 소변을 보기 때문에 사야로 돌아가자고 하자, 숙소의 주인이 걱정할 필요 없다면서 배에서 사용할 수 있는 소변도구를 빌려줬다. 결국 시치리노와타시七里の渡し[53]를 이용해서 구와나桑名로 갔다.

사야로 돌아간다면 나고야를 통과하기 때문에 나고야의 상징인 긴샤치金鯱[54]를 바라보며 사야에서 기소천木曾川을 이용해서 구와나에 도착한다. 잇쿠가 이쪽을 선택해서 나고야를 통과하면 문제가 없었다. 하지만 『도카이도추히자구리게』에는 나고야의 '나'도 등장하지 않는다. 나고야 문인들은 기분이 좋지 않았다. 그래서 생각해 낸 것이 나고야를 기점으로 하거나 나고야를 통과하는 '히자구리게膝栗毛'[55]를 저술하는 일이었다. 그리고 여기에서도 오와리의 다양한 산물이 소개되었다.

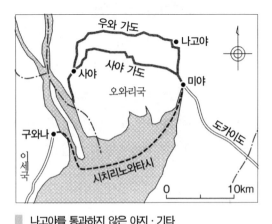

나고야를 통과하지 않은 야지 · 기타
도카이도의 미야와 구와나 사이는 '시치리노와타시'를 이용하는 것이 보통이다. 그러나 미야에서 사야로 가서 강을 내려와 구와나로 나가는 사야 코스도 있었다.

----

52 사야佐屋 : 도카이도의 협가도脇街道 중 하나. 시치리노와타시七里の渡し와는 다른 경로로 아타미熱田에서 만바万場 · 사야佐屋를 거쳐 기소천木曾川을 배를 타고 내려가서 구와나桑名에 이르는 길.
53 시치리노와타시七里の渡し : 에도 시대의 도카이도東海道 중에서 오와리의 미야宮에서 이세 구와나桑名에 이르는 7리里의 해로.
54 긴샤치金鯱 : 나오야성을 말한다. 성의 천수에 금색으로 장식된 목조고래 조형물이 있기 때문에 나고야성의 상징이 되었다.
55 히자구리게膝栗毛 : 밤색털의 말 대신에 무릎을 사용해서 하는 여행, 즉 도보여행을 말한다.

즉, 잇쿠는 여행의 즐거움을 명소·구적 순회도 물론이거니와 정주 생활의 강한 구속에서 해방되어 좋아하는 음식과 여성에 초점을 둔 것이다. 게다가 어디에 가도 그 지방의 명물이 있어 여행에 싫증나는 일은 없다고 하면서 풍아보다 물질에 대한 관심을 높임으로써 기행 문예에 새로운 장르를 확립시킨 것이다.

에도 후기 사람들은 모든 장면에서 일상에 소비하는 물자에 관심을 갖게 되고 그것을 생산하는 산업에 대한 시선을 향하게 되었다. 그리고 소비자는 그 생산현장과 유통의 거점에도 관심을 갖게 되어 가보고 싶어지게 되었다. 그러한 독자의 심정을 간파해서 '명소도회'에서 새로운 명소로 인정된 것이 산업의 생산현장이다. 많은 경우, 무명의 직인들과 여공이 일하는 모습이 현장감 풍부하게 묘사되어 있다. 잇쿠는 거기까지 관심이 미치지 못했지만, 여행지에서의 관심을 사물에 향하게 했다는 점에서 풍아가 기조를 이루었던 기행 문예에 파문을 일으켰다고 할 수 있다.

지역을 바라보는 시선

당시 사람들이 사사를 방문하는 목적은 참배이다. 많은 사람들이 불전과 사전, 고대 불상의 미에 감동받아 감상하기 위해서 고도를 돌아보게 되기까지는 아직 시간이 필요했다. 와쓰지 데쓰로和辻哲郎[56] 씨

56　와쓰지 데쓰로和辻哲郎, 1889~1960 : 철학자·윤리학자·문화사가. 효고 출신. 교토대·도쿄대 교수. 윤리학의 체계화와 문화사연구에 진력했다. 문화훈장 수장. 저서에 『니체 연

의 『고사순례古寺巡礼』 간행을 기다려야만 하지 않았을까.

또한 명소도회에 묘사된 도기나 칠기 등 무명의 직인들이 생산하는 산물의 소박한 아름다움에 관심이 높아지고 많은 사람들이 본격적으로 생산현장에 가 보게 된 것도 야나기 무네요시柳宗悦[57] 씨의 민예운동이 보급된 후의 일일 것이다. 그러나 이러한 관심의 싹은 이미 에도 후기에 나타난다고 할 수 있다.

많은 사람들이 여행을 떠난다. 그리고 지역에 사는 사람들과 교류한다. 하지만 풍류의 여행은 계절을 선택한다. 가장 혹독한 계절을 피해서 여행을 떠난다. 특히 엄동과 호설의 시기에 미치노쿠みちのく나 호쿠리쿠北陸로 여행을 떠나는 풍류인은 그다지 많지 않다. 그렇기 때문에 타향을 바라본다고 해도 거기에서 생활하는 사람들의 세계를 조금 엿보는 데 지나지 않는다. 그런데도 어느 지역을 둘러봤다고 하면서 풍아의 구집 따위를 저술하면 해당 지역에서 생활하는 사람들이 언짢아지는 것은 당연하다.

고바야시 잇사는 신슈信州 미노치군水内郡 가시와바라柏原 역참에서 태어났다. 눈이 무척 많이 쌓이는 지방이다. 그 때문에 눈 속에서의 생활이 얼마나 힘든 것인지 뼈 속까지 잘 알고 있었다. 그렇기 때문에 메밀꽃이 피기 시작하고 가을이 깊어지는 것을 느끼면

구』,『고사순례』,『풍토』,『쇄국』,『일본윤리사상사』 등이 있다.

57 야나기 무네요시柳宗悦, 1889~1961 : 민예 연구가. 도쿄 출신. 도쿄 대학 졸업. 가쿠슈인学習院 고등과高等科 재학 중에 잡지『시라카바白樺』 창간에 참여. 도요東洋 대학 교수로 종교학을 강의하는 한편 미술연구에도 주력하여 민예운동을 제창했다. 서울에 조선민족미술관을 개설하고 도쿄 고마바駒場에 일본민예관日本民芸館을 설립했다.

시나노 사람은

메밀꽃 흰색에도

깜짝 놀란다   1817년

しなのぢやそばの白さもぞつとする   文化 14

메밀꽃 피면

그 흰색에조차

깜짝 놀란다   1817년

そば咲くやその白ささへぞつとする   文化 14

라고 했듯이, 메밀꽃의 흰색과 눈을 중첩하면서 다시 길고 음울한 눈
의 계절이 찾아오는 것을 두려워했다. 자신의 고향을 "하국下国인 시나
노에서도 깊디깊은 곳의 한 구석, 구로히메산黒姫山 기슭이 내가 사는
마을"이라고 하면서 눈이 내리기 시작하면 순식간에 '암흑의 세계'가
되어 버리는 데 혐오감을 갖고 있어도 거기에서 도피할 수가 없었다.
잇사는 눈 덮인 가시와바라에 몇 번이나 가보았다. 그리고 만년에는
고향에 돌아가 그곳을 근거로 해서 자신과 마찬가지로 눈의 세계에 살
아가는 하이진들 사이를 돌아다녔다. 잇사는 각지를 유랑한 하이진이
었지만 마지막 거처로 '내 고장'을 택한 것이다. 고향이란 그런 것이다.
　잇사와 마찬가지로 호설의 '내 고장'을 바라보았던 지역 문인이 인
근지역인 에치고越後에 있었다. 스즈키 보쿠시鈴木牧之[58]라고 한다. 그

. . . .
58　스즈키 보쿠시鈴木牧之, 1770~1842 : 본서 프롤로그의 주 221 참조.

의 '내 고장'은 우오누마군魚沼郡 시오자와초塩沢町(우오누마시)라 하는데 가시와바라보다 더 혹독한 호설지대였다. 보쿠시는 "풍아로 우리나라에서 노는 사람은 설중을 피해서 삼하三夏(음력 4·5·6월)에 이 지역에 들어오기 때문에 에치고의 눈을 모른다"고 하면서 에치고에 온 에도와 오사카 등의 풍류인들은 눈이 깊게 쌓인 겨울을 피해서 '삼하'에 오기 때문에 그들이 묘사하는 눈에 대한 문장과 그림에는 오류가 많고 에치고의 눈이 어떤 것인지를 모른다고 한탄했다.

보쿠시도 본업인 지지미縮み의 비즈니스 관계로 몇 번이나 고향을 떠나 타향에서 '내 고장'을 바라볼 기회가 있었던 인물이었다. 그는 "설국의 어려움을 따뜻한 지역 사람은 헤아려 보아야 한다"고 하면서 설국이란 어떤 곳인지 '따뜻한 지역暖国'과 '눈이 조금 내리는 지역薄雪の国'에 사는 사람들에게 전하고자 붓을 들어 에도에서 출판을 기획했다.

따라서 그 내용은 설국에 사는 사람들의 생활과 문화를 상세히 소개하는 데 있었다. 분명히 '어려움'뿐으로 보이지만 그렇지는 않다. 설국에는 거기에서 살아가는 사람들의 기쁨이 있으며 눈 속이기 때문에 생산되는 산물도 있다는 점을 선명하게 묘사했다.

보쿠시는 교쿠테이 바킨曲亭馬琴[59]에게 간행을 의뢰했다. 그러나 바킨은 의뢰를 받기는 했지만 서적상에 출판을 제안하는 일에 소극적이었다. 그래서 보쿠시는 산토 교덴山東京伝[60]의 동생인 교잔京山에게 부탁해서 1837년덴포 8 가을 겨우 출판에 이르게 되었다. 무려 38년의 세월이 지난 후의 일이었다. 보쿠시는 67세였다.

---

59 교쿠테이 바킨曲亭馬琴, 1767~1848 : 본서 프롤로그의 주 204 참조.
60 산토 교덴山東京伝, 1761~1816 : 본서 프롤로그의 주 35 참조.

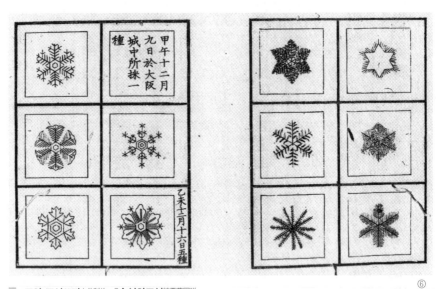

⑥

도이 도시쓰라土井利位, **『속설화도설**続雪華図説**』**
1832년 도이 도시쓰라는 『설화도설』이라는 책을 간행했다. 이는 놀랍게도 현미경을 사용한 눈의 문양집이었는데, 의외로 반향이 없었다. 속편 『속설화도설』은 1840년 간행되었다.

그사이 보쿠시는 서명에 집착했다. 그래서 서명 앞에 '호쿠에쓰北越'라고 할 것을 주장했다. 이에 반해서 바킨은 '에치고 설보越後雪譜'라고 하는 서명을 끝까지 고집했다. 왜냐하면, 에치국越国은 본래 난에쓰南越 (에치젠越前)・주에쓰中越(엣추越中)・호쿠에쓰北越(에치고越後)로 나뉘어 있는데 호쿠에쓰는 에치고국을 가리킨다고 보았기 때문에 역사적으로 보아서 '에치고 설보'가 좋다고 판단한 것이다.

이에 반해서 보쿠시는 에치고국 전체가 설국은 아니라고 생각했다. 설국은 우오누마군 등 일부에 한정된다. 그곳의 생활을 묘사했기 때문에 현지인의 입장에서 『호쿠에쓰 설보北越雪譜』라야만 한다고 주장했던 것이다. 결국 간행을 맡은 판권자가 가미가타를 시장조사한 결과,

보쿠시의 희망이 받아들여진 것이다.

『호쿠에쓰 설보』는 에도 고덴마초小伝馬
町 조지야 헤베에丁子屋平衛와 오사카 신사이
바시도오리心斎橋通 바쿠로초馬喰町 가와치
야 모헤에河内屋茂兵衛의 아이한相板으로 간행
되었다. 그것은 바킨이 "에치고 설보의 평판
은 나쁘지 않다"며 놀랄 정도의 반향을 불
러일으켰다.

특히 시모우사下総 고가古河 번주 도이土井
오이노카미大炊頭 도시쓰라利位가 저술한『설
화도설雪華図説』[61]에 게재된 눈의 결정 그림
을 『호쿠에쓰 설보』의 권두화로 소개해서
일약 주목을 받게 되었다. 의류를 비롯해
서 다양한 도구에 묘사된 눈의 문양은 분명
히 '육화六花'[62]로 그려져 있는데, '오이 문양

⑦

육화의 문양
『설화도설』을 산토 교덴에게서 입수했는지
모르겠지만, 보쿠시는 즉시『호쿠에쓰 설보』의
'눈의 모양'에 이용해서 반향이 컸다. 우키요
에 화가는 육화 문양을 기모노 문양으로 묘사
했다. (게이사이 에이센渓斎英泉, 〈에도의 소
나무江戸の松 名木尽 押上妙見の松〉)

大炊模様'이라는 이름으로 우타가와 구니사다歌川国貞[63]나 우타가와 히로
시게歌川広重[64]의 우키요에 미인화 등에 등장함으로써 새로운 눈의 이미
지를 정착시키는 역할을 했다.

『호쿠에쓰 설보』도 여행 붐으로 생겨난 산물이었다.『호쿠에쓰 설
보』에 자극을 받아서 저술된 것이 하천의 유역에 공생하는 사람들의

....

61 『설화도설雪華図説』: 본서 프롤로그의 주 215 참조.
62 육화六花 : 눈의 다른 이름. 결정이 6각형인 데서 유래되었다.
63 우타가와 구니사다歌川国貞, 1786~1864 : 본서 2장의 주 18 참조.
64 우타가와 히로시게歌川広重, 1797~1858 : 본서 프롤로그의 주 216 참조.

묻혀 있었던 『호쿠에쓰 설보』
나뭇가지로 만든 간지키^{かんじき}⁶⁶를 신고 걷는 모습. 보쿠시는 『호쿠에쓰 설보』 전권이 간행된 사실도 모르고 사망했다. 어느 새인가 이 저서의 존재도 잊혀져 버렸다. 다시 이에 주목한 사람은 니가타의 문인인 이치지마 슌조^{市島春城}였다.

생활권을 묘사한 아카마쓰 소탄^{赤松宗旦65}의 『도네천도지^{利根川図志}』이다. 소탄이 '내 고장'에 애착을 갖고 그곳을 응시하는 과학적인 시선은 보쿠시와 조금도 다르지 않다.

사람들의 교류와 지적인 자극이 역사 발전에서 수행하는 역할을 느끼지 않을 수 없다.

· · · · · · · · · · · · · · · ·

65 아카마쓰 소탄^{赤松宗旦, 1806~62} : 에도 후기의 의사이자 지지학자^{地誌学者}. 시모우사 소마군^{相馬郡} 후카와촌^{布川村}(이바라기현^{茨城県} 도네마치^{利根町})의 개업의. 부친인 초대 소탄^{初代宗旦}의 뜻을 계승해서 『도네천도지』도 완성했다.

66 간지키^{かんじき} : 눈 위를 걸을 때, 눈 속에 깊이 빠지거나 미끄러지지 않도록 신발 위에 덧대는 것.

에 필 로 그

『여우 곤』과
환경역사학

작은 동물과의 공생 이야기

『여우 곤』의 모델이 된 민화

소학교의 국어 시간에 배우는 동화 『여우 곤』은 장난을 좋아하는 아기여우가 인간에게 장난치는 것을 뉘우쳤기 때문에 발생된 비극적인 이야기이다.

저자 니이미 난키치新美南吉는 1913년다이쇼大正 2에 아이치현 지타知多 반도의 한다초半田町 니시오리도西折戸(한다시半田市)에서 태어났다. 현립 한다중학교에 입학한 후 문학에 눈을 떠서 동화를 쓰기 시작한 난키치는 1932년쇼와 7 도쿄외국어학교(도쿄외국어대학)에 입학하자 동화작가로 활약을 시작해서 같은 해 『빨간 새赤い鳥』 1월호에 『여우 곤』을 발표해 일약 주목을 받았다. 19세 때의 일이다.

난키치는 주인공인 장난꾸러기 아기여우에게 왜 '여우 곤'이라는 이름을 붙인 것일까? 이 동화를 통해서 알 수 있는 것은 나카야마中山라고 하는 옛성 부근의 산속에 있는 "고사리가 잔뜩 자라 있는 숲속에 구멍을 뚫어 살고 있"다는 정도이며 명명의 유래에 관해서는 쓰여 있지 않다. 유래에 관해서는 여러 가지 설이 있지만, 가장 유력하다고 생각되는 것이 다이코지촌大興寺村(한다시)의 나카야마 성주의 자손인 나카야마 후미오中山文男 씨가 쓴 「나의 『여우 곤』」에 언급된 설이다.

나카야마 씨는 난키치의 어릴 적 친구이다. 난키치는 종종 나카야마 댁을 방문하게 되었는데, 거기에서 나카야마 씨의 모친에게 그 지역에 전해지는 민화를 들었다고 한다. 지타에는 여우와 같은 작은 동물에 관한 이야기가 매우 많은데 그중에서도 다이코지촌에 전해지는 '여우 곤' 이야기가 재밌어서 어머니로부터 몇 번이나 들었다고 한다. 나카야마 씨는 그것이 동화 『여우 곤』의 원형이라고 한다.

다이코지촌의 동쪽 끝에 '종소리 들리는 연못鐘つき池'이라는 저수지 溜池가 있는데

소나무 언덕이 주위를 둘러싸고 그 연못은 산의 맑은 물을 채워서 매우 깊고 맑습니다. 연못 바닥에는 물억새가 보이고, 때로는 자주색으로 보이기도 해서 무서울 정도였습니다. 이 연못에 저녁바람이 불기 시작하면, 연못 바닥에서 '곤~곤~' 하고 종소리가 들립니다.

하고 주위의 숲을 빠져나와 수면에 부딪힌 반향음을, 무라의 사람들은 연못을 둘러싼 숲에 사는 여우가 치는 종소리라고 해서 무서워하며 이 여우를 '여우 곤'이라고 부르게 되었다는 것이다. 명작 『여우 곤』은 저수지가 만들어낸 민화를 기초로 쓰인 이야기였다. 그렇다면 왜 '저수지' 주위에 여우가 살게 된 것일까? 그것은 저수지 주위가 사람이 들어가서는 안 되는 '고사리가 잔뜩 자라 있는 숲속'이었기 때문이다.

아이치현에는 2006년 3월 시점에 3,009개의 저수지가 있는데, 그 가운데서도 지타 반도에는 그 45%에 해당되는 1,342개의 저수지가 남아 있다. 게다가 지타 반도의 모든 저수지에는 배후에 삼림이 존재한다. 아이치현 내에 남아 있는 저수지를 보아도 주위에 '주로 삼림이 많은'

저수지가 1,660개나 되고 전체의 55%를 차지하고 있기 때문에 납득할
수 있을 것이다.

지타 반도는 소나무산이었다

지타 반도는 이세만伊勢湾과 미카와만三河湾에 돌출된 작은 반도이다.
길이 약 40km, 폭이 최대 14km, 표고는 70~80m밖에 되지 않는다. 아
이치현 내에서 가장 강수량이 적고 반도 자체의 보수력이 작아 항상
물부족에 힘들었던 지역이다.

그 때문에 반도에서 살아가는 사람들은 고대 이래로 농업을 영위하
며 바다와 흙에 크게 의존하며 생계를 이어왔다. 특히 헤이안 시대 말
기부터 가마쿠라·무로마치 시대에는 일본 최대의 요업지대가 되어
반도 전역에서 훗날 도코나메야키常滑焼[1]라 불리는 양질의 토기를 대
량으로 생산해온 지역이다. 반도 연안에서는 소금 생산도 활발히 이루
어졌다.

이 두 산업에 절대로 없어서는 안 되는 것이 연료인데, 지타 반도에
있는 나무는 이 두 산업을 지탱하기 위해서 반복적으로 채벌되었다.
그 결과, 산의 식물상植物相은 점차 변화되기 시작해서 본래의 자연 식
생이었던 메밀잣밤나무·떡갈나무·후박나무·야생동백 등을 대신

---

1   도코나메야키常滑焼: 도코나메시常滑市 및 그 부근에서 생산되는 도자기. 헤이안 후기쯤부
     터 자연유自然釉가 사용된 항아리 등이 생산되었고, 에도 후기에는 주니朱泥(적갈색으로
     유약을 바르지 않고 고온의 산화염으로 구운 도기)와 더불어 다도기류茶陶器類가 활발하
     게 생산되었다.

해서 적송赤松·졸참나무·흑송黑松 등으로 바뀌었다. 17세기 초, 에도 초기에 지타 반도의 산은 이렇게 2차림으로 덮여 대부분의 산이 소나무산이 되어 있었다.

나고야 철도의 광고지 『월간 나의 여행』 7호(1997.10)의 특집 '숲'에 「숲과의 대화, 삼림생태학자 다다키 요시야只木良也 씨에게 묻다」라는 기사가 있다. 이 대화에서 다다키 씨는 소나무숲은 인간이 반복적으로 산을 수탈해온 최후의 모습이라고 한다. 즉, 조몬 시대 이후, 산의 초목을 몇 차례나 벌목해서 산이 황폐해지고 마지막에는 어떠한 땅에서도 견딜 수 있는 소나무만이 남았다는 것이다.

지타 반도에 있는 산들의 모습이 바로 이에 해당된다. 에도 시대에 들어서 전국 각지의 요업이 발전하고 저장과 이동용기로서 목재로 된 들통이 이용되기 시작했다. 도코나메야키의 수요가 줄어 생산의 중심은 현재의 도코나메시常滑市 주변에 한정되었다. 마찬가지로 세토 내해瀬戸内海에서의 소금 생산(짓슈염十州塩)이 진행되자 지타 반도 연안의 염업은 미카와만 측의 일부로 한정되어 소나무산만이 남게 되었다.

오와리번尾張藩이 1671년간분 11에 실시한 오와리 일국의 국세조사에 의하면, 지타 반도와 반도에 연결된 오와리 동부 구릉부의 산들은 틀림없이 '소나무산'이었다는 사실을 알 수 있다. 오와리번은 이러한 산의 소나무를 목재로 활용했다. 나카야마 후미오 씨가 '여우 곤'이 사는 '종소리 들리는 연못의 주변을 소나무 언덕이 둘러쌌다'고 표현한 것은 적합하다. 여전히 소나무산이었던 것이다.

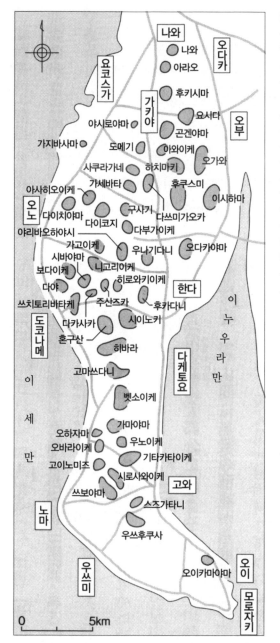

나와

오다카

요코스가

나와

아라오

가키야

후키시마

오부

요시다

야시로야마

곤겐야마

가지바사마

도메기

아와이케

사쿠라가네

하치마키

오가와

오노

아사히오이케

가세바타

후쿠스미

이시하마

다이치야마

구샤키

다쓰미가오카

야리바오하야시

다이코지

다부가이케

가고이케

우나기다니

오다카야마

시바야마

니고리이케

보다이케

히로와키이케

한다

다야

쓰치토리바타케

주산즈카

후카다니

이
누
우
라
만

도코나메

다카사카

시이노키

혼구산

히바라

다케토요

고마쓰다니

이
세
만

벳소이케

가마야마

오하자마

우노이케

오바라이케

기타카타이케

고이노미즈

시로사와이케

고와

쓰보야마

노마

스즈가타니

우쓰후쿠사

우쓰미

오이카마야마

오이

모로자키

0   5km

중세 도코나메야키의 요적
窯跡 **분포**

지타 반도에는 헤이안 시대 말기부터 센고쿠 시대까지의 요적이 5,000곳 이상 있다고 한다. 반도 전체에서 생산되었기 때문에 지타야키知多焼き라고 이름 붙는 것이 당연하지만, 에도 시대에 들어서 도코나메 주변에 집중하게 되었기 때문에 이런 이름이 붙었다. 요적을 보면, 같은 장소에 가마가 만들어진 사실을 알 수 있다. 가마가 만들어질 때마다 산은 소나무산으로 바뀌어 갔다. (스기사키 아키라杉崎章·다무라 마사오村田正雄,『도코나메요常滑窯』)

오와리번이 인공연못 조성을 장려하다

다이묘가 자신의 영국을 풍요롭게 하기 위해서 첫 번째로 취한 시책이 신전新田 개발이다. 이는 어삼가인 오와리번도 예외가 아니어서 초대 도쿠가와 요시나오德川義直[2] 대부터 신전개발을 추진해 미곡생산의 증대를 꾀했다. 이를 위해서는 절대적으로 물이 필요하기 때문에 대하가 없는 동부 구릉지에서 지다 반도에 걸쳐서는 저수지 관개에 의해서 물을 확보했다. 요시나오가 이 두 방면에 부친 이에야스로부터 물려받은 유산의 대부분을 쏟아 부은 결과, 지타 반도와 동부 구릉지역에는 이루카 연못入鹿池을 비롯해서 산간에 무수한 저수지가 조성되어, 개발된 신전의 관개용수로 사용되었다.

이 관개용수 전용의 저수지를 오와리번은 '아메이케雨池'라 불러 구별했다. 왜 이러한 이름이 붙었을까? 오와리번의 민정서『지방품목해地方品目解』에 '아메이케는 하천이 없는 지역에 연못을 파서 빗물을 저장했다'고 되어 있는 바와 같이, 빗물의 저수용 시설이라고 간주되었기 때문이다. 1671년까지 조성된 인공연못의 수는 다음 표와 같다.

오와리국 내 전체에서 1,571개의 인공연못이 존재하고, 그중 대부분이 가스가이春日井·아이치愛知·지다군, 즉 오와리 동부 구릉지역에서 축조되었고 그 절반 정도가 지다군, 즉 지다 반도에서 축성되었다. 에도 후기에는 '마을마다 인공연못의 수가 많아져서 일일이 다 적을 수

----

2   도쿠가와 요시나오德川義直, 1600~50 : 에도 초기의 오와리 번사. 이에야스의 9남九男. 오와리 도쿠가와가尾張徳川家의 시조. 오슈尾州 61만 석의 영주가 되었고, 유학·신도를 중시해 『유취일본기類聚日本紀』, 『신기보전神祇宝典』 등의 찬술撰述이 있다.

	지타知多		아이치愛知		가스가이春日井		니와丹羽		하구리葉栗		나카시마中島		가이토海東		가이사이海西		연못 수 총계
	연못수	사용료	연못수	사용료	연못수	사용료	연못수	사용료	연못수	사용료	연못수	사용료	연못수	사용료	연못수	사용료	
인공연못	864	0	649	0	185	0	33	0	0	0	0	0	0	0	1	0	1,429
습지	0	0	3	0	0	0	0	0	1	1	1	1	38	32	20	10	107
연못	0	0	0	0	0	0	0	0	0	0	0	0	0	0	16	12	35
	864	0	352	0	185	0	33	0	1	1	5	1	38	32	37	22	1,571

오와리에 축조된 인공연못의 수

오와리 동부지역에서 지타 반도에 걸쳐서 구릉이 연결되어 있다. 거기에는 큰 하천이 없다. 그래서 번은 인공연못을 축조하고 수전개발에 주력했다.

가 없다'고 민정에 종사했던 관리들이 그 수를 세기를 포기할 정도로 증가했다.

인공연못의 축조지는 그 대부분이 용수湧水가 나오는 산간의 수원지이다. 나가야마 씨가 '산의 맑은 물을 채워서'라고 표현한 대로였다. 그리고 배후의 산들은 모두 소나무산이었다. 지타 반도에서는 수전의 대부분이 이 인공연못의 물을 이용했으므로 인공연못은 생산에 불가결한 중요한 시설이었음이 분명하다.

인공연못을 위협하는 소나무산

문제는 인공연못의 뒤에 솟아오른 산들의 식물상에 있다. 오와리번의 통제에 놓였던 산은 통제의 정도에 따라서 '불립어림不入御林', '평어림平御林', '정납산定納山'으로 분류되었다. '불립어림'은 번의 통제가 가장 엄격한 산이고, '평어림'은 평산이라 불리며 사용료를 납부하면 무라비토가 활용할 수 있는 산이었다. '정납산'은 민유림의 성격이 강한 산인데, 수목의 벌채와 개발에는 번의 허가가 필요했다.

오와리번은 1685년조쿄 2에 규정을 만들어서 산의 이용을 통제했다. 통제의 대개가 소나무 벌채나 솔잎 이용에 관한 규제였다. 오와리 서부에는 산이 없기 때문에 이 법령은 오와리 국내의 임업정책 그 자체로, 소나무산이 차지하는 비율이 매우 높았다는 사실을 알 수 있다.

그러나 이 임업정책은 얼마 후 큰 문제를 발생시키고 말았다. 에도 후기에 들어서자 오와리번 영내에서 대홍수와 산사태가 속발해서 오와리번 재정에 큰 부담이 된 것이다.

이러한 가운데 최대의 피해는 1767년메이와 4의 대홍수로, 구판『아이치현사愛知県史』 제2권에 의하면 제방의 결괴 348군데, 길이 10,134 간間, 전답으로의 모래 유입면적 2,639정보町歩, 석고石高로 계산해서 90,313석에 이른다. 당연히 지타군 내의 인공연못도 큰 타격을 받았다. 게다가 12년 후에도 다시 대홍수를 당해서 임업정책을 재고하는 상황에 직면하게 되었다.

후신부교普請奉行[3] 미즈노 센노우에몬水野千之右衛門(민잔岷山)이 그 원인을

소나무만 많이 남기고 잡목을 없앴다. 바위 없는 낮은 산을 덮어야 할 잡목이 없으면 여름에는 햇빛이 있어서 산을 건조하게 하고, 겨울에는 얼어서 흙을 갈라버린다. 봄비라도 내리면 토사가 한꺼번에 흘려내려 하천이 막히는 경우가 아주 많다.

· · · · · · · · · · · · · · ·

3   후신부교普請奉行 : 무가武家의 직명. 무로마치 막부에서는 성곽 · 성벽 · 제방 등, 에도 막부에서는 로주 밑에서 토목공사 · 무가 야시키武家屋敷의 관리를 맡았다.

라고 언급했듯이, 소나무산이라는 사실이 최대의 원인이었다고 이미 간파하고 있었다.

이와 같은 소나무산 요인설은 이미 에도 초기 17세기 중반에, 오와리번과 마찬가지로 요업(비젠야키)과 염업(짓슈염)의 산지를 영내에 갖는 비젠 오카야마번의 번정 개혁에 참가한 유자 구마자와 반잔熊沢蕃山이 제언한 바 있었다. 센노우에몬의 치수사상을 간과했을 리가 없다.

인공연못의 뒷산에는 아무도 들어가지 않는다

사실, 오와리번 영내의 소나무산 산사태와 토사 유출은 의외로 일찍부터 발생해서 지타군 영민을 괴롭혔다. 그 때문에 오와리번은 인공연못으로 토사가 유출되는 것을 저지하기 위해서 배후의 산을 '사류산砂留山'으로 지정해서 출입을 제한했는데, 사류산 자체가 '소나무산'이었기 때문에 거의 효과가 없었다.

그래서 오와리번은 결국 소나무산을 잡목화하는 방향으로 임업정책을 크게 전환했다.

잡목화는 우선 낙엽의 퇴적에 의해서 저수의 효과가 있다. 또한 '잡목의 뿌리로 흙을 감싸' 토사 유출을 방지하는 효과가 있다고 한다. 게다가 거기에 작은 새와 작은 동물이 모이게 되면 변과 섞이기도 하고 털에 부착된 다양한 초목의 씨가 옮겨와서 새로운 잡목 숲을 이루게 된다. 그러나 작은 새나 동물의 힘도 빌려서 이를 실현하기 위해서는 작은 동물이 모여서 머물게 할 궁리가 필요하다. 이를 위해서는 인간이 산에 들어가야만 했다. 그러나 이는 의외로 곤란한 일이었다. 산은 무라비토에게 일상생활과 생산에 빠뜨릴 수 없는 장소인데 활용하는 데 지장이 생기기 때문이다.

인간이 들어가지 않아야 잡목 숲으로 되돌리는 데는 효과적이다. 이에 오와리번과 촌민은 타협해서 실행에 옮기기로 했다. 오와리번은 인공연못의 토사유입 방지공사 후에 뒷산에 토지에 맞는 초목을 심어서 3년간 출입하지 못하게 하고 그 대신 촌민에게 생활비의 일부를 부담하기로 약속했다.

다시 출현하는 여우 곤

오와리번은 산에 부과되는 세를 면제하거나 구제금을 지급해서 사류산砂留山·사류림砂留林의 잡목화를 시작했다. 3년 사이에 얼마나 풍요로운 숲으로 회복되었는지는 알 수 없지만, 상당히 효과가 있었을 것이다. 그 후, 지타 반도의 무라비토는 어릴 때부터 인공연못의 뒷산은 사방산砂防山이기 때문에 절대로 들어가지 말도록 주의를 받으며 자랐다. 이렇게 해서 인공연못의 뒷산에는 작은 동물이 살 수 있는 조건이 만들어졌다. 지타 반도의 민화에는 인공연못에 관련된 이야기가 몇 가지 있는데, 그 대개는 인공연못에 가까이 가지 않는다는 이야기이다.

이윽고 인공연못 뒷산에 작은 동물이 안심해서 살 수 있는 공간이 생겨났다. 울창한 잡목숲이 되어 낙엽이 쌓이기 시작했을 때 작은 동물이 가장 안주할 수 있는 장소가 되었다. 그 점에서 나카야마 후미오

씨가 언급하는 다이코지촌의 '종소리 들리는 연못'의 주위도 마찬가지였다. 연못을 둘러싼 산의 위쪽은 아직도 소나무산이지만 연못 주변은 '고사리가 잔뜩 자라 있는 숲'이 되어 여우 곤은 거기서 살게 되었다.

동화 『여우 곤』은 지타 반도의 풍부한 자연으로부터 만들어진 민화를 바탕으로 한 것이 아니다. 에도 후기에 지타 반도에 살았던 사람들이 생산에 중요한 인공연못을 보전하기 위해서 사람의 출입을 금지한 사류산과 사류림을 만든 결과, '여우 곤'의 털 등에 부착되어 옮겨온 종자가 싹을 내려 만들어진 숲에서 만들어진 동화였다. 즉, 사람과 작은 동물의 공생 속에 생겨난 이야기라 할 수 있다.

지타 반도와 오와리 동부 구릉지대에 남겨진 인공연못의 대부분은 이렇게 해서 지켜졌다. 그러나 1961년에 완성된 아이치 용수에 의해서 지타 반도의 물부족이 해결되자, 이후 인공연못은 방치되었다. 그리고 공업단지와 주택단지가 연이어 생겨나고 대학도 이전되었다. 모두 본래 농업용수로 시설된 아이치 용수의 물에 의존해서 성립되었기 때문에 불필요한 인공연못은 감소하기만 했다.

이는 보수력의 감소뿐 아니라 인공연못을 지켜온 뒷산의 울창한 숲이 파괴되고 온난화에 박차를 가하고 있다는 사실을 말해준다. 그리고 여우와 산토끼가 살 수 있는 장소가 없어져 반도에서 모습을 감추게 되었다.

그러나 최근 들어 재평가되어 보전의 중요함이 인식되기에 이르렀다. 이제 '이수利水'의 입장에서 인공연못을 보전할 필요는 없다. 이제부터는 '친수·친산'의 관점에서 시민 문화의 거점으로서 물과 초록을 보전해 나가는 것이 중요하다고 일컬어지기 시작했다. 그리고 연못 주

인공연못을 둘러싼 잡목림
주위의 잡목을 사류림이라 불렀
다. 거기에 '여우 곤'이 살고 있
었다. 아이치 용수가 개통되면
서 인공연못은 불필요해졌지만
지금 재고되고 있다.

변에 다시 한 번 작은 동물들이 되돌아올 수 있는 환경을 정비해서 작
은 동물과 인간의 공생·공존의 장을 부활시켜 풍요로운 인간성을 키
워나감으로써 제2, 제3의 니이미 난키치가 탄생할 가능성이 생겨났다.

다만, 소나무는 매우 귀중한 식물이다. 해안선을 지킬 수 있는 것은
소나무밖에 없고 바위뿐인 산을 붕괴로부터 구할 수 있는 것도 소나무
밖에 없다. 이는 이미 17세기의 유자 구마자와 반잔이 지적한 사실이
다. 그리고 풍파와 풍설에 견디는 모습이 일본인의 마음에 용기를 주
었던 식물이라는 사실도 잊어서는 안 된다.

마음의 응어리

에도 시대에는 연이어 개발이 이어졌다. 센고쿠 시대 말기부터 갑
자기 각지에 거대한 도시가 출현했다. 자연환경은 대규모로 변모되었

고 상상도 할 수 없었던 인구가 도시로 집중되어 모두 소비자가 된 것이다.

이러한 사람들의 생명을 지탱하기 위해서 대하천 유역을 개발해 전답을 늘이고 거대한 관개용수를 건설했다. 그것이 국가적 규모로 진행되었다. 산에서는 광산 개발이 진행되고 건축자재와 연료를 확보하기 위해서 채벌이 반복되어 하천의 흐름을 인공적으로 바꾸기까지 해서 편리성을 우선으로 하기에 이르렀다. 바다도 항로의 개발이 진행되었다.

전쟁에 의한 자연파괴는 없었지만 이렇게까지 급속하게 국토를 변모시킨 역사는 일찍이 없었다. 식사 때 사용하는 작은 그릇 하나만 보더라도, 이는 흙, 연료용 땔감, 산을 훼손해 식물상을 바꾸면서 얻은 산물이다. 안락한 거주지는 식림植林이라는, 초록이 우거진 산의 모습을 변용해서 얻은 풍요로움이다.

이러한 것을 자연이 묵과할 리가 없다. 종종 홍수와 지진, 대화재가 발생되어 생명과 재산이 위기에 처했다. 인구가 집중되었기 때문에 역병의 대유행도 생겨났다.

그러나 이러한 자연의 맹위에 인간도 잠자코 있지는 않았다. 개발과 재생, 자연과 인간의 공생을 도모하면서 오늘에 이르렀다. 그러한 점을 하나의 이야기를 통해서 새삼 생각해 보면서 나의 이야기를 마무리하기로 하자.

맺   는   말

근세 촌락에 대한 이미지의 전환

이 책에서는 에도 시대의 문화를 생각하는 데 분명히 해 둘 필요가 있다고 생각하는 기초적인 문제를 하나하나 다루어 보았다. 지극히 일상적인 사항이기 때문에 에도 시대에 관심을 갖는 대개의 연구자들도 이제까지 거의 관심을 갖지 않았던 주제뿐이어서 왜 이렇게 자잘한 것까지 자세히 살펴야만 하는가 하고 의문을 갖는 분들도 많이 계실 것이다.

그러나 이에나가 사부로 씨가 언급한 바 있는, 문화를 '향수하는 사회와 개인'의 생활 속에 들어가기 위해서는 꼭 지나쳐야 할 주제라고 생각하고 애써 도전해 보았다.

저자가 이러한 것에 관심을 가진 데에는 어떤 계기가 있다. 그것은 다카하시 사토시高橋敏 씨가 1990년에 간행하신 연구서 『근세촌락생활문화사서설近世村落生活文化史序説』의 '서장'을 읽은 후였다. 그는 '서장' 머리말에서 다음과 같이 언급했다.

봉건제하의 착취에 허덕이던 무라에 문화 같은 것이 만들어졌을 리가 없다고 하는 것이 오랫동안 일반통념이었다. 가난한 무라, 무지몽매한 농민이라는 이미지가 오늘날에도 여전히 근세 촌락의 대명사로 영향력을 미치고 있는 것이다.

이 책의 취지는 그것이 사실인가 아닌가, 혹은 사실이라면 어떠한 생활을 영위했는가를 분명히 하는 데 있다.

저자는 이러한 서두로 시작되는 문장에 강렬한 인상을 받았다. 그리고는 본문을 읽는 가운데 근세 촌락에 대한 이미지를 전환하게 되었을 뿐 아니라 고문서를 읽는 방법까지도 바꾸어야만 한다고 생각하게 되었다.

다카하시 씨는 그 후의 연구 관심을 에도 시대의 일탈자, 즉 무숙인無宿人으로 바꾸었지만, 연구주제에 대한 자세는 변함이 없었다. 세상에서 배척되었던 사람들이라 하더라도 교양도 있고 정치에 대한 자신의 입장도 분명히 가지고 있었다면서 그들에 대한 이미지 전환을 꾀해왔다.

그렇다면 저자는 무엇을 할 수 있을까 생각했을 때, 다카하시 씨의 흉내를 내도 소용이 없으므로 무라비토의 생활로 돌아가서 근세 촌락론을 재구축해 보고자 생각했다.

암흑이 아니었던 에도 시대

무라카타 문서를 정리·해독하면서 늘 생각한다. 이 종이를 어디서 구입했을까? 입수한 붓과 묵은 어디서 생산된 것일까? 어떻게 해서 이처럼 문자를 쓸 수 있었을까?

바로 얼마 전에도 조사하러 갔던 에치젠국越前国 난조군南条郡 오타니우라大谷浦(후쿠이현福井県 난조군南条郡 미나미에치젠초南越前町 오타니大谷)의 무코야마向山 집안과 미야가와宮川 집안의 고문서를 정리하면서 이러한 생각이 머리를 떠나지 않았다. 그리고 그러한 문서를 쓴 농민들은 무엇을 먹고 생활했을까 하는 점을 생각하면 문득 된장이나 간장, 식초 등의 생산에도 관심이 향하게 된다.

이러한 경위로, 어떻게 문서를 쓸 수 있었을까, 배우는 측의 입장에서 교육사를 엮어보고자 분석을 시작한 것이 첫걸음이었다. 그러자, 이제까지의 일본교육사연구가 가르치는 입장에서 구성된 교육사였다는 사실이 보이기 시작했다. 이를 계기로 해서 평소 의문스럽게 생각했던 관심사를 처음부터 다시 연구해 보려고 조금씩 진행해 왔다. 이 책의 각장의 주제는 그러한 관심으로부터 저자가 이제까지 축적해온 연구성과를 바탕으로 정리한 것이다.

언제부터인지 저자의 책상 주변에는 근세 촌락의 구조라든가 농민 봉기에 관한 연구문헌이 뒷자리로 내몰리고 하이진 고바야시 잇사나 『호쿠에쓰 설보』의 저자인 스즈키 보쿠시의 전집, 그리고 식초나 간장, 술 등의 문헌이 중요한 자리를 차지하게 되었다. 그러나 근세 촌락의 구조나 상품유통, 농민봉기에 관한 연구의 축적이 있었기 때문에 이제까지 미술사가나 문학사가와는 다른 관점을 갖게 되지 않았나 하고 생각하고 있다.

마지막으로 이 책을 쓰며 느낀 점을 나열해 보면 아래와 같다.

무엇보다도 '봉건제하의 착취에 허덕이던 무라에 문화 같은 게 생겨났을 리 없다', 다시 말해서 에도 시대는 암흑의 시대였다고 하는 이미지를 밑바닥부터 전환할 수 있지 않았을까. 적어도 '야만국'이 아니라는 점만큼은 분명히 했다. 이것으로 오카쿠라 덴신의 마음을 조금 편하게 해주지 않았을까 하고 생각해 본다.

그리고 문화를 향수하는 사회나 개인을 둘러싼 문화 환경과 문화적

인 역량에 관해서 어느 정도 깊이 있는 해명을 할 수 있지 않았나 생각
된다. 이러한 점을 종합해 보면, 저자에게 주어진 『일본문화의 원
형』이라는 엄청난 제목에 조금이라도 접근할 수 있지 않았나 하고 생
각한다.

앞으로도 시간이 허락되는 한, 에도 시대의 무라와 마치에 살았던
사람들이 남긴 고문서나 서민이 읽은 소설류를 접해서 그 문서를 남긴
농민을 생각하고, 틈만 나면 책을 탐독했던 소녀의 마음을 헤아려 거
기에서부터 역사를 재편성해 나가고자 한다. 이것이 근세 촌락사 연구
를 주도했던 은사 기무라 모토이木村礎 선생님으로부터 물려받은 저자
의 소임이라고 생각한다.

일본문화를 생각할 때 잊어서는 안 되는 주제가 아직도 많이 있다는
사실을 알고 있다. 예컨대, 노나 다도가 그것이다. 그러나 현재 저자의
역량으로는 어쩔 수가 없었다. 다시 기회가 주어졌을 때 도전해 보고
싶다.

역자 후기

    외람되지만 역자의 유학시절에 대한 회상으로 이 책의 소개를 시작하고자 한다.

    지도교수님이셨던 고이케미쓰에小池三枝 선생님의 전공이 근세였던 이유로 연구실에는 문학과 회화를 중심으로 하는 근세자료가 가득했다. 연구실에 들어가기 전에는 일본의 전통문화에 대한 지식이 전혀 없던 터라 고문을 읽는 것부터 모든 것이 너무나 낯설었던 기억이 있다. 차츰 연구실에 익숙해지면서 놀랐던 점은 근대 이전인 근세일본은 너무나 '현대적'이라는 사실이었다. 연구실에서 다룬 근세문화는 국내에서 관심이 많은 근세 지식인들의 세계가 아니라 조닌町人이라 불리는 서민의 문화였는데, 근세일본 서민의 감각은 대중소설에 탐닉하고 영화와 거기에 등장하는 배우에 열광하는 오늘날 우리와 크게 다르지 않아서 '전통사회', '전통문화'에 대한 막연한 나의 선입견이 여지없이 깨지고 말았다. 뿐만 아니라 그러한 문화를 지탱해주는 시스템 역시 흡사 현대를 방불케 했다. 거기에 이를테면 근세적 대중문화라 할 만한 것이 형성되어 있었으며 그 중심에 출판문화와 가부키가 있었다. 비서구권에서 근대성의 문제는 흔히 서구화의 맥락에서 이해되지만 일본의 경우 근세와의 맥락에서 파악하는 것은 흥미로운 관점을 제시한다고 여겨진다. 또한 근세 서민문화의 발달은 일본이 근대화에 성공할 수 있었던, 멀지만 근본적인 이유 중 하나라고 생각할 수 있기 때문에 보다 주의를 기울여야 한다고 본다.

근세일본이라 하면, 국내에서는 주로 지식인들에 관해 관심이 많다. 일본문학의 분야에서 근세 서민문학이 다루어지고 있지만 작품론이나 작가론 등 문학의 영역에 한정되어 있는 경우가 많아서 근세문화라는 측면에서 당시의 사람들이 호흡하는 단면이 포착된 경우가 드물지 않나 생각된다. 그러한 아쉬움에서 국내에 일본 근세 서민문화를 생생하게 전할 수 있는 자료로 이 책의 번역을 시작했다.

이 책은 일본근세사 연구자인 아오키 미치오青木美智男 선생님의『일본문화의 원형日本文化の原型』(小学館, 2008)을 완역한 것이다.

이 책에서는 도시에 거주하는 상공인인 조닌보다도 사회·문화적으로 한층 소외된 무라비토村人, 즉 농민계층을 중심으로 해서 근세일본 구성원의 대다수를 차지하는 민중이 이루어낸 근세판 대중문화가 형성·전개되는 과정이 다루어진다. 이러한 성격의 연구는 아직 자료화되지 않은 채 여기저기에 흩어져 있는 자료를 발굴해 읽어내야 하는 지난한 과정에 비해서 크게 주목받지 못하는 그야말로 지극히 소박한 연구이지만 정치·경제를 중심으로 하는 거시적 관점에서 벗어나 대중·일상·심성의 미시적 관점에서 접근하고자 하는 근년의 인문학적 시각을 반영한 시도의 하나라고 이해할 수 있다. 저자는 다양한 분야의 선행연구를 기초로 하고 수많은 회화자료와 문학작품도 아우른 방대한 자료를 섭렵하면서 일본근세 대중문화의 주체인 서민이 문화를 향수하는 측면에서 당시의 감각이 생생하게 구현하고자 했다. 이 책은 비단 연구자 레벨에서뿐 아니라 대중적인 읽을거리로서 국내의 독자들에게 근세일본문화의 매력을 전하기에 충분하다고 생각된다.

이 책이 한국어로 번역출판되기까지 감사해야 할 분들이 너무 많다.

먼저 이 책의 한국어 번역을 지원해주신 일본국제교류기금과 한국 출판계의 어려운 여건 속에서 출판을 수락해 주신 소명출판에 깊이 감사드린다. 사실 본래는 번역과 출판 각각에 위의 기금을 신청하였지만 안타깝게도 출판지원을 받지 못했다. 그럼에도 불구하고 출판을 단행해 주신 소명출판의 박성모 사장님, 공홍 편집장님께 감사의 말씀을 올린다. 아울러 미흡한 번역 초고를 꼼꼼하게 교열해주신 편집자 여러분들, 저자와 연락을 취할 수 있도록 다리를 놓아주신 대전대학교 민병훈 교수님께도 커다란 감사의 마음을 전한다.

마지막으로 저자 아오키 미치오 선생님께 감사드린다. 선생님을 직접 뵌 적은 없다. 너무나 안타깝게도 이 책의 번역출판을 위해서 문서로 연락을 취하던 중에 노환으로 별세하셨다는 소식이 전해졌다. 내가 조금만 부지런했더라면 생전에 한국어 번역본을 보셨을 텐데……. 저자 후기 마지막에 "일본문화를 생각할 때 잊어서는 안 되는 주제가 아직도 많이 있다는 사실을 알고 있다. (…중략…) 다시 기회가 주어졌을 때 도전해 보고 싶다"는 문장을 읽을 때마다 새삼 마음이 숙연해진다. 여러모로 많은 공부가 되었던 시간에 감사한다.

2016.6

옮긴이

참고문헌

시작하는 말

秋山虔 監修,『批評集成・源氏物語』1・2, ゆまに書房, 1999.

家永三郎,『日本文化史』, 岩波新書, 1959.

伊藤博 ほか校注,『土佐日記・蜻蛉日記・紫式部日記・更級日記』(新日本古典文学大系 24), 岩波書店, 1989.

加藤周一,『日本文化史序説』下, 筑摩書房, 1980.

倉地克直,『江戸文化をよむ』, 吉川弘文館, 2006.

為永春水, 中村幸彦 校注,『春色梅児誉美』(日本古典文学大系 64), 岩波書店, 1962.

塚本学,『小さな歴史と大きな歴史』, 吉川弘文館, 1993.

中野節子,『考える女たち―仮名草子から「女大学」』, 大空社, 1997.

野口武彦,『『源氏物語』を江戸から読む』, 講談社学術文庫, 1995.

尾藤正英,『日本文化の歴史』, 岩波新書, 2000.

森安彦,『古文書が語る近世村人の一生』, 平凡社, 1994.

柳井滋 ほか校注,『源氏物語』1~5(新日本古典文学大系 19~23), 岩波書店, 1993~97.

横田冬彦,『日本の歴史 16―天下泰平』, 講談社, 2002.

프롤로그

油井宏子,『江戸が大好きになる古文書』, 柏書房, 2007.

天野信景,「塩尻」,『日本随筆大成』第3期 13~18, 吉川弘文館, 1977~78.

E. O. ライシャワー,『日本近代の新しい見方』, 講談社現代新書, 1965.

石崎又造,『近世日本に於ける支那俗語文学史』, 弘文堂書房, 1940.

一茶と句碑刊行会 編,『一茶と句碑』, 里文出版, 2003.

井上攻,『由緒書と近世の村社会』, 大河書房, 2003.

大石慎三郎,『元禄時代』, 岩波新書, 1970.

岡倉覚三, 村岡博 譯,『茶の本』, 岩波文庫, 1929.

小澤弘・小林忠,『活気にあふれた江戸の町〈熙代勝覧〉の日本橋』, 小学館, 2006.

笠谷和比古, 『主君'押込'の構造』, 平凡社, 1988.

神沢杜口, 「翁草」, 『日本随筆大成』第3期 19〜24, 吉川弘文館, 1978.

喜多村信節, 長谷川強 ほか校訂, 『嬉遊笑覧』全4巻, 岩波文庫, 2004〜05.

湖南文山, 『通俗三国志』全3巻, 有朋堂書店, 1927.

湖南文山, 落合清彦 校訂, 『絵本通俗三国志』全12巻, 第三文明社, 1982〜83.

酒井シヅ 編, 『疫病の時代』, 大修館書店, 1999.

式亭三馬, 中村通夫 校注, 『浮世風呂』(日本古典文学大系63), 岩波書店, 1957.

『節用集大系』1, 大空社, 1993.

高木昭作, 『日本近世国家史の研究』, 岩波書店, 1990.

高橋敏, 『江戸の訴訟』, 岩波新書, 1996.

高柳真三・石井良助 編, 『御触書集成』1〜5, 岩波書店, 1934〜41.

立川昭二, 『近世病草紙』, 平凡社, 1979.

為永春水, 古川久 校訂, 『梅暦』上・下, 岩波文庫, 1951.

西川如見, 飯島忠夫 ほか校訂, 『町人嚢・百姓嚢・長崎夜話草』, 岩波文庫, 1942.

根岸鎮衛, 長谷川強 校注, 『耳袋』全3巻, 岩波文庫, 1991.

伴直方, 「国字考」, 『国語学大系』8, 厚生閣, 1938.

松浦静山, 中村幸彦 校訂, 『甲子夜話』正編・続編, 平凡社東洋文庫, 1977〜78.

松本四郎, 『日本近世都市論』, 東京大学出版会, 1983.

丸山真男, 『丸山真男 講義録 第7冊－日本政治思想史 1967』, 東京大学出版会, 1998.

三浦浄心, 中丸和伯 校注, 『慶長見聞集』(江戸史料叢書), 新人物往来社, 1969.

水本邦彦, 『絵図と景観の近世』, 校倉書房, 2002.

宮田登, 『江戸のはやり神』, ちくま学芸文庫, 1993.

柳沢淇園, 森銑三 校訂, 『雲萍雑志』, 岩波文庫, 1936.

山県大弐, 川浦玄智 譯註, 『柳子新論』, 岩波文庫, 1943.

山本和義・横山弘 注, 『江戸詩人選集 3－服部南郭・祇園南海』, 岩波書店, 1991.

渡辺尚志, 『百姓の力－江戸時代から見える日本』, 柏書房, 2008.

제1장

愛知県史編纂委員会編, 『愛知県史資料編 16 近世(2)－尾西・尾北』, 2005.

青木美智男 編, 『日本の近世 17－東と西, 江戸と上方』, 中央公論社, 1994.

青木美智男 監修, 『近世信濃庶民生活誌－信州あんずの里名主の見たこと聞いたこと』, ゆまに書房, 2008.

伊藤敏子,『いけばなーその歴史と芸術』, 教育社歴史新書, 1991.

大石慎三郎,『近世村落の構造と家制度』, 御茶ノ水書房, 1968.

大岡敏昭,『藩制と民家』, 相模書房, 1990.

大戸吉古,『浮世絵師』, 三省堂選書, 1978.

金沢市立玉川図書館 藩政文書を読む会 編,『銭屋五兵衛関係文書 中山家文書』, 能登印刷出版
　　　部, 1998.

川上貢,『近世上方大工の組・仲間』, 思文閣出版, 1997.

北川省一,『大愚良寛の生涯』, 恒文社, 1985.

草野和夫,『近世民家の成立過程』, 中央公論美術出版, 1995.

小泉和子,『室内と家具の歴史』, 中央公論社, 1995.

河野元昭,「谷文晁」,『日本の美術』257, 1987.

小林四郎左衛門,「きりもぐさ」,『新編信濃史料叢書』10, 信濃史料刊行会, 1974.

今田信一,『戸沢藩御触書類纂』1, 河北町誌編纂委員会, 1966.

『週刊古寺を巡る』全50巻, 小学館, 2007〜08.

『週刊古寺をゆく』全50巻・別冊10巻, 小学館, 2001〜02.

『週刊日本庭園をゆく』全30巻, 小学館, 2005〜06.

鈴木ゆり子,「百姓の家と家族」,『岩波講座日本通史12－近世2』, 岩波書店, 1994.

関野克,「金閣と銀閣」,『日本の美術』153, 1979.

長野県編,『長野県史 近世史料編 第2巻－(1) 東信地方』, 長野県史刊行会, 1978.

永原慶二 ほか編,『日本技術の社会史 7－建築』, 日本評論社, 1983.

堀江知彦 編,「良寛」,『日本の美術』116, 1976.

村井康彦,『花と茶の世界』, 三一書房, 1990.

村松貞次郎,『大工道具の歴史』, 岩波新書, 1973.

吉川金次,『鋸』, 法政大学出版局, 1976.

吉川金次,『斧・鑿・鉋』, 法政大学出版局, 1984.

米沢嘉圃・吉沢忠,『日本の美術 23－文人画』, 平凡社, 1966.

矢羽勝幸,『佐久の俳句史』, 欅, 1989.

若林喜三郎 編,『年々留－銭屋五兵衛日記』, 法政大学出版局, 1984.

제2장

飯島虚心, 鈴木重三 校注, 『葛飾北斎伝』, 岩波文庫, 1999.

大久保純一, 『広重と浮世絵風景画』, 東京大学出版会, 2007.

岡田芳朗, 『日本の暦』, 新人物往来社, 1996.

小島憲之・新井栄蔵 校注, 『古今和歌集』(新日本古典文学大系 5), 岩波書店, 1989.

小林忠, 「英一蝶」, 『日本の美術』260, 1988.

小林忠, 『江戸絵画史論』, 瑠璃書房, 1983.

小林忠 監修, 『浮世絵の歴史』, 美術出版社, 1998.

榊原悟, 『美術館へ行こう 屏風絵の景色を歩く』, 新潮社, 1997.

相良亨 ほか編, 『講座日本思想 5―美』, 東京大学出版会, 1984.

定塚武敏, 『海を渡る浮世絵』, 美術公論社, 1981.

佐藤康宏 ほか編, 『講座日本美術史』全6巻, 東京大学出版会, 2005.

砂川幸雄, 『浮世絵師又兵衛はなぜ消されたか』, 草思社, 1995.

島尾新, 『雪舟の〈山水長巻〉風景絵巻の世界で遊ぼう』, 小学館, 2001.

セーラトンプソン, 永田生慈 監修, 『図録ボストン美術館浮世絵名品展』, 日本経済新聞社, 2008.

玉蟲敏子, 『生きつづける光琳』, 吉川弘文館, 2004.

千沢楨治, 「酒井抱一」, 『日本の美術』186, 1981.

千沢楨治, 「光琳」, 『日本の美術』53, 1970.

辻惟雄, 「岩佐又兵衛」, 『日本の美術』259, 1987.

辻惟雄, 『日本美術の歴史』, 東京大学出版会, 2005.

辻惟雄 ほか, 『江戸時代の美術』, 有斐閣, 1984.

中村修也 監修, 『大名と町衆の文化 江戸時代』(よくわかる伝統文化の歴史 4), 淡交社, 2007.

成瀬不二雄, 『富士山の絵画史』, 中央公論美術出版, 2005.

野田義光, 『歴史は生きている―わが家につながる家と人』, マイ・ブック出版, 2002.

伴蒿蹊, 宗政五十緒 校注, 『近世畸人伝・続近世畸人伝』, 平凡社東洋文庫, 1972.

日野龍夫, 『江戸人とユートピア』, 朝日新聞社, 1977.

藤岡作太郎, 瀬木慎一 解説, 『近世絵画史』, ぺりかん社, 1983.

松木寛, 『御用絵師狩野家の血と力』, 講談社, 1994.

馬渕明子, 『ジャポニズム 幻想の日本』(新装版), ブリュッケ, 2004.

宮島新一, 『風俗画の近世―日本の美術』, 至文堂, 2004.

山内長三, 『日本南画史』, 瑠璃書房, 1981.

米沢市上杉美術館, 『図録 国宝上杉本洛中洛外図屏風』, 2001.

제3장

青木美智男・河内八郎 編, 『講座日本近世史7－開国』, 有斐閣, 1985.

青木美智男, 「通訳としての漂流民」, 『歴史評論』 481, 1990.

荒井顕道編, 瀧川政次郎 校訂, 『牧民金鑑』 上, 刀江書院, 1969.

石川謙, 『寺子屋』, 至文堂, 1960.

石川松太郎, 『往来物の成立と展開』, 雄松堂出版, 1988.

ウィリアムルイス, 村上直次郎 編, 富田虎男 譯訂, 『マクドナルド「日本回想記」』(補訂版), 刀水
　　　書房, 1981.

梅村佳代, 『日本近世民衆教育史研究』, 梓出版社, 1991.

大石久敬, 大石慎三郎 校訂, 『地方凡例録』 下, 近藤出版社, 1969.

貝原益軒, 石川謙 校訂, 『養生訓・和俗童子訓』, 岩波文庫, 1961.

鹿野小四郎, 「農事遺書」, 『日本農書全書』 5, 農山漁村文化協会, 1978.

川崎喜久男, 「筆子塚と民衆教育の世界」, 『事典しらべる江戸時代』, 柏書房, 2001.

黒板勝美 編, 『徳川実記』 8(国史大系(新訂増補) 45), 吉川弘文館, 1995.

小泉吉永, 『江戸の子育て読本』, 小学館, 2007.

ゴロヴニン, 井上満 譯, 『日本幽囚記』 下, 岩波文庫, 1946.

ゴロヴニン, 馬場佐十郎 ほか譯, 高橋景保 校訂, 「遭厄日本紀事」, 『北方未公開古文書集成』 6, 叢
　　　文社, 1979.

佐藤健一 編, 『江戸の寺子屋入門－算術を中心として』, 研成社, 1996.

式亭三馬, 神保五彌 校注, 「浮世床」, 『洒落本 滑稽本 人情本』(新編日本古典文学全集80), 小学
　　　館, 2000.

柴田純, 「近世前期における学文の歴史的位置」, 『日本史研究』 247, 1983.

シュリーマン, 藤川徹 譯, 『日本中国旅行記』(新異国叢書 第2輯 6), 雄松堂出版, 1982.

杉野権兵衛 ほか, 「名飯部類」, 『江戸時代料理本集成』 7(翻刻), 臨川書店, 1980.

鈴木久男, 『珠算の歴史』, 富士短期大学出版部, 1964.

高田稔, 『神奈川の寺子屋地図』, 神奈川新聞社, 1993.

高橋敏, 『日本民衆教育史研究』, 未来社, 1978.

高橋敏, 『江戸の教育力』, ちくま新書, 2007.

田中丘隅, 「民間省要」, 『日本経済叢書』 1, 日本経済叢書刊行会, 1914.

谷口澄夫, 『岡山藩政史の研究』, 塙書房, 1964.

利根啓三郎, 『寺子屋と庶民教育の実証的研究』, 雄山閣出版, 1981.

長友千代治 編, 『重宝記資料集成』20, 臨川書店, 2008.

長野県教育史刊行会 編, 『長野県教育史』1, 1978.

春名徹, 『にっぽん音吉漂流記』, 中公文庫, 1988.

平塚市ふるさと歴史シンポジウム実行委員会 編, 『江戸の娯楽と交流の道－厚木道・大山道・
中原道』, 2006.

古島敏雄 校注, 『百姓伝記』上・下, 岩波文庫, 1977.

ペリー, 土屋喬雄・玉城肇 譯, 『ペルリ提督日本遠征記』4, 岩波文庫, 1955.

マローン, 真田収一郎 譯, 『日本と中国』(新異国叢書第3輯 2), 雄松堂出版, 2002.

八鍬友広, 『近世民衆の教育と政治参加』, 校倉書房, 2001.

山鹿素行, 「山鹿語類 巻7」, 『山鹿素行全集思想篇』5, 岩波書店, 1941.

リチャード ルビンジャー, 川村肇 譯, 『日本人のリテラシー 1600～1900年』, 柏書房, 2008.

リチャード ルビンジャー, 石附実・海原徹 譯, 『私塾－近代日本を拓いたプライベート・アカデ
ミー』, サイマル出版, 1982.

ロドリゲス, 池上岑夫 ほか譯, 『日本教会史』下(大航海時代叢書 10), 岩波書店, 1970.

ロドリゲス, 土井忠生 譯註, 『日本大文典』, 三省堂出版, 1955.

제4장

綾村坦園, 『文房四宝の基礎知識』, 光村推古書院, 1985.

「江戸買物独案内」(文政7年版), 『江戸町人の研究』3, 吉川弘文館, 1974.

神奈川県企画調査部県史編集室 編, 『神奈川県史資料編 7 近世(4)－幕領 2』, 1975.

北畠雙耳・北畠五鼎, 『硯の文化誌』, 里文出版, 1998.

木村青竹, 「紙譜」, 『新撰紙鑑』, 江戸・山崎金兵衛ほか, 1777.

久米康生, 『和紙の文化史』, 木耳社, 1976.

小泉吉永, 「江戸の教育に学ぶ」, 『NHK 知るを楽しむ歴史に好奇心』, 日本放送出版協会, 2006.

河野徳吉, 『尾張藩紙漉文化史』, 中日出版社, 2005.

小松茂美, 『日本書流全史』上・下, 講談社, 1970.

小松茂美, 『かな－その成立と変遷』, 岩波新書, 1968.

小松大秀 編著, 「文房具」, 『日本の美術』424, 2001.

榊莫山, 『文房四宝 紙の話』・『文房四宝 筆の話』・『文房四宝 墨の話』・『文房四宝 硯の話』, 角

　　　　川書店, 1998.

「商人買物独案内」(京都, 天保2年版),『新撰京都叢書』7, 臨川書店, 1984.

新谷克己,『矢立史考』, 光陽出版社, 1996.

竹内乙彦,『図説そろばん』, 共立出版, 1989.

橘南谿, 宗政五十緒 校注, 「西遊記」,『東路記・己巳紀行・西遊記』(新日本古典文学大系 98),
　　　　岩波書店, 1991.

田淵実夫,『筆』, 法政大学出版局, 1978.

寺島良安, 島田勇雄 ほか譯注,『和漢三才図会』4, 平凡社東洋文庫, 1986.

松井重頼, 新村出 校閲・竹内若 校訂,『毛吹草』, 岩波文庫, 1943.

松井元泰, 松尾良樹 譯注・解説),『古梅園墨譜』, 古梅園, 1993.

室瀬和美,『漆の文化―受け継がれる日本の美』, 角川書店, 2002.

「雍州府志」,『新修京都叢書』10, 臨川書店, 1976.

제5장

井上隆明,『近世書林板元総覧』(日本書誌学大系 14), 青裳堂書店, 1981.

井原西鶴, 横山重・小野晋 校訂,『本朝二十不孝』, 岩波文庫, 1963.

大阪府立中之島図書館 編,『大阪本屋仲間記録』, 1976.

岡村敬二,『江戸の蔵書家たち』, 講談社, 1996.

貸本文化研究会 編,『貸本屋大惣』(『貸本文化』増刊号特集), 1982.

岸雅裕,『尾張の書林と出版』(日本書誌学大系 82), 青裳堂書店, 1999.

京都大学文学部国語学国文学研究室 編,『京都大学蔵大惣本稀書集成』全17卷・別卷1卷, 臨川
　　　　書店, 1994〜97.

小林文夫,「近世後期における'蔵書の家'の社会的機能について」,『展望日本歴史』16, 東京堂出
　　　　版, 2002.

今田洋三,『江戸の本屋さん』, NHKブックス, 1977.

山東京伝,「雙蝶記」(序文),『日本名著全集』13, 博文館, 1928.

鈴木俊幸,『蔦屋重三郎』, 若草書房, 1998.

鈴木俊幸,『江戸の読書熱』, 平凡社, 2007.

田宮橘庵,「愚雑組」,『日本随筆大成』第3期 9, 吉川弘文館, 1977.

長友千代治,『近世貸本屋の研究』, 東京堂出版, 1982.

長友千代治,『江戸時代の図書流通』, 仏教大学通信教育部, 2002.

長友千代治, 『重宝記の調方記 生活史百科事典発掘』, 臨川書店, 2005.

『中村幸彦著作集』全15巻, 中央公論社, 1982～89.

芳賀徹, 『平賀源内』, 朝日選書, 1989.

藤井隆 監修, 『近世三河・尾張文化人蔵書目録』1～5, ゆまに書房, 2005.

藤實久美子, 『近世書籍文化論』, 吉川弘文館, 2006.

藤實久美子, 『江戸の武家名鑑－武鑑と出版競争』, 吉川弘文館, 2008.

湯川真人, 「近世後期庄内地域・名主佐藤家の書物ネットワークに関する一考察」, 『書物出版と社会変容』3, 2007.

제6장

安藤優一郎, 『寛政改革の都市政策－江戸の米価安定と飯米確保』, 校倉書房, 2000.

池田市立歴史民俗資料館 編, 『図録 江戸下り 名醸池田酒と菊炭』, 1986.

石井寛治・林玲子 編, 『白木屋文書問屋株帳』, るぼわ書房, 1998.

井原西鶴, 片岡良一 校訂, 『西鶴文反古』, 岩波文庫, 1940.

上田市誌編纂委員会 編, 『上田市誌歴史編9－近世の農民生活と騒動』, 2003.

大田南畝, 「一話一言」, 『大田南畝全集』12～16, 岩波書店, 1986～88.

加藤郁乎, 『江戸俳諧歳時記』, 平凡社, 1983.

曲亭馬琴 編, 藍亭青藍 補・掘切実 校注, 『増補俳諧歳時記栞草』上・下, 岩波文庫, 2000.

近世史料研究会 編, 『江戸町触集成』11, 塙書房, 1999.

越谷吾山, 正宗敦夫 編纂校訂, 「物類称呼」, 『日本古典全集』, 日本古典全集刊行会, 1931.

今田信一, 『最上紅花史の研究』, 井場書店, 1972.

斎藤月岑, 朝倉治彦 校注, 『東都歳事記』全3巻, 平凡社東洋文庫, 1970・72.

佐藤真 編, 『醤油・味噌資料集成』, 財団法人興風会図書館, 1963.

蔀関月, 「日本山海名産図会」, 『日本名所風俗図会』16, 角川書店, 1982.

正玄, 『世俗立要集』, 国立国会図書館蔵.

埼玉県 編, 『新編埼玉県史資料編16 近世(7)－産業』, 1990.

塩沢町 編, 『塩沢町史 資料編』下, 2000.

杉野駁華, 「新撰庖丁梯」, 『江戸時代料理本集成』8(翻刻), 臨川書店, 1980.

暉峻康隆 編, 『酒と日本文化』(『季刊文学』増刊), 岩波書店, 1997.

豊島露月, 『名物鹿子』, 早稲田大学図書館蔵.

内藤東甫, 「手杵」, 『知多半島の歴史と現在』8, 1997.

永原慶二, 『新・木綿以前のこと―苧麻から木綿へ』, 中公新書, 1990.

永原慶二, 『苧麻・絹・木綿の社会史』, 吉川弘文館, 2004.

西沢一鳳, 「皇都午睡」, 『新群書類従』第1, 国書刊行会, 1906.

西山松之助 編, 『たべもの日本史総覧』, 新人物往来社, 1994.

日本福祉大学知多半島総合研究所・博物館酢の里 共編, 『中埜家文書にみる酢造りの歴史と文化』全5巻, 中央公論社, 1998.

野田市郷土博物館 編, 『醤油のしるし―江戸・明治期の広告デザイン史』, 2000.

野村圭佑, 『江戸の自然誌―『武江産物志』を読む』, どうぶつ社, 2002.

塙保己一 編, 「伊勢六郎左衛門愚貞順記」, 『続群書類従』第24輯下, 続群書類従完成会, 1925.

林英夫, 『在方木綿問屋の史的展開』, 塙書房, 1965.

原田信男 編, 『江戸の料理と食生活』, 小学館, 2004.

半田市誌編纂委員会 編, 『新修半田市誌』, 1989.

福山市鞆の浦歴史民俗資料館 編, 『図録 保命酒展』, 1992.

松下幸子, 『図説江戸料理事典』, 柏書房, 1996.

松平定信, 松平定光 校訂, 『宇下人言・修行録』, 岩波文庫, 1942.

三浦俊明, 『譜代藩城下町姫路の研究』, 清文堂出版, 1997.

水野為長, 「よしの冊子」, 『随筆百花苑』8・9, 中央公論社, 1980・81.

ミツカングループ創業二〇〇周年記念誌編纂委員会 編, 『MATAZAEMON―七人の又左衛門』, 2004.

三宅也来, 『萬金産業袋』(通俗経済文庫 12), 日本経済叢書刊行会, 1917.

村上道太郎 ほか, 『日本の染色 1 友禅―日本の伝統的な模様染め』, 泰流社, 1975.

柳田国男, 『木綿以前の事』, 岩波文庫, 1979.

山崎悌二郎, 『長崎のオランダ商館―世界のなかの鎖国日本』, 中公新書, 1980.

山崎悌二郎, 『事典 絹と木綿の江戸時代』, 吉川弘文館, 2002.

山本博文 監修, 『ビジュアルNIPPON 江戸時代』, 小学館, 2006.

吉田元, 『江戸の酒―その技術・経済・文化』, 朝日選書, 1997.

제7장

伊原敏郎, 『歌舞伎年表』5・6, 岩波書店, 1960～61.

尾形仂 ほか校注, 『蕪村全集 1―発句』, 講談社, 1992.

神楽岡幼子, 『歌舞伎文化の享受と展開―観客と劇場の内外』, 八木書店, 2002.

河竹登志夫, 『憂世と浮世一世阿弥から黙阿弥へ』, NHKブックス, 1994.

郡司正勝, 『鶴屋南北』, 中公新書, 1994.

小池章太郎, 『鶴屋南北の世界』, 三樹書房, 1981.

式亭三馬, 『劇場訓蒙図彙』(歌舞伎の文献 3), 国立劇場調査養成部・芸能調査室, 1969.

薄田太郎・薄田純一郎, 『宮島歌舞伎年代記』, 国会刊行会, 1975.

諏訪春雄, 『近世戯曲史序説』, 白水社, 1986.

竹内芳太郎, 『野の舞台』, ドメス出版, 1981.

十日町市博物館友の会古文書グループ 編, 『松前歌舞伎興行衣装方の記録』(十日町市郷土資料
　　　　双書 12(徳川重光家資料 1)), 十日町情報館, 2003.

中村幸彦・西山松之助 編, 『日本文学の歴史 8一文化繚乱』, 角川書店, 1967.

古川貞雄, 『村の遊び日一自治の源流を探る』(増補), 農山漁村文化協会, 2003.

守屋毅, 『近世芸能興行史の研究』, 弘文館, 1985.

守屋毅, 『村芝居一近世文化史の裾野から』, 平凡社, 1988.

제8장

赤松宗旦, 柳田国男 校訂, 『利根川図志』, 岩波文庫, 1938.

秋里籬島, 「摂津名所図会」, 『日本名所風俗図会』 10, 角川書店, 1980.

秋里籬島, 「都名所図会」, 『日本名所風俗図会』 8, 角川書店, 1981.

秋里籬島, 「伊勢参宮名所図会」, 『日本名所風俗図会』 12, 角川書店, 1985.

浅井了意, 「京雀」, 『新修京都叢書』 1, 臨川書店, 1967.

浅井了意, 朝倉治彦 校注, 『東海道名所記』 1・2, 平凡社東洋文庫, 1979.

浅井了意, 朝倉治彦 校注・解説, 『江戸名所記』, 名著出版, 1976.

井原西鶴, 「西鶴織留」, 藤村作 校註, 『井原西鶴集』 3(日本古典全書), 朝日新聞社, 1950.

小田切春江, 「尾張名所図会」, 『日本名所風俗図会』 6, 角川書店, 1984.

梶原景紹, 「讃岐国名勝図会」, 『日本名所風俗図会』 14, 角川書店, 1981.

岸野俊彦 編, 『'膝栗毛'文芸と尾張藩社会』, 清水堂, 1999.

曲亭三馬, 「異聞雑稿」, 『続燕石十種』 2, 中央公論社, 1980.

小林禎作, 『雪華図説新考』(『雪華図説 正+続(復刻版)』合本), 築地書館, 1982.

斎藤月岑, 「江戸名所図会」, 『日本名所風俗図会』 4, 角川書店, 1980.

佐藤利夫 編, 『海陸道順達日記一佐渡廻船商人の西国見聞記』, 法政大学出版局, 1991.

十返舎一九, 麻生磯次 校注, 『東海道中膝栗毛』 上・下, 岩波文庫, 1973.

司馬江漢, 芳賀徹・太田理恵子 校注, 『江漢西遊日記』, 平凡社東洋文庫, 1986.

柴田純, 「近世のパスポート体制－紀州藩田辺領を中心に」, 『史窓』61, 2004.

柴田光彦・神田正行 編, 『馬琴書翰集成』3, 八木書店, 2003.

守随憲治 校訂, 『竹斎』, 岩波文庫, 1942.

鈴木章生, 『江戸の名所と都市文化』, 吉川弘文館, 2001.

高橋陽一, 「多様化する近世の旅－道中記にみる東北人の上方旅行」, 『歴史』97, 2001.

近行遠通 選・菱川師宣 画, 『江戸雀』(江戸双書5・6), 名著刊行会, 1964.

千葉徳爾 註解, 『日本山海名産図会・日本山海名物図会』, 社会思想社, 1970.

千葉正樹, 『江戸名所図会の世界－近世巨大都市の自画像』, 吉川弘文館, 2001.

東野民声, 「五畿内産物図会」, 『日本名所風俗図会』16, 角川書店, 1982.

中川喜雲, 「京童」, 『新修京都叢書』1, 臨川書店, 1976.

平瀬徹齋, 『日本山海名物図会』, 名著刊行会, 1979.

松尾芭蕉, 「おくのほそ道」・「笈の小文」, 富山奏 校注, 『芭蕉文集』, 新潮日本古典集成, 1978.

水江漣子, 「初期江戸の案内記」, 『江戸町人の研究』3, 吉川弘文館, 1974.

宮栄二編集代表, 『鈴木牧之全集』上・下, 中央公論社, 1983.

守屋健輔, 『『利根川図志』と柳田国男－利根川文化への招待』, 崙書房, 1983.

柳宗悦, 『手仕事の日本』, 岩波文庫, 1985.

弄翰子 編, 『平安人物志』上・下, 風俗絵巻図画刊行会, 1923・25.

和辻哲郎, 『古寺巡礼』, 岩波文庫, 1979.

에필로그

青木美智男, 『近世尾張の海村と海運』, 校倉書房, 1997.

青木美智男, 「知多尾張国知多郡の'雨池'保安林－'砂留林(山)'の設定と森林景観」, 『知多半島の歴史と現在』10, 1999.

青木美智男, 「近世尾州知多郡の自然景観と'雨池'民話の生成－新美南吉『ごんぎつね』誕生の背景を探る」, 『知多半島の歴史と現在』12, 2003.

金谷治 譯注, 『論語』, 岩波文庫, 1963.

水原克之, 『知多半島を読む－海・山・いきもの・村の歴史』, 愛知県郷土資料刊行会, 1985.

熊沢蕃山, 「集議外書」, 『蕃山全集』2, 名著出版, 1978.

沢重清, 「岷山先生治水伝」, 『名古屋叢書』11, 1962.

杉崎彰・村田正雄, 『常滑焼－その歴史と民俗』, 名著出版, 1988.

只木良也, 『森と人間の文化史』, NHKブックス, 1988.

只木良也, 「森との対話－森林生態学者・只木良也さんに聞く、森から見えてくるもの」, 『月刊私の旅』7, 1997.

只木良也, 『森林環境科学』, 朝倉書店, 1996.

田中琢・佐原真, 『考古学の散歩道』, 岩波新書, 1993.

所三男 校訂, 「寛文村々覚書」, 『名古屋叢書』1～3, 1964～66.

전편에 해당되는 것

青木美智男, 『源蔵・郡蔵日記－近世農民の見たまま聞いたまま』(矢祭町史研究 2), 福島県矢祭県矢祭町史編纂委員会, 1979.

青木美智男, 『一茶の時代』, 校倉書店, 1988.

飯島勇 編著, 「文人画」, 『日本の美術』4, 1966.

岡田甫 校訂, 『俳風柳多留全集』1～12, 三省堂, 1976～78.

奥平俊六, 『洛中洛外図 舟木本－町のにぎわいが聞こえる』, 小学館, 2001.

鏑木勢岐, 『銭屋五兵衛の研究』, 銭五顕彰会, 1954.

川瀬一馬, 『入門講和日本出版文化史』, 日本エディタースクール出版部, 1983.

喜多川守貞, 宇佐美英機 校訂, 『近世風俗志－守貞謾稿』全5巻, 岩波文庫, 1996～2002.

サントリー美術館 編, 『図録'加賀・能登の画家たち－等伯・守景・宗雪展』, 1992.

信濃教育会 編, 『一茶全集』全8巻・別冊, 信濃毎日新聞社, 1976～80.

鈴木牧之 編選・京山人百樹 刪定・岡田武松 校訂, 『北越雪譜』, 岩波文庫, 1978.

高橋敏, 『近世村落生活文化史序説－上野国原之郷村の研究』, 未来社, 1990.

東京国立博物館・読売新聞社 編, 『図録 大琳派展－継承と変奏』, 読売新聞社, 2008.

内藤正人, 『江戸名所図屏風－大江戸劇場の幕が開く』, 小学館, 2003.

中村通夫・湯沢幸吉郎 校訂, 『雑兵物語・おあむ物語』, 岩波文庫, 1943.

林英夫・青木美智男 編, 『番付で読む江戸時代』, 柏書房, 2003.

日野龍夫, 『服部南郭伝巧』, ぺりかん社, 1999.

武陽隠士, 本庄栄治郎 校訂・奈良本辰也 補訂, 『世事見聞録』, 岩波文庫, 1994.

矢島隆教 編・鈴木棠三 ほか校訂, 『江戸時代落書類聚』中, 東京堂出版, 1984.

山本英二, 『慶安御触書成立試論』, 日本エディタスクール出版部, 1999.

柳亭種彦, 鈴木重三 校注, 『諺紫田舎源氏』上・下(新日本古典文学大系88・89), 岩波書店, 1995.

도판 소장처 일람

표지

도쿄 국립박물관東京国立博物館(제공 : TNM Image Archives)

권두화보

① 시카고 미술연구소 / ② · ⑥ · ⑦ 도쿄 국립박물관(제공 : TNM Image Archives) / ③ 오타 기념미술관太田記念美術館 / ④ 세이카도 문고静嘉堂文庫 / ⑤ 담배와 소금의 박물관たばこと塩の博物館 / ⑧ 사이후쿠사西福寺(제공 : 교토 국립박물관京都国立博物館) / ⑨ 지쇼사慈照寺(촬영 : 미요시 가즈요시三好和義)

시작하는 말

① 도쿄 국립박물관(제공 : TNM Image Archives) / ② 네즈 미술관根津美術館 / ③ 겐닌사建仁寺

프롤로그

① 국립국회도서관国立国会図書館 / ② 제공 : 잇사 기념관一茶記念館 / ③ 도쿄 국립박물관(제공 : TNM Image Archives) / ④ 개인소장 / ⑤ 이데미쓰 미술관出光美術館 / ⑥ 베를린 국립아시아미술관 / ⑦ 이바라기현 덴신 기념 이쓰우라 미술관茨城県天心記念五浦美術館 / ⑧ 공문교육연구회公文教育研究会 / ⑨ 도쿄 대학東京大学 경제학부 도서관(가시와 서방柏書房『에도가 좋아지는 고문서江戸が大好きになる古文書』에서) / ⑩ 개인소장 / ⑪ 개인소장

제1장

① · ② 쓰난마치 교육위원회津南町教育委員会 / ③ · ④ · ⑬ 도시마 집안豊島家 / ⑤ · ⑧ 국립국회도서관 / ⑥ 개인소장(촬영 : 야스카와 지아키安川千秋, 제공 : 요코하마시 교육위원회横浜市教育委員会 / ⑦ 다나카 본가 박물관田中本家博物館 / ⑨ · ⑭ 도쿄 국립박물관(제공 : TNM Image Archives) / ⑩ 로쿠온사鹿苑寺 / ⑪ 지쇼사鹿苑寺 / ⑫ 촬영 : 김대벽金大璧 / ⑬ 개인소장

제2장

① MOA 미술관 / ② 국립역사민속박물관国立歴史民俗博物館 / ③ 요네자와시 우에스기 박물관米沢市上杉博物館 / ④・⑯ 네즈 미술관 / ⑤ 교토 국립박물관 / ⑥・⑦・⑨・⑩・⑫ 도쿄 국립박물관(제공 : TNM Image Archives) / ⑧ 시마네현 기업국 / ⑪・⑰ エツコ&ジョー・プライスコレクション / ⑭ 도쿠가와 임업사연구소德川林政史研究所 / ⑮ 호소미 미술관細見美術館 / ⑱ 국립국회도서관 / ⑲ 지바시 미술관 / ㉑ 가나가와 현립역사박물관神奈川県立歴史博物館 / ㉒ 반고흐 미술관 / ㉓ 야마구치 현립 하기 미술관山口県立萩美術館 우라가미 기념관浦上記念館

제3장

① 하코다테시 중앙도서관函館市中央図書館 / ② 가나가와 현립역사박물관 / ③・⑥ 국립국회도서관 / ④ 구 시즈타니 학교 현창보존회旧閑谷学校顕彰保存会 / ⑤ 고이즈미 요시나가小泉吉永 / ⑦ 유야마 가쓰미湯山勝美(촬영 : 다카하시 사토시高橋敏) / ⑧ 국립역사민속박물관

제4장

① 도쿠가와 미술관德川美術館 / ② 도쿄 국립박물관(제공 : TNM Image Archives) / ③ 고이즈미 요시나가 / ④ 도쿄 학예대학東京学芸大学 부속도서관 / ⑤ 국립국회도서관 / ⑥ 우베시宇部市 / ⑦ 개인 소장(제공 : 오쓰시 역사박물관大津市歴史博物館)

제5장

① 엔코사圓光寺(제공 : 인쇄박물관) / ② 오사카 부립 나카노시마 도서관大阪府立中之島図書館 / ③ 와세다 대학早稲田大学 연극박물관演劇博物館 / ④ 나이토 기념 약박물관内藤記念くすり博物館 / ⑤ 베를린 국립아시아미술관ⓒMuseum für Asiatische Kunst, Staatliche Museen zu Berlin Former collection of Hans-Joachim and Inge Küster, gift of Manfred Bohms, Inv, Nr, 2002-17

제6장

①・⑥・⑮ 도쿄 국립박물관(제공 : TNM Image Archives) / ② 게이오 의숙慶應義塾 도서관 / ③ 히토쓰바시 대학一橋大学 부속도서관 / ④・⑤ 신주쿠 역사박물관新宿歴史博物館 / ⑦ 베를린 국립아시아미술관 / ⑧ 가나가와 현립역사박물관神奈川県立歴史博物館 / ⑨ 아다고 신사愛宕神社(노다시 향토박물관 기탁) / ⑩ 히라즈카시 박물관平塚市博物館 / ⑪ 요시다 히데오 기념사업재단吉田秀雄記念事業財団 아드뮤지엄 도쿄アド・ミュージアム東京 / ⑫ 미쓰이 문고三井文庫 / ⑬ 담배와 소금의 박물관 / ⑭ 야마구치 현립 하기 미술관山口県立萩美術館 우라가미 기념관浦上記念館 / ⑯ 국립역사민속박물관

제7장

① 국립극장 / ② · ③ 국립국회도서관 / ④ 와세다 대학 연극박물관 / ⑤ 제공 : 도노쇼초 교육위원회土庄町教育委員会 / ⑥ 촬영 : 모리야 다케시守屋毅

제8장

① 덴리 대학天理大学 부속 덴리 도서관天理図書館 / ② 시마다시 박물관島田市博物館 / ③ 오사카성大阪城 천수각天守閣 / ④ 시미즈 고헤에清水五兵衛(제공 : 이시카와현石川県 제니야 고헤에 기념관銭屋五兵衛記念館) / ⑤ 나고야시名古屋市 호사문고蓬左文庫 / ⑥ · ⑦ 고가 역사박물관古河歴史博物館

* 소장처와 사진제공자, 촬영자가 다를 경우에는 ( ) 속에 나타냈다.

색인